Whisky is liquid sunshine.
조지 버나드 쇼
위스키는
액체로 된 햇빛이다.

Stop your nonsense and drink your whiskey!
헛소리 그만하고
위스키나 마셔!
미국 제12대 대통령 재커리 테일러
(대통령 선거 중에를 권유받은 직후에 했던 말)

Nothing is so musical as the sound of pouring bourbon for the first drink on a Sunday morning.
일요일 아침 첫잔에 버번 위스키를 따르는 소리만큼 음악적인 건 없다. 바흐나 슈베르트 혹은 그 어떤 것보다.
카슨 매컬러스(미국 작가)

KEEP YOUR FRIENDS CLOSE AND YOUR BOURBON CLOSER.
친구를
가까이하고,
버번은 더
가까이하라.
켄터키 속담

TODAY'S RAIN IS TOMORROW'S WHISKY.
오늘의 비가 내일의 위스키가 된다. 스코틀랜드 속담

Bourbon is easy to understand. It tastes like a warm summer d
버번은 이해하기 쉽지. 따뜻한 여름날 같은 맛이거든.
미드 〈저스티파이드〉에서 주인공 레일런 기븐스의 대사

THERE'S NO SUBSTITUTE FOR TIME SPENT A BARREL.
(위스키가) 오크통에서 보내는 시간은
그 무엇으로도 대신할 수 없다.
맬 칠더슨(앤젤스 엔비 창업자)

be some shot of whiskey than everyone's cup of tea.
모든 사람의 차 한 잔이 되느니,
누군가의 위스키 한 모금이 되겠어.
미드 〈센스8〉 댄시티스에서 캐리 브레드쇼의 대사

KB097820

Bourbon does for me what the piece of cake did for Proust.

프루스트에게 케이크 한 조각이 있었다면 나에겐 버번이 있다.
(마르셀 프루스트의 추억을 찾아서에서 어린 시절의 기억을 떠올린다)
위커 퍼시(미국 작가)

I have never in my life seen a Kentuckian who didn't have a gun, a pack of cards, and a jug of whiskey.

내 평생에 총과 카드, 위스키를 안 가지고 다니는 켄터키 사람은 본 적이 없었다.
미국 제9대 대통령 앤드루 잭슨

WHAT WHISKEY WILL NOT CURE, THERE IS NO CURE FOR.

위스키로 치유 불가능하다면 그 무엇으로도 치유할 수 없다. 아일랜드 속담

Creativity is 80% bourbon and 20% ice.

창의력은 80%의 버번과 20%의 얼음이다.
적 둥 켄터키의 상징처로 알려져 있지만, 확실하지는 않다

If I cannot drink Bourbon and smoke cigars in Heaven then I shall not go.

천국에서 버번을 마실 수 없고 시가를 피울 수 없다면, 난 그곳에 가지 않겠다. 마크 트웨인

There is no bad whiskey. There are only some whiskeys that aren't as good as others.

나쁜 위스키란 없다. 그저 덜 좋은 위스키가 좀 있을 뿐.
레이먼드 챈들러

Civilization begins with distillation.

문명은 증류에서 시작됐다.
윌리엄 포크너

Too much of anything is bad, but too much good whiskey is barely enou

뭐든지 지나친 건 나쁘지만 좋은 위스키를 과음하는 건 딱히 지나친 게 아니다. 마크 트웨인

NEVER CRY OVER SPILT MILK. IT COULD HAVE BEEN WHISKEY.

우유 엎질렀다고 울지 마. 위스키도 아닌데 뭘.
1950년대 미드 《매버릭》의 대사

조승원
지음

버번
위스키의
모든 것

THE
KENTUCKY
BOURBON

술꾼의 술,
버번을 알면 인생이 즐겁다

싱긋

인생 처음으로 술잔을 건네주신 사랑하는 아버지,
조금석 님에게 이 책을 바칩니다.

위스키 증류소 탐방

추천사

전 세계 술꾼들이 좋아하는 칵테일을 살펴보면 1위는 올드패션드Old Fashioned, 2위는 네그로니 Negroni, 3위는 위스키 사워Whiskey Sour입니다. 모두 우리나라에서는 순위권 밖이겠지만, 마니아라면 한 번쯤 마셔본 칵테일입니다. 내가 이야기하고 싶은 것은 바로 이 칵테일에 사용되는 술입니다. 올드패션드에는 라이rye, 네그로니에는 진gin, 위스키 사워에는 버번bourbon을 사용합니다.

주니퍼베리 풍미를 가진 술인 진은 비교적 잘 알려져 있지만, 라이나 버번은 우리에게 익숙하지 않은 위스키입니다. 한국에서는 위스키 하면 스카치가 최고입니다. 라이나 버번은 콜라나 타서 마시는 저렴한 위스키로 여겨왔습니다. 하지만 알고 보면 라이와 버번은 세계인이 즐기는 유명한 위스키로서 칵테일의 베이스로도 각광을 받고 있습니다.

우리나라 위스키 마니아들은 스카치를 독보적인 존재로 여깁니다. 특히 요즘은 싱글 몰트 스카치위스키에 빠져 있습니다. 스카치위스키와 관련된 서적도 다양하게 출간되어 원하는 정보를 얻을 수 있습니다. 싱글 몰트 마니아들은 스코틀랜드 위스키 증류소를 여행하면서 새로운 제품이 출시되기를 학수고대합니다. 하지만 위스키에는 스카치와 아이리시 위스키만 있는 것은 아닙니다. 위스키 소비량 1위 국가인 미국을 대표하는 버번과 라이 위스키도 있습니다.

짐 빔과 잭 다니엘스는 알지만, 그것이 스카치인지 아메리칸 위스키인지 버번인지 잘 모르는 '위알못'(위스키를 알지 못하는 사람)은 물론이고, 바텐더와 아메리칸 위스키 마니아들에게도 『버번 위스키의 모든 것』은 생명의 물water of life 같은 존재입니다. 한마디로 이 책은 증류소의 과거와 현재, 미래를 투영하는 버번 위스키 도서관입니다. 버번과 관련된 재미있는 일화를 풍부하게 담고 있으며, 백과사전처럼 복잡한 용어는 독자의 눈높이에 맞게 쉽게 정의했습니다. 다양한 이야기와 생생한 사진 덕분에 마치 켄터키에 직접 다녀온 것처럼 느껴집니다. 기자이자 다큐멘터리 PD이자 영화감독인 작가의 센스를 엿볼 수 있는 마스터 디스틸러들과의 인터뷰는 이 책의 정점을 찍습니다.

이 책을 읽고 있으면 나도 모르게 회사에 휴가를 내고 캐리어를 끌고 공항으로 가는 꿈을 꾸게 됩니다. 『버번 위스키의 모든 것』을 통해 경이로운 버번 위스키의 세계를 경험하기를 기원합니다. 그리고 신이 주신 축복인 위스키를 친구로 삼기를 바랍니다.

성중용(디아지오 코리아 월드클래스 아카데미 원장)

일러두기

1. 각종 용어는 국립국어원 외래어표기법에 따르되 일부는 관련 업계나 위스키 애호가들의 관용적 표기에 따랐다(버펄로→버팔로, 블레→불렛, 에인절→엔젤, 우드퍼드→우드포드, 에번→에반 등).

2. 본문의 사진 중 여러 증류소에서 제공한 사진과 위키피디아에 실린 사진은 책 말미에 그 출처를 밝혀두었다.

3. 각 증류소 소개의 말미에 투어 정보를 실었다. 좀더 자세한 정보나 관련 특별 투어는 해당 증류소 홈페이지에서 확인할 수 있다. 다만 증류소 사정에 따라 투어 일정이 변경될 수 있으므로 사전에 증류소 홈페이지 확인이 반드시 필요하다.

4. 버번 위스키의 역사와 제조법, 장인 등의 정보 안내는 책 말미에 정리해두었다.

어쩌다보니 벌써 세번째 책이다. 2017년에 내놓은 첫 책『열정적 위로, 우아한 탐닉』은 팝-록 음악과 술의 만남이었다. 이듬해 출간한 『하루키를 읽다가 술집으로』에서는 하루키 문학과 술이 어우러졌다. 이번에 내놓는『버번 위스키의 모든 것』은 오롯이 술 자체에 집중한 결과물이다.

　내용과 주제는 다르지만 지금까지 펴낸 책에는 공통점이 있다. 다름 아니라 내가 독자로서 읽고 싶은 것을 썼다는 점이다. 구체적으로 말하자면, 나는 뮤지션이 사랑한 술을 다룬 책이 너무나 읽고 싶었다. 또 하루키 작품에 등장하는 술을 분석한 책도 꼭 읽어보고 싶었다. 하지만 세상에는 그런 '희귀한' 책이 없었다. 그걸 알게 된 뒤, '다른 사람이 써주길 기다리지 말고, 내가 직접 써서 맨 먼저 읽어보자'라는 생각으로 집필에 들어갔다.

　이번 책도 비슷했다. 버번 위스키에 대한 관심이 커지면서 읽을 만한 책이 있는지 찾아보게 됐다. 국내 어느 서점에도 그런 '희귀한' 책은 없었다. 대형 온라인 서점에서 찾아보니 와인이나 맥주 관련 도서는 족히 100여 종이 넘었다. 사케 관련 책도 수십 종이었고, 스카치위스키 전문 서적도 몇 권 눈에 띄었다. 버번 위스키를 다룬 한국어 단행본은 눈 씻고 찾아봐도 없었다. 물론 아마존 같은 해외 사이트에는 버번 위스키 서적이 꽤 많다. 하지만 그것은 모두 미국인들이 자신들의 관점에서 서술한 책이다. 국내 독자가 읽기에는 한계가 분명했다. 결국 이번에도 읽고 싶은 걸 읽으려면 내가 직접 쓰는 수밖에 없었다.

문제는 시간이었다. 책 구상에 들어간 2018년 당시 나는 MBC 보도국 사회부장(인권사회팀장)이었다. 시시각각 일어나는 사건, 사고를 총괄하며 특종 경쟁의 최일선을 지키고 있었다. 뉴스만 생각하기에도 하루 24시간이 모자랄 지경이었다. 이런 상황에서 책을 쓴다는 건 도저히 불가능했다. 하지만 궁하면 통한다고 했던가. 한 가지 기회가 생겼다. 회사에서 장기근속 직원에게 일종의 보상 휴가처럼 제공하는 '사회문화체험' 프로그램이었다. 나는 20일이라는 귀하디 귀한 시간을 얻어 버번 위스키 본산인 켄터키로 떠날 수 있었다.

켄터키의 하루하루는 고난의 연속이었다. 날씨부터 적응하기 힘들었다. 11월 중순 켄터키가 그렇게 추울 줄은 꿈에도 몰랐다. 가지고 온 옷을 다 껴입었는데도 한기가 뼛속까지 파고들었다. 항상 바들바들 떨면서 취재를 다녔다. 더구나 버번 증류소는 대부분 '산 좋고 물 좋은' 곳에 있었다. 구불구불한 길을 운전하며 찾아다니기도 쉽지 않았다. 이동 거리는 길고 시간은 부족하다보니 아침에 빵 한 조각 먹고 나가서 끼니를 건너뛰고 돌아다니기 일쑤였다. 워낙 고생을 해서인지 증류소 탐방을 마치고 버번 칵테일을 취재하러 남부 뉴올리언스로 넘어갔을 때는 체중이 4킬로그램이나 빠져 있었다.

우여곡절 끝에 현지 취재는 끝냈지만, 글을 쓰는 건 또다른 차원의 일이었다. 만약 이 책을 '켄터키 버번 증류소 기행문'으로만 꾸밀 생각이었다면, 미국에서 돌아오자마자 바로 집필에 들어갔을 것이다. 하지만 애초에 그럴 생각은 없었다. 기행문 형식의 감성적인 에세이를 쓰기엔 내 필력이 한참 모자라기 때문이다. 사실 그런 글은 『자전거 여행』의 김훈 선생이나 『위스키 성지 여행』의 무라카미 하루키 정도 되는 대가가 써야 맛이 산다. 나 같은 하수가 도전하면 죽도 밥도 안 된다.

내가 써야 할 글은 '팩트' 위주의 에세이일 수밖에 없었다. 23년을 기자로 살아온 나한테는 그게 잘 어울렸다. 더구나 한국에서 최초로 출간되는 버번 위스키 책이니만큼, 이참에 버번 위스키의 정의부터 증류소 역사와 현황까지 두루 정리해보고 싶은 욕심도 컸다. 때문에 미국에서 돌아온 뒤 대략 여섯 달 동안은 참고자료 수집에 매달렸다.

먼저 아마존 사이트에 들어가 'Bourbon'이라는 단어를 집어넣은 뒤 검색되는 책을 모조리 사들여서 읽었다. 이 과정에서 수많은 책을 뒤적거렸는데, 그중 가장 많이 참고하고 인용한 책은 다음의 네 권이다. 『빅 위스키Big Whiskey』, 『배럴 스트렝스 버번Barrel Strength Bourbon』, 『버번Bourbon: The Rise, Fall, and Rebirth of an American Whiskey』, 『켄터키 버번 위스키Kentucky Bourbon Whiskey: An American Heritage』. 또한 책에서 얻지 못한 최신 정보는 위스키 전문 사이트와 미국 현지의 신문, 잡지 기사를 뒤져서 캐냈다. 참고로 자료를 얻으려고 자주 들락거린 사이트는 다음과 같다. whisky.com, whiskeyreviewer.com, bourbonveach.com, chuckcowdery.blogspot.com.

해외 서적과 사이트를 통해 자료 확보를 마친 뒤 집필을 시작했다. 때마침 여름휴가여서 집중적으로 글을 쓸 수 있었다. 신촌에 있는 스터디카페에서 하루에 정확히 열여섯 시간씩 작업했다. 속도와 효율을 높이려고 말 그대로 '칸트처럼' 살았다. 일어나는 시간, 잠자는 시간, 쉬는 시간까지 매일매일 똑같이 유지했다. 식사도 마찬가지였다. 점심으로는 오전 11시 45분에 스터디카페 1층에 있는 식당에서 똑같은 해장국을 먹고, 저녁은 오후 6시 30분에 분식집에서 똑같은 라면 정식을 먹는 식이었다. 짧은 기간에 최대한 많은 글을 뽑아내려면 이렇게 해서라도 나 자신을 '글 쓰는 기계'로 만드는 수밖에 없었다.

취재와 자료 수집, 집필까지 끝내는 데 꼬박 1년이 흘렀다. 이런 지난한 과정을 통해 결과적으로는 켄터키 현지 취재 내용 절반에 참고 자료에서 확보한 정보 절반으로 원고를 채울 수 있었다. 또한 팩트만 나열하면 백과사전처럼 딱딱해질 것 같아서 켄터키에서 경험한 소소한 일들과 그때그때 느낀 감상도 곳곳에 담았다. 아울러 켄터키에 다녀온 뒤 벌어진 상황과 그사이 바뀐 정보는 장마다 저자 후기 형식으로 넣었다.

책 출간이 눈앞으로 다가오니 두려움이 앞선다. 변명 삼아 미리 말씀드리자면, 나는 버번 위스키 '전문가'로서 이 책을 쓴 게 아니다. 서두에서 언급했듯이 '애호가'로서 버번 위스키에 대한 정보를 뒤지다가 여기까지 오고 말았다. 국내에 아직 버번 위스키 책이 한 권도 없다는 걸 알게 되면서 부득이 '애호가' 수준의 글이라도 내놓게 된 것에 불과하다. 그러니 이것으로 내 역할은 모두 끝났다. 이제 다시 독자로 돌아가 전문가가 쓴 다양한 버번 위스키 책이 출간되기를 기다릴 것이다. 마시면 마실수록 매력적인 버번 위스키가 한국에서도 대중화돼 꼭 그런 날이 오길 간절히 기원한다.

2020년 3월
조승원

버번 위스키란 무엇인가?

버번 위스키 지식이 풍부한 분이라면
이 장은 건너뛰어도 된다.
다만 그렇지 않은 분은 정독하시길 권한다.
버번의 개념과 제조법만 알면
다음 장부터 이어지는 개별 증류소에 대한
설명을 훨씬 쉽게 이해할 수 있을 것이다.

미국 위스키＝버번?

버번 위스키 공부를 제대로 해보려고 아마존 사이트에 들어가서 원서를 닥치는 대로 구매했다. 이 책, 저 책을 읽기 시작했는데, 버번의 정의를 설명하는 첫 장에 공통적으로 등장하는 문장이 있었다.

"모든 버번은 위스키다. 하지만 모든 위스키가 버번은 아니다."

하지만 이걸로는 부족하다. 나는 이 문장을 이렇게 바꿔보고 싶다.

"모든 버번은 미국(아메리칸) 위스키다. 하지만 모든 미국(아메리칸) 위스키가 버번은 아니다."

정리하면 버번은 위스키 중에서도 미국 위스키의 하위 개념이라는

왼쪽부터 라이 위스키, 콘 위스키, 휘트 위스키.

뜻이다.

위스키 〉 미국 위스키 〉 버번인 것이다.

그럼 버번이 아닌 미국 위스키로는 무엇이 있을까? 사실 '미국 위스키=버번'이라는 인식이 워낙 확고해서 그렇지, 버번이 아닌 미국 위스키는 정말 많다. 호밀을 주재료로 하는 라이 위스키Rye Whiskey라든가 옥수수를 80퍼센트 이상 쓰는 콘 위스키Corn Whiskey가 대표적이다. 또 버번과 비슷하지만 법적 분류는 완전히 다른 테네시 위스키Tennessee Whiskey도 있다. 밀을 주재료로 하는 휘트 위스키Wheat Whiskey 혹은 발아 호밀을 51퍼센트 이상 쓰는 라이 몰트위스키Rye Malt Whiskey 등도 빼놓을 수 없다. 이 대목에서 '뭐가 이렇게 많아?' 하실 분도 있을 것 같다. 하지만 너무 걱정 마시라. 이걸 다 알아야 할 필요는 없으니까. 독자 여러분은 이중에서 딱 하나, 버번 위스키만 제대로 알면 된다. 이것만 꿰뚫고 있으면 라이 위스키와 테네시 위스키도 쉽게 이해할 수 있다. 콘 위스키나 휘트 위스키, 라이 몰트니 하는 것은 시장에 출시되는 게 적어서 크게 신경쓸 필요가 없다.

까다롭고 엄격한 규정

이제 본론으로 들어가서, 버번 위스키의 개념과 정의를 살펴보자. 흔히 버번 위스키는 "전 세계에서 가장 심하게 규제를 받는 생산품"이라고 한다. 그만큼 규정이 엄격하고 까다롭다. 전 세계 증류주 중에서 이토록 세밀하고 구체적으로 제조 방식을 정해놓은 건 없다.

버번 위스키라는 이름을 달기 위한 조건을 살펴보자. 먼저 곡물의 종류와 양이다. 버번은 반드시 옥수수 함량이 전체 재료 곡물의 51퍼센트를 넘어야 한다. 이는 버번의 주재료가 반드시 옥수수여야 한다는 뜻이다. 규정이 이렇기 때문에 다른 부재료는 아무 곡물이나 넣어도 상관없지만, 전통적으로 버번 증류소에서는 옥수수를 60퍼센트 이상 충분히 넣고, 부재료로 호밀(혹은 밀)과 싹을 틔운 보리malted barley를 쓰는 게 공식처럼 확립돼 있다. 예를 들어 올드 포레스터 증류소에서는 옥수수 72퍼센트에 호밀 18퍼센트, 맥아 보리 10퍼센트로 버번을 제조한다. 이런 곡물 배합 비율을 매시빌mash bill이라고 하는데, 증류소마다 천차만별이다.

올드 포레스터 증류소 매시빌 소개 사진.

다음은 증류할 때의 알코올 도수다. 버번은 최종 증류 알코올 도수가 80퍼센트(160프루프. proof는 증류주의 알코올 농도를 나타내는 단위)를 넘어선 안 된다. 반드시 80도 아래로 증류를 마쳐야 한다. 이렇게 규제하는 이유는 80도를 넘어가면 곡물의 특성이 거의 사라져 보드카와 큰 차이가 없어지기 때문이다.

증류를 막 마친 위스키는 색이 보드카

처럼 투명하다. 아직 숙성을 하지 않았기 때문이다. 이런 위스키 원액(증류액)을 흔히 화이트 도그white dog라고 한다. 일종의 '미숙성 곡물 증류주'에 해당하는 화이트 도그를 오크통에서 숙성시키면 위스키로 거듭나게 된다. 버번은 오크통에 넣는 증류액의 알코올 도수도 법으로 정해져 있다. 통입 알코올 도수는 62.5퍼센트(125프루프)를 넘겨선 안 된다.

오크통에서 숙성을 마친 뒤에 위스키를 꺼내서 병에 담는다. 이걸 병입

버팔로 트레이스 증류소에서 출시한 화이트 도그. 버번 증류소에서는 미숙성 증류액인 화이트 도그를 그대로 병에 담아 상품으로 팔기도 한다.

bottling이라고 한다. 미연방 정부 규정에 따라, 버번 위스키를 병입할 때 알코올 도수는 40퍼센트 이상으로 정해져 있다. 다시 말해 39도짜리 버번 위스키는 세상에 존재하지 않는다. 버번이라는 이름이 붙어 있다면 예외 없이 알코올 도수가 40퍼센트(80프루프) 이상이다. 또한 오크통에서 꺼낸 위스키에는 그 어떤 종류의 인공 색소나 조미료도 첨가할 수 없다. 도수를 조절하기 위해 물을 섞는 것만 허용될 뿐이다.

숙성할 때 쓰는 오크통에 관한 규정도 있다. 버번 위스키를 숙성할 때는 반드시 속을 까맣게 태운 새 오크통을 써야만 한다. 이미 사용한 오크통은 재활용하지 않는다. 이런 규정 때문에 버번 숙성을 마친 오크통은 스코틀랜드 증류소에 팔거나 아니면 음식물 저장용 등으로 다양하게 사용한다. 버번을 제조할 때 새 오크통만을 쓰도록 법제화한 데는 오크통 제조업체(쿠퍼리지cooperage)의 로비가 결정적인 영향을 미쳤다는 얘기도 있다.

미국 연방 정부가 정한 버번의 개념을 다시 요약해 정리해보자.

❶ 버번은 옥수수가 주재료(51퍼센트 이상).
❷ 버번=옥수수+호밀(밀)+맥아 보리. •곡물 배합 비율은 매시빌이라고 부른다.
❸ 증류: 80도 이하. •증류를 마친 원액을 '화이트 도그'라고 한다.
❹ 통입(오크통에 넣을 때): 62.5도 이하.
❺ 병입: 40도 이상. •39도 버번은 세상에 존재하지 않는다.
❻ 조미료와 색소는 첨가하지 않는다.
❼ 오크통은 새것만 쓴다.

참고로 메이커스 마크 증류소의 마스터 디스틸러master distiller(증류소에서 위스키 생산 공정을 총괄하는 직책)인 데니 포터는 버번 위스키 규정을 알파벳 A, B, C, D, E, F, G로 분류했다. 인상적인 분류법이라 독자 여러분에게 소개한다.

A	**America** 미국	버번은 반드시 미국에서 제조되어야 한다. 모든 규정을 다 지켰더라도 멕시코에서 만들면 버번이라고 할 수 없다. 다만 꼭 켄터키가 아니어도 상관없다. 뉴욕에서든 시카고에서든 미국에서만 만들면 된다.
B	**Barrel** 오크통	반드시 새 오크통을 써야 한다.
C	**Corn** 옥수수	51퍼센트 이상 쓴다.
D	**Distillation proof** 증류 도수	80도(160프루프) 이하
E	**Entry proof** 통입 도수	62.5도(125프루프) 이하
F	**Fill proof** 병입 도수	40도(80프루프) 이상
G	**Genuine** 순수한	색소나 조미료 등 그 어떤 첨가물도 넣지 않는다.

스트레이트 버번

버번 위스키는 최소 숙성 기한이 없다. 증류를 마친 원액(화이트 도그)을 오크통에 얼마 동안 넣어둬야 하는지에 대해서는 규정이 없다. 하루를 숙성해도 상관없고 심지어 10분만 숙성해도 된다. 그래서 버번 업계 최장수 현역 마스터 디스틸러인 지미 러셀(와일드 터키 증류소)은 농담으로 이런 얘기를 했다.

"증류기에서 알코올 도수 60퍼센트(120프루프)로 위스키 원액을 뽑아내서 속을 태운 간이 오크통에 잠깐만 넣었다가 빼서 깔때기로 병에 담으면 버번은 완성된다."

지미 러셀의 말을 따져보자. 우선 알코올 도수 60퍼센트로 증류했기 때문에 '증류 도수 80도 이하'라는 규정을 충족한다. 또 이걸 그대로 오크통에 잠깐이라도 넣으면 '62.5도 이하로 통입한다'는 숙성 규정도 지킨 셈이 된다. 더구나 오크통에 넣었던 60도 위스키를 꺼내서 병에 담으면 '병입 도수 40도 이상'이라는 규정에도 어긋남이 없다.

물론 실제로 이렇게 버번을 만드는 사람은 없다. 일반적으로는 2년 이상 오크통에 넣어 숙성을 시킨다. (일부 버번은 3~6개월만 숙성해 판매하기도 한다.)

앞서 언급한 버번 위스키 규정을 모두 지키면서 최소 2년 이상 숙성했다면, 그런 위스키에는 '스트레이트straight'라는 말을 붙일 수 있다. 따라서 버번 위스키 병에 스트레이트라고 적혀 있으면 숙성고에서 최소 2년 이상 묵었다는 의미다. 또한 이 경우 숙성 기간이 2년에서 4년 미만이라면 의무적으로 라벨에 숙성 연수(혹은 숙성 시작 날짜)를 적어야 한다. 반면 숙성을 4년 이상 했다면 이때는 별도로 숙성 기간을 적지 않아도 된다. (라벨에 숙성 기간은 연 단위 혹은 월 단위로 표기한다.)

이 부분은 헷갈릴 수 있어서 예를 들어 설명하려고 한다. 버번 위스키 숙성 기간이 2년 혹은 3년이라면 라벨에는 스트레이트라는 말을 적을 수 있으며, 숙성 연수(2년 혹은 3년 숙성)도 '반드시' 적어야 한다. 그런데 숙성 기간이 만약 4년 혹은 그 이상이라면 스트레이트라는 말만 적고, 얼마나 숙성했는지는 적지 않아도 된다. 이렇게 숙성 기간을 라벨에 표기하지 않는 걸 NAS, No Age Statement(숙성 연수 미표기)라고 한다. 다시 말해 버번 위스키를 샀는데 스트레이트라는 단어만 눈에 띄고 숙성 기간이 적혀 있지 않으면 최소 4년 이상 숙성했다는 뜻이다. 참고로 일반적인 스트레이트 버번 위스키는 통상적으로 4년에서 8년을 숙성한다. 만약 숙성 연수가 8년을 넘어가면 증류소에서는 스트레이트라는 말과 함께 거의 무조건 숙성 기간을 자랑스럽게 라벨에 적어놓는다. 오래 숙성한 걸 일부러 감출 이유는 없을 테니까 말이다.

아울러 숙성 기간이 서로 다른 여러 위스키를 꺼내서 섞었다면 그 중에 기간이 가장 짧은 것으로 적어야 한다. 그러니까 '2년 숙성+4년 숙성'이라면 라벨에는 '2년 숙성'으로 적어야 한다. 또 그냥 '스트레이트'가 아니라 '켄터키 스트레이트Kentucky Straight Bourbon Whiskey'라고 적

KEY POINT

2년 혹은 3년 숙성 버번 위스키=스트레이트 표기(선택 사항)**+숙성 기간 표기**(의무 사항)
예: 2년 숙성 스트레이트 위스키: straight bourbon whiskey. aged 24 months

4년 이상 숙성 버번 위스키=스트레이트 표기(선택 사항)**+숙성 기간 표기**(선택 사항)

헤븐힐 증류소의 대표 브랜드 〈에반 윌리엄스〉 스트레이트 버번 위스키. '숙성 기간을 표시하지 않은(NAS)' 스트레이트 버번 위스키다.

10년 숙성한 〈헨리 매케나〉 스트레이트 버번 위스키. 숙성 기간이 길면 증류소에서는 자랑스럽게 숙성 연수를 밝힌다.

3년 숙성한 〈피어리스〉 스트레이트 라이 위스키. 라벨에 3년이라는 숙성 기간이 명기돼 있다. 숙성 기간이 2년 이상 4년 미만인 경우 반드시 라벨에 적어야 한다.

버번 위스키 vs 라이 위스키 vs 테네시 위스키

라이 위스키는 곡물에 대한 규정만 버번과 다르다. 나머지 규정은 모두 버번과 동일하다. 즉 버번이 옥수수 51퍼센트 이상으로 만든다면, 라이 위스키는 주재료인 호밀을 51퍼센트 사용한다. 이것 말고는 증류 도수나 병입 도수 규정에서 버번과 아무런 차이가 없다.

KEY POINT
라이 위스키=호밀 51퍼센트 이상 사용.
나머지는 모두 버번 규정과 동일.

또한 잭 다니엘스로 대표되는 테네시 위스키는 모든 버번 규정을 지키면서 차콜(숯)로 여과하는 공정을 추가해야 한다. 즉 '테네시 위스키=버번 규정+차콜 여과 공정'이다. 「잭 다니엘스」편 참조.)

테네시 위스키를 대표하는 잭 다니엘스.

으려면 반드시 증류를 켄터키주에서 해야 한다. (숙성은 다른 지역에서 해도 상관없다.)

버번 위스키는 어떻게 만드나?

버번 위스키 제조 공정은 다섯 단계로 나눌 수 있다.

①당화 ②발효 ③증류 ④숙성 ⑤병입

각 단계별로 하나하나 살펴보자.

①당화 mashing

"알코올은 효모가 당분을 먹어치우면서 생긴다."

주류 강연에 갈 때마다 반드시 외워두라고 강조하는 문장이다. 사실 이 문장 하나만 기억하고 있으면 주류 제조 원리를 절반쯤 아는 것이나 마찬가지다.

"알코올은 효모가 당분을 먹어 치우면서 생긴다"는 건 결국 당분이 있어야 알코올도 만들 수 있다는 뜻이다. 그럼 효모의 먹잇감이 될 당분은 어떻게 만들까? 위스키의 경우에는 곡물에 있는 전분(녹말starch)을 당분(단당simple sugar)으로 바꾸면 된다. 이처럼 전분을 당분으로 바꾸는 걸 '당화'라고 한다.

버팔로 트레이스 증류소의 대형 당화조(쿠커).

버번 위스키를 만들 때 재료로 쓰는 곡물은 앞서 언급한 대로 옥수수, 호밀(밀), 맥아 보리다. 이중 옥수수와 호밀(밀)은 버번 위스키의 풍미를 담당한다. 반면 맥아 보리는 주된 역할이 다르다. 풍미보다는 당화 처리를 위해 넣는 곡물이다. 맥아 보리는 보리를 물에 담가서 싹을 틔운 뒤 건조한 것이다. 이렇게 발아를 시키면 효소(엔자임enzyme)가 깨어나면서(활성화되면서) 곡물의 전분을 당분으로 분해할 수 있는 능력을 갖게 된다.

옥수수와 호밀(밀), 맥아 보리는 분쇄기로 곱게 갈아서 당화조(쿠커cooker 혹은 매시텁mash tub이라고 부른다)에 물과 함께 넣는다. 이때

KEY POINT

전분(곡물에 있는 녹말 성분) → **당화** → **당분**(발효 가능한 단당)

도 순서가 있는데, 맨 처음엔 옥수수를 넣고 섭씨 100~110도의 고온에서 충분히 가열한다. 그런 다음 온도를 77도 정도로 낮춘 뒤 호밀을 집어넣는다. 마지막으로 온도가 65도 정도가 되면 맥아 보리를 당화조에 투입한다.

대다수 켄터키 증류소에서는 당화 공정을 진행할 때 사워 매시(셋백setback 혹은 백셋backset이라고도 부른다)도 함께 넣는다. 사워 매시는 위스키를 증류하고서 남은 찌꺼기(산성 폐액)를 말한다. 산성인 이 액체를 모아놨다가 당화할 때 넣으면 산도가 올라가면서 당화가 촉진되고 위스키 풍미도 균일하게 유지된다.

당화 공정을 통해 곡물에 있는 전분(녹말)은 발효 가능한 당분(단당)으로 변한다. 효모가 맛있게 먹어치울 먹잇감이 마련된 셈이다.

(피어리스 등 일부 버번 증류소에서는 당화할 때 옥수수와 호밀을 한꺼번에 넣기도 한다. 또한 가열 온도는 증류소마다 조금씩 다르다. 당화 공정은 「엔젤스 엔비」편과 「피어리스」편에서도 자세히 다뤘다. 함께 살펴보시기 바란다.)

②발효 fermentation

당화를 끝내고 나면 발효조(퍼멘터fermenter)로 옮긴 뒤 효모(이스트yeast)를 넣고 발효시킨다. 이 과정에서 주의할 점은 온도다. 뜨거운 상태의 당화액(매시mash)을 그냥 발효조로 옮기면 안 된다. 충분히 식혀서 섭씨 25도에서 30도까지 온도를 떨어뜨린 뒤 효모를 발효조에 투입해야 한다. 온도가 지나치게 높으면 효모가 죽어버려 발효가 이뤄지지 않기 때문이다. 발효가 진행되는 동안에도 화학 작용에 의해 자연스럽게 발효조 온도가 올라간다. 그러면 다시 온도를 낮춰야 한다. 증류소에서는 발효조 내부를 둘러싸고 있는 파이프에 차가운 물을 흘

우드포드 리저브 증류소에 있는 나무 발효조.

KEY POINT

당화조 곡물 투입 순서

❶ 옥수수(섭씨 100도 내외) → ❷ 호밀(77도 내외) → ❸ 맥아 보리(65도)

려보내는 방식으로 온도를 조절한다.

너무 뜨겁지도, 너무 차갑지도 않은 발효조에서 효모는 게걸스럽게
당분을 먹어치우고 알코올을 뱉어낸다. 보통 3일에서 5일 내외로 이
뤄지는 발효를 통해 알코올 도수 8퍼센트에서 10퍼센트에 달하는 액
체를 얻어낼 수 있게 된다. 시큼하고 맛없는 맥주와 비슷한 이 액체를
켄터키 증류업자들은 디스틸러스 비어distiller's beer라고 한다(워시wash
라고도 부른다).

③증류 distillation

발효를 통해 얻은 디스틸러스 비어(곡물 발효액)는 도수가 높지 않
다. 그래서 위스키로 만들려면 반드시 증류를 해야 한다. 증류란 쉽게
말해 도수가 낮은 술(양조주, 발효주)을 끓여서 도수가 높은 술(증류
주)을 얻어내는 것이다. 증류 원리를 아주 간단하게 설명하면 물의 끓
는점(100도)과 알코올의 끓는점(78.3도)이 다르다는 점을 이용해 순
도 높은 알코올을 분리해내는 것이다.

예를 들어보자. 알코올 도수가 8~10퍼센트인 디스틸러스 비어를

증류기에 넣고 열을 가한다. 온도가 78.3도(알코올 끓는점)를 넘어가게 되면 끓는점이 물보다 낮은 알코올이 먼저 기체로 변해 증발한다. 이렇게 기화된 알코올을 관을 통해 붙잡아놓고 냉각하면 기체였던 알코올은 다시 액체가 된다. 기화와 응축을 통해 얻어낸 알코올(증류액)은 디스틸러스 비어(발효액)에 비해 도수가 훨씬 높아진다.

버번 위스키의 증류 방식은 스코틀랜드와 다르다. 스코틀랜드 증류소에서는 일반적으로 항아리나 솥단지를 닮은 단식 증류기(포트 스틸 Pot still)로 두 차례 증류해 위스키 원액을 뽑아낸다(세 번 증류하는 곳도 있다). 이와 달리 대다수 버번 증류소에서는 1차 증류에선 기둥처럼 생긴 연속식 증류기(칼럼 스틸 Column still)를 쓰고, 두번째로 증류할 때는 더블러doubler라고 부르는 크기가 비교적 작은 증류기를 사용한다. 더블러(2차 증류기)는 항아리 형태의 전통적인 포트 스틸을 쓰기도 하고, 포트 스틸과 칼럼 스틸을 결합한 하이브리드 증류기combination pot/column still를 쓰기도 한다. 1, 2차 증류 때 서로 다른 형태의 증류기를 쓰는 이유에 대해 켄터키 버번 증류 기술자들은 "연속식 증류기를 통해 1차적으로 많은 양의 위스키를 한꺼번에 증류한 뒤, 더블러에서 추가 증류를 해 풍미를 강화하는 것"이라고 설명한다. 즉, 연속식 증류기를 쓰는 1차 증류는 생산 효율에 초점을 맞추고, 더블러로 정제하는

KEY POINT
버번 위스키 증류 방식

1차 증류: 대형 연속식 증류기(칼럼 스틸)
2차 증류: 더블러(2차 증류기)
(더블러에는 포트 스틸 혹은 포트/칼럼 스틸 혼합형이 있다.)

버팔로 트레이스
증류소의 대형 연속식
증류기(칼럼 스틸).

엔젤스 엔비 증류소의
더블러(2차 증류기).

2차 증류는 풍미에 주안점을 둔다는 얘기다. (일부 버번 증류소에서는 더블러를 쓰지 않고 1, 2차 증류를 모두 연속식 증류기로 하기도 한다.)

증류를 통해 얻은 알코올을 그대로 오크통에 집어넣지는 않는다. 증류 과정에서 맨 처음에 나오는 알코올을 초류head라고 하는데, 반드시 따로 분류해 잘라내야 한다. 증류 초반에 나오는 알코올(초류)에 메탄올이나 아세톤 같은 유해 물질이 들어 있어서다. 잘못 마셨다가는 눈이 멀거나 심지어 사망할 수도 있다. 미국에서는 금주법 시행 기간에 밀주 제조업자들이 초류를 그냥 병에 담아서 파는 바람에 많은 이들이 목숨을 잃었다. 이렇게 증류 공정 초반에 잘라내는 알코올(초류)은 전체 양의 약 5퍼센트에 달한다. 초류는 그냥 버리기도 하지만, 많은 버번 증류소에서는 모아뒀다가 다음번 증류할 때 증류기에 다시 집어넣는다.

초류를 잘라낸 뒤에 나오는 알코올이 우리한테 필요한 액체다. 이걸 중류heart, middle cut라고 한다. 켄터키 버번 증류소에선 증류 과정에서 나온 중류만을 모아서 오크통에 넣고 숙성에 사용한다. 결국 우리가 마시는 위스키는 중류를 모아 숙성한 것이다.

증류가 거의 끝날 무렵에 나오는 증류액도 있다. 이를 가리켜 후류tail라고 한다. 말 그대로 증류액의 꼬리에 해당하는 이 액체 역시 버리지 않고 모아뒀다가 다음번 증류할 때 재활용한다. 참고로 후류에는 프로판올(포화 알코올)이 많이 함유돼 있다. 이 성분은 버번 위스

KEY POINT

초류: 증류 초반에 나오는 알코올. 메탄올 등 유해 성분이 많다.

중류: 증류 공정에서 나온 중류를 모아서 숙성한다.

후류: 프로판올 성분이 많다. 다음 증류할 때 재활용한다.

더블러(2차 증류기)를 통과한 투명한 위스키 원액(증류액).
이를 하이 와인이라고 부른다.

키를 마셨을 때 입안에서의 느낌(마우스 필mouth feel)을 미끌미끌하게
만든다.

이 대목에서 반드시 알아야 할 용어도 정리하고 넘어가자. 켄터키
증류소에서는 1차 증류를 마친 알코올을 '로 와인low wine'이라고 한다.
또 2차 증류까지 다 마친 증류액은 '하이 와인high wine'이라고 비교해
서 부른다. 대형 연속식 증류기(칼럼 스틸)에서 나온 1차 증류액인 로
와인은 대체로 알코올 도수가 55퍼센트에서 60퍼센트 정도다. 반면
더블러를 빠져나온 2차 증류액인 하이 와인은 65퍼센트에서 80퍼센
트에 달한다. 2차 증류까지 다 끝낸 투명한 증류액은 아직 숙성을 하
지 않았기에 곡물 향이 강하고 맛도 강렬하다. 증류는 했지만 숙성은
하지 않은 이런 위스키 원액을 켄터키 사람들은 화이트 도그 혹은 뉴
메이크new make, 뉴 위스키new whiskey, 문샤인moonshine 등등 다양한 이

름으로 부른다.

참고로 버번 증류소에서 쓰는 증류기는 대부분 구리로 만든다. 구리는 열전도가 좋을 뿐 아니라 디스틸러스 비어에 함유된 유황 성분도 제거한다. 더구나 예쁘기까지 하다. 기능 면에서나 미적인 면에서나 구리 증류기를 대체할 만한 건 없다는 게 켄터키 증류업자들의 중론이다.

④ 숙성maturation

숙성은 위스키를 위스키답게 만드는 가장 중요한 공정이다. 증류를 마친 투명한 곡물 증류액은 숙성고 오크통에서 맛좋은 호박색 위스키로 다시 태어난다. 대다수 전문가들은 "버번 위스키 풍미의 최소 절반은 숙성을 통해 생긴다"고 말한다. 일부 전문가는 버번 풍미의 80퍼센트를 숙성이 좌우한다고 말하기도 한다.

그렇다면 숙성고 오크통에서는 대체 무슨 일이 벌어지는 걸까? 위스키는 오크통에서 잠을 자는 동안 수축과 팽창을 거듭하며 참나무의 풍미를 빨아들인다. 더 구체적으로 얘기하면, 위스키의 알코올 성분이 오크통 나무 세포벽을 뚫고 침투했다가 다시 밖으로 빠져나오면서 색이 아름답게 변하고 맛과 향도 풍성해진다. 이 과정에서 오크통 밖

KEY POINT

· 숙성은 버번 위스키 풍미의 최소 절반 이상을 좌우한다.

· 위스키는 오크통에서 머무는 동안 수축과 팽창을 거듭하며
  참나무의 풍미를 빨아들인다.

· 켄터키 버번 증류소의 엔젤스 셰어(숙성 과정에서 오크통 밖으로
  증발하는 위스키)는 연간 평균 약 5퍼센트로 스코틀랜드보다 훨씬 높다.

엔젤스 엔비 증류소 벽에 붙어 있는 '엔젤스 셰어'에 대한 설명. 버번 증류소에서는 통상 1년에 5퍼센트씩 위스키가 증발한다.

으로 위스키가 증발하기도 하는데, 이렇게 사라지는 위스키를 '천사의 몫(엔젤스 셰어 Angel's Share)'이라고 한다. 연중 서늘한 스코틀랜드에서는 천사의 몫이 연 1, 2퍼센트 정도에 불과하다. 하지만 한여름 기온이 30도를 훌쩍 넘어가는 켄터키에서는 1년에 최소 3퍼센트, 평균 5퍼센트가 증발한다. 가장 일반적인 4년 숙성을 기준으로 할 때, 약 20퍼센트가 하늘로 날아가버리는 셈이다.

버번을 숙성하는 오크통barrel은 반드시 새것을 써야 한다. 스코틀랜드에서처럼 재활용 오크통을 써선 안 된다. 또한 버번 오크통은 거의 대부분 미국산 화이트 오크American White Oak(백참나무) 품종으로 만든다. 화이트 오크에는 액체를 잘 머금는 특성이 있는 타일로시스tylosis라는 세포가 있다. 또 수명이 70년에서 100년에 달하는 화이트 오크는 성장하는 동안 주변의 토양에서 갖가지 다양한 풍미를 빨아들였기 때문에 위스키 숙성에 적합하다.

오크통 만드는 과정은 힘들고 복잡하다. 먼저 나무를 벌목한 뒤 쪼개서 잘 말린다. 이런 건조 과정을 통해 목재에 있는 탄닌tannin 성분을 최대한 제거한다. 탄닌이 많이 남아 있게 되면 숙성을 마친 위스키가 쓴맛을 내기 때문이다. 벌목한 목재는 최소 6개월에서 길게는 몇 년씩

KEY POINT
오크통을 만들 나무는 벌목한 뒤 최소 6개월 이상 말려 탄닌을 제거한다.

건조한 다음 널빤지(스테이브stave) 형태로 자른다. 일부 증류소에서는 널빤지로 자른 뒤에도 다시 한번 건조해 탄닌을 또 없애기도 한다.

이후엔 오크통 제조 공장(쿠퍼리지)으로 넘어온다. 이곳에서 기술자(쿠퍼cooper)들이 널빤지로 오크통을 조립한다. 그런 다음엔 오크통 내부를 굽고 태워서 시커멓게 만든다. 여기서 굽는 공정을 토스팅toasting이라고 하고, 태우는 걸 차링charring이라고 한다.

토스팅은 비교적 낮은 온도에서 약 10분 동안 천천히 진행한다. 이렇게 굽는 동안 오크통 나무 세포의 화학적 결합이 무너진다. 그럼으로써 위스키에 풍미를 더하는 여러 성분이 나무 밖으로 빠져나올 수 있게 된다.

토스팅과 달리 차링(태우는) 공정은 매우 높은 온도로 짧게(15초에서 55초) 이뤄진다. 이걸 통해 오크통 나무 표면은 시커먼 숯 성분으로 변하고 울퉁불퉁 부풀어오르게 된다. 위스키가 수축과 팽창을 거듭하며 나무로 들어갔다가 나오는 과정에서 표면에 있는 숯은 일종의 필터 역할을 하게 된다. 숯으로 계속 여과되면서 위스키 맛은 부드러워지고, 불순물도 제거된다.

이렇게 완성된 오크통에 위스키 원액을 채워넣은 뒤 숙성고로 옮겨서 저장한다. 이때부터는 사람의 노력보다는 자연의 섭리가 더 크게 작용한다. 숙성고 오크통에서 어떤 일이 벌어질지는 그 누구도 짐작

KEY POINT

토스팅: 낮은 온도에서 10분 이상 구워 나무 성분이 빠져나오게 만든다.

차링: 매우 높은 온도로 수십 초 동안 태워 나무 표면에 숯 여과층을 만든다.

(오크통 제조 공정은 「올드 포레스터」편과 「피어리스」편에 자세히 설명돼 있다.)

하기 힘들다. 숙성고에 저장한 뒤에는 그저 인내심을 갖고 기다리는 수밖에 없다. 이런 막연한 기다림에 대해 메이커스 마크 증류소 마스터 디스틸러였던 그레그 데이비스는 "우리가 할 수 없는 유일한 것은 시간을 사는 것"이라는 명언을 남기기도 했다.

한날한시에 똑같이 증류한 위스키라도 숙성고 어디에 놓느냐에 따라 맛은 천차만별 달라진다. 일반적으로는 천장에 가까운 고층에 놔둔 위스키일수록 더 높은 온도에서 빨리 숙성돼 풍미가 강하고 증발량도 많다. 반대로 저층 바닥 쪽에 저장한 위스키는 숙성이 천천히 진행돼 맛과 향이 확연히 다르다. 신기한 건 이뿐이 아니다. 심지어 저장 위치가 같더라도 숙성된 위스키의 맛은 조금씩 다 다르다. 예를 들어 똑같은 나무로 만든 오크통 두 개에 똑같은 위스키 원액을 나눠서 담은 뒤 숙성고 같은 층 바로 옆에 붙여놓았다고 치자. 몇 년이 지난 뒤 이 두 개의 오크통에서 꺼낸 위스키를 비교 시음해보면 향과 맛이 다르다. 전문가들은 이를 두고 "오크통 나무 널빤지 세포의 미묘한 차이 하나만으로도 풍미에 변화가 생긴다"고 말한다. 이처럼 위스키 숙성은 오묘하고 신비롭다.

하늘의 뜻이 지배하는 숙성 공정에 인간의 경험과 기술을 결합하려는 노력은 켄터키 버번 업계에서 계속되고 있다. 예를 들어 버팔로 트레이스 증류소는 전통적으로 숙성고 온도를 인위적으로 조절해 숙성 과정을 통제한다. 또 브라운포맨은 벽돌과 창문이 있는 숙성고에서

KEY POINT
· 숙성고 저장 위치에 따라 위스키 맛은 천차만별 달라진다.
· 심지어 저장 위치가 같아도 위스키 풍미는 조금씩 다르다.
· 두 개의 오크통에서 꺼낸 위스키가 똑같은 맛을 내는 일은 없다.

투명한 증류액은
오크통에서
잠을 자는 동안
위스키로 거듭난다.

짐 빔 증류소
숙성고에 있는
오크통. 4년
숙성이라고
적혀 있다.

숙성을 마친 뒤 오크통에서 위스키를 빼내는 것을 '덤핑dumping'이라고 한다.

이른바 '열기 순환heat cycling' 방식을 활용해 1년 동안 여러 번의 겨울과 여러 번의 여름 환경을 인위적으로 만들어낸다. 하지만 상당수 버번 증류소는 과거 방식 그대로, 숙성고의 온도와 습도를 조절하지 않고 오로지 자연의 섭리에 맡겨둔다.

⑤병입bottling

　숙성이 끝나면 오크통에서 위스키를 꺼내야 한다. 망치로 오크통을 두드려 마개bung를 뽑아내고 위스키를 밖으로 쏟아낸다. 이걸 덤핑dumping이라고 한다. 몇 년간의 기다림 끝에 세상 밖으로 나온 위스키는 검수실로 옮긴다. 여기서 나뭇조각이나 숯을 걸러낸다. 이후 일반 제품으로 팔 거라면 블렌딩을 마친 뒤 물을 타서 도수를 떨어뜨린다. 반면 도수 조절 없이 그대로 병에 담아 캐스크 스트렝스cask strength(물을 타지 않고 숙성을 마친 원액 그대로 병에 담은 제품)로 판매할 수도 있다.

　위스키를 담기 전에는 병을 위스키로 씻어낸다. 물로 세척하지 않는 이유는 알코올 도수가 떨어지기 때문이다. 자동화 설비를 이용해

엔젤스 엔비 증류소 병입 시설.

병에 위스키를 가득 채운 뒤에는 육안으로 검수하고 봉인한다. 이후 라벨을 붙이고 상자에 포장해 출고하면 모든 제조 공정이 마무리된다.

TASTING

버번 위스키 시음법

1. 버번의 풍미

버번 위스키는 '쎈' 술이다. 향과 맛이 스카치보다 훨씬 진하다. 재료부터가 그렇다. 주재료인 옥수수는 다른 곡물에 비해 풍미가 강하다. 켄터키 사람들은 옥수수의 이런 풍미를 'robust'라는 단어로 표현한다. 우리말로는 '강인한', '단단한', '활기가 넘치는', '거친' 등으로 번역된다. 부재료로 들어가는 호밀 역시 맛이 세다. 혀가 얼얼할 정도의 알싸함스파이시spicy을 갖고 있다. 심지어 버번은 숙성할 때에도 불로 안쪽을 시커멓게 태운 새 오크통을 쓴다. 참나무의 풍미가 진하게 배어들 수밖에 없다.

버번에 입맛이 길들여진 사람은 스카치가 '맹물처럼' 느껴진다. 이런 일화도 있다. 포 로지스 증류소 마스터 디스틸러였던 짐 러틀리지가 레스토랑에서 버번 위스키 한 잔을 주문했다. 그런데 레스토랑에서 착각을 했는지 버번이 아닌 스카치를 내놨다. 짐 러틀리지는 버번인 줄 알고 한 모금을 마셨다가 바로 "퉤" 하고 뱉어버렸다. 그러고는 이렇게 말했다고 한다. "뭐가 문제야? 이거 혹시 독이 든 거 아냐?" 한평생 버번을 마신 러틀리지에겐 스카치가 도저히 마시기 힘들 만큼 이상한 술이었던 모양이다.

그렇다면 진하고 강한 버번 위스키는 어떻게 마셔야 할까? 이 질문에 쉽게 대답하기는 힘들다. 위스키 애호가마다 시음 방식이 다르기 때문이다. 전문 서적을 봐도 방법이 제각각이다. 어떤 책에서는 물을 타지 말라고 하고, 어떤 책은 물을 꼭 타서 마시라고 한다. 어떤 전문가는 위스키 잔을 흔드는 건 멍청한 행동이라고 말하고 또다른 전문가는 잔을 흔들어야 향이 풍성해진다고 주장한다. 한마디로 버번 위스키 시음에는 정답이 없다. 여러 전문가가 얘기하는 이런저런 방법을 다 써보고, 자신에게 잘 맞는 걸 택하면 된다.

나 역시 지난 20년간 온갖 시행착오를 거듭해왔다. 특히 스카치보다 버번 위스키에 탐닉하게 된 뒤부터는 혼란이 커졌다. 스카치와 버번은 분명히 다른 술인데, 그렇다면 시음 방법도 서로 달라야 하지 않겠느냐는 생각이 들었기 때문이다. 켄터키 버번 증류소 기행은 이 질문에 대한 답을 찾는 과정이기도 했다. 열일곱 곳의 증류소를 돌아다니는 동안 버번 위스키 시음 방법에 대한 여러 전문가의 다양한 설명을 들었다. 이를 통해 내린 결론은 "버번 위스키 시음 방법은 스카치와 조금 다른 부분이 있다"는 것이다.

2. 단계별 시음법

1단계: 시각

시음의 첫 단계는 눈으로 색깔을 감상하는 것이다. 이것만으로도 숙성 기간과 알코올 도수를 어느 정도 짐작할 수 있다. 캐러멜 색소를 허용하는 스카치와 달리, 버번은 위스키 원액에 물 말고는 그 어떤 것도 첨가하지 않는다. 버번 위스키의 색깔은 오로지 오크통 숙성 과정에서 생긴다. 결국 색이 진할수록 숙성을 오래 했을 가능성이 크다. 또한 물을 아예 타지 않는 캐스크 스트렝스Cask strength 역시 색이 비교적 진하다. 반대로 오크통에서 꺼낸 뒤 도수를 떨어뜨리기 위해 물을 타면 당연히 색이 엷어진다.

2단계: 후각

냄새를 맡는 단계이다. 이 단계에서 켄터키 증류소 전문가들이 공통적으로 알려준 방법이 있다. 먼저 입을 열어서 아랫입술을 잔 아래 가장자리에 붙인다. 그런 다음 코와 입으로 동시에 향을 마시는 것이다. 다시 말해 버번 향을 코로만 맡지 말고 입으로도 함께 들이켜라는 얘기다. 이렇게 하는 이유는 버번이 강한 술이기 때문이다. 입을 닫고 코로만 냄새를 맡으면 오히려 풍미를 제대로 느끼기 힘들다. 실제로 입과 코로 동시에 향을 들이켜면 알코올 기운이 덜 느껴져 다양한 특징을 잡아낼 수 있다.

3단계: 미각

향을 확인했다면 이제는 맛을 봐야 한다. 이 단계에서도 주의해야 할 게 있다. 그 어떤 경우에도 서부영화 카우보이를 흉내내서는 안 된다. 강하고 센 버번 위스키를 벌컥벌컥 들이켰다가는 맛을 느끼기는커녕 오히려 고통만 느끼게 된다. 처음엔 '간을 본다'는 생각으로 아주 조금만 입에 넣고 슬쩍 맛을 본다. 그런 다음 제대로 한 모금을 넣어서 혀뿐만 아니라 입안 전체 구석구석까지 닿게 한다. 이 부분은 매우 중요하다. 버번 위스키가 입안 어느 위치에 있느냐에 따라 맛이 다르게 느껴지기 때문에 다양한 풍미를 즐기려면 입안 전체에 골고루 묻혀야 한다. 이렇게 입안에 위스키를 머금고 여기저기로 이동시키며 맛을 느끼는 걸 켄터키 사람들은 '켄터키 추Kentucky Chew' 혹은 '켄터키 허그Kentucky Hug'라고 한다.

4단계: 피니시(여운)

입안 구석구석에서 맛을 느낀 뒤엔 위스키를 삼키고 여운을 감상한다. 취하지 않기 위해 위스키를 삼키지 않고 뱉어내는 경우가 있는데, 이럴 경우 피니시를 제대로 느끼긴 힘들다. 미각세포가 모여 있는 미뢰味蕾, taste bud가 식도에도 몰려 있기 때문이다. 우리가 느끼는 여운의 상당 부분은 위스키가 식도를 타고 내려가면서 발생한다.

3. 그 밖의 시음 팁

1) 물을 한두 방울 넣는다

여러 잔의 버번 위스키를 시음할 때는 일반적으로 도수가 낮은 것부터 시작한다. 또한 처음에는 물을 전혀 섞지 않고 니트neat 맛을 본 뒤, 물을 약간 타서 비교해보면 좋다. 물을 한두 방울만 떨어뜨려도 위스키의 풍미가 확연히 달라지기 때문이다. 니트로는 느껴지지 않던 향이 물을 타면 확 올라오는 경우가 있다. 실제로 켄터키 증류소 테이스팅 룸에서는 물잔과 스포이드가 필수품이다. 다만 물을 넣으라고 해서, 지나치게 막 섞어버리면 안 된다. 그러면 위스키 자체의 맛을 제대로 느낄 수 없다. 몇 방울 정도만 넣어서 맛의 변화를 확인하는 정도가 좋다. 또한 차가운 얼음을 넣어 온더록스on the rocks로 즐기는 방법 역시 저가 위스키가 아니면 권장하지 않는다.

2) 버번 위스키의 풍미를 알아두자

위스키 시음에서 가장 힘든 건 '표현'이다. 분명히 뭔가 느껴지는데 이걸 무슨 향과 맛이라고 해야 할지 모르기 때문이다. 그래서 풍미를 구별하는 범주(카테고리)와 자주 쓰는 단어(해당 풍미를 가진 개별 사물)를 알고 있으면 큰 도움이 된다.

버번 위스키 풍미(향과 맛) 분류

a) 달콤한 풍미 sweet aromatics	캐러멜caramel, 바닐라vanilla, 초콜릿chocolate, 메이플 시럽maple syrup 등
b) 나무 풍미 woods or nuts	참나무oak, 삼나무cedar, 차콜charcoal, 피칸pecan, 아몬드almond, 헤이즐넛hazelnut 등
c) 곡물 풍미 grain	옥수수corn, 호밀rye, 맥아malt
d) 과일 fruit	사과apple, 서양 배pear, 체리cherry, 베리berry, 바나나banana, 살구apricot 등
e) 꽃 flower	장미rose, 라일락lilac, 오렌지 블로섬orange blossom 등
f) 허브와 스파이스 herbal, spice	민트mint, 아니스anis, 너트멕nutmeg, 커피coffee, 담배tobacco 등

향과 맛을 표현할 때 쓰는 단어를 알고 난 뒤에는 훈련을 통해 풍미를 익혀야 한다. 체 뭘 훈련하라는 얘기인지 모르는 분들을 위해 과거에 내가 썼던 방법을 알려 드리려고 한다. 일단 마트에 가서 앞에서 열거한 풍미에 해당하는 것을 구입해 냄새를 맡아보고 맛을 본다. 예를 들어 향신료 코너에서 너트멕을 사고, 견과류 코너에서 피칸과 아몬드 등을 사온 뒤 틈틈이 향을 느낀다. 과일을 사러 갈 일이 있으면

체리와 블루베리 말린 것도 함께 사 와서 냄새를 맡고 맛을 본다. 또 부엌 찬장을 열어 커피 가루와 메이플 시럽을 꺼내서 살짝 맛을 보기도 한다. 이런 식으로 여러 가지 풍미를 익혀두면 위스키 시음이 한결 즐거워진다. 다시 강조하지만 시음의 절반은 느낀 걸 표현하는 것이다. 너트멕 향을 맡아본 적이 없는 사람이 위스키에서 너트멕 향을 집어낼 순 없는 노릇 아닌가. 구운 살구를 먹어보지 않은 사람이 어찌 "cooked apricot"이라는 시음 평을 이해하겠는가. 시음은 자신이 평소에 먹어보고 맡아본 만큼 느끼는 것이다.

후각과 미각의 달인인 버번 전문가들은 대략 200가지 향과 맛을 구별해낸다고 한다. 하지만 일반 애호가는 이런 수준은 꿈도 못 꾼다. 나 역시 마찬가지다. 솔직히 과일과 꽃 풍미를 구체적으로 감지해내는 건 내 수준에서는 아직 버겁다. 그렇다고 실망하지 마시라. 우리가 위스키 전문가가 될 필요는 전혀 없으니까. 아무리 노력해도 풍미를 못 느끼겠다 싶은 분들을 위해 간단한 방법을 하나 더 알려드리고자 한다. 그건 바로 위스키 제조 회사와 전문가들의 테이스팅 노트를 참고하는 것이다. 거기엔 해당 위스키에서 느껴지는 향과 맛, 여운이 총정리 돼 있다. 이걸 먼저 보고 난 뒤에 그런 풍미를 찾아보려고 노력하면 훨씬 쉽게 느낄 수 있다. 한마디로 문제를 바로 풀지 말고, 정답을 한번 보고 나서 풀어보라는 것이다. 이렇게 하다 보면 어느 순간부터는 정답을 먼저 보지 않아도 자연스럽게 풍미가 구별될 것이다. 어쨌든 시음 때문에 절대로 스트레스를 받지 마시라. 위스키는 그저 즐기는 것이다. 스트레스를 받아가면서까지 마실 필요는 전혀 없다.

버번 위스키
증류소 탐방

본격적으로 증류소 탐방에 들어가자.
켄터키 버번 증류소 열여섯 곳은 위치에 따라
분류했다. 1부는 바즈타운과 그 주변 증류소,
2부는 루이빌과 인근 증류소, 3부는 프랭크포트
(렉싱턴 포함) 근처 증류소를 다룬다.
맨 마지막 챕터에서는 테네시에 있는
잭 다니엘스 증류소를 돌아보게 된다.

1장

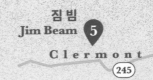

짐 빔
Jim Beam **5**
C l e r m o n t
245

**Bernheim
Arboretum
and Research**

BARDSTOWN
KENTUCKY

New Hea

245

Bluegrass Pkwy

62

150

바톤
Barton 4

6 바즈타운 버번 컴퍼니
Bardstown Bourbon Company

B a r d s 2 t o w n

3

150

윌렛
Willett

헤븐힐
Heaven Hill

31E

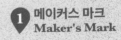
1 메이커스 마크
Maker's Mark

첫눈에 반한 위스키

'드디어 오늘인가……'

잠에서 깨자마자 혼잣말을 했다. 대체 얼마나 기다렸던가? 증류소를 찾아가는 날 아침엔 언제나 기대와 설렘이 가득하다. 하지만 이날은 뭔가 더 특별했다.

그럴 만도 하다. 메이커스 마크Maker's Mark는 나에게 '첫눈에 반한 연인'이다. 잭 다니엘스Jack Daniel's와 짐 빔Jim Beam을 미국 위스키의 전부로 알던 시절, 나보다 인생 경험도 많고 음주 경험도 풍부한 선배는 "메이커스 마크를 모르면 위스키를 안다고 할 수 없다"고 단호하게 말했다. '어떤 위스키이기에 저렇게 얘기하나' 싶었다. 그날 퇴근하자마자 술집에 달려갔다. 그러고는 주인에게 이렇게 말했다.

"음…… 메이커스 마크인지, 마커스 메이커스인지 아무튼 그런 게 있다는데요."

쓴웃음인지 비웃음인지 알 수 없었다. 주인은 어색한 미소를 지으며 술병을 꺼내들었다. 아니, 그런데 이게 웬일인가? 그 순간 난 마법에 걸린 사람처럼 얼어붙고 말았다. 주인이 가져온 술이 너무도 아름다웠기 때문이다. 조도가 적당히 낮은 술집 조명에 비친 붉은 빛깔의 밀랍 봉인은 눈부실 정도였다. 그렇게 나는 메이커스 마크에 첫눈에 반해버렸다. 위스키에 혀끝도 대보기 전에.

위스키 진

전형적인 11월 켄터키 날씨였다. 하늘은 잔뜩 흐리고, 바람은 매섭게 차가웠다. 증류소 주차장에 차를 세우고 밖으로 나왔다. 금세 한기가 밀려든다. 방문자 센터로 들어가 잠시 몸을 녹이려는데, 고양이 한 마리가 슬금슬금 다가왔다. 처음엔 다른 방문객 누군가가 데려왔나 싶었다. 그런데 녀석이 하는 짓을 보니 그건 아닌 게 분명했다. 태도와 자세가 여유 있고 당당했다. "이봐 얼뜨기, 여긴 바로 내 구역이야"라고 말하는 듯했다. 녀석은 한동안 주위를 빙빙 돌았다. 그러더니 탁자 위로 냉큼 뛰어올랐다. 앉아 있는 모습도 기품이 넘치고 우아했다.

고양이에게서 눈길을 떼지 못하고 있을 때, 증류소 안내를 도와줄 애기Aggie라는 직원이 나타났다. 고양이를 뚫어져라 쳐다보는 나에게 애기는 "저 친구 이름은 위스키 진Whiskey Jean이에요. 증류소 직원들의 사랑을 독차지하고 있죠. 메이커스 마크 증류소의 비공식 투어 가이드라고 할 수 있어요. 책에도 꼭 실어 주세요"라고 웃으며 말했다.

고양이 애기가 나온 김에 잠깐 설명을 하자면 증류소에서 고양이를 기르는 건 일종의 전통이다. 물론 이유가 있다. 증류소엔 위스키 제조에 필요한 곡물이 잔뜩 쌓여 있다. 그러다보니 과거엔 증류소 주변에 쥐가 들끓었다. 곡물 창고를 들락거리는 쥐를 잡으려고 증류소에선 고양이나 개를 길렀다. 이처럼 증류소에서 쥐를 잡는 고양이를 '워킹 캣Working Cat', 즉 '일하는 고양이'라고 불렀다.

메이커스 마크 증류소 마스코트 '위스키 진'.

지금은 '워킹 캣'이 필요 없다. 설비가 현대화하면서 쥐 잡을 일이 사라졌기 때문이다. 그래도 전통은 전통인지라, 증류소를 다니다보면 요즘도 고양이나 개를 기르는 모습을 자주 보게 된다. 할일이 없어진 개나 고양이들은 쥐를 잡는 대신 증류소 마스코트로 맹활약하고 있다.

축구장 570개 면적

방문자 센터 밖으로 나와 주위를 둘러봤다. 나도 모르게 "와" 하는 감탄사가 터진다. 정말 넓다. 바라보고만 있어도 속이 탁 트인다. 대자연에 자리잡은 거대한 컨트리클럽 같다. 푸르른 잔디밭이 끝도 없이 펼쳐진다. 증류소 건물이 제법 많은데도 워낙 넓다보니, 한산한 느낌이

들었다. 얼마나 넓은지 물었다. 이 증류소 부지만 808에이커. 주변의 다른 땅까지 다 합하면 무려 1000에이커(약 400만 제곱미터)라고 한다. '1000에이커면 도대체 얼마나 넓은 거야?' 싶어 잠깐 계산을 해봤다. 축구장 570개 면적이다.

이 드넓은 땅에 증류소 시설은 5퍼센트밖에 안 된다. 나머지 95퍼센트 땅은 건드리지 않고 놀리고 있다. 왜 그냥 두느냐고 물었더니 환경 보호 때문이란다. 개발을 할수록 자연은 파괴될 수밖에 없고, 그러면 위스키 품질에도 악영향을 줄 수 있다는 것. 그러니 그냥 놔두는 게 오히려 이익이라고 설명한다.

메이커스 마크가 환경 보호를 유난히 강조하는 이유는 물 때문이다. 메이커스 마크는 위스키를 제조할 때 쓰는 물을 증류소 안에 있는 호수에서 끌어온다. 사람 치아를 닮았다고 해서 직원들이 '투스 레이크Tooth lake'라고 부르는 호수다. '투스 레이크'는 인공으로 만든 저수

메이커스 마크 증류소 전경.

지나 연못이 아니라 거대한 자연 호수다. 잠실 석촌호수나 일산 호수 공원을 생각하면 안 된다. 어찌나 넓은지 전경을 담으려면 항공 촬영을 해야 할 정도다. 이렇게 거대한 호수를 증류소 부지 내에 자체 수원 水源으로 갖고 있는 경우는 흔치 않다. 증류소 창업자의 후손으로 메이커스 마크 최고 운영 책임자인 롭 새뮤얼스는 "아마 북미 지역에서는 우리가 유일할 것"이라고 말했다. 롭의 설명에 따르면 버번의 고향인 켄터키에는 원래 호수나 개울 같은 자체 수원을 가진 증류소가 많았다. 그런데 위스키 생산량이 늘어나면서 물이 점점 말라버려 지금은 다른 데서 끌어다 쓰는 경우가 대부분이다. 이에 비해 메이커스 마크는 아무리 퍼다 써도 절대 마르지 않는 호수를 갖고 있다. 위스키 제조를 위한 천혜의 조건이다.

철저히 환경을 보호해서일까? 증류소 건물 사이로 흐르는 개울만 봐도 깊은 산속 계곡물처럼 맑다. 육안으로 보기에는 지리산 뱀사골이나 덕유산 구천동 계곡 수준이다. 증류소 직원은 "우리는 이곳을 위스키 개울Whisky Creek이라고 불러요. 매일 아침이면 주변에 서식하는 사슴들이 몰려와서 맑은 물을 마시고 돌아가죠. 내일 아침에 한번 와보세요. 사슴이 아주 많을 거예요"라고 말했다. 사슴들이 목을 축이는 맑은 물로 만드는 위스키라니. 맛없기도 힘들겠다 싶은 생각이 들었다.

넓고 깨끗한 환경에 어울리도록 건물에도 정성을 기울였다. 건물 하나하나가 아기자기하고 예쁘다. 증류소가 아니라 마치 동화 나라에 온 기분이다. 위스키를 의미하는 갈색과 메이커스 마크의 상징인 빨간색이 어우러져 멋진 공간을 연출한다. 특히 11월부터 연말까지는 크리스마스트리 장식을 여기저기에 해놓아서 더 환상적이다. 증류소 어딘가에서 산타클로스가 커다란 선물 꾸러미를 메고 나타날 것만 같다. 내가 "증류소가 정말 아름답다"고 칭찬하자, 증류소를 안내하던

'투스 레이크'로 불리는 증류소 호수.

메이커스 마크 증류소에
흐르는 맑은 개울.

크리스마스 장식으로 꾸민 증류소 건물.

직원 애기는 "봄에 또 놀러오세요. 사방이 꽃으로 뒤덮이거든요. 여기서 피크닉 하면 정말 기분 끝내줘요"라고 말했다. 정말 봄에 다시 와 보고 싶다.

새뮤얼스 가문의 땀과 눈물

이 멋진 증류소는 누가 세운 걸까? 증류 시설로 이어지는 호젓한 오솔 길을 걸으며 메이커스 마크 탄생 일화를 들었다. 메이커스 마크의 역사는 스코틀랜드계 이민자*인 새뮤얼스와 그 후손들이 흘린 땀과 눈물의 이야기다. 스코틀랜드에 살던 새뮤얼스 가문은 1680년 무렵에 미국으로 건너온다. 처음 100여 년은 펜실베이니아에서 농사를 지으며 남는 곡식으로 위스키를 만들었다. 그러다가 1784년에 이르러, 로

버트 새뮤얼스라는 사람이 지금
의 켄터키**로 이주한다. 로버트
는 60갤런(약 227리터)짜리 증
류기***로 위스키를 만들어 이
웃에게 공짜로 나눠줬다. 이후
로버트의 손자인 테일러 윌리엄
스 새뮤얼스가 가문 최초로 상업
증류소를 세웠다. 그는 조상 대
대로 이어온 제조법으로 위스키

를 생산해 돈을 받고 팔기 시작했다. 이때가 1840년이다.

새뮤얼스 증류소는 4년 숙성 위스키를 제조해 판매하다가, 금주법
시행으로 1919년에 문을 닫는다. 1933년 금주법 폐지 이후 생산을
재개했지만, 오랜 공백 때문인지 위스키 품질은 엉망이었다. 한마디
로 거칠고 쓰기만 한 맛없는 위스키였다. 이런 상황에서 증류소를 물
려받은 가문의 후손 빌 새뮤얼스 시니어는 결단을 내렸다. 맛없는 위
스키를 파느니 아예 가업을 포기하는 게 낫겠다고 판단하고 1943년
에 증류소를 매각해버린다. 이렇게 가업이 끊기나 싶었지만, 빌 새뮤
얼스는 부드럽고 맛좋은 위스키를 만들겠다는 꿈을 포기하지 않았다.
1952년, 당시로선 거액이었던 3만 5000달러를 투자해 지금의 증류
소 부지를 사들였다. 그리고 오랜 시행착오 끝에 '메이커스 마크'라는
명품 버번을 기어이 탄생시켰다.

새뮤얼스 3대 가족사진. 맨 오른쪽이 빌 새뮤얼스 시니어.

국가 유적지가 된 증류소

메이커스 마크 증류소는 1974년 12월 31일에 미국 국립사적지National Register of Historic Place가 됐다. 1980년에는 미국 국립역사기념물National Historic Landmark로도 지정됐다. 운영중인 증류소 가운데 국립사적지가 된 사례는 메이커스 마크가 최초였다. (이후 버팔로 트레이스Buffalo Trace와 우드포드 리저브Woodford Reserve가 국립사적지로 지정됐다.)

현재 이 증류소에는 미국 역사상 최초의 주류 판매점(소매상)인 '쿼트 하우스Quart House'가 보존돼 있다. 1889년에 지은 쿼트 하우스 내부엔 책상과 난로, 시계 등 당시에 쓰던 물건이 고스란히 남아 있다. 참고로 위스키 파는 곳을 쿼트 하우스라고 부른 것은, 당시만 해도 위스키를 병으로 판매하지 않던 시절이라, 주민들이 1쿼트(약 0.95리터)짜리 주전자나 용기를 가져와서 위스키를 담아 갔기 때문이다.

일란성 세쌍둥이

새뮤얼스 가문의 얘기를 듣는 사이, 증류실(스틸 하우스Still house)에 도착했다. 증류소의 심장으로 불리는 이곳에선 발효와 증류 공정이 모두 이뤄진다. 메이커스 마크 증류소에는 이런 증류실이 총 세 곳 있다. 원래는 하나였는데, 수요가 급증하면서 2000년 무렵에 하나를 더 지었고, 2015년에 세번째 시설을 완공했다.

그런데 흥미로운 사실이 하나 있다. 다름이 아니라 메이커스 마크 증류소에 있는 증류실 세 곳은 크기나 구조, 설비까지 모두 똑같다는 점이다. 거울에 비춘 듯 세 곳의 증류실은 모든 게 똑같다. 내부에 있는 당화조cooker, 발효조fermenter, 증류기의 크기와 모양이 똑같을뿐더러 놓여 있는 자리도 똑같다. 완벽히 닮은 증류실 세 곳을 가리켜 롭 새뮤얼스는 "일란성 세쌍둥이"라고 표현했다.

여기서 질문 하나. 당신한테 발효조 하나와 증류기 하나가 있는 소

메이커스 마크 증류소 증류실 출입구.

형 증류실이 있다고 치자. 위스키 주문이 갑자기 늘어 생산량을 세 배로 늘려야 한다면 어떻게 하겠는가? 경제적 관점에서 보면 답은 뻔하다. 발효조 크기를 세 배로 늘리고, 증류기 용량도 세 배로 키우면 된다. 이렇게 하면 관리를 효율적으로 할 수 있다. 용량은 커졌지만, 어차피 증류기도 하나, 발효조도 하나이기 때문이다. 반면에 다른 방법도 생각해보자. 기존의 소형 증류실은 그대로 놔두고, 똑같은 크기의 발효조와 증류기가 있는 새로운 증류실을 두 개 추가로 짓는다면 어떨까? 물론 이렇게 해도 생산량을 세 배로 늘릴 수 있다. 하지만 돈도 훨씬 더 들고 관리하기도 힘들다.

그렇다면 메이커스 마크는 왜 똑같은 증류 시설을 세 개나 지어서 따로따로 가동하는 걸까? 누가 봐도 비경제적이고 비효율적인데 말이다. 롭 새뮤얼스는 이렇게 답했다.

"이 증류소를 세운 제 할아버지와 저에게 증류소를 물려준 아버지의 생각은 똑같았습니다. 장인으로서 그들의 목표는 기업을 키우는 것도 아니었고, 효율적으로 운영하는 것도 아니었습니다. 비용이 더 들더라도 맛있는 위스키를 만드는 게 목표였습니다. 그래서 기업이 성장해 시설을 확장해야 할 때도 이 원칙을 고수했습니다. 원래 있던 것과 똑같은 증류 시설을 지어서 똑같은 공정으로 만들면 당연히 맛도 똑같을 테니까요. 더 큰 발효조와 더 큰 증류기를 쓰면 돈이 덜 든다는 건 우리도 압니다. 하지만 그렇게 하면 자칫 위스키 품질에 문제가 생길 수도 있습니다."

170년 된 레시피를 불태우다

증류실 문을 열고 들어가니, 곡물 발효 향이 코를 찔렀다. 증류소를 안 내하던 직원은 "부엌에서 나는 냄새 같죠?"라고 말하며 메이커스 마 크를 만들 때 쓰는 세 가지 곡물에 대해 설명했다. 바로 옥수수와 맥아 보리, 그리고 밀이다. 여기서 눈에 띄는 건 호밀rye이 빠져 있다는 점이 다. 메이커스 마크는 호밀 대신에 부드러운 가을밀soft winter wheat •을 쓴다. 옥수수를 주재료로 하면서 호밀과 맥아 보리를 섞는 일반 버번 위스키와 다르다.

메이커스 마크는 왜 호밀 대신 가을밀을 선택했을까? 창업자인 빌 새뮤얼스가 새 증류소 부지를 매입한 직후에 실제로 있었던 일이다. 하루는 빌 새뮤얼스가 가족을 모두 불러모은 뒤 종이 한 장을 품에서 꺼냈다. 가만히 살펴보니, 그 종이는 그냥 종이가 아니었다. 170년 동 안 대대로 내려온 새뮤얼스 가문의 위스키 제조 레시피였다.

'아니 저걸 대체 어쩌려고⋯⋯'

불안은 현실이 됐다. 빌 새뮤얼스는 이렇게 선언했다.

"이제 이런 건 필요 없어. 정말로 새롭고 부드러운 버번을 만들 거 야. 처음부터 다시 시작하는 거야."

말이 끝나기가 무섭게 빌 새뮤얼스 는 성냥을 꺼내 종이에 불을 붙였다. 170년을 이어온 레시피가 순식간에

> • 가을에 심어서 겨울을 난 뒤 늦봄에 수확하는 밀. 추파소맥秋播小麥이라고도 한다. 미국에선 winter wheat(겨울밀)라고 부른다.

재로 변하는 순간이었다.

이야기가 여기서 끝났다면 더없이 멋있는 장면이 될 수도 있었다. 하지만 늘 그렇듯 현실은 영화가 아니다. 하필 이때 예기치 못한 소동이 벌어진다. 비장하게 각오를 밝히며 레시피를 태운 것까진 좋았는데, 하필 불씨가 커튼에 옮겨붙고 만 것이다. 이 바람에 자칫 빌 새뮤얼스의 딸이 화상을 입을 뻔했다. 아들인 빌 새뮤얼스 주니어가 쓴 자서전에 따르면, 이후로 가족들은 아버지 앞에서는 이날 일을 입 밖에 꺼내지 않았다고 한다.

'황금 레시피'를 찾아서

대대로 전해온 제조법을 태워버렸으니, 이젠 새로운 길을 갈 수밖에 없었다. 다음날부터 빌 새뮤얼스는 "새롭고 부드러운" 위스키를 만들기 위해 본격적으로 레시피 개발에 착수한다. 맨 먼저 해야 할 일은 곡물 배합 레시피인 매시빌mash bill을 찾는 것이었다. 어떤 곡물을 어떤 비율로 섞어야 할지를 결정해야 다음 단계로 넘어갈 수 있었다. 하지만 시작부터 난관에 부딪히고 만다. '황금 레시피'를 찾기 위한 실험이 쉽지 않아서였다. 제대로 실험을 하려면 실제로 곡물을 섞어서 발효와 증류를 하고 숙성까지 시켜봐야 한다. 하지만 그렇게 하면 결과물을 확인하는 데에만 3, 4년이 족히 걸린다. 시행착오만 거듭하다가 죽을 때까지 레시피를 못 찾을 게 뻔했다.

궁하면 통한다고 했다. 빌 새뮤얼스는 결국 해법을 찾아냈다. 바로 '빵'이었다. 진짜 위스키를 만드는 대신, 이런저런 곡물 조합으로 빵을 구워본 것이다. 예를 들어 한 번은 옥수수 60퍼센트에 호밀 20퍼센트,

밀로 만든 버번

호밀은 버번 위스키에서 스파이시한 풍미를 담당한다. 'spicy'라는 형용사는
영한사전에서는 '양념을 친', '향긋한', '매운' 등으로 번역한다. 하지만 이런
사전적 정의와 별개로 위스키 애호가들이 쓰는 표현을 빌리면 '알싸하다' 정도가
적당하지 않을까 싶다. 만약 버번 위스키를 마시다가 매우면서 얼얼한 느낌을
받는다면, 그건 호밀 때문이다. 그런데 호밀을 빼고 대신에 밀을 넣으면 어떤
변화가 생길까? 일단 맛이 부드러워진다. 위스키를 털어 넣었을 때 입안에서의
느낌, 그러니까 '마우스 필mouth feel'이 확연히 달라진다. 요즘 말로 하자면 좀더
'고급진' 맛이 난다고나 할까.

호밀 대신 밀을 써서 만든 버번 위스키●는 많지 않다. 버번의 본고장인
켄터키에서도 손에 꼽을 정도다. 밀을 쓰는 가장 대중적인 브랜드로는 당연히
메이커스 마크를 들 수 있다. 또 돈이 있어도 못 구할 만큼 희소하고 천정부지로
가격이 오른 패피 밴 윙클Pappy Van Winkle●●도 호밀 대신 밀을 넣는다. 이 두 제품
말고는 웰러W. L. Weller(버팔로 증류소)와 라서니Larceny(헤븐힐 증류소) 정도가
유명하다.

그렇다면 호밀 대신 밀을 사용하는 증류소는 왜 많지 않을까? 이 질문에
메이커스 마크 측은 "밀로 버번 위스키를 만들기가 생각보다 쉽지 않다"고
답했다. 더 구체적으로 말하면 이렇다. 밀은 원래 위스키 제조에 적합한 곡물이
아니다. 곡물을 발효시키려면 잘게 부순 뒤 물에 담가서 한 번 푹 쪄야 한다.
그래야 곡물에 있는 녹말(전분)이 부서지면서 당으로 변해 효모(이스트)가 먹어
치울 수 있게 된다. 이처럼 본격적인 발효에 앞서 녹말을 당으로 바꿔놓는 걸
'당화糖化'라고 한다. 그런데 밀은 온도 변화에 꽤 예민해서 당화를 할 때 조금만
오래 가열하면 맛이 변한다. 그래서 밀을 사용할 경우엔 특별한 노하우가
필요하다는 게 메이커스 마크의 설명이다.

● 이처럼 호밀 대신 밀을 사용한 버번 위스키를 '휘티드 버번wheated bourbon' 혹은
'휘터wheater'라고 부른다.

●● 『빅 위스키Big Whiskey』라는 책에 따르면, 메이커스 마크 증류소 창업자인 빌
새뮤얼스에게 호밀 대신 밀을 쓰라고 조언한 사람이 버번 위스키 장인 패피 밴 윙클이다.

보리 20퍼센트를 섞어서 굽고, 그다음엔 옥수수 60퍼센트에 가을밀 20퍼센트, 보리 20퍼센트를 섞어 구워본 뒤 맛을 비교하는 식이었다. 이렇게도 섞어보고, 저렇게도 섞어보는 실험을 수천 번, 수만 번 하고 나서야 빌은 최적의 조합, '황금 레시피'를 찾아냈다. 그것이 지금의 메이커스 마크 매시빌인 옥수수 70퍼센트, 가을밀 16퍼센트, 맥아 보리 14퍼센트다.

낡아빠진 곡물 분쇄기

증류소 직원 애기가 곡물을 빻을 때 쓰는 분쇄기를 보여줬다. 한눈에 봐도 상당히 낡았다. 과장을 조금 보태면 '구석기 유물'이나 다름없다. 대체 언제부터 이 기계를 썼는지 물었다. 직원들조차 정확히 알지 못했다. 그만큼 오래됐다는 애기다. 위스키도 잘 팔리는데, 왜 이런 골동품을 계속 쓰고 있는지 궁금했다. 다 이유가 있었다.

메이커스 마크에서 쓰는 낡은 곡물 분쇄기는 롤러roller형이다. 기계 안에 있는 두 개의 원형 돌림판(롤러)이 빙글빙글 돌아가면서 곡물을 잘게 부수는 방식이다. 이런 롤러 분쇄기는 다른 증류소에선 찾아보기 힘들다. 롤러 분쇄기를 쓰면 곡물 입자가 거칠고 굵게 나온다. 그러면 위스키 생산량이 떨어진다. 그래서 요즘엔 해머 분쇄기Hammer Mill가 대세다. 곡물을 직접 때려서 부수는 해머 분쇄기를 쓰면 곡물이 훨씬 곱게 갈린다. 롤러 분쇄기를 사용했을 때보다 더 많은 위스키를 생산할 수 있다.

이런데도 메이커스 마크가 롤러 분쇄기를 고집하는 건 결국 '맛' 때문이다. 해머 분쇄기를 쓰면 생산량이야 늘겠지만, 자칫 맛이 떨어질

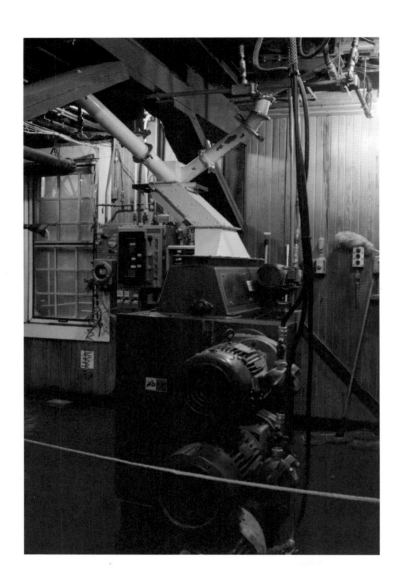

메이커스 마크 구형(롤러형) 곡물 분쇄기.

수 있다고 우려했다. 곡물 입자가 너무 곱고 작으면 열을 가했을 때 살짝 눌어붙는 일이 종종 벌어지고, 그러면 위스키에서 쓴맛이 날 수 있다. 세월의 흔적을 간직한 낡은 분쇄기 하나에도 '품질 최우선주의'라는 메이커스 마크의 철학이 담겨 있다.

낮은 도수로 증류하는 까닭

증류 공정도 살펴봤다. 솔직히 여기 오기 전까지는 몰랐는데, 증류할 때도 다른 곳과 차이가 있었다. 무엇보다 도수를 많이 끌어올리지 않는 점이 눈에 띄었다. 1차 증류를 마치면 60도(120프루프), 2차 증류까지 다 끝낸 뒤에도 65도(130프루프)에 불과했다. 이 정도면 버번 업계에선 거의 최저 도수라고 할 수 있다. 최종 증류 도수를 기준으로 우드포드 리저브 79도, 버팔로 트레이스 74도, 포 로지스Four Roses 역시 70도까지 증류하는 것과 비교하면 상당히 낮다. 메이커스 마크보다 증류 도수가 더 낮은 곳은 대형 증류소 가운데는 와일드 터키Wild Turkey(64도) 정도밖에 없다. 그럼 메이커스 마크는 최종 증류 도수를 왜 이렇게 낮게 잡았을까? 증류소에서는 "호밀 대신 가을밀을 쓰기 때문"이라고 답했다. 온도에 예민한 가을밀의 풍미를 최대한 보존하려고 호밀을 쓰는 일반 버번에 비해 증류 도수를 낮췄다는 설명이다.

천국의 향기

증류실을 나와 숙성고Warehouse로 향했다. 어떤 증류소에 가든 가장 기

메이커스 마크 증류소
증류기.

대되고 흥분되는 순간이다. 숙성고 문을 막 열고 들어갈 때 코끝에 밀려드는 알싸한 냄새. 이 냄새는 안 맡아본 사람이면 짐작하기가 힘들다. '이게 대체 뭐야' 하면서 찡그리는 사람도 있을 것이다. 하지만 나 같은 술꾼에겐 그 냄새가 천국의 향기나 다름없다. 메이커스 마크에서도 마찬가지였다. 오크통에서 증발한 알코올과 참나무 향이 신비롭게 조화를 이루고 있었다. 기분 탓인지 벌써 얼큰하게 취하는 느낌이다.

미국 생물학자 로버트 더들리Robert Dudley가 쓴 『술 취한 원숭이The Drunken Monkey』라는 책에 따르면, 영장류와 인간의 후각이 발달하게 된 건 알코올 때문이라고 한다. 땅에 떨어져 자연 발효된 과일을 먹고 싶어 했던 원시인들이 코를 킁킁대며 알코올 냄새가 나는 곳을 찾다 보니 저절로 후각 능력이 진화했다는 거다. 그러니 증류소 숙성고에서 코를 킁킁대게 되는 건 지극히 자연스러운 일이다. 수천수만 년 동안 알코올에 탐닉해온 인류가 대대로 이어온 DNA 때문이다.

오크통 저장 위치

숙성maturation은 버번 위스키 제조에서 가장 중요한 공정이다. 학자들의 연구에 따르면, 버번 위스키 풍미의 50퍼센트에서 최대 80퍼센트가 숙성할 때 형성된다. 아무리 발효와 증류를 잘해도 숙성을 잘못하면 위스키를 망치게 된다는 뜻이다. 그런데 숙성 과정에서 위스키 풍미에 결정적인 영향을 끼치는 요소가 있다. 그건 바로 배럴(오크통) 위치다. 오크통을 숙성고 어디에 놓아두고 익히느냐에 따라 위스키 맛은 천차만별이다. 이게 무슨 얘기인지 모르겠다 싶은 분들을 위해 예를 하나 들어보겠다. 똑같은 재료와 레시피로 만든 위스키 원액이 있다고 하자. 이걸 오크통 두 개에 나눠서 하나는 숙성고 맨 꼭대기에 놓고, 또 하나는 맨 밑바닥에 놔두면 어떻게 될까? 같은 숙성고에 넣었지만 맨 꼭대기에 있는 건 햇볕을 잘 받기 때문에 높은 온도에서 숙성이 이뤄진다. 참나무의 진한 풍미가 위스키에 금방 배어든다. 반면 맨 밑바닥에 놓인 오크통은 상황이 다르다. 햇볕이 잘 들지 않기 때문에 숙성이 천천히 진행된다. 위와 아래의 온도 차이가 얼마나 나기에 그럴까? 켄터키 대형 증류소 숙성고는 보통 7층이다. 이 경우 저장고 맨 꼭대기층과 맨 아래층은 평균 섭씨 4~10도 정도 차이가 난다는 연구 결과도 있다.

저장 위치에 따라 맛이 각양각색이라서 증류소 입장에선 곤혹스러울 때가 많다. 제품의 일관성을 유지하기가 힘들어서다. 한번 생각해보자. 똑같은 메이커스 마크인데 맛이 늘 다르면 소비자가 믿고 살 수 있을까? 어제 산 메이커스 마크와 오늘 구매한 메이커스 마크의 맛이 다르면 항의가 빗발칠 것이다. 결국 오크통마다 풍미가 다르더라도, 소비자들에게 팔 때는 맛을 비슷하게 맞춰야 한다. 오크통 한 개에 담긴 위스키만을 꺼내서 파는 싱글 배럴이 아니라면, 위스키의 맛은 최대한 균일해야 한다. 켄터키 증류소에선 이 문제를 해결하기 위해 크게 두 가지 방법을 쓴다. 하나는 각각 다른 위치에 저장한 여러 오크통에서 위스키를 꺼낸 뒤, 많은 양을 한꺼번에 섞어서 평균적인 맛을 잡아내는 것이다. 또하나는 저장고에 있는 오크통 위치를 정기적으로 바꾸는 것이다.

켄터키 대형 증류소들은 보통 전자를 택한다. 오크통 위치를 계속 바꾸는 게 이상적이긴 하지만, 그렇게 하려면 너무 힘들어서다. 대체 뭐가 그리 힘드냐고? 오크통 무게를 보자. 일반적인 버번 오크통 자체 무게만 해도 90파운드(40킬로그램)에서 120파운드(54킬로그램)쯤 나간다. 여기에 위스키까지 담으면 500파운드(226킬로그램)를 넘어 간다. 이 정도면 켄터키 더비에 출전하는 경주마 체중의 절반 정도다. 이렇게 무거운 오크통을 숙성중에 옮긴다는 건 만만한 일이 아니다. 이런 이유로 켄터키 증류소들은 대부분 오크통을 옮기지 않고 숙성을 다 끝낸 뒤에 여러 가지를 한꺼번에 섞어서 맛을 잡아낸다.

그런데 켄터키 대형 증류소 가운데 이토록 힘든 일을 몇십 년 동안 해온 곳이 딱 하나 있다. 바로 메이커스 마크다. 왜 메이커스 마크만 사서 고생을 하고 있을까? 증류소 직원 애기는 이렇게 답했다.

"1950년대엔 켄터키의 다른 증류소도 모두 숙성고에서 오크통 위치를 옮겼어요. 그렇게 하면 위스키 색도 더 멋있어지고, 밸런스가 한결 좋아지거든요. 그런데 하나둘 포기하기 시작했어요. 다름 아닌 인건비 부담 때문이었죠. 지금은 통 옮기는 공정Barrel Rotation을 유지하는 곳이 대형 증류소 가운데에선 여기뿐이에요."

메이커스 마크 숙성고는 대부분 7층이다. 옛날에 지은 3, 4층짜리 소형 숙성고가 있긴 하지만, 거기엔 오크통을 4000개 정도밖에 넣어두지 못한다. 반면 요즘 지은 7층 숙성고에는 5만 개까지 저장한다. 증류소 직원은 7층 저장고를 기준으로 메이커스 마크가 어떤 방식으로 오크통을 옮기는지 설명해줬다. 증류실에서 증류를 마친 원액은 오크통에 담아 최소 석 달 동안은 숙성고 천장 쪽에 놔둔다고 한다. 그래야 위스키의 향과 색이 빨리 짙어지기 때문이다. 석 달이 지나고 나면 전문가 패널 28명이 위스키 숙성 상태를 살펴보고 두번째 저장 위치를 정해 약 3년을 놔둔다. 이렇게 3년 3개월이 지나고 나면 다시 전문가들이 맛을 보고 최종적으로 통을 옮긴다. 보통은 7층에 있던 오크통을 1층으로 내려보내고, 6층에 있던 것은 2층, 5층에 있던 건 3층으로 내린다고 한다.

저장 위치를 바꿀 때마다 위스키 맛을 보기 때문에, 메이커스 마크 오크통은 자주 열었다 닫았다 해야 한다. 이런 까닭에 오크통 구멍bung hole을 막는 마개*도 다른 증류소의 것과 다르다. 일반적으로 켄터키 증류소에선 포플러 재질 마개를 쓴다. 포플러나무는 물기를 머금으면 팽창하는 특성이 있어서, 더 확실하게 구멍을 막을 수 있기 때문이다. 하지만 메이커스 마크는 마개를 자주 열어야 해서 충격을 주더라도 잘 갈라지지 않는 월넛walnut 재질 마개를 쓴다.

30달러 더 비싼 오크통

메이커스 마크는 오크통 품질에도 신경을 많이 쓴다. 메이커스 마크에 오크통을 공급하는 회사는 인디펜던트 스테이브 컴퍼니Independent Stave Company라는 곳으로 4대째 오크통만 만들어온 전문 기업이다. 이 회사가 메이커스 마크에 납품하는 오크통은 일반 제품보다 가격이 훨씬 비싸다. 다른 증류소에 납품하는 것보다 하나에 30달러씩 더 받는다.

왜 더 비쌀까? 제작하는 데 시간이 오래 걸리기 때문이다. 오크통을 만들 때에는 먼저 나무를 잘라낸 뒤에 빳빳하게 말려야 한다. 그래야 쓴맛을 내는 탄닌 성분이 줄어들기 때문이다. 일반적으로는 이런 건조 공정을 6개월 동안 진행한다. 그런데 메이커스 마크 오크통은 다르다. 돈을 더 얹어주는 조건으로 이 기간을 석 달 늘렸다. 여름을 포함

* 오크통 구멍을 막는 둥근 마개를 스토퍼stopper 혹은 벙bung이라고 한다.

메이커스 마크 숙성고 내부 모습.

해 최소 아홉 달 동안 나무를 잘 말려서 오크통을 만든다.

30년 일한 직원, 80년 된 기계

숙성고를 나온 뒤에는 작은 방으로 들어갔다. 나이 지긋한 여성 직원
이 메이커스 마크의 상징인 빨간색 셔츠를 입고 일하고 있다. 수동식
기계를 손으로 돌려 위스키 병에 붙이는 라벨을 잘라내는 작업이었
다. 그런데 손놀림이 어찌나 빠르고 정확한지, 달인의 경지였다. 저 정
도로 숙달되면 눈을 감고도 작업할 수 있지 않을까 싶은 생각이 들었
다. 증류소 안내 직원은 깜짝 놀라는 나를 보며 말했다.

"저분 이름은 도나입니다. 도나는 이 일만 30년 넘게 하셨어요. 하

메이커스 마크 직원이 80년 된 수동 라벨 절단기로 작업하는 모습.

루에 혼자서 라벨 6만 4000장을 잘라낸답니다."

　직원만 오래 일한 게 아니다. 기계는 더 오래됐다. 도나가 돌리는 수동 절단기는 1935년 제품이다. 80년이 더 된 기계를 여태 쓰고 있다. 사람으로 치면 여든이 지났는데도 아직 현역인 셈이다. 다른 증류소 같았으면 저런 구닥다리는 진즉에 고철상으로 넘겼을 것이다. 사람 손길이 필요 없는 자동화 기계로 바꾸면 생산성이 올라갈 뿐 아니라 인건비도 아낄 수 있으니 말이다. 30년 일한 직원과 80년 된 기계. 이거 하나만 봐도 메이커스 마크가 어떤 기업인지 알 수 있다. 메이커스 마크가 지향하는 '핸드메이드Hand-made' 정신에는 전통을 지키면서 동시에 사람을 중시하는 사고와 철학이 깔려 있다.

붉은 왁스 장식

이어서 들른 병입 시설bottling line. 역시 붉은색 셔츠를 입은 직원 10여 명이 로큰롤을 틀어놓고 일하고 있었다. 여기선 병에 위스키를 담은 뒤 봉인을 하고 상자에 포장한다. 이 과정에서 가장 중요한 건 붉은색 왁스로 밀봉하는 작업이다. 이걸 '레드 왁스 디핑red wax dipping', 즉 '붉은 왁스에 담그기'라고 한다. 용암이 흘러내려 굳은 것 같은 붉은 왁스는 그 자체가 메이커스 마크의 상징이다. 버번 애호가라면 붉은 왁스만 봐도 곧바로 메이커스 마크부터 떠올린다.

알코올로 병을 세척하고 위스키를 넣어 뚜껑을 닫는 것까지는 자동화되어 있다. 하지만 가장 중요한 공정인 왁스 밀봉 장식은 아직도 사람이 직접 한다. 베테랑 직원 네 명이 2인 1조로 전담하고 있다. 대체 어떻게 작업하는지 궁금해서 유심히 살펴봤더니, 나름의 노하우가 있었다. 뚜껑이 닫힌 위스키 병이 컨베이어 벨트에 실려 오면 작업자는 병을 거꾸로 들고 붉은 왁스에 담갔다가 빼는데, 이때 병을 반 바퀴 정도만 살짝 돌린다. 바로 이게 포인트다. 이렇게 회전을 시키면 병 끝부분에 묻은 왁스가 예쁘게 타고 내려가면서 굳는다.

일일이 사람이 손으로 작업하다보니, 병마다 차이가 날 수밖에 없다. 하지만 이런 차이야말로 이 증류소의 핸드메이드 정신을 대변한다. 컴퓨터 제어 설비로 자동화했다면 절대로 생길 수 없는 차이이기 때문이다. 모든 병이 판에 박힌 듯 똑같은 모양의 왁스 장식을 달고 나온다면 과연 지금처럼 감동을 줄 수 있을까?

한 병 한 병 사람의 손길이 필요하기에 당연히 생산성도 떨어진다. 모든 공정이 자동화된 대형 증류소 병입 시설에서는 보통 1분에 200병에서 300병을 처리한다. 심지어 1분에 400병을 출고하는 증류소도

병입 시설에서 붉은 왁스 장식(레드 왁스 디핑) 작업을 하고 있다.

있다. 하지만 메이커스 마크는 이런 속도는 꿈도 못 꾼다. 1분에 고작 38병밖에 처리하지 못한다.

작업 속도가 느린 반면에 장점도 있다. 육안으로 병 하나하나를 꼼꼼히 검수할 수 있는 여유가 있다보니 제품 불량률이 극히 낮다. 결국 속도와 효율에서 손해를 보는 대신 품질에서는 더 큰 이익을 얻는다.

붉은 왁스 장식의 창시자

왁스도 붉은색, 직원 유니폼도 붉은색, 심지어 기계에도 붉은 페인트. 사방이 온통 붉은 빛깔인 병입 작업장 한가운데에는 대형 초상화가 놓여 있다. 초상화 속 인물은 메이커스 마크 증류소 창업자 빌 새뮤얼스 시니어의 부인인 마저리Marjorie Samuels 여사. 현재 이 증류소 운영을 책임지고 있는 롭 새뮤얼스의 할머니다. 초상화를 작업장에 놔둔 건 마저리 여사가 창업자 부인이어서가 아니다. 메이커스 마크 탄생에 결정적 기여를 한 인물에 대한 존경과 경의의 표시다.

마저리 여사는 버번 역사에서 가장 위대한 업적을 남긴 여성이다. 증류소에서 일한 여성 중에선 최초로 켄터키 버번 명예의 전당Kentucky Bourbon Hall of Fame에 이름을 올렸다. 마저리 여사는 메이커스 마크 브랜드 개발은 물론 병 디자인과 제품 포장까지 총괄했다. 그 누구도 따라올 수 없을 만큼 천재적인 능력으로 메이커스 마크를 명품으로 완성시켰다. 메이커스 마크의 상징인 붉은 왁스 장식부터 증류소 건물 디자인, 병에 적힌 손글씨 느낌의 글자체 하나까지 전부 그녀의 손에서 탄생했다.

세계 위스키 디자인의 역사를 바꾼 인물로 평가받는 마저리 여사.

빌 새뮤얼스 시니어와 마저리 여사.

하지만 자신의 창의적인 아이디어를 실현하기 위해 어려움도 많이 겪었다. 버번 전문 서적 『배럴 스트렝스 버번Barrel Strength Bourbon』에 소개된 일화 하나를 살펴보자.

1953년 어느 날, 증류소 창업자인 빌 새뮤얼스 시니어와 부인 마저리는 저녁을 먹다가 크게 한판 싸운다. 위스키 병을 빨간 왁스로 장식해보자는 마저리의 의견을 남편 빌이 받아들이지 않았기 때문이다. 빌은 병마다 일일이 왁스를 찍어서 밀봉하려면 인건비나 재료비가 만만치 않을 거라며 반대했다. 다툼이 길어지자 마저리 여사는 대학시절 얘기까지 끄집어냈다. 그녀는 "당신과 나, 두 사람 가운데 누가 더 공부 잘했냐?"라며 남편을 몰아붙여 고집을 꺾었다. 실제로 두 사람은 켄터키 루이빌대학 학부 동창이었다. 마저리 여사가 과 수석으로 졸업한 반면, 빌의 성적은 거의 꼴찌에 가까웠다.

왜 메이커스 마크인가?

창업자인 빌 새뮤얼스 시니어와 마저리 여사 사이에서 태어난 빌 새뮤얼스 주니어. 부모의 뒤를 이어 증류소를 운영하다가 2011년에 은퇴한 그의 전기에는 메이커스 마크라는 이름이 어떻게 탄생했는지 나와 있다. 이 책에 따르면, 빌 새뮤얼스 시니어는 위스키 이름을 짓기

위해 가족회의를 소집했다. 여러 아이디어
가 오가던 도중, 마저리 여사가 백랍pewter, 白
鑞˙ 제품을 만드는 장인들의 얘기를 꺼냈다.
영국제 백랍 제품을 수집해온 그녀는 장인

● 백랍은 주석과 납의 합금이다.
최근엔 안티몬이나 구리를 더해
납 함량을 낮춘 것이 대부분이다.
장식품에 주로 사용한다.

들이 자기가 만든 최고의 작품에 자부심을 담아 독특한 표지標識를 남
긴다고 말했다. 그러면서 오래된 영국제 백랍 병 하나를 들고나와 가
족들에게 보여줬다.

"자, 이거 보이지? 이게 장인maker이 남긴 표지mark야. 한마디로 장인
의 표지maker's mark인 거지."

결국 메이커스 마크라는 이름도 마저리 여사 덕분에 탄생했다.

광고에 신경쓴 이유

메이커스 마크는 광고 잘하는 기업으로도 유명하다. 증류소 곳곳에
붙어 있는 광고만 봐도 금방 알 수 있다. 디자인과 문구 하나하나가
독창적이고 창의적이다. 재치와 위트도 넘친다. 예를 들면 이런 식
이다. 붉은 왁스가 아주 조금만 붙어 있는 메이커스 마크 병에는 '보
수conservative'라고 적고, 왁스가 지나치게 많이 붙어 있는 쪽은 '진
보liberal'라고 적는다. 또 왁스가 녹아서 바닥까지 흘러내린 메이커스
마크 병을 보여주면서 '지구 온난화Global Warming'라고 표현한 광고도
있다.

메이커스 마크가 초창기부터 광고에 신경을 많이 쓴 데는 이유가

1. 메이커스 마크 표지의 의미

메이커스 마크 라벨에는 '장인의 표지'가 붙어 있다. 커다란 별과 알파벳 대문자
S, 그리고 로마자 IV. 이것이 메이커스 마크의 공식 표지다. 여기엔 어떤 의미가
담겨 있을까? 우선 별 문양은 증류소가 있는 '스타 힐Star Hill' 농장을 뜻한다. 또
알파벳 대문자 S는 새뮤얼스Samuels 가문을 의미하고, 로마자 IV는 메이커스
마크 창업자인 빌 새뮤얼스 시니어가 정부 허가를 받아 증류소를 운영한 4대째
장인이라는 뜻이다. 참고로 여기서 4대라는 것은 켄터키주 정부에 등록된
증류소를 운영한 선조만 따진 것이다. 허가 받지 않은 증류소를 운영한 나머지
조상 두 명까지 합하면 빌 새뮤얼스 시니어는 증류소 가문의 6대손이다.

메이커스 마크 위스키 라벨에 공식 표지(S, IV)가 그려져 있다.

2. 메이커스 마크의 붉은 왁스는 어떻게 제거하나?

메이커스 마크 병뚜껑을 감싸고 있는 붉은 왁스를 어떻게 떼어내는지 궁금해
하는 분들이 간혹 있다. 유튜브를 비롯한 소셜 미디어에도 메이커스 마크의
붉은 왁스를 제거하는 갖가지 방법이 올라온다. 칼로 뜯어낸다는 사람, 톱으로
잘라낸다는 사람, 심지어 라이터로 녹여서 없앤다는 사람도 있다. 별의별 희한한
방법이 다 동원되지만, 이런 수고는 할 필요가 없다. 병뚜껑 부분을 자세히 보면
끈이 노출돼 있는 걸 볼 수 있는데, 이걸 죽 잡아서 뜯으면 윗부분의 왁스만
제거되고 아래쪽의 왁스는 예쁘게 남는다.

톡톡 튀는 메이커스 마크 광고.

있다. 다른 위스키보다 가격이 비쌌기 때문이다. 증류소 가동 5년 만인 1958년에 첫 제품을 내놨을 때, 메이커스 마크 위스키의 소매점 가격은 6달러였다. 당시 대부분의 버번 위스키가 2달러였으니까 세 배나 높은 가격이었다. 첫 제품 출시와 동시에 미국에서 가장 비싼 버번 위스키가 됐다. 메이커스 마크는 고품질 위스키를 소량 생산하기 때문에 비쌀 수밖에 없다는 걸 알리려고 1966년에 이런 광고를 냈다.

"비싼 맛이 나고, 실제로도 비쌉니다. 메이커스 마크는 비싸게 만듭니다. 수공업 방식으로 소량 생산하며, 위스키를 부드럽게 만드는 밀로 풍미를 더합니다. (중략) 만약 당신이 위스키 맛에 관심이 없다면 메이커스 마크 같은 좋은 버번을 사는 데 돈을 쓰지 마십시오."

증류소 가동 이후 줄곧 적자만 보던 메이커스 마크는 이 광고를 낸 이듬해부터 수익을 올리기 시작한다.

"위스키 망치지 마라"

품질 좋은 위스키를 만들어낸 사람은 창업자 빌 새뮤얼스 시니어다.
또 혁신적인 디자인은 마저리 새뮤얼스 여사의 업적이다. 하지만 두
사람의 아들인 빌 새뮤얼스 주니어가 없었다면 메이커스 마크는 지금
처럼 인기를 끌지 못했을 것이다. 빌 새뮤얼스 주니어는 한마디로 '괴
짜 천재'였다. 대학에서 로켓 과학을 연구한 그는 항공 우주 회사에 잠
깐 몸을 담았다가 1970년대 초 메이커스 마크에 합류했다. 1975년에
는 아버지의 뒤를 이어 메이커스 마크 증류소 회장이 됐다. 이때 아버
지 빌 새뮤얼스 시니어는 아들에게 딱 한 마디만 남겼다고 한다.

"위스키 망치지 마라."

괜히 어쭙잖게 위스키 제조 공정에 손을 대서 품질을 떨어뜨리지는 말라는 경고였다. 아들은 아버지 말을 충실히 따랐다. 빌 새뮤얼스 주니어는 아버지가 탄생시킨 위스키를 어떻게 하면 세상에 더 널리 알릴 수 있을까 고민하는 데 집중했다. 그는 켄터키 루이빌에 있는 도 앤더슨Doe Anderson Agency이라는 광고 회사와 손잡고 홍보 전략부터 새로 짰다. 다행히 도 앤더슨은 기발한 아이디어가 돋보이는 멋진 광고를 잇달아 내놓았다. 덕분에 메이커스 마크의 인지도가 올라가며 매출도 급증했다.

움직이는 광고판

빌 새뮤얼스 주니어는 메이커스 마크 홍보를 위해서라면 몸을 아끼지 않았다. 회장 체면 따위는 벗어던지고 뭐든지 다 한다는 자세로 뛰었다. 번쩍번쩍 빛나는 스팽글 장식 옷을 입고 행사장에 나타나기도 했고, 심지어 코르셋을 입고 광고 촬영도 했다. 스스로 '움직이는 광고판'이 된 것이다. 이런 파격적인 행보로 그는 '버번 업계의 록스타'라는 별명도 얻었다.

메이커스 마크는 요즘도 갖가지 마케팅으로 소셜 미디어에서 주목을 받고 있다. 지난 2011년 큰 주목을 받은 어글리 스웨터Ugly Sweater 캠페인이 대표적이다. 당시 메이커스 마크는 위스키 구매 고객 가운데 일부를 선정해 병 크기에 딱 맞는 스웨터를 선물로 보냈다. 고객들은 메이커스 마크 위스키에 깜찍한 스웨터를 입힌 뒤 사진을 찍

어글리 스웨터를 입은
메이커스 마크 병.

어 소셜 미디어에 올렸다.

메이커스 마크의 야심찬 도전

메이커스 마크는 변화에 굼뜨다. 제조 공정만 봐도 그렇다. 증류소가 처음 문을 연 1950년대와 다를 게 없다. 60여 년 전 창업자가 확립한 레시피 그대로 발효와 증류가 이뤄진다. 숙성고에서 정기적으로 오크 통을 옮기고, 사람이 직접 라벨을 자르고 왁스 장식을 하는 수공업 적인 방식도 달라지지 않았다. 더구나 2010년에 '메이커스 마크 46' 을 내놓기 전까지 50년 동안 딱 한 가지 제품(메이커스 마크)만 생산 해왔다.

그렇다면 메이커스 마크는 앞으로도 전통과 유산을 지키는 데에만 주력할 것인가? 그렇지는 않다. 메이커스 마크가 지난 2016년 세계 최초로 지은 석회 셀러Limestone Cellar에 가면, 그들의 야심 찬 꿈을 확 인할 수 있다.

석회 셀러는 고급 위스키 숙성을 위해 지은 '인공 동굴'이다. 내부에 들어가 보면 분위기가 묘하다. 마치 진짜 동굴에 들어온 것 같다. 거대 한 자연 동굴에 조명만 달아놓은 게 아닌가 싶은 착각이 들 정도다. 석 회암이 그대로 드러난 뒷벽으로 물이 흘러내려 더더욱 그렇다. 똑똑 떨어지는 물소리를 들으면 마음마저 차분해진다. 메이커스 마크는 어 떻게 이런 동굴을 만들었을까?

메이커스 마크 증류소에는 원래 아담한 석회암 언덕이 있었다. 이 언덕 일부를 허물어 빈 공간을 만들었다. 그런 다음 정면에 석회암 구 조물을 세우고 출입구를 냈다. 양 옆면과 뒤쪽은 따로 공사를 하지 않고 절벽을 그대로 노출시켰다. 그러니까 건물 사방 가운데 정면을 제외한 나머지 3면이 천연 석회암이다. 여기에 통풍이 잘되도록 흙으로 지붕을 만들어 얹었다. 최대한 천연 동굴에 가깝게 만든 석회 셀러. 친환경 건물 인증까지 받은 셀러 내부에는 사시사철 차가운 지하수가 흐른다. 덕분에 습도는 높고, 온도는 섭씨 10도 정도로 연중 일정하게 유지된다.

추가 숙성으로 변화를 꿈꾸다

메이커스 마크가 큰돈을 들여 셀러를 지은 건 고급 브랜드인 메이커스 마크 46과 프라이빗 셀렉트Private Select를 추가 숙성하기 위해서다.

여기서 잠깐, 추가 숙성이 뭔지 알아보자. 추가 숙성은 말 그대로 숙성을 마친 위스키를 다른 오크통에 옮겨서 짧은 기간 동안 다시 숙성하는 것을 뜻한다. 2차 숙성Second Aging 혹은 피니싱Finishing이라고 부르기도 한다. 추가 숙성은 버번 업계보다는 스카치 증류소에서 일반화된 방식이다. 예를 들면, 스카치위스키를 버번 오크통에서 숙성한 뒤에 마지막 몇 달 동안 셰리Sherry 오크통에 옮겨놓는 식이다. 이러면 버번과 더불어 셰리의 풍미가 덧입혀지면서 맛이 복잡해진다.

메이커스 마크는 2010년에 출시한 메이커스 마크 46부터 이 공정을 새로 도입했다. 그런데 추가 숙성하는 오크통이 다른 증류소와 완전히 다르다. 추가 숙성 오크통을 증류소에서 별도로 자체 제작한다. 더 구체적으로 설명하면, 메이커스 마크 46은 증류 원액을 일반 오크통에 넣고 6년간 숙성한다. 그런 다음 두번째 오크통에 옮겨 9주 동안 추가 숙성을 한다. 여기서 주목할 건 이 두번째 오크통을 어떻게 만드

메이커스 마크 석회 셀러 모습. ———————————— LIMESTONE CELLAR

느냐다. 한마디로 제조법이 독특하고 희한하다. 먼저 통상적으로 쓰는 미국산 참나무 오크통American White Oak Barrel 뚜껑을 연다. 그리고 그 안에 불에 그슬린 프랑스산 참나무 널빤지Seared French Oak Stave 열 개를 넣어 고정한 뒤 다시 뚜껑을 덮어 완성한다. 이렇게 함으로써, 추가 숙성 기간에 미국산 참나무뿐 아니라 프랑스산 참나무의 풍미가 위스키에 진하게 배어들게 만든다. 프랑스산 참나무는 과일 향이 나는 성분이 있어서, 더 부드럽고 달콤한 위스키로 거듭나게 도와준다.

석회 셀러를 짓기 전까지는 추가 숙성을 일반 숙성고에서 했다. 그러다보니 여름에는 증발량이 엄청나서 애를 먹었다고 한다. 하지만 이젠 고민이 사라졌다. 온도가 일정하고 습도가 높아 위스키 증발량이 적은 석회 셀러에서 추가 숙성을 하기 때문이다.

1000가지 조합

석회 셀러에서 추가 숙성하는 또다른 고급 브랜드는 프라이빗 셀렉트다. 프라이빗 셀렉트는 메이커스 46을 더욱 확장하고 발전시킨 '고객 맞춤형' 제품이다. 앞서 메이커스 마크 46 추가 숙성 방식을 소개하면서, 기존 오크통에 불에 그슬린 프랑스산 참나무 널빤지 열 개를 추가로 넣는다고 설명했다. 프라이빗 셀렉트는 여기서 한발 더 나아간다. 미국산 참나무와 프랑스산 참나무를 가지고 굽고 태우는 방식에 변화를 주어 1번부터 5번까지 총 다섯 가지 유형의 널빤지*를 만든다. 그런 뒤에 고객에게 추가 숙성 오크통에 넣을 널빤지 열 개를 직접 고르라고 한다. 예를 들어 널빤지 1번에서 5번까지 각각 두 개씩 공평하게 넣어

• 다섯 가지 유형은 다음과 같다.

1번: Baked American Pure 2.
2번: Seared French Cuvée.
3번: Maker's 46.
4번: Roasted French Mocha.
5번: Toasted French Spice.

석회 셀러에서 추가 숙성(피니싱)중인 오크통.

총 열 개를 조합할 수도 있다. 극단적으로는 1번만 열 개, 혹은 5번만 열 개를 넣으라고 할 수도 있다. 이런 식으로 계산하면 고객이 고를 수 있는 널빤지 조합이 1000가지가 넘는다. 선택이 끝나면 증류소에선 고객의 주문대로 널빤지를 넣어 오크통을 완성한다. 이후 9주 동안 추가 숙성을 마치면 오크통의 위스키를 몽땅 고객한테 넘긴다.

석회 셀러 2층에는 간이 테이스팅 공간도 있다. 절벽을 타고 물이 흘러내리는 걸 보면서 위스키를 마실 수 있다. 증류소 직원이 플라스틱 잔에 메이커스 마크 46을 따라줬다. 한 모금 들이켰는데, 맛이 끝내준다. 그러잖아도 으슬으슬하던 차였는데 속이 후끈거리며 오한이 싹 달아나버렸다. 메이커스 마크 46을 홀짝거리며 프라이빗 셀렉트를 대체 누가 사 가는지 물었다. 직원은 "오크통째 파는 거라 개인 고객은 거의 없다"면서 "주로 위스키 전문 매장이나 술집 혹은 레스토랑에서 사 간다"고 답했다. 가격이 얼마나 하는지도 물었다. 그러자 깔깔웃으며 "비밀이라서 정확히 말할 수 없지만, 대략 1000만 원 단위라고 보면 된다"고 말했다.

'프라이빗 셀렉트'를 추가 숙성할 때 사용하는 널빤지(stave) 5종류.

'프라이빗 셀렉트'를 숙성하는 오크통 내부 모습.

증류소에서 마신 메이커스 마크

석회 셀러까지 구경한 뒤 테이스팅 룸으로 가서 시음을 했다. 처음 마신 건 숙성을 하지 않은 위스키였다. 증류를 마친 뒤 오크통에 넣지 않고 바로 병에 담아서 판매하는 이런 위스키를 켄터키에선 다양한 이름으로 부른다. 밀주를 뜻하는 문샤인이라고 하거나 새로 만들었다는 의미로 뉴 메이크new make라고 부르기도 한다. 가장 널리 통용되는 건 화이트 도그이다. 색깔은 투명한데 마시면 마치 개가 문 것처럼 강렬하다는 의미다. 화이트 도그 위스키는 숙성을 하지 않았기에 곡물 향이 강하게 느껴지는 게 특징이다. 맛도 살짝 비릿하다. 메이커스 마크 화이트 도그는 그나마 꽤 마실 만했다. 옥수수와 더불어 밀의 풍미가 혀를 자극했다.

다음은 이 증류소를 대표하는 메이커스 마크. 지금은 흔해졌지만 1990년대까지만 해도 위상이 대단했다. 스몰 배치small batch나 싱글 배럴single barrel이라는 개념도 생소했던 시절, 메이커스 마크는 고급 버

메이커스 마크, 메이커스 마크 46, 메이커스 마크 캐스크 스트렝스.

번의 상징이었다. 세월은 흘렀지만 부드럽게 혀를 감싸는 감미로움은 여전하다. 역시 잘 만든 위스키는 아무리 마셔도 질리지 않는다.

잠시 물을 마시며 숨을 고른 뒤 메이커스 마크 46과 캐스크 스트렝스를 맛봤다. 메이커스 마크 46은 아까 석회 셀러에서 마신 술이다. 기본 제품인 메이커스 마크와 비교하면 모든 게 더 진하다. 색깔도 진하고, 바닐라와 캐러멜 향도 진하다. 이런 비유가 적절한지 모르겠는데, 메이커스 마크가 설렁탕이라면 메이커스 마크 46은 푹 고아서 우려낸 진한 사골곰탕 같다.

캐스크 스트렝스는 상당히 센 녀석이다. 제품마다 도수는 조금씩 다른데, 내가 마신 건 55.5도짜리였다. 바닐라와 캐러멜 향이 기분좋게 느껴지는 건 메이커스 마크 46과 비슷하다. 하지만 혀를 때리는 타격감이 상당하다. 얼얼하면서 묵직하다. 입안에서 한 바퀴 돌리고 나니 슬슬 달달한 기운이 올라온다. 또 한 바퀴 돌렸더니 더 부드럽게 느껴진다. 함께 시음을 한 증류소 직원은 캐스크 스트렝스의 특징을 "크리미creamy"라고 표현했다. 여운도 메이커스 마크 46보다 훨씬 길게 남는다.

치훌리 작품이 전시된 숙성고

시음까지 마친 뒤 증류소 직원이 "한 군데 더 가볼 데가 있다"면서 나를 어디론가 데려갔다. 도착해보니 3층짜리 소형 위스키 숙성고였다. 숙성고는 아까 다 봤는데 왜 또 데려왔나 의아했다. 그런데 안으로 들어가자마자 입이 쩍 벌어졌다. 아니 이게 뭐지? 숙성고 천장에 거대한 유리 공예 작품이 전시돼 있었다. 빨강, 파랑, 초록 빛깔 유리로 꽃과 식물 등 다양한 생명체를 만들고, 중앙에는 천사를 배치했다. 오크통에서 증발한 위스키를 천사가 마신다는 의미의 '천사의 몫'을 표현한 것이다.

이 작품은 유리 공예 예술가 데일 치훌리Dale Chihuly가 제작했다. 빌 게이츠, 빌 클린턴, 엘턴 존 같은 유명 인사가 사랑한 예술가. 미국 작가에겐 유난히 콧대 높은 루브르 박물관조차 최고로 인정한 유리 공예 대가. 이런 엄청난 스타 작가를 메이커스 마크가 어떻게 섭외했을까? 그건 바로 증류소 최고 책임자인 롭 새뮤얼스의 삼고초려 덕분이었다. 치훌리의 열렬한 팬인 롭은 증류소에 작품을 전시할 수 있게 해달라며 치훌리에게 이메일을 보냈다. 하지만 치훌리는 아무런 답도 주지 않았다. 그러자 롭은 일곱 장짜리 편지를 직접 손으로 써서 보냈다. 정성스러운 손편지에 감동을 받은 치훌리는 마침내 작품 전시를 허락했다.

"좋은 위스키를 과음하는 건 딱 좋다"

증류소 투어를 마치고 밖으로 나오니 알딸딸하다. 그래도 좋은 위스

데일 치훌리의 작품이 전시된 숙성고.

키를 마셔서 그런지 취기도 기분좋게 밀려온다. 마크 트웨인이 그랬던가. "뭐든지 과한 건 나쁘지만, 좋은 위스키를 과음하는 건 딱 좋다"고. 과음을 한 건 아니지만, 좋은 위스키에 적당히 취하니 흥얼흥얼 콧노래가 절로 나온다. 날씨가 꽤 쌀쌀한데 춥지도 않다. 위스키는 역시 찬바람 불 때 더 잘 어울리나보다.

그래, 인생 뭐 있나? 좋은 위스키 있고, 좋은 사람이 있으면 그게 행복이지. 안 그런가?

투어 정보

Maker's Mark Distillery
3350 Burks Spring Rd,
Loretto, KY 40037

대표 투어 프로그램: General Distillery Tour
월요일~토요일: 오전 9:30~오후 3:30 (매시 30분)
일요일: 오전 11:30~오후 3:30 (매시 30분)
소요시간: 1시간
요금: 14$ (성인)
투어 예약: www.makersmark.com/tours

후기

1

메이커스 마크 증류소에서 시음한 위스키 맛이 요즘도 가끔 생각난다. 원래도
맛있는 위스키지만 그때 더 맛있게 느껴진 건 투어 가이드인 애기 덕분이다.
10년 넘게 메이커스 마크에서 일한 애기는 증류소에서 인정한 '미각의
달인'이다. 그녀의 명함엔 '투어 가이드' 대신 '버번 전문가 lead bourbon
specialist'라고 적혀 있다. 200명이 넘는 증류소 직원 중에서 엄격한 심사를
통해 선발한 12명의 테이스팅 패널tasting pannel에도 포함됐다. 친절하게
증류소 구석구석을 안내해준 애기와 헤어지면서 "당신 이름이 한국에선
baby라는 뜻"이라고 말했다. 그러자 그녀는 정말 '애기'처럼 천진난만하게
웃었다. 그녀가 이 책을 받게 된다면 또 한번 그렇게 활짝 웃겠지?

2

내가 켄터키를 다녀오고 얼마 뒤 편지 한 통이 회사로 도착했다.
나무 문양으로 된 봉투부터 인상적이었다. 겉면을 보니
발신자는 메이커스 마크 증류소. '이게 뭘까' 싶어서
얼른 열어봤다. 그런데 세상에나! 이 편지는 메이커스

마크 증류소 최고 책임자인
롭 새뮤얼스가 보낸 것이었다.
더구나 직접 손으로 쓴 '친필
편지'였다. 편지를 읽으면서
증류소에서의 추억이 새록새록
떠올랐다. 책이 출간되면
우체국으로 달려가 맨 먼저
롭한테 보내야겠다.

Maker's Mark®

nov. 2018

Dear Seung-won,

On behalf of the entire
Maker's Mark team, many
thanks for making time
to visit Kentucky and our
Historic Landmark Distillery

...

MBC
Cho, Seung-won
Munhwa Broadcasting
267 Seongam-ro 03925
Mapo-gu, Seoul Korea

메이커스 마크 최고 책임자 롭 새뮤얼스와 만나다

증류소 방문에 앞서 켄터키 루이빌에서 롭 새뮤얼스와 인터뷰를 했다. 롭은
메이커스 마크 창업자의 직계 후손으로 증류소 운영을 총괄하는 '최고 운영
책임자Chief Operating Officer'다. 쉽게 말해 메이커스 마크 증류소에서
'no.1'이라는 뜻이다. 루이빌 시내에 있는 롭의 사무실은 새뮤얼스 가문과
메이커스 마크의 역사를 주제로 한 미니 전시관 같았다. 증류소를 이끌어온
할아버지와 아버지 사진이 한쪽 벽에 붙어 있었다. 빌 새뮤얼스 시니어와 주니어
그리고 롭 새뮤얼스 형제까지 3대가 함께 찍은 흑백 사진도 눈에 띄었다. 다른 쪽
벽에는 자선단체 기부 등 특별한 목적으로 출시한 기념 보틀이 전시돼 있었다.
또 탁자에는 롭의 아버지(빌 새뮤얼스 주니어)가 평생 동안 세계 각국을 다니며
수집한 미니어처 술병이 가득했다.

원래 약속한 인터뷰 시간은 30분이었다. 하지만 질문 하나에 대답이 5분씩
이어지면서 시간을 넘길 수밖에 없었다. 롭은 "한국의 버번 애호가들에게 들려주고
싶은 말이 많다"면서 매우 열정적으로 세세한 것까지 설명해주었다. 인터뷰가
아니라 거의 '강의'나 마찬가지였다. 인터뷰가 끝나고 시계를 봤더니 거의 한 시간
반이 흘렀다.
인터뷰 주요 내용을 축약해서 정리했다.

**새뮤얼스 가문은 500년 동안 위스키를 제조해왔습니다. 특히 당신의
할아버지는 지금의 증류소 부지를 사들여 메이커스 마크를 세웠습니다.
창업인인 할아버지에 대해 설명해주시죠.**

할아버지 빌 새뮤얼스 시니어는 위대한 인물이었습니다. 당시 켄터키의 모든
증류소는 형편없는 품질의 위스키를 만들고 있었습니다. 할아버지는 그런
끔찍한 위스키는 만들 필요가 없다고 생각했죠. 결국 100년 된 새뮤얼스 가문의
증류소를 팔아버리고 위스키 제조 레시피도 태워버렸습니다. 버번 위스키의
수준을 올리겠다고 생각한 거죠. 그는 버번 위스키를 맛있게 만들겠다는 일념
하나로 지금의 증류소 부지를 매입했습니다. 부드럽고, 맛이 풍부하며, 균형도

잘 잡힌 위스키를 만들려고 했던
겁니다. 한마디로 그는 장인의
표본이었습니다. 돈을 벌겠다는
생각은 크지 않았습니다. 그에게
성공이란 좋은 위스키를 만드는
것이었습니다.

**할머니인 마저리 여사의 업적도
대단하다고 들었습니다.**

롭 새뮤얼스.

위스키 병을 디자인하고 메이커스 마크라는 이름을 지은 사람이 할머니였습니다.
이 증류소도 디자인하셨고요. 그 무렵에는 방문객에게 시설을 구경할 수 있도록
개방한 증류소가 없었어요. 그런데 제 할머니는 증류소가 위스키의 본질을 드러낼
수 있는 곳이 돼야 한다고 생각하셨죠. 수제 위스키의 특별한 점을 보여줄 수 있는
장소라고 여겼습니다. 할머니는 고객들에게 "이거 우리 제품이에요"라고 소리치는
식의 전통적인 마케팅 방식은 선호하지 않았습니다. 그래서 "우리집으로 사람들을
부르자"라고 하셨습니다. 사람들이 방문할 수 있도록 증류소를 개방하신 겁니다.
위스키 병을 빨간 왁스로 봉인한 것도 할머니의 생각이었습니다. 할머니는 수제
공정을 마무리하는 데 어떤 방법이 좋을까 고민하다가 이걸 떠올리셨습니다.
할머니의 제안으로 모든 병을 왁스로 봉인했기 때문에 각각의 병은 모두 독특하고
특별해졌습니다. 바로 수제 작품의 상징이 된 거죠.
할머니는 증류소에서 일한 여성 중에서는 최초로 켄터키 버번 명예의 전당에
이름을 올렸습니다. 위스키 전문가인 프레드 미닉Fred Minnick은 이런 얘기도
했습니다. 제 할머니가 위스키 역사상 기여한 바에 비해 가장 인정을 받지 못한
인물이라고요. 한마디로 정리하면 그녀는 버번 위스키 관광의 창시자이며, 위스키
산업에서 가장 상징적인 위스키 병을 디자인한 인물입니다.

아버지와 당신이 개발한 위스키에 대해서도 설명해주시죠.

위스키 제품만 말하자면, 아버지 빌 새뮤얼스 주니어는 메이커스 마크
46을 개발하셨습니다. 메이커스 마크 46은 메이커스 마크 증류소의 새로운
도전이었습니다. 이 브랜드가 나오기 전까지 오로지 메이커스 마크 하나만

출시했으니까요. 메이커스 마크 46은 사실 메이커스 마크에서 출발합니다. 다만
열 개의 프랑스산 참나무 널빤지로 피니싱을 해서 새로운 맛을 만든 겁니다.
제가 최근에 내놓은 혁신적인 방법도 소개해드리죠. '프라이빗 셀렉트 커스텀
배럴private select custom barrel'이라는 프로그램입니다. 물론 업계 최초고요. 다른
증류소에서도 고객들에게 좋은 위스키를 고를 수 있게 합니다만, 우리 증류소가
전 세계에서 가장 일관된 품질의 위스키를 제공한다고 자부합니다. 아마 다른
증류소처럼 한다면 메이커스 마크의 정체성을 제대로 드러내지 못할 겁니다.
프라이빗 셀렉트는 열 개에 달하는 추가 숙성용 널빤지를 개개인 취향에 따라 고를
수 있습니다. 그래서 약 1000가지 조합이 가능하죠. 널빤지 한 개만 바뀌어도
맛에는 뚜렷한 변화가 생깁니다. 추가 숙성할 때 넣는 널빤지는 위스키 풍미와
특징에 큰 영향을 줍니다. 맛을 최고로 증폭하는 거죠.

당신도 아버지한테서 위스키 제조 기술을 전수했다고 들었습니다.

네, 맞습니다. 고등학교 때부터 여름방학이면 늘 여기 와서 일을 했어요. 정말
모든 일을 다 했어요. 증류기를 직접 가동해보고, 발효 작업도 해봤고, 위스키를
병에 담는 일이나 왁스로 봉인하는 것도 해봤습니다. 품질 관리팀에서 일한 적도
있고요. 이런 과정은 저한테 소중한 경험이 됐습니다. 그런 기회를 주신 아버지와
직원분들에게 깊이 감사합니다.
대학에서는 응용과학을 전공했습니다. 학사를 마친 뒤에는 시카고대학
경영대학원에서 석사를 마쳤습니다. 그런 뒤엔 여러 회사에서 영업팀 직원으로
일했습니다. 가족의 유산을 물려받는 차원이 아니라, 버번 산업에 평생 몸 바칠 수
있는지를 확인하는 차원에서 새로운 경험을 해본 겁니다.

증류소가 참 아름답습니다. 앞으로 어떻게 증류소를 꾸며가고 싶은가요?

증류소에 오신 분들이 공통적으로 하시는 말씀이 있습니다. 한번 오면 여기를
떠나고 싶지 않다고 하시죠. 한 사진작가는 약 2년 동안 증류소에서 사진을
찍기도 했습니다. 앞으로 더 많은 분들이 증류소로 오실 수 있도록 하고 싶어요.
대자연에서 탄생하는 멋진 버번 위스키를 체험할 수 있는 기회를 드리고 싶습니다.
또한 환경적으로도 책임을 지는 증류소를 만들고 싶습니다. 위스키에 큰 영향을
미치는 자연환경을 있는 그대로 잘 지키는 것도 중요하니까요. 아울러 문화적인

유산도 풍부했으면 합니다. 특히 수제 위스키라는 가치를 계속 지키고 싶습니다. 지금도 증류소 곳곳에는 수제 예술작품이 약 70점 전시돼 있습니다. 켄터키뿐 아니라 다른 지역 예술가들의 작품도 전시해놓았죠. 이런 예술작품이 메이커스 마크의 수제 정신handmade spirit을 대변한다고 생각합니다.

BOURBON

왜 버번인가?

옥수수를 주재료로 만든 미국 위스키를 왜 '버번'이라고 부르게 된 걸까? 여기엔 크게 두 가지 설이 있다. 모두 위스키 교역 역사와 관련이 있다. 켄터키가 버지니아에서 독립하기 7년 전인 1785년, 당시 버지니아 행정 구역이던 페이엣Fayette 카운티(우리로 치면 군郡 단위)가 분할된다. 그러면서 새로운 카운티가 생겼는데 이름을 버번Bourbon이라고 붙였다. 영국과의 독립 전쟁 때 도와준 부르봉 왕가에 대한 존경을 담아 따온 이름이다. 지금은 아니지만 당시에만 해도 새로 생긴 버번 카운티 관할 구역은 매우 넓었다. 오하이오강과 맞닿아 있는 라임스톤 지역(지금의 메이즈빌Maysville)도 이 무렵엔 버번 카운티에 속해 있었다. 켄터키에서 제조한 위스키는 라임스톤 항구에서 배에 실어 오하이오강과 미시시피강을 통해 남부 루이지애나 뉴올리언스로 팔려나갔다. 항구에서는 화물의 원산지를 표기하기 위해 '버번 카운티Bourbon County'라고 오크통에 도장을 찍어서 보냈고, 이걸 본 뉴올리언스 상인들이 켄터키산 위스키를 '버번'이라고 줄여서 부르게 됐다는 설명이다.

두번째 설은 버번 위스키의 버번이 켄터키의 버번 카운티가 아니라, 뉴올리언스의 유흥가인 '버번 스트리트Bourbon St.'에서 유래했다는 것이다. 앞서 언급한 대로 당시 켄터키 위스키를 가장 많이 가져와 소비한 지역은 남부 루이지애나 뉴올리언스였다. 특히 뉴올리언스 중심가인 버번 스트리트에는 술집이 밀집해 있어, 사람들은 여기서 켄터키에서 넘어온 맛 좋은 위스키를 즐겼다고 한다. '버번 스트리트에서 파는 위스키Bourbon street whiskey'를 버번 위스키라고 줄여 부르기 시작하면서 지금의 이름이 생겼다는 설명이다.

미국에서 가장 예쁜 소도시

'켄터키 바즈타운Bardstown을 어떻게 설명하지······'

이런 고민을 하다가 떠올린 단어는 허망하게도 '예쁘다'였다. 흔하디흔한 '예쁘다'라는 말 대신 좀더 그럴싸한 표현을 찾고 싶은데, 아무리 생각해도 이 단어만 자꾸 떠오른다. 물론 '예쁘다'는 건 지극히 주관적이다. 나에게 예쁜 곳이 누군가에겐 안 예쁠 수도 있다. 여행을 많이 다닌 분이라면 '아니, 세상에 예쁜 데가 얼마나 많은데'라며 대수롭지 않게 생각할지도 모르겠다. 그래서 비교적 객관적인 정보도 함께 드리려고 한다. 바즈타운은 세계 최대 지도 업체 랜드 맥널리Rand McNally와 〈USA 투데이〉가 2012년에 공동 선정한 '미국에서 가장 예쁜 소도시'다.

바즈타운은 대체 뭐가 예쁜가? 일단 마을 중심에 있는 광장과 주변

'미국에서 가장 아름다운 소도시most beautiful small town'로 선정된
켄터키 바즈타운의 중심가. (출처: kybourbontrail.com)

올드 탤벗 터번The Old Talbott Tavern.
1779년부터 영업중인 켄터키 바즈타운의 유서 깊은 술집 겸 여관이다.

거리가 특별하게 아름답다. 이 일대는 18세기 배경의 영화 세트장 같다. 건물은 대부분 1층과 2층으로 아담하고 고풍스럽다. 적갈색 벽돌로 지은 안내 센터를 비롯해 교회, 음식점, 술집, 숙소 하나까지도 멋스럽다. '미국에서 가장 아름다운 광장'이라는 관광안내서의 설명이 과장이 아니다.

세계 버번 위스키의 수도

술꾼인 내가 여길 찾아온 건 고풍스러운 풍경을 감상하기 위해서는 아니다. 바즈타운이 버번 위스키의 성지라서 온 것이다. 켄터키 현지 사람들 표현대로 바즈타운은 '세계 버번 위스키의 수도The Bourbon

헤븐힐 증류소 '버번 헤리티지 센터(방문자 센터)'.
〈위스키 매거진〉 '올해의 명소'로 선정됐다.

Capital of the World'이다. 왠지 '수도'라고 하면 제법 큰 도시를 떠올리는
데, 바즈타운은 그렇지가 않다. 면적은 18.17제곱킬로미터에 불과하
다. 그러니까 서울 마포구(23.84제곱킬로미터)보다 작다. 인구 역시
1만 3000여 명 정도다. 전라남도에서 주민이 가장 적은 시군 지자체
가 구례(2만 7000명, 2018년 기준)인데, 거기의 절반도 안 된다. 그럼
이렇게 작은 마을이 어떻게 '세계 버번 위스키의 수도'가 된 걸까? 그
건 품질이 뛰어난 버번 위스키를 생산하는, 역사 깊은 증류소가 많기
때문이다.

버번 위스키 수도에 있는 증류소(주류 기업) 가운데 가장 규모가 큰
곳은 헤븐힐Heaven Hill이다. 헤븐힐은 바즈타운 중심가에서 엎드리면
코 닿을 곳에 있다. 차로 가면 3, 4분, 운동 삼아 천천히 걸어가도 30
분이 채 안 걸린다. 바즈타운의 명소인 마이 올드 켄터키 홈 주립 공

원My Old Kentucky Home State Park을 끼고 우회전하면 산책이나 드라이브하기에 최고로 멋진 길이 나타난다. 좁지만 아름다운 이 길을 따라 가다보면 헤븐힐이 눈에 띈다.

증류소에 도착하면 멋들어지게 생긴 건물 하나가 보인다. 지난 2004년에 문을 연 헤븐힐 방문자 센터다. 공식 이름은 버번 헤리티지 센터Bourbon Heritage Center이다. 켄터키 석회 벽돌과 팔각정 모양의 구리 지붕, 개방감이 느껴지는 통유리가 인상적이다. 이 건물은 〈위스키 매거진Whiskey Magazine〉의 올해의 명소Icon and Visitors Attraction of the Year로도 선정됐다. 위스키 전문가 카를로 드비토Carlo Devito는 헤븐힐 방문자 센터를 가리켜 "진짜 타지마할veritable Taj Mahal"이라고 표현하기도 했다. 이 정도의 극찬까지 받을 만한지는 모르겠으나 건축 문외한인 내 눈에도 인상적이었다.

방문자 센터 내부로 들어가면 왜 여기를 헤븐힐 센터라고 하지 않고 버번 헤리티지 센터라고 이름 붙였는지 알게 된다. 보통 증류소 방

버번 헤리티지 센터 내부 전시관. 마치 버번 역사박물관처럼 꾸며져 있다.

문자 센터에 가면, 증류소 투어 상품과 위스키 등을 파는 상품점이 있고, 나머지 공간은 해당 증류소 역사와 자사 위스키를 알리는 공간으로 꾸며져 있다. 그런데 여긴 그렇지 않다. 헤븐힐 증류소 방문자 센터가 아니라, 버번 역사박물관처럼 돼 있다. 헤븐힐에 국한하지 않고, 버번 위스키 전체 역사와 제조 과정을 설명하는 전시물이 가득하다. 상품점이 있기는 하지만, 규모가 크지 않아서 부대시설처럼 느껴진다. 〈위스키 매거진〉이 왜 이곳을 버번 애호가들이 꼭 가봐야 할 명소로 선정했는지 수긍이 가는 대목이다.

실패로 끝난 '숭고한 실험'

예약한 투어 시간까지 여유가 있어서 잠시 전시 공간을 둘러봤다. 헤븐힐 증류소가 어떤 시기에 탄생했고, 어떻게 명성을 유지해왔는지를 켄터키 버번 역사와 함께 설명하고 있었다. 전시물을 살펴보니, 버번 역사에서 가장 큰 사건을 딱 하나만 꼽으라고 한다면, 누가 뭐래도 금주법The National Prohibition Act일 거라는 생각이 들었다.

술을 탐하는 인간의 자연스러운 욕망을 법으로 규제하려는 시도는 역사상 많았다. 하지만 미국 작가 빌 브라이슨Bill Bryson의 말처럼 금주법만큼 "기만적이고 위선적인" 것은 없었다. '숭고한 실험Noble Experiment'이라며 떠받들던 금주법을 철회하게 된 데는 여러 이유가 있다. 그중 가장 큰 이유는 고용 불안과 경기 침체였다. 맥주, 와인, 위스키 할 것 없이 술을 다루는 모든 산업이 하루아침에 망하면서 실업자가 쏟아졌다. 증류소와 주류 판매 업체만 직격탄을 맞은 게 아니다. 연관 산업이 모두 붕괴됐다. 오크통 제조업자나 술병 제조업체,

농부들까지 줄줄이 타격을 입었다. 그러던 차에 1929년 대공황Great Depression까지 찾아왔다. 그러자 1932년 미국 대통령 선거 당시 민주당과 공화당은 모두 금주법 철폐를 공약으로 내걸었다. 프랭클린 루스벨트가 대통령에 당선된 뒤, 미국 의회는 금주법(수정헌법 18조)을 폐기하는 내용의 수정헌법 21조를 발의해 통과시켰다. 1933년 12월 5일, 사상 초유의 '숭고한 실험'은 실패로 막을 내렸다.

금주법은 폐지됐지만, 버번 산업은 이미 초토화됐다. 금주법이 시행된 1920년, 켄터키에는 200곳의 버번 증류소가 가동중이었다. 하지만 13년간 이어진 금주법 기간에 3분의 2가 문을 닫거나 통폐합했다. 금주법이 폐지된 후 다시 문을 연 증류소는 수십여 곳에 불과했다. 게다가 숙성에 오랜 시간이 걸리는 위스키 제조의 특수성 때문에, 숙성고에 재고가 없는 증류소는 시장에 제품을 바로 내놓을 수도 없었다. 버번 산업이 이대로 주저앉는 게 아니냐는 우려가 곳곳에서 터져나왔다.

헤븐힐의 출발

헤븐힐은 이런 암울한 상황에서 출발했다. 헤븐힐 탄생의 주축이 된 셔피라Shapira 가문의 다섯 형제는 위기가 곧 기회라고 생각했다. 금주법으로 증류소 숫자가 크게 줄었기 때문에 오히려 승산이 있다고 봤다. 경쟁업체가 예전처럼 많지 않으니 제대로만 위스키를 만들어내면 괜찮을 거라고 전망했다. 1935년, 셔피라 형제들은 다른 개인 투자자 여러 명과 함께 증류소를 세운다. 윌리엄 헤븐힐이라는 사람이 갖고 있던 켄터키 바즈타운 남쪽 농장 부지를 구입하고 증류 설비를 갖

1935년 당시 헤븐힐 증류소 모습.
당시 이름은 'OLD Heaven Hill Spring Distillery'였다.

헤븐힐 증류소를 설립한 셔피라 가문 5형제.

췄다. 이후 셔피라 형제는 다른 개인 투자자가 갖고 있던 지분까지 모두 사들여, 증류소를 완벽한 가족 기업으로 탈바꿈시킨다. 증류소 설립 초기엔 빨리 투자금을 회수하는 게 관건이었기 때문에 스트레이트 버번Straight Bourbon의 최소 숙성 연한인 2년만 숙성해 제품을 출시했다. 2년 단기 숙성 위스키로 어느 정도 수익을 낸 뒤엔 4년 숙성의 제대로 된 위스키를 생산해 사업을 확장했다.

1주일에 내는 세금만 80억

국내에선 다소 생소하지만, 헤븐힐은 미국 내에선 입지가 절대적이다. 헤븐힐 기업 규모는 미국 전체 주류 업체 가운데 7위에 올라 있다. 헤븐힐이 갖고 있는 버번 위스키 브랜드만 109개에 달한다. 2018년 말 기준으로 위스키 숙성고가 54채, 숙성중인 위스키만 150만 배럴이다. 이 규모는 짐 빔(230만 배럴)에 이어 버번 업계 2위에 해당한다.

버번으로 출발했지만 사업도 다각화했다. 진, 보드카, 심지어 와인까지 만든다. 주류 생산량과 판매량이 엄청나다보니, 켄터키주 정부에 내는 세금이 1주일에 보통 400만 달러(약 46억 원)에서 700만 달러(약 81억 원)에 달한다. 한 달에 1600만 달러(약 185억 원)에서 2800만 달러(약 325억 원)를 낸다는 얘기다.

가족 기업을 유지한 비결

특이하고 대단한 건 이런 기업이 아직까지도 완벽하게 한 가족의 소유로 남아 있다는 점이다. 다시 말해 헤븐힐은 켄터키에 본부를 둔 대형 증류소 가운데 유일한 가족 기업이다. '짐 빔이나 메이커스 마크 같은 증류소도 가족들이 대대로 운영해온 것 아니냐'라고 반문할지 모르겠다. 하지만 이런 곳은 증류소 운영만 창업자 후손들이 하고 있을 뿐이다. 지배 지분은 이미 다국적 주류 대기업으로 넘어갔다. 짐 빔과 메이커스 마크는 빔 산토리 소속이며, 와일드 터키는 캄파리 그룹에 속해 있다. 올드 포레스터와 우드포드 리저브, 얼리 타임스 등은 미국을 대표하는 주류 대기업 브라운포맨 소속이다.

헤븐힐이 거대 주류 기업의 합병 공세에도 끄떡없이 독자적인 가족 기업으로 버티며 성장한 비결은 무엇보다 위스키 품질이 뛰어났기 때문이다. 미국 주류 시장에서 헤븐힐 위스키는 '아무리 못해도 본전은 한다'는 평가를 받는다. 헤븐힐 위스키가 버번 애호가들의 사랑을 듬뿍 받게 된 데는 뼈대 깊은 위스키 장인 집안인 빔 가문의 역할도 컸다. 짐 빔 위스키를 다룰 때 다시 언급하겠지만, 헤븐힐 증류소 운영을 책임지는 마스터 디스틸러 자리는 최근까지 줄곧 빔 가문의 몫이었다. 초기 투자자이기도 했던 조지프 L. 빔에 이어 아들인 해리 빔을 거쳐 1948년에는 해리의 사촌인 얼 빔이 마스터 디스틸러를 맡았다. 1960년부터는 얼 빔의 아들인 파커 빔이 마스터 디스틸러로 합류했고, 그 뒤에는 파커의 아들인 크레이그 빔이 자리를 물려받았다. 2014년 크레이그 빔이 가족 사업을 위해 물러날 때까지 근 70년간 빔 가문이 헤븐힐 위스키 생산을 총괄해왔다. 빔 가문이 양질의 위스키 제조에 신경을 쓰는 사이, 증류소를 소유한 셔피라 가문은 홍보와 마케팅에 집중하며 사업을 키울 수 있었다.

헤븐힐의 경영 성과는 이른바 버번 불황Bourbon Depression으로 불리는 1970~80년대에 더욱 빛을 발했다. 당시 대다수 버번 증류소는 값

헤븐힐 증류소 막스 셔피라 회장.
셔피라는 2018년 9월 켄터키 버번
명예의 전당에 이름을 올렸다.

싼 보드카의 공세에 밀려 급격히 매출이
줄고 있었다. 하지만 헤븐힐은 예외였다.
그들에겐 대중적인 버번 브랜드인 에반
윌리엄스Evan Williams가 있었다. 헤븐힐
최고 히트 상품인 에반 윌리엄스의 매출
은 1980년대 중반 5년 동안 해마다 10퍼
센트 이상 올랐다. 다른 버번 위스키가 일
제히 고꾸라지는 상황에서도 에반 윌리
엄스가 질주를 이어간 이유는 뭘까? 버번의 고리타분한 이미지를 벗
어던진 헤븐힐의 마케팅 전략이 시장에서 통했기 때문이다. 이 무렵
미국 젊은이들은 버번을 멀리하고, 대신 풍미가 가벼우면서 다른 음
료수에 타 마시기 좋은 보드카를 즐겨 찾았다. 이런 분위기에서 헤븐
힐이 취한 '투트랙' 전략은 매우 영리했다. 먼저 기존 버번 애호가의
입맛을 고려해 에반 윌리엄스의 풍미는 그대로 유지했다. 대신 젊은
층을 겨냥해서는 "좀더 가볍게 즐기고 싶다면 에반 윌리엄스에 콜라
나 진저에일을 섞어 마셔도 괜찮다"는 메시지를 끊임없이 던졌다. 이
와 관련해 헤븐힐 회장 막스 셔피라Max Shapira는 1985년 루이빌 지역
신문 인터뷰에서 "늙은 카우보이가 바에 뛰어들어와 3온스(90밀리미
터)나 되는 버번을 벌컥벌컥 마시고 잔을 내던지는 이미지를 하루빨
리 극복해야 한다"고 강조했다. 셔피라의 전략이 적중하면서 헤븐힐
사업 규모는 점점 커지고 기업 가치도 상승했다.

하늘이 부린 심술

승승장구하던 헤븐힐에도 위기가 있었다. 그것도 그냥 위기가 아니라, 말 그대로 망하느냐 마느냐 하는 존폐의 위기였다. 갑작스레 찾아온 이 위기는 헤븐힐의 잘못은 아니었다. 위스키 품질에 문제가 있던 것도 아니었으며, 셔피라 가문이 경영상 실책을 저지른 것도 아니었다. 단지 하늘이 자신의 언덕Heaven Hill에 심술을 부린 탓이었다.

1996년 11월 7일이었다. 이날 켄터키 바즈타운에는 폭풍우가 휘몰아쳤다. 오후 두시 무렵, 하늘이 번쩍하더니 잠시 뒤 헤븐힐 숙성고 한 곳에서 화염이 치솟았다. 번개가 숙성고에 떨어진 것이다. 숙성고는 활활 타기 시작했다. 사실 위스키 숙성고만큼 불에 취약한 곳도 없다. 내부는 온통 목재이고 어마어마한 양의 위스키(알코올)까지 있으니 화약고나 마찬가지다. 위스키로 가득찬 오크통이 불쏘시개 역할을 하면서 삽시간에 불길이 숙성고를 집어삼켰다. 15분 만에 숙성고 하나가 잿더미로 변했다.

한번 불붙으면 도저히 끌 수 없는 상황. 다른 곳으로 번지지 않게 하는 게 최선이었다. 하지만 이마저도 쉽지 않았다. 강풍이 문제였다. 헤븐힐 증류소 주변에는 시속 60킬로미터에 달하는 바람이 불고 있었다. 바람을 타고 불씨가 여기저기로 날아다녔다. 급기야 다른 숙성고 여섯 곳에서도 차례로 불길이 치솟았다. 초대형 화재로 번지면서 바즈타운 인근은 물론 루이빌에서까지 소방차가 달려왔다. 하지만 역부족이었다. 25개 소방서에서 온 소방관 150명이 일제히 화재 진압에 나섰지만 불길은 전혀 수그러들지 않았다.

설상가상이었다. 화재 발생 두 시간이 지난 오후 네시. 발효와 증류 공정이 이뤄지는 증류소 본관 건물에까지 불이 번졌다. 여기저기서

109

헤븐힐 증류소 화재 당시
생방송 뉴스 화면. (화면 출처: WHAS-TV.)

동시다발로 불길이 치솟았지만 속수무책이었다. 소화액과 물을 아무리 뿌려도 소용없었다. 소방관들은 결국 포기했다. 그들이 할 수 있는 일은 사람이라도 다치지 않기를 기도하며 건물이 다 타서 잿더미가 되기를 기다리는 것밖에 없었다.

목격자 증언에 따르면, 증류소 화염은 강풍을 타고 수백 미터 밖까지 날아갔다. 위스키가 담긴 오크통은 폭탄 터지듯 폭발해 하늘로 치솟았다. 마을 주민은 이 광경을 "오크통이 마치 별똥별처럼 상공을 날아다녔다"라고 묘사했다. 그런가 하면 땅에서는 불붙은 버번 위스키가 거대한 용암처럼 흘러내렸다. 엄청난 양의 위스키가 불이 붙은 채 켄터키 49번 도로 쪽으로 흘러갔다. 이런 끔찍한 장면은 헬기로 촬영한 뉴스 화면으로도 남아 있다. 당시 켄터키 지역 방송 WHAS-TV는 화재 현장 상공에 헬기를 띄워 안타까운 상황을 실시간으로 전달했다. 이 영상을 보고 싶은 분들은 유튜브에서 'WHAS-TV 1996 Distillery Fire'라고 검색하면 된다.

역사상 최악의 증류소 사고로 꼽히는 헤븐힐 화재는 막대한 피해를 남겼다. 네 시간 동안 숙성고 일곱 채와 증류소 본관 건물 한 동이 불에 탔다. 함께 사라진 버번 위스키만 800만 갤런(약 3000만 리터)에 달했다. 이는 당시 전 세계 버번 수요의 2퍼센트에 해당하는 어마어마한 양이었다. 그나마 인명 피해가 없었고, 1935년부터 지켜온 효모를 건졌다는 게 다행이라면 다행이었다.

"아무도 실업자가 되지 않을 겁니다"

최악의 상황에서도 헤븐힐 회장 막스 셔피라는 희망을 잃지 않았다. 화재 다음날, 막스 셔피라는 시커멓게 타버린 증류소 앞에서 모든 직원을 불러모아놓고 다음과 같이 말했다.

"여러분 가운데 누구도 실업자가 되지 않을 겁니다."

셔피라 회장의 말처럼 헤븐힐은 다시 일어섰다. 핵심 생산 시설까지 피해를 본 헤븐힐이 극적으로 재기할 수 있었던 데에는 이웃사촌들의 도움이 결정적이었다. 평소 깊은 유대 관계를 맺어온 주변의 버번 증류소들이 제 일처럼 나서주었기 때문이다. 엎드리면 코 닿을 거리에 있는 바톤Barton은 물론 창업 당시부터 교류해온 짐 빔, 거대 주류 기업 브라운포맨까지 손을 내밀었다. 이들은 헤븐힐이 새로운 증류 설비를 갖출 때까지 자기네 공장 시설을 쓸 수 있도록 해주었다. 경쟁자이기에 앞서 동업자인 이웃들의 지원으로 헤븐힐은 위스키 생산을 이어갈 수 있었다. 화재 발생 3년 뒤인 1999년에는 역사가 깊은 번하임Bernheim 증류소*를 매입해 다시 자체 증류를 시작했다.

> *켄터키에서 최초로 증류소 면허를 받았다. 그래서 이 증류소에서 생산된 위스키 배럴에는 'DSP-KY-1'이라고 적혀 있다. 여기서 DSP란 Distilled Spirits Plant Numbers를 뜻한다.

숙성고 향에 중독되다

11월 중순이라 제법 쌀쌀하다. 투어 프로그램을 진행하는 직원을 따라 방문자 센터 밖으로 나오니 온몸이 바르르 떨린다. 옷깃을 여며도

111

늦가을 찬 바람이 뼛속까지 스며든다. 지형적 영향인지는 모르겠지만 켄터키 바람은 유난히 차갑다. 추운 날씨 때문에 야외에서 하는 설명은 최소화됐다. 바로 시설 견학에 들어갔다.

헤븐힐 증류소 투어는 다른 곳에 비해 시간도 짧고 프로그램도 단출하다. 1996년 화재 이후 이 증류소에서는 더이상 양조와 증류를 하지 않기 때문이다. 루이빌에 있는 번하임 증류소에서 증류를 마치면, 여기로 원액을 가져와 숙성과 병입을 한다. 이런 이유로 헤븐힐 투어 프로그램은 숙성고 방문과 위스키 테이스팅, 두 가지 코스로 40분 동안 진행된다.

투어를 시작하자마자 숙성고부터 들른다고 하니 행복한 기분이 절로 든다. 다른 증류소에서는 투어 중간이나 마지막 단계가 되어서야 숙성고에 가기 때문이다. 나는 속으로 '오늘도 참나무와 위스키 향을 실컷 맡을 수 있겠군'이라고 생각하며 흐뭇하게 미소를 지었다. 잠깐 여담을 하자면, 켄터키에 온 지 며칠 만에 나는 숙성고 향에 중독되고 말았다. 이 향을 못 맡게 되면 서운할 지경이다.

케이트의 저장고

직원이 안내한 곳은 1978년에 지은 구형 숙성고였다. 알파벳 순서에 따라 Y 숙성고Warehouse Y라고 이름이 붙은 곳이다. 헤븐힐 직원들 사이에선 케이트의 저장고Kate's Rickhouse로 통한다. 이 숙성고를 지은 1978년에 헤븐힐 회장 막스 셔피라의 딸인 케이트가 태어났기 때문이다.

증류소 회장 딸 이름이 별칭인 숙성고. 그래서인지 여기엔 막스 셔

헤븐힐 증류소 숙성고 내부.

피라 회장이 애지중지하는 특별한 배럴(오크통)이 한가득이다. 예를 들어 2015년에 저장한 증류소 창립 80주년 기념 배럴이나 2018년 4월 9일에 저장한 800만번째 기념 배럴이 이 숙성고에 있다. 또 헤븐힐이 2013년 켄터키 루이빌에 세운 에반 윌리엄스 체험관Evan Williams Bourbon Experience에서 생산한 1000번째 기념 배럴도 눈에 띄었다. 에반 윌리엄스 체험관은 증류 설비가 작아서 하루에 배럴 하나씩만 생산하기 때문에 1000번째 배럴도 꽤 의미가 크다. 기념 배럴에는 사인이 적힌 것도 많았다. 증류소 안내 직원은 대부분 직원들이 펜으로 적은 거라고 알려줬다. 에반 윌리엄스 체험관 1000번째 기념 배럴에도 수십 개 사인이 남아 있었다. 안내 직원은 오크통 어딘가에 자기 사인도 분명히 있을 거라고 했다.

설명을 들으며 살펴보니, 기념 배럴 중에는 진즉 밖으로 꺼냈어야 할 게 상당수였다. 2002년 12월 4일 숙성에 들어간 배럴(증류소 450

헤븐힐 80주년(2015년)기념 배럴(왼쪽), 헤븐힐 600만번째 기념 배럴(오른쪽),
헤븐힐 800만번째 기념 배럴(아래).

에반 윌리엄스 체험관 1000번째 기념 배럴.

만번째 오크통)이 있는가 하면, 심지어 1998년 1월 13일부터 숙성에 들어간 것(증류소 400만번째 오크통)도 있었다. 헤븐힐이 가끔씩 특별하게 내놓는 20년 이상 숙성 제품을 위해 일부러 남겨놓은 것일까? 이 질문에 직원은 기다렸다는 듯이 답했다.

"여기 있는 기념 배럴은 막스 셔피라 회장님에겐 트로피 같은 겁니다. 그분은 기념일에는 꼭 일정량의 위스키를 남겨서 오크통에 담은 다음에 여기다 보관을 하십니다. 독립 기업인 저희 회사에는 회장님 가족 말고 다른 주주가 없기 때문에 이 술은 회장님 맘대로 드시는 겁니다. 아주 특별한 날에 가끔 회장님이 여기 오셔서 기념 배럴에서 위스키를 꺼내 가기도 하지만, 대부분은 안 드시고 그냥 놔둡니다. 그럼 위스키는 세월이 흐르면 다 증발해버리겠죠. 사람이 다 마시지 않고, 천사도 맛볼 수 있도록 배려를 하시는 거겠죠."

하늘로 증발돼 천사가 마시게 되는 위스키 가운데 한두 모금이라도 나한테 나눠준다면 얼마나 행복할까? 이런 생각을 하며 입맛만 쩝쩝 다셨다.

안전이 최우선

'케이트의 저장고'를 비롯해 헤븐힐 위스키 숙성고는 대부분 7층이다. 버번 증류소 숙성고의 가장 일반적인 높이다. 투어 안내 직원은 "위스키 숙성에는 7층 높이가 알맞다"면서 "더 낮거나 높게 숙성고를 짓는 증류소도 있지만, 헤븐힐은 전통에 충실한 편"이라고 설명했다.

천천히 걸어가며 숙성고 내부 구조를 설명하던 안내 직원이 발걸음을 멈춘다. 그러더니 "숙성고를 지을 때 제일 중요하게 생각하는 게 뭔지 아세요?"라고 물었다. 여기저기서 이런저런 대답이 나왔다. 누군가는 "온도"라고 했고, 또다른 누군가가 "습도"라고 했다. 직원은 "모두 틀렸다"면서 이렇게 강조했다.

"온도나 습도, 통풍 등도 중요하지만, 더 중요한 건 어떤 상황에서도 절대로 무너지지 않게 짓는 겁니다."

나를 비롯해 모두가 고개를 끄덕였다. 하긴 좋은 위스키고 뭐고 간에 숙성중에 무너져내리면 다 소용없는 것 아니겠는가. 방문객 반응을 보고 씩 웃던 직원은 헤븐힐 숙성고의 각 층을 떠받치고 있는 목재 구조물을 손가락으로 가리켰다. 거기엔 X자 형태로 만든 단단한 버

X자 모양으로 단단하게 설치된 숙성고 버팀목.

팀목이 숙성고의 층과 층 사이를 받치고 있었다. 직원은 "오크통 무게를 이기려면 저런 튼튼한 버팀목이 꼭 필요하다"면서 "켄터키에는 가끔 토네이도가 불어닥치기 때문에 더욱더 숙성고를 튼튼하게 지어야 한다"고 말했다. 몇 달 전 인근에 있는 바톤 증류소에서 발생한 숙성고 붕괴 사고도 언급하면서 "증류소에서는 그 무엇보다 시설 안전이 최우선"이라고 거듭 강조했다. 자연재해로 모든 것을 잃을 뻔한 경험이 있어서인지 이곳 직원들은 유난히 안전을 중시하는 것 같았다.

낡은 나무 리프트

이 숙성고에서는 박물관에나 있을 법한 물건도 눈에 띄었다. 전동 리프트가 없던 그 옛날, 일꾼들이 무거운 오크통을 숙성고 위층으로 올릴 때 쓰던 나무 리프트였다. 다 낡아빠진 나무 리프트는 책상처럼 생긴 본체와 두 개의 긴 레일로 구성돼 있었다. 위스키를 담은 오크통을 경사진 레일을 따라 굴려서 리프트 본체에 올려놓은 뒤 적당한 위치에 넣는 방식이었다. 안내 직원은 "200킬로그램이 넘는 오크통을 사람 힘으로 옮기는 게 얼마나 힘들었을지 상상해보라"면서 당시의 작업 과정을 설명했다. 일단 위스키를 담은 오크통을 이동시킬 때에는 힘깨나 쓰는 건장한 젊은 남성 세 명이 동원됐다. 워낙 무겁다보니 제대로 잘 굴리기도 쉽지 않았다. 가장 힘든 건 숙성고 저장 칸에 오크통을 일렬로 가지런히 배치해 넣는 일이었다. 오크통에는 숙성 중간에 위스키를 꺼내서 맛을 볼 수 있도록 둥근 구멍bung hole을 내서 막아놓는데, 이 구멍이 반드시 하늘을 향하게 해야 했다. 바닥 쪽을 향하게 되면 자칫 위스키 무게 때문에 마개가 빠지면서 위스키가 쏟아져내릴 수도 있어서였다. 또 당시엔 숙성고에 남성 직원뿐 아니라 여성 직원도 반드시 필요했다고 한다. 숙성고 통로가 좁아서 오크통 상태를 확인하고 재고 관리를 할 때는 남성보다 체구가 작은 여성이 유리했기 때문이다.

하지만 이것도 다 옛날 얘기다. 지금은 오크통을 옮기고 관리하는 게 그리 힘들지 않다. 오크통을 숙성고 입구까지 실어온 뒤 레일에 굴려서 전동 리프트에 올려놓기만 하면 큰일은 대충 끝난다. 이 숙성고만 해도 리프트가 네 대나 있어서 언제든 편리하게 오크통을 옮길 수 있다. 여기 있는 건 구형이어서 오크통을 두 개밖에 못 옮기지만, 다른 숙성고에 있는 신형 리프트는 한 번에 다섯 개까지 옮긴다고 한다. 노동 집약 산업이던 위스키 제조업이 점점 장치 산업으로 바뀌고 있다는 말이 떠올랐다.

과거 숙성고에서 오크통을 옮길 때 쓰던 리프트.

헤븐힐 숙성고에서 쓰는 구형 전동 리프트(오크통 엘리베이터).

위스키 도둑

직원이 기다란 구리 막대기를 들고 나타났다. 증류소에 가면 볼 수 있는 '위스키 시프Whiskey Thief(위스키 도둑)'였다. 위스키 애호가들이야 이 물건이 뭔지 다 안다. 하지만 모르는 분도 있을 것 같아 잠깐 설명해드리겠다. 위스키 시프는 한마디로 '위스키 빨대Straw'라고 생각하면 된다. 마스터 디스틸러는 저장중인 위스키가 잘 숙성되고 있는지 틈틈이 확인해야 한다. 위스키 시프는 그럴 때 필요한 도구다. 오크통 마개를 열어서 통에 들어 있는 위스키를 빨아들여 시음 잔nosing glass에 담을 때 이걸 사용한다. 위스키 시프에는 손잡이 쪽과 반대편에 각각 구멍이 있다. 오크통에 위스키 시프를 집어넣고 손잡이 쪽 구멍을 엄지손가락으로 막으면 위스키가 빨려 들어오게 된다. 그런 다음 통 밖으로 위스키 시프를 꺼내서 시음 잔에 대고 구멍에서 손가락을 떼면 위스키가 밖으로 빠져나온다. 위스키 시프는 대부분 구리로 만든다. 플라스틱 제품이 있다는 얘기도 들었지만 직접 본 적은 없다. 내가 다닌 증류소에선 죄다 구리 제품만 쓰고 있었다. 구리는 위스키 맛에 영향을 주지 않고 잔여물도 남기지 않기 때문이다. 위스키를 만들 때 구리 증류기를 쓰는 것과 같은 이유다.

그렇다면 이걸 왜 '위스키 도둑'이라고 부르게 된 걸까? 헤븐힐 안내 직원은 금주법이 시행됐을 때부터 그렇게 된 것 같다고 말했다. 당시는 위스키 제조와 판매가 금지된 때라 위스키 숙성고 열쇠도 연방 정부 직원이 갖고 있었다. 그런데 연방 정부 직원들이 가끔씩 위스키를 훔쳐마셨다. 야밤에 숙성고에 몰래 들어가 오크통 마개를 열어 위스키를 빼 마시는 일이 벌어졌다. 절도 사건이 잇따르면서 오크통에 담긴 위스키를 빼내는 도구를 '위스키 도둑'이라고 부르게 됐다는 설

헤븐힐 숙성고에서 쓰는 구리로 된 '위스키 시프'.

명이다. 물론 이 주장이 맞는지 확인할 길은 없다. 나는 사실이 아닐 수도 있다고 생각한다. 스코틀랜드 증류소에서도 똑같이 '위스키 시프'라는 말을 쓰는 걸 볼 때, 금주법 시행 훨씬 이전에 생긴 말이 아닌가 싶다. (혹시 '위스키 도둑'이라는 말의 연원을 아시는 분이 계시면 연락 주시기 바란다.)

저장고 바코드

숙성고에서 또하나 신기했던 건 바코드였다. 저장 칸마다 붙어 있는 바코드를 보고 "이게 뭐냐?"고 물었더니, 기계로 찍으면 곧바로 오크통에 담긴 위스키에 대한 모든 정보가 다 뜬다고 했다. 오크통에 담긴 위스키가 어디서 생산됐으며, 언제부터 숙성에 들어갔는지 등등을 바로바로 확인할 수 있다는 얘기였다. 이 시스템을 도입한 뒤 재고 관리도 한결 편해졌다고 한다.

테이스팅 룸

헤븐힐 테이스팅 룸은 진짜 근사하다. 방문자 센터 중앙에 있는 테이스팅 룸은 거대한 오크통처럼 생겼다. 마치 거인 나라에서 위스키 만들 때 쓰는 오크통 안에 쏙 들어온 기분이다. 특이하게 테이블도 빙 둘러앉아서 투어 가이드의 설명을 들을 수 있게 설계돼 있었다.

자리에는 시음할 위스키가 가지런히 배열돼 있었다. 물을 떨어뜨려 마실 수 있도록 뚜껑이 달린 스포이트도 함께 놔뒀다. 오늘 맛볼 위스키는 총 세 가지. 47도 스몰 배치 버번인 일라이자 크레이그Elijah Craig와 46도인 라서니Larceny 그리고 50도짜리 라이 위스키인 리튼하우스Rittenhouse. 시음은 당연히 낮은 도수에서 높은 도수로 진행됐다.

맨 처음 마신 라서니는 이름부터 인상적이다. 도둑질Larceny이라는 브랜드 이름에 어울리게 병에도 열쇠와 열쇠 구멍이 그려져 있다. 대체 이런 이름은 어디서 나온 걸까? 앞서 언급한 위스키 시프와 일맥상통한다. 관세청이나 재무성 직원이 탈세 방지를 위해 증류소에 상주하면서 몰래 숙성고에 들어가 위스키를 빼 마시던 데서 유래했다. 당시 이런 식으로 위스키를 훔쳐 마시던 재무성 직원 중에 가장 악명이 높았던 인물은 존 피츠제럴드. 후각과 미각이 뛰어났던 피츠제럴드는 잘 숙성된 위스키가 어디에 있는지를 기가 막히게 찾아내는 능력이 있었다고 전해진다. 그래서 한때는 맛좋은 위스키를 '피츠제럴드의 배럴'이라고 부르기도 했다.

오크통처럼 생긴 헤븐힐 테이스팅 룸.

라서니는 일반적인 버번과 달리 호밀이 들어가지 않는다. 옥수수 68퍼센트에 맥아 보리 12퍼센트, 그리고 밀이 20퍼센트 들어간다. 알싸한 느낌을 주는 호밀이 빠지고, 옥수수와 밀 비중이 높아서 부드럽고 달달하다. 참고로 위스키 절도 행각으로 악명을 떨친 피츠제럴드의 이름을 딴 위스키 브랜드 올드 피츠제럴드Old Fitzgerald 역시 현재 헤븐힐이 소유하고 있다. 헤븐힐은 전설적인 버번 장인인 패피 밴 윙클이 스티첼웰러Stitzel-Weller 증류소(현재 불렛Bulleit 위스키 체험관)에서 만들던 올드 피츠제럴드를 1992년에 사들였다.

다음은 내가 가장 기대했던 일라이자 크레이그. 이 브랜드는 스몰 배치와 싱글 배럴이 있다. 이날 시음에 나온 건 스몰 배치였다. 일라이자 크레이그 스몰 배치는 원래는 12년 숙성 위스키만을 섞었다. 그러나 재고 부족으로 최근엔 8년 숙성과 12년 숙성을 함께 섞어서 판매하고 있다. 2016년 이전에 나온 제품에는 12년이라고 적혀 있지만, 지금은 연도 표기가 사라졌다. 라서니와 달리 호밀을 많이 넣어서, 향부터 알싸한 느낌이 두드러졌다. 시트러스한 느낌도 강했다. 여운이 부드럽고 길게 남는 것도 매력적이었다.

브랜드 이름이 된 일라이자 크레이그는 버번 역사책마다 등장하는 유명한 인물이다. 침례교 전도사이자 교육자였던 일라이자 크레이그는 1789년에 증류소를 세워 위스키를 제조한 것으로 알려져 있다. 일각에서는 "일라이자 크레이그가 최초로 버번을 만들었다"거나 "최초로 불에 그슬린 오크통을 썼다"고 주장하기도 한다. 하지만 증거가 없어서 정설로 받아들여지지는 않는다.

마지막으로 50도짜리 라이 위스키 리튼하우스를 맛봤다. 이 위스키는 여기서 처음 마셔봤는데 꽤 맘에 들었다. 도수가 제법 높은데도 상

헤븐힐 증류소에서 시음한 위스키.

당히 부드러웠다. 풍미의 비결이 궁금했는데, 부드러운 풍미를 자랑
하는 볼티모어산 호밀을 쓴다고 했다. 헤븐힐은 이것 말고도 55도짜
리 파이크스빌Pikesville이라는 라이 위스키를 함께 시장에 내놓고 있다.

맺으며

유감스럽게도 헤븐힐 위스키는 국내에선 인기가 별로 없다. 정확히
말하면 인기가 없는 게 아니라 인지도 자체가 낮다. 이렇게 된 건 헤븐
힐 위스키의 품질이 나빠서가 아니다. 국내에 제대로 수입된 적이 없
어서다. 잠깐 들어왔다가 끊기고, 다시 수입됐다가 끊기는 일이 반복
되면서 시장에 안정적으로 공급된 적이 없다. 소비자 입장에서는 맛
볼 기회가 흔치 않았으니, 제대로 평가할 기회도 없었던 셈이다. 그래
서 짐 빔이나 메이커스 마크는 알아도 일라이자 크레이그를 아는 사

람은 내 주변에도 많지 않다. 어쩌다 일라이자 크레이그를 마셔본 사람을 만나면 어찌나 반갑던지. 한국에도 최근 버번 애호가가 늘어나고 있다. 버번을 찾는 이들이 많아지면 술집에서 헤븐힐 위스키를 자주 보게 될 날도 오겠지? 꼭 그러길 바란다. 일라이자 크레이그 같은 좋은 위스키를 마실 수 없다는 건 한국 술꾼한테 너무 불행한 일이다. (에반 윌리엄스와 일라이자 크레이크를 비롯한 헤븐힐 위스키는 이 책이 출간되고 1년 반쯤 지난 2021년 말부터 신세계엘앤비를 통해 국내에 정식 수입되고 있다.)

투어 정보

Bourbon Heritage Center
1311 Gilkey Run Rd, Bardstown, KY 40004

대표 투어 프로그램: Mashbill Tour & Tasting
매일 일곱 번 (10:15, 11:15, 12:15, 1:15, 2:15, 3:15, 4:00)
소요 시간: 1시간
요금: 10$ (성인)
투어 예약: reservations.heavenhill.com

후기

1

2014년 크레이그 빔이 떠나면서, 헤븐힐 마스터 디스틸러를 빔 가문이 맡던 전통은 끝이 났다. 이후 공동 마스터 디스틸러였던 데니 포터가 단독으로 중책을 수행했다. 하지만 데니 역시 2019년 초 메이커스 마크로 이적했다. 헤븐힐은 공석이 된 자리에 코너 오드리스콜을 임명했다. 헤븐힐의 5대 마스터 디스틸러가 된 코너는 브라운포맨과 엔젤스 엔비에서 15년 동안 일했다. 아일랜드 출신인 코너가 84년 전통의 버번 증류소에 어떤 혁신을 가져올지 주목된다.

2

헤븐힐은 독창적인 크래프트 맥주 제조에도 기여하고 있다. 맥주 애호가라면 모를 리 없는 미국 시카고 크래프트 브루어리 구스 아일랜드Goose Island. 이 회사는 일라이자 크레이그 위스키를 담았던 오크통에 맥주를 숙성시켜 '버번 카운티 임페리얼 스타우트Bourbon County Imperial Stout'라는 제품을 만든다. 당연히 이 맥주에는 일라이자 크레이그의 풍미가 담겨 있을 것이다. 아직 기회가 없어서 마셔보지 못했는데, 책이 나온 뒤에 꼭 한번 맛을 보려고 한다. 설마 양맥(양주+맥주) 폭탄주 같은 느낌은 아니겠지?

EVAN WILLIAMS
Bourbon Experience

에반 윌리엄스 체험관
(주소: 528 West Main St. Louisville Kentucky)

헤븐힐은 루이빌 '위스키 거리Whiskey Row'에 에반 윌리엄스 체험관을 운영한다. 이 시설은 단순히 에반 윌리엄스 브랜드 홍보만을 위해 지은 게 아니다. 소량이긴 해도 실제로 위스키를 생산하는 마이크로 디스틸러리micro distillery(연구와 실험 목적의 소형 증류소)가 함께 있다. 에반 윌리엄스 체험관은 외관도 독특하다. 길 건너편에서 보면 에반 윌리엄스 위스키 병이 거꾸로 뒤집혀 있다. 또 체험관 1층에는 버번 위스키가 커다란 잔에 쏟아져 내리는 모습을 형상화한 대형 전시물이 눈길을 끈다.

체험관 투어는 버번 역사 전시관에서 시작한다. 전시관부터 먼저 들른다는 말을 듣고 '옛날 사진 몇 장 보는 정도겠지' 싶었는데, 결코 그렇지가 않았다. 한마디로 이곳은 오감을 통해 느끼는 '멀티미디어' 체험관이다. 1780년대 루이빌에 증류소를 세운 웨일스 출신 이민자 에반 윌리엄스의 이야기를 중심으로 버번 위스키의 발전 과정을 실감나게 보여준다. 초창기 버번 증류소 증류 장비를 그대로 본뜬 전시물은 물론이고, 영상과 조명 하나까지도 세심하게 신경썼다.
전시관을 둘러본 뒤엔 버번 위스키를 제조하는 마이크로 디스틸러리를 견학했다. 실험용으로 하루에 1배럴만 생산하지만, 발효와 증류, 숙성에 이르기까지 모든 제

체험관 1층에 전시된 버번 위스키 조형물.

테이스팅 룸.

체험관 테이스팅 룸에서 맛본 에반 윌리엄스 위스키.

체험관 마이크로 디스틸러리에서 쓰는 증류기.

탁자에 달린 문을 들어올리면 위스키 잔이 나타난다.

조 공정을 빠짐없이 볼 수 있다. 투어의 마지막은 당연히 시음이다. 테이스팅 룸에
들어가면 탁자에 위스키만 덩그러니 놓여 있고 잔이 전혀 보이지 않는다. 하지만
당황할 필요는 없다. 투어 가이드가 시키는 대로 탁자에 달려 있는 여닫이문을 위
로 들어올리면 된다. 그러면 시음에 필요한 위스키 잔 여러 개가 나무상자에 담겨
나타난다. 대단하지는 않더라도, 이런 것 하나가 많은 이들에게 즐거움을 준다.

시음을 하는 동안 가이드가 "켄터키 사람들이 버번 위스키를 뭐라고 부르는지 혹
시 아느냐?"고 질문을 던졌다. 정답은 "주스"였다. 그러니까 예를 들어 켄터키 사람
들이 "What Juice are you drinking tonight?"이라고 하면, 이건 "어떤 주스를
마셨니?"가 아니라 "어떤 버번 위스키를 마셨니?"라는 뜻이다. 또 켄터키 사람들은
"맛좋은 버번 위스키"를 "Good Juice"라고 부른다.

에반 윌리엄스 체험관은 루이빌 중심가에 있어서 접근성도 뛰어나다. 루이빌에 간
다면 잠깐 시간을 내서 들러보시길 바란다.

위스키의 나파밸리

켄터키 바즈타운은 '세계 버번의 수도'로 불릴 자격이 충분하다. 켄터키 지역 방송 WLKY에서 제작한 다큐멘터리에 따르면, 바즈타운에는 한 해 평균 10만 명이 넘는 관광객이 찾아온다. 짐작하는 대로, 바즈타운 관광객은 거의 예외 없이 버번 위스키 순례자다. 여기서 생산된 버번 위스키를 맛보려고 미국 전역은 물론 해외에서도 찾아온다. 이들은 '세계 버번의 수도'에서 보통 사흘 넘게 머물며 증류소를 순례한다. 순례자가 늘어나자 이제는 바즈타운을 '위스키의 나파밸리Napa Valley'라고 부르기도 한다.

실제로 와서 보니, 바즈타운은 증류소 투어를 하기에 최적의 환경이다. 짐 빔, 메이커스 마크 같은 대형 증류소가 바즈타운에서 차로 불과 30분 거리에 있다. 바즈타운 중심가에 숙소를 잡으면 이틀이나 사흘 내에 주변의 웬만한 증류소를 다 구경할 수 있다. 낮에는 증류소 한

두 곳을 찾아다니고, 저녁엔 마을로 돌아와 바에서 위스키 한잔 걸치며 놀면 된다.

바즈타운 크래프트 증류소

바즈타운에서 가장 큰 증류소인 헤븐힐 근처에는 윌렛Willett이 있다. 그냥 '근처'라고만 하면 얼마나 가까운지 짐작이 안 될 것이다. 지도상으로 딱 1.3마일. 차로 3분이면 간다. 과장을 보태면 '엎어지면 코 닿을 데'다. 헤븐힐 바로 옆에 있는 증류소라면 규모도 제법 크겠구나 싶겠지만, 절대 그렇지가 않다. 헤븐힐이 버번 업계의 큰손으로 통하는 초대형 증류소인 반면, 윌렛은 바즈타운의 대표적인 크래프트 증류소 Craft Distillery(소규모 자본으로 소량 생산하는 증류소)다.

　윌렛 증류소는 언덕에 자리잡고 있다. 정문에서 제법 가파른 길을 따라 올라가면, 증류소가 나타난다. 이곳 역시 조경에 신경을 많이 썼다. 증류소 한가운데에 있는 커다란 호수가 특히 인상적이었다. 호수 분수에서 뿜어져나오는 물줄기와 숙성고 건물이 잘 어울렸다. 더운 여름이라면 바라보기만 해도 눈이 시원해질 것 같았다.

가장 오래된 새 증류소

주변 경치를 살핀 뒤 본격적으로 증류소 탐방에 들어갔다. 직원의 안내를 받아 지난 2012년에 문을 연 증류실부터 들렀다. 1층은 벽돌인데 2층 벽은 나무로 된 독특한 건물이었다. 크래프트 증류소답게 크기

호수 분수가 멋진 윌렛 증류소.

아담하고 고풍스러운 윌렛 증류소 증류실.

는 아담했지만 분위기가 고풍스러웠다. 설명을 들어보니, 1936년 처음 문을 열었을 때부터 이 자리에 증류 시설이 있었다. 그걸 개조하고 증축해 새로운 증류실로 꾸몄다. 세월의 흔적이 묻은 건물을 부수지 않고 활용도 높은 공간으로 거듭나게 한 것이다. 그래서인지 깔끔하고 세련되기만 한 신축 증류소 건물과 분위기가 완전히 다르다. 그런데서는 도저히 느낄 수 없는 묘한 아름다움이 있다. 저명한 위스키 평론가 마이클 비치Michael Veach는 과거의 유산을 현대적 시설로 재탄생시킨 윌렛을 가리켜 "가장 오래된 새 증류소The Oldest New Distillery"라고 평가했다.

성공과 실패

전통 있는 증류소에 가면 어김없이 창업자 가문의 역사를 설명하는 공간이 있다. 윌렛 증류소 역시 별도의 전시 공간을 증류실 1층에 마련해놨다. 윌렛 증류소를 세운 톰프슨 윌렛Thompson Willett의 사진과 함께 그가 위스키를 제조할 때 사용한 발효조와 증류기도 전시돼 있다.

톰프슨이 윌렛 증류소를 세운 건 1936년. 하지만 그 이전부터 윌렛 가문은 대대로 위스키 증류를 해왔다. 톰프슨의 할아버지인 존 데이비드 윌렛은 '무어, 윌렛 앤드 프렌케Moore, Willett & Frenke'라는 증류소를 공동 운영했고, 켄터키 지역 네댓 군데 증류소에서 마스터 디스틸러로 일했다. 데이비드의 아들이자 톰프슨의 아버지인 램버트 윌렛도 열다섯 살 때부터 위스키를 제조했다. 이런 뼈대 있는 집안에서 태어났으니, 톰프슨의 인생 진로 역시 일찌감치 정해졌다고 봐야 한다. 금주법이 폐지되고 3년이 지난 1936년, 20대의 혈기 왕성한 청년이

월렛 창업자 톰프슨 월렛이 '올드 바즈타운' 위스키를 보고 있다.

월렛 증류소 10만번째 배럴 생산 기념사진.

1937년 첫 배럴 생산 기념사진
(숙성고 앞에 서 있는 인물이 창업자 톰프슨 월렛).

던 톰프슨은 가족 농장이 있던 자리에 증류소를 차렸다. 여기서 할아버지 존 데이비드의 레시피를 활용해 올드 바즈타운Old Bardstown이라는 위스키를 만들었다. 기록에 따르면 증류소 창립 이듬해인 1937년에 윌렛은 최초로 30배럴을 증류해 숙성고에 넣었다. 이후 꾸준히 생산량을 늘려 1960년 무렵에는 10만번째 배럴을 제조했다. 하지만 윌렛의 성장세는 오래가지 못했다. 보드카가 인기를 끌기 시작한 1970년대에 이르자 판매량이 급감하며 휘청거렸다. 1970년대 말 2차 오일 쇼크로 석윳값이 폭등하자 윌렛은 중대한 결단을 내렸다. 돈 안 되는 버번 사업을 잠시 접고 대신 증류소 설비를 활용해 연료용 에탄올을 제조하기로 했다. 생존을 위해 고육지책을 택한 것. 하지만 이 역시 실패로 끝난다. 에너지 위기가 끝나면서 석윳값이 금세 안정됐기 때문이다. 결국 윌렛은 1981년에 파산해 문을 닫고 만다.

증류소의 러브 스토리

앞날을 내다보지 못해 쓴맛을 본 윌렛 창업자 톰프슨. 하지만 그는 사람 보는 눈은 정확했다. 특히 사윗감 하나만큼은 제대로 골랐다. 톰프슨의 사위, 그러니까 톰프슨의 딸 마사와 결혼한 이븐 컬스빈Even Kulsveen은 원래 위스키 디캔터decanter를 판매하던 사업가였다. 그는 윌렛을 비롯한 켄터키 여러 증류소에 디캔터를 납품하고 있었다. 노르웨이 출신인 이븐의 듬직하고 성실한 모습이 맘에 들었던 톰프슨은 어느 날 그를 집으로 초대해 저녁을 대접한다. 그날 식사 자리에는 톰프슨의 딸이 함께했다. 이후 스토리는 뻔하다. 여러분이 상상하는 그대로다. 눈이 맞은 톰프슨의 딸 마사와 이븐은 1972년에 결혼하게 된다.

월렛 증류소를 되살린 이븐 컬스빈.

왜 난데없이 남녀의 사랑 얘기로 흐르는지 궁금할 것이다. 이유가 있다. 숨이 끊어져가던 월렛 증류소에 인공호흡기를 달아 다시 맥박이 뛰게 만든 주인공이 이븐 컬스빈이기 때문이다. 디캔터 사업을 할 때부터 위스키 제조에 관심이 많았던 이븐은 1984년에 월렛 증류소 부지와 설비 일체를 장인한테서 인수한다. 그런 다음 회사 이름을 KBD, Kentucky Bourbon Distiller로 바꾸고 본격적으로 버번 위스키 사업에 뛰어든다.

비증류 생산자로 거듭나다

이븐은 부도가 나서 망한 증류소를 어떻게 살려냈을까? 이븐이 택한 회생 전략은 '선택과 집중'이었다. 자체 증류를 포기하고 다른 증류소에서 위스키 원액을 가져와 숙성과 병입만 하기로 했다. 일반적인 위스키 증류소에서 전문 병입 업체로 탈바꿈을 시도한 것이다. 이 대목에서 위스키를 만들어 팔며 증류를 직접 안 한다는 게 말이 되느냐고 하는 분도 있을지 모른다. 사실 이런 회사는 아주 흔하다. 스코틀랜드에서는 독립 병입자Independent Bottler라고 하여 원액 위스키를 넘겨받아 자체적으로 숙성을 시키고 병입한 뒤 자기 상표를 붙여서 파는 회사가 많다. 독립 병입자 중에서 유명한 곳은 고든 앤드 맥파일Gordon & MacPhail과 카덴헤드Cadenhead다. 특히 고든 앤드 맥파일 제품은 품질이 뛰어나고 값도 비싸다.

월렛 증류소 숙성고에서 숙성중인 오크통.

미국에선 독립 병입자라고 하는 대신, 비증류 생산자Non Distiller Producer, 줄여서 NDP라고 부른다. 스코틀랜드와 달리 미국 NDP는 유형이 다양하다. 증류한 원액을 가져와서 자체적으로 숙성한 뒤에 병입해 파는 업체가 있는가 하면, 아예 숙성까지 다 마친 위스키를 가져와 단순히 병입만 해서 파는 곳도 있다. 또한 미국의 NDP는 스코틀랜드 독립 병입자와 달리 어디에서 위스키 원액을 가져왔는지 밝히지 않는 경우도 많다.

비증류 생산자가 된 KBD는 처음엔 월렛 숙성고에 남아 있는 재고 위스키를 병에 담아 판매했다. 그러다가 이게 바닥이 나자 켄터키의 다른 증류소에서 생산한 위스키를 오크통째 가져와 추가로 숙성을 시키거나 아니면 숙성을 다 마친 원액을 가져와 블렌딩해서 팔았다. 이런 방식으로 이븐은 월렛의 대표 브랜드 올드 바즈타운을 부활시켰다. 이어 1990년대에는 노아스 밀Noah's Mill과 로언스 크릭Rowan's Creek

같은 스몰 배치 시리즈를 잇달아 출시해 히트시켰다. 또 2008년에는 첫번째 윌렛 에스테이트Willett Estate 시리즈인 에스테이트 라이Estate Rye 와 윌렛 포트 스틸Willett Pot Still을 내놓아 호평을 받았다. 연타석 홈런을 치면서 입지를 확고히 한 KBD는 '병입 업계 거물'이라는 별명까지 얻게 된다.

탁월한 안목과 기술

KBD가 자체 증류를 포기하고서도 승승장구한 비결은 크게 두 가지다. 하나는 위스키 원액을 고르는 탁월한 안목, 또하나는 가져온 위스키를 맛깔나게 섞는 블렌딩 기술이었다. 미국의 식음료 전문 잡지 〈푸드 앤드 와인Food & Wine〉 인터뷰 기사에 따르면, KBD는 포 로지스와 짐 빔 증류소에서 '특이한' 위스키 원액을 많이 가져왔다. 또 위키피디아나 버번 전문 서적 『빅 위스키』에서는 KBD가 근처에 있는 헤븐힐에서도 위스키 원액을 상당량 공급받았을 거라고 추정했다.

현재 윌렛 증류소 위스키 생산을 책임지고 있는 드루 컬스빈.

위스키 향과 맛에 대한 감각이 탁월했던 이븐 컬스빈은 다른 증류소에서 관심을 갖지 않고 내버려둔 오크통을 쏙쏙 집어와서 자신만의 노하우로 추가 숙성한 뒤 제대로 섞었다. 위스키 전문가인 프레드 미닉은 KBD에 대해 "그들은 아주 잘 숙성된 위스키 재고를 사와서 섞었다. 이렇게 탄생한 10년에서 15년짜리 스몰 배치는 시장에서 가장 뛰어난 제품 가운데 하나"라고 높이 평가했다.

이븐 컬스빈의 아들이자 현재 증류소 운영을 책임지고 있는 드루 컬스빈 역시 최근 인터뷰를 통해 "아버지(이븐)는 다른 증류소 숙성고에 있는 수백 개 위스키 배럴 가운데 '일반적인 상표로 섞어서 팔기 힘든' 풍미를 가진 것만 딱 집어서 골라 왔다"면서 "그걸 정말 잘 섞었다"라고 밝혔다.

고아가 된 오크통

이 대목에서 설명을 좀 보태려고 한다. 앞선 인터뷰를 보면 '일반적인 상표로 섞어서 팔기 힘든 풍미를 가진 위스키'라는 말이 나오는데, 이게 무슨 뜻인지 궁금해할 분이 있을 것 같다. 이걸 이해하려면 위스키 숙성고에 얼마나 많은 오크통(배럴)을 저장하는지부터 알아야 한다. 버번 업계에서 생산량이 가장 많은 짐 빔을 예로 들어보자. 짐 빔의 9층짜리 숙성고에는 약 2만 개의 오크통을 저장한다. 또 최근에 지은 대형 숙성고는 무려 6만 개까지 저장한다. 이렇게 많은 오크통을 넣어두고 한꺼번에 숙성을 하다보면, 그중에는 풍미가 매우 독특한 게 있기 마련이다. 똑같은 재료로 똑같은 공정을 거쳐 만들었다고 믿기 힘들 정도로 특이한 위스키가 나온다는 얘기다. 일종의 '돌연변이'라고 할 수 있는 이런 위스키는 증류소 입장에서는 썩 반갑지가 않다. 맛이 너무 튀면 다른 위스키와 섞어서 제품화하기 힘들어서다. 수백 개 오크통을 한꺼번에 섞는 일반 제품은 물론 소수의 오크통만을 선별하는 스몰 배치로도 써먹기 힘들다. 딱 하나 남은 가능성은 싱글 배럴로 출시하는 것. 하지만 지나치게 개성이 강해서 마치 다른 증류소 제품처럼 느껴지는 건 그렇게 할 수도 없다. 이러다보니 마스터 디스틸러는

월랫 증류소 숙성고 내부 모습.

심하게 '맛이 튀는' 오크통은 숙성을 다 마친 뒤에도 꺼내지 않고 숙성고 한쪽에 처박아둔다. 버번 업계에서는 이렇게 제 용도를 찾지 못해 숙성고에서 잠만 자는 오크통을 오펀 배럴Orphan Barrel, 즉 '고아 오크통'이라고 한다. KBD가 짐 빔과 포 로지스 증류소에서 가져온 '특이한 위스키'라는 건 이런 오크통을 뜻한다.

자체 증류를 시작하다

비증류 생산자로 확고히 자리매김한 KBD는 2010년대 들어 또 한번 변신한다. 다른 증류소에서 원액을 가져오는 대신 다시 자체 증류를 시작하기로 한 것이다. 이 결정에는 선택의 여지가 없었다. 버번 위스

1만 갤런 규모의 윌렛 증류소 발효조.

키의 인기가 치솟으면서 더이상 원액을 안정적으로 공급받기 어려워졌기 때문이다. KBD는 윌렛-케이비디Willett-KBD로 회사 이름까지 바꾸고 새 출발을 선언했다. 원래 있던 설비 중에 쓸 만한 것은 고쳐서 쓰고, 없는 것은 새로 구입해서 2012년에 지금의 증류실을 꾸몄다.

증류실 2층으로 올라가서 당화와 발효 공정부터 살펴봤다. 자체 증류를 시작한 지 얼마 안 된 크래프트 증류소라서 규모가 작을 거라고 짐작했다. 대형 증류소에서 실험용으로 활용하는 마이크로 디스틸러리 수준이 아닐까 싶었다. 그런데 예상이 빗나갔다. 설비 용량이 크래프트 증류소치고는 제법 컸다. 당화조는 3000갤런(약 1만 1000리터)과 6000갤런짜리, 이렇게 두 개가 있었다. 발효조도 총 일곱 개가 있었는데 용량은 각각 1만 갤런(약 3만 7000리터)이었다.

아름답고 거대한 증류기

증류실에서 가장 눈에 띈 건 증류기였다. '증류소의 상징은 증류기'라는 걸 새삼 실감했다. 증류실 한가운데 놓인 항아리 모양의 포트 스틸을 보자마자 모든 방문객이 일제히 감탄사를 터트렸다. 그만큼 압도적이었다. 모양이 아름다울 뿐 아니라 크기도 상당했다. 켄터키 버번 증류소를 다 돌아다닌다고 해도 이렇게 크고 아름다운 포트 스틸은 다시 못 볼 것 같다. 물론 이 증류소에서는 포트 스틸 하나로 위스키를 증류하지는 않는다. 지름 24인치짜리 스테인리스 재질의 연속식 증류기Column still도 함께 쓴다. 참고로 켄터키의 대형 버번 증류소에서는 일반적으로 1차 증류를 할 때는 대형 연속식 증류기를 쓰고, 그 뒤에 더블러doubler(2차 증류기)˚라고 부르는, 크기가 비교적 작은 연속식 포트 스틸continuous pot still로 다시 증류를 해서 풍미를 덧입힌다.

월렛 증류소의 포트 스틸은 켄터키 대형 증류소에서 쓰는 일반적인 2차 증류기(더블러)와 크기와 모양이 전혀 다르다. 오히려 스코틀랜드나 아일랜드에서 쓰는 전형적인 단식 증류기에 가깝다. 일단 모양부터 살펴보면 유난히 목이 긴 게 특징이다. 목이 길기로 유명한 스코틀랜드 글렌모렌지Glenmorangie 증류기를 연상시킨다. 이렇게 목이 길면 휘발성이 약하고 무거운 증기 입자는 끝까지 올라가지 못한다. 때문에 비교적 부드럽고 가벼운 풍미의 위스키가 나오게 된다. 또한 월렛 포트 스틸에는 본체와 목을 연결하는 중간에 공처럼 둥근 부분이 있다. 이 역시 스코틀랜드에서 자주 쓰는 보일 볼Boil Ball 증류기 형태다. 증류기에 달린 둥근 부분은 무거운 알코올 증기가 아래로 내려가 다시 증류(환류

● 켄터키 버번 업계에서는 2차 증류기를 통칭해서 '더블러'라고 부른다. 항아리 형태의 전통적인 포트 스틸을 쓰기도 하고, 연속식 증류기와 포트 스틸이 결합한 형태combination pot/column still를 쓰기도 한다. 또한 규모가 작은 증류소에서는 별도의 2차 증류기를 쓰지 않고 1차 증류기에 또 한번 증류하기도 한다.

거대하고 아름다운 윌렛 증류소 포트 스틸.

reflux)될 수 있도록 돕는 역할을 한다. 스코틀랜드에서는 디아지오 소속의 스트라스밀Strathmill 증류기가 이와 같은 형태다.

윌렛 포트 스틸은 내부는 전통적인 포트 스틸과 연속식 증류기를 결합한 하이브리드 구조로 돼 있다. 위스키 전문 사이트 위스키닷컴Whisky.com에 따르면, 이 증류기 내부에는 연속식 증류기에 있는 구멍 뚫린 판plate이 여러 개 설치돼 있다고 한다. 이 판을 조절해서 하나의 증류기로 여러 가지 풍미의 위스키를 제조할 수 있다.

로언과 노아

윌렛 증류소 고양이 노아(위).
노아와 함께 마스코트로
활약하는 로언(아래).

증류기 설명을 듣던 중 누군가 내지른 탄성에 고개를 돌렸다. 웬 소란인가 싶었는데 고양이 한 마리가 증류실에 들어와 있었다. 귀여운 고양이가 나타나면서 갑자기 시끌벅적해졌다. 다들 핸드폰으로 사진을 찍고 고양이에게 다가가 털을 쓰다듬느라 부산했다. 나도 얼른 카메라를 꺼내서 녀석의 모습을 담으려고 했는데, 쉽지 않았다. 사람들 시선이 부담스러웠는지 자꾸 얼굴을 피하고 출입구만 쳐다보고 있어서였다.

증류소에 고양이가 많은 이유는 「메이커스 마크」편에서 이미 설명했다. 지금 내 눈앞에 있는 이 고양이 역시 이곳에서는 유명 인사다. 털이 흑갈색인 녀석의 이름은 로언.

윌렛 위스키를 즐겨 마신 애호가라면 금방 알 것이다. 윌렛이 자랑하는 스몰 배치 위스키 로언스 크릭의 바로 그 로언이다. 원래 로언은 19세기 초 켄터키에서 활동한 유명 정치인 이름이다. 이 사람의 이름을 따서 윌렛 증류소 주변에 흐르는 개울을 로언스 크릭Rowan's Creek이라 불렀고, 여기서 위스키 이름이 나왔다.

윌렛 증류소에는 로언 말고도 노아Noah라는 이름의 고양이도 있다. 로언과 달리 노아는 털 빛깔이 밝다. 노아라는 이름은 윌렛의 또다른 스몰 배치 위스키인 노아스 밀Noah's Mill에서 가져왔다. 로언과 노아, 이 두 마리 고양이는 증류소 마스코트로 맹활약하며 방문객들의 아낌없는 사랑을 받고 있다.

환상적인 맛

안타깝게도 윌렛 증류소의 유서 깊은 숙성고는 볼 수 없었다. 시설 정비가 끝나지 않아 안전상 문제로 개방하지 않고 있었다. 증류소 직원은 "통로를 확장한 뒤에 투어 코스에 넣을 것"이라면서 "다음에 꼭 다시 와달라"고 말했다. 아쉬운 마음을 안고 방문자 센터로 돌아왔다.

테이스팅 룸은 소박하면서도 정감 있었다. 마치 바텐더가 있는 캐주얼한 위스키 바를 연상하게 했다. 바 테이블처럼 돼 있는 자리에 앉으면 직원이 한 명 한 명한테 직접 술을 따라준다. 아직은 방문객이 많지 않아서 가능한 시스템일 것이다.

여기서 모두 네 가지 위스키를 시음했다. 하나는 라이 위스키였고 나머지 셋은 버번이었다. 맨 먼저 나온 건 윌렛 포트 스틸 리저브Willet Pot Still Reserve. 제품 이름에서 알 수 있듯이 이 증류소에 있는 크고 아

윌렛 증류소 테이스팅 룸.

름다운 포트 스틸을 축소한 디자인이다. 기다란 목과 공처럼 둥근 볼 형태까지 증류기와 똑같다. 『버번 테이스팅 노트북The Bourbon Tasting Notebook』이라는 책에서는 "시장에 나온 것 중에서 가장 눈길을 끄는 병"이라고 하기도 했다. 만약 국내에 수입되면 명절 선물용으로 큰 인기를 끌 것 같다.

윌렛 포트 스틸 리저브의 빛깔은 암갈색에 가깝다. 제품에 숙성 기간이 적혀 있지는 않지만 제법 오래 숙성한 게 틀림없다. 증류소에서 홍보하는 표현을 빌리자면 "완전히 익을 때까지 숙성한" 위스키다. 그럼 맛은 어떨까? 멋진 병만큼이나 위스키 자체도 마실 만했다. 최고라고 할 정도는 아니어도 평균 이상이다. 부드럽고 달콤하지만 깊은 맛이 난다. 은은한 바닐라 향과 캐러멜 맛도 잘 어우러졌다.

윌렛 증류소 증류기 모양으로 만든 윌렛 포트 스틸 리저브.

이어서 로언스 크릭. 알코올 도수 50.05도짜리 스몰 배치다. 역시 숙성 기간은 적어놓지 않았다. 윌렛 증류소 베스트셀러인 이 제품은 맛과 향도 뛰어나지만, 피니시가 기가 막히다. 부드럽고 따뜻한 여운이 길게 이어졌다. 피니시에서만큼은 그 어떤 명품 위스키에 뒤지지 않는다.

다음은 노아스 밀이다. 로언스 크릭과 더불어 윌렛 증류소가 자랑하는 스몰 배치 버번 컬렉션 가운데 하나다. 알코올 도수는 57.15도(114.3프루프)로 상당히 높다. 『빅 위스키』를 비롯한 전문 서적을 뒤져보면, 노아스 밀을 상당히 미스터리한 위스키로 표현하고 있다. 제조 방식이 독특하기 때문이다. 이 제품은 성질이 전혀 다른 두 가지 위스키를 섞어서 만든다. 하나는 호밀 대신 밀을 넣은 버번wheated bourbon이고, 또하나는 호밀 함량이 높은 버번high rye bourbon이다. 그러니까 이 위스키에는 옥수수와 호밀, 밀, 맥아 보리까지 네 가지 곡물이 다 들어 있다. 네 가지 곡물이 조화롭게 어우러지면서 노아스 밀의 환상적인 맛을 완성한다.

끝으로 윌렛 에스테이트 라이 위스키를 맛봤다. 윌렛 증류소가 자기 가문의 이름을 걸고 만든 윌렛 패밀리 에스테이트는 버번과 라이, 두 종류가 있다. 이중 버번은 생산 물량이 적어서 아직 국내에 정식으로 소개된 적이 없다. 반면 라이는 국내에도 물량이 조금 풀려서 애호가들에게 좋은 평가를 받았다. 캐스크 스트렝스라서 도수는 제각각인데, 이날 내가 마신 건 4년 숙성에 알코올 도수 55.8도짜리였다. 단골 바에서 여러 번 마셔본 녀석이지만, 늘 맛있다는 생각이 든다. 균형감이 탁월하고 경쾌하다.

월렛 증류소 스몰 배치 위스키 로언스 크릭.

네 가지 곡물로 만든 스몰 배치 노아스 밀.

월렛 패밀리 에스테이트 라이 위스키.

선구안 좋은 타자

야구에서 타율 높은 타자들은 한 가지 공통점을 갖고 있다. 스트라이크인지 볼인지 골라내는 능력이 탁월하다는 것이다. 투수에게 가장 필요한 덕목이 제구력이듯 타자들에겐 선구안이 그만큼 중요하다.

윌렛은 야구로 치면 선구안 좋은 타자다. '맛좋은' 위스키를 쏙쏙 골라내는 능력은 업계에서 정평이 났다. 그 실력 하나로 독립 병입 업체로도 승승장구했다. 하지만 윌렛은 더이상 선구안에만 의존하지 않는다. 이제 그들은 자체 증류한 위스키를 내세워 야심 찬 도전을 이어가고 있다. 군웅이 할거하는 버번 시장에서 윌렛이 호쾌한 스윙으로 홈런 한 방 때려내길 기대해본다.

투어 정보

Willett Distillery
1869 Loretto Rd, Bardstown, KY 40004

대표 투어 프로그램: Distillery and Production Tour with Tasting
월~토: 하루 다섯 번(10시, 11시, 1시, 2시, 3시. 일요일 휴무)
소요 시간: 1시간 20분
요금: 21$ (성인)
투어 예약: www.kentuckybourbonwhiskey.com/visit-willett-distillery

단골 바에서 후배와 함께 시음한 버번 위스키.

이 글을 쓰기 얼마 전, 회사 후배를 단골 바에 데려갔다. 위스키를 즐기지만 버번에 대해선 거의 문외한인 후배였다. 이 친구와 함께 버번(라이) 위스키 중에서 괜찮은 녀석으로 일곱 개를 선별해서 한 잔씩 마셨다. 일곱 잔을 모두 마신 뒤 "어떤 게 제일 맛있었는지" 후배에게 물었다. 이른바 '네임 밸류'에 대한 선입견이 전혀 없는 후배이기에, 어쩌면 더 진술한 답을 얻을 수 있을 것 같아서였다. 후배는 두 가지를 골랐다. 공교롭게 모두 윌렛이었다. 하나는 노아스 밀, 또하나는 윌렛 패밀리 에스테이트 라이. 이것보다 훨씬 비싸고 귀한 버번도 많았지만 후배는 윌렛을 택했다. 어쩌면 후배 입맛에 윌렛이 잘 맞았을 수도 있다. 심심풀이로 해본 테이스팅이니 큰 의미를 부여할 일도 아니다. 다만 '윌렛이 위스키 하나는 참 잘 만드는구나' 싶은 생각이 드는 건 어쩔 수 없었다.

바톤

BARTON

1792 DISTILLERY

BARTON BRANDS OF KENTUCKY

아름다운 위스키와 삭막한 증류소

개인적으로 바톤의 스몰 배치 위스키인 '1792'를 좋아한다. 4, 5년 전쯤이던가, 홍대 인근 단골 바에서 처음 마셔보고 홀딱 반해 그뒤로 자주 주문하고 있다. 이 위스키는 버번에 거부감을 갖고 있거나 버번을 제대로 접해보지 않은 이들과 함께 있을 때도 유용하다. 맛과 향이 풍부하면서도 부드러운 편이어서 버번 초심자가 손사래를 칠 확률이 적다. 마침 이 글을 쓰기 얼마 전에도 그런 자리가 있어서 얼른 1792를 내놨다. 반응은 예상대로였다. "버번인데 생각보다 부드럽다"라든가 "향이 풍부하다" 혹은 "한 병 사다놓고 집에서 마시고 싶다"는 얘기가 나왔다. 1792는 초보부터 고수까지 모두를 만족시킬 만한 버번 위스키다.

　하지만 누군가 나에게 1792를 아끼는 가장 결정적인 이유를 꼽으라고 한다면 0.1초의 망설임도 없이 "병 디자인" 때문이라고 답할 것

바톤 증류소에서 생산하는 스몰 배치 '1792'.

이다. 맛도 맛이고 향도 향이지만, 이 위스
키는 바의 은은한 조명 아래서 아름답게 빛
난다. 병 자체의 곡선이 빼어나게 예쁘다.
여기에 군더더기 없이 숫자 1792만 큼지
막하게 적어놨다. 딴 건 다 잊어도 좋으니
미국 켄터키 역사에서 가장 중요한 네 자리
숫자 1, 7, 9, 2만 잊지 말라고 강조하는 느
낌이다(참고로 1792는 미국 켄터키가 단일 주State로 독립한 해다). 단순
하면서 임팩트가 강렬한 디자인이다. 이 술을 병으로 시켜서 마실 때
면 바텐더에게 늘 하는 말이 있다.

"빈병은 나한테 꼭 챙겨줘."

그렇게 해서 갖고 있는 1792 빈병이 집에 이미 여러 개다.

이런 이유로 선입견이 있었다. 병 디자인을 보아 증류소도 틀림없이 예쁠 거라고 추측했다. 그런데 차를 몰고 증류소로 들어가자마자 알았다. 내 예상이 빗나가도 한참 빗나갔다는 걸. 예쁘기는커녕 삭막하기 이를 데 없었다. 한눈에 봐도 낡은 건물, 울퉁불퉁한 증류소 내부 도로. 쉴새없이 연기를 내뿜는 굴뚝. 리모델링한 방문자 센터 말고는 조경이나 디자인에 신경을 쓰지 않은 것 같았다. 증류소가 아니라 철강 산업 단지에 들어온 느낌이었다.

삭막하고 멋없는 모습은 역설적으로 이 증류소의 역사를 말해준다. 대형 증류실을 비롯해 바톤 증류소의 주요 건물은 모두 1940년대에 지었다. 이 무렵 미국에선 공장 건물을 지을 때 미적인 부분은 고려하지 않고 오로지 기능만 생각했다고 한다. 공장 건축에서 극단적인 실용주의 디자인이 유행한 시기였다. 켄터키 여행 가이드북인『켄터키 버번 컨트리Kentucky Bourbon Country』에서는 삭막한 바톤 증류소의 풍경을 "2차 산업 대량 생산이 경제를 이끌어가던 20세기 중반 미국의 전형적인 모습"이라고 표현하기도 했다.

증류소 투어의 시초

지금 쓰는 건물은 1940년대에 지었지만, 증류소 역사는 그보다 훨씬 이전인 1800년대 후반으로 거슬러올라간다. 원래 이 증류소 부지를 갖고 있던 사람은 월렛 증류소로 유명한 월렛 가문의 존 데이비드 월렛이었다. 딸이 둘이던 존 월렛은 사위 두 명에게 공동으로 증류소를 물려줬다. 그중 한 명인 토머스 무어Thomas Moore가 금주법 이전까지 증류소 운영을 책임졌다. 금주법이 폐지된 이후 무어 일가는 다시 증

산업 단지를 연상하게 하는 바톤 증류소 내부 모습.

류소 문을 열었다. 하지만 얼마 못 가서 매각하고 만다. 이후 1940년대에 증류소는 오스카 게츠라는 사람에게 넘어가게 된다. 오스카 게츠는 버번 위스키 제조뿐 아니라 역사에도 관심이 많았다. 1957년 100만번째 배럴 생산을 기념해 오스카 게츠는 증류소에 버번 역사박물관을 짓고 관광객 투어 프로그램을 시작했다. 이것이 버번 업계 최초의 공식적인 증류소 투어였다. 당시 증류소 박물관에 있던 각종 기록과 물품은 바즈타운 중심가에 있는 오스카 게츠 위스키 역사박물관Oscar Getz Museum of Whiskey History으로 옮겨져 지금도 전시되고 있다.

바톤은 1993년에 미국 주류 기업*에 합병됐다가 2009년에는 다시 버팔로 트레이스 증류소를 소유한 사제락 컴퍼니Sazerac Company 소속이 된다.

●당시 바톤을 인수한 주류 기업이 지금의 '컨스텔레이션 브랜드Constellation Brands'다.

위스키 박물관을 개조한 바톤 증류소 방문자 센터.

증류소 투어가 공짜라고?

오스카 게츠가 위스키 박물관을 세운 자리가 지금은 방문자 센터로 바뀌었다. 이곳엔 위스키와 기념품을 파는 판매점이 있고, 위스키 시음 공간도 마련돼 있다. 바톤 증류소 투어를 하려면 여기서 표를 끊고 대기해야 하는데, 놀랍게도 모든 투어 프로그램이 공짜였다. 가장 일반적인 한 시간짜리 투어 프로그램The Barton Tradition은 물론이고 병입 과정까지 살펴보는 한 시간 반짜리 투어Bushel to Bottle와 5명 이상 그룹에만 사전 예약을 받아 진행하는 특별 투어까지 다 무료였다. 내가 이 증류소를 찾아간 날은 토요일이어서 한 시간짜리 일반 투어를 할 수밖에 없었다. 혹시 이곳을 방문할 계획이 있는 분이라면 주중에 제공하는 한 시간 반짜리 투어나 그룹 투어를 해보라고 권하고 싶다.

표를 끊고 기다리고 있노라니, 투어 가이드가 와서 "이제 곧 출발한다"고 알려준다. 방문자 센터 밖에는 이미 관광객들이 모여 있다. 엄마, 아빠와 손잡고 온 아이들도 눈에 띄었다. 그중에는 초등학교 1, 2학년 정도 되어 보이는 꼬마도 있었다. 가이드가 반가운 듯 "증류소는 처음이지?"라고 묻자, 꼬마는 단호히 고개를 저으며 "엄마, 아빠 따라서 여러 군데 가봤다"라고 답했다. 역시 '여기가 버번 위스키의 고향이 맞구나' 싶었다.

엄청난 생산 설비

무료 투어라 주마간산 격으로 대충 훑어보고 마는 게 아닐까 싶었다. 착각이고 기우였다. 위스키 제조 과정을 그 어떤 증류소보다 더 자세히 알려줬다. 가이드는 본격적인 투어에 앞서 바톤 증류소 생산 설비와 인력 상황부터 설명했는데, 예상보다 규모가 엄청났다. 증류소 부지는 196에이커(약 79만 제곱미터), 여기서 일하는 직원이 450명이다. 하루에 위스키 900배럴을 제조하고, 숙성고도 27채나 된다. 특히 병입 시설은 상상을 초월한다. 바톤이 자체 생산한 위스키뿐만 아니라 테킬라, 진, 럼, 보드카, 브랜디 등 무려 500개가 넘는 제품을 병입한다. 바톤 증류소에 병입을 맡긴 주류 회사는 캘리포니아 브랜디 제조업체부터 스카치 증류소에 이르기까지 다양하다.

대형 공장을 닮은 바톤 증류소 증류실.

외부에 노출된 바톤 증류소 대형 발효조.

석탄보일러와 실외 발효조

증류소에는 모두 22채의 건물이 있다. 그중 핵심 시설인 증류실 쪽으로 천천히 걸어갔다. 붉은색 벽돌로 지은 증류실 굴뚝에선 연기가 피어오르고 있었다. 가이드는 "증류실에서 쓰는 보일러가 모두 세 대인데, 그중 두 대는 가스보일러이고 한 대는 구형 석탄보일러"라고 했다. 석탄보일러를 쓰려면 오염원 배출 기준을 충족시켜야 하기 때문에 굴뚝에 특수 필터까지 달았다는 설명도 덧붙였다. 켄터키 대형 증류소 가운데 아직도 석탄보일러를 쓰는 곳은 '20세기 중반 미국 2차 산업 현장의 모습을 그대로 간직한' 바톤이 유일하지 않을까 싶다.

증류실 옆에는 커다란 탱크도 몇 개 보였다. 곡물 저장고(사일로silo) 냐고 물었더니, 그게 아니라 발효조라고 했다. 발효조는 온도 관리를 잘해야 해서 실내에 설치하는 게 일반적인데, 여기는 특이하게도 밖에 놔뒀다. 여름엔 30도 이상으로 치솟고 겨울엔 영하로 떨어질 텐데 실외 발효조 관리를 어떻게 하는지 궁금했다. 아닌 게 아니라 혹서기나 혹한기에는 신경을 더 많이 쓰고 있다고 한다. 당화를 마친 곡물을 넣을 때 발효조가 섭씨 26도에서 32도 사이를 유지하도록 온도 변화를 세심하게 확인해 조절한다는 설명이다. 관광객 중에 누군가 "꽁꽁 얼어붙는 한겨울에 온도 관리하기가 더 힘들지 않으냐"고 물었다. 그러자 가이드는 "정반대"라고 답했다. 발효가 시작되면 효모가 스스로 열을 내기 때문에 겨울에는 오히려 발효조 온도 조절이 쉬운 편이라는 것. 가이드는 "푹푹 찌는 여름엔 당화를 마친 곡물을 식히는 데 시간이 오래 걸려 애를 먹을 때가 많다"고 덧붙였다.

버번과 옥수수 산업의 관계

증류실 건물 앞에서 설명을 듣는 동안, 대형 트럭 한 대가 도착해 옥수수를 쏟아냈다. 공사장 덤프트럭처럼 짐받이를 기울이는 게 아니라, 짐받이 바닥 자체를 열어 옥수수를 밑으로 떨어뜨렸다. 이 대형 트럭 한 대에 실린 옥수수는 얼마나 될까? 가이드는 2만 제곱미터(5에이커) 면적의 밭에서 수확한 옥수수를 몽땅 실어야 트럭 한 대가 겨우 찬다고 했다. 또 이런 트럭이 하루에 6회에서 10회 증류소로 오기 때문에, 하루 만에 최소 12만에서 20만 제곱미터 면적의 밭에서 수확한 옥수수가 모두 사라지는 것이라고 말했다. 켄터키 버번이 안 팔리면 미국 옥수수 산업까지 휘청거린다는 얘기가 이래서 나오는구나 싶었다.

트럭에 실려온 옥수수는 꼼꼼한 검수 과정을 거친다. 먼저 샘플로 일부만 꺼내 무게를 재서 알곡이 제대로 찼는지 확인한다. 그다음엔 나머지 옥수수를 천천히 바닥에 쏟아내서 상태를 살펴본다. 앞서 언급한 대로 옥수수의 양이 어마어마하기 때문에 검수하는 시간까지 포함하면 트럭 한 대를 비우는 데 한 시간 가까이 걸린다. 샘플 검사가 끝나고 트럭에서 옥수수를 쏟아붓기 시작하자, 먼지가 사방으로 퍼진다. 이 모습은 버번 위스키 생산 과정을 다룬 다큐멘터리마다 빠지지 않고 나오는 장면이기도 하다. 투어 가이드는 조금 이따가 옥수수를 기계로 분쇄할 때도 먼지가 엄청나게 날 거라며 얼른 자리를 옮기자고 했다.

버번 위스키 재료인 옥수수를 처리하는 모습.

증류기 지름 1.9미터

증류실 내부로 들어가자, 증류기 세 대가 모습을 드러냈다. 모두 5층
짜리 연속식 증류기였다. 증류기는 높이도 높지만 직경이 어마어마했
다. 나중에 한국에 와서 자료를 뒤져보니 지름이 6.5피트, 그러니까
약 1.9미터에 달했다. 가이드의 설명에 따르면, 이런 대형 증류기 하
나로 한 시간에 25갤런에서 35갤런의 원액을 뽑아낼 수 있다. 만약 석
대를 한꺼번에 돌리면 한 시간에 약 100갤런(378리터)이라는 계산이
나온다. 하루에 위스키 원액 900배럴까지 생산 가능한 시설 규모라더
니 과연 빈말이 아니었다.

바톤 증류소에서 쓰는 5층짜리 대형 연속식 증류기.

위스키 세이프

바톤 같은 대형 증류소 내부는 화학 공장과 크게 다르지 않다. 뜨거운 증기가 곳곳에서 피어오르고, 기계 돌아가는 소음이 고막을 때린다. 벽과 천장에는 수많은 배관이 이리저리 복잡하게 연결돼 있다. 이런 곳에 처음 와본 사람이라면 "정말 위스키를 만드는 게 맞느냐"라고 물어볼지도 모른다. 그래도 돌아다니다보면 여기가 위스키 증류소라는 걸 확실히 알려주는 장치가 있다. 바로 증류기에서 빠져나온 위스키를 육안으로 확인할 수 있는 위스키 세이프Whiskey Safe다. 스피릿 세이프Spirit Safe 혹은 테일 박스tail box라고도 부르는 이 장치는 본체가 구리

바톤 증류소 위스키 세이프.

로 돼 있고 투명한 유리창이 달려 있다. 증류소에서 위스키 세이프를
관리하는 사람을 '스틸맨Stillman'이라고 하는데, 이들은 위스키 세이프
를 통과하는 증류액 상태를 보면서 알코올 순도를 확인하고 위스키
원액 생산량을 조절한다.

　바톤 증류소 위스키 세이프에서는 켄터키 사람들이 화이트 도그
라고 부르는 투명한 증류 원액이 폭포수처럼 쏟아지고 있었다. 그동
안 버번 증류소를 돌아다니며 여러 형태의 위스키 세이프를 봤는데,
이 제품도 상당히 인상적이었다. 크기도 크고 색깔과 모양도 멋있었
다. 기왕 말이 나온 김에 위스키 세이프가 애초에 왜 고안됐는지도 알
아보자. 위스키 세이프는 원래 탈세 방지 목적으로 개발됐다. 스코틀

랜드는 물론이고 미국에서도 많은 위스키 증류소가 세금을 덜 내려고 생산량을 줄여서 신고했다. 탈세를 막으려면 생산량을 정확히 확인할 필요가 있었다. 이 때문에 나온 게 위스키 세이프다. 지금은 그렇지 않지만 과거엔 위스키 세이프 열쇠를 아예 세무직원이 갖고 있었다.

가이드가 위스키 세이프 잠금장치를 열어 화이트 도그를 잔에 따랐다. 이걸 다시 방문객들 손바닥에 조금씩 떨어뜨렸다. 손바닥을 비벼 향을 맡아보라고 권했다. 엄마, 아빠 손잡고 온 애들부터 노인들까지 모두 가이드가 시키는 대로 따라 했다. 처음엔 약간 비릿한 향이 느껴졌는데 한참 비벼서 다시 향을 맡으니 구수하고 향긋하게 변했다. 가이드는 활짝 웃으며 "화이트 도그는 이렇게 손바닥과 만나면 마법을 부립니다"라고 말했다.

'데블스 컷'은 무엇인가?

투명하고 거친 곡물 증류액은 숙성고에서 갈색의 향긋한 위스키로 탈바꿈한다. 이 과정에서 필요한 것은 딱 세 가지. 오크통과 시간, 그리고 인간의 인내심이다. 이 세 가지가 조화를 부려 위스키가 탄생한다.

이토록 신비로운 위스키 숙성 과정을 방문객들에게 설명하기 위해 버번 증류소에선 많은 노력을 기울인다. 특히 바톤 증류소에서는 위스키 숙성을 이해하는 데 필요한 용어와 기초 지식을 감동스러울 만큼 상세히 알려줬다. 위스키 초심자가 이 증류소를 들르게 된다면 최소한 숙성에 대해선 거의 완벽하게 이해할 수 있다. 위스키 숙성 과정은 이미 책 앞머리에서 한번 정리했다. 겹치는 걸 빼고 바톤 증류소의 가이드가 설명한 내용 가운데 몇 가지만 소개한다.

바톤 증류소 숙성고.

① 숙성을 마친 오크통은 어떻게 처리하나?

버번 증류소에서는 법에 따라, 한 번 사용한 오크통을 재사용하지 않는다. 커피나 녹차 티백을 재사용하지 않는 것과 같다. 그렇다고 그냥 버리느냐? 절대 그렇지 않다. 온갖 재활용법이 있다. 스코틀랜드 위스키 증류소에 파는 경우가 가장 흔하다. 모두 아는 것처럼 스카치 제조업자들은 버번이나 셰리를 숙성한 오크통을 사들여 재사용한다. 하지만 이 외에도 버번 오크통의 용도는 무궁무진하다. 바톤 증류소 가이드의 표현을 빌리자면 "정말 어디에든 쓸 수 있다". 예를 들어, 버번 오크통에 피클을 담으면 버번 향이 그윽하게 밴 피클을 만들 수 있다. 타바스코 소스 혹은 청량음료를 넣어도 된다. 심지어 바톤 증류소에서는 직원들이 소풍 갈 때 마실 홍차를 오크통에 넣어두기도 한다. "정말 뭐든 넣어도 된다"는 설명에 초등학생 켄터키 꼬마는 "장난감을 넣어도 되냐?"고 물었다. 가이드는 "물론 넣어도 되는데, 엄마한테 쫓겨나지 않으려면 장난감에 시키면 숯이 묻지 않도록 주의해야 한다"고 답해 모두를 웃게 만들었다.

② 오크통에 적힌 숫자는?

오크통에는 증류를 마친 원액을 집어넣은(통입) 날짜를 반드시 적는다. 기념이 될 만한 오크통—예를 들어 증류소의 100만번째 오크통—에는 누구나 알 수 있게 연도와 날짜를 제대로 적는 반면, 일반 오크통은 나름의 규칙을 정해서 줄여서 적는다. 바톤 증류소를 비롯한 켄터키의 대다수 증류소에서 사용하는 규칙은 간단하다. 연-월-일 순으로 적는데, 연과 일은 두 자리 숫자로 적고, 월은 알파벳으로 줄여서 적는다. 월을 알파벳 순서로 적는 규칙도 있다. 1월=A, 2월=B, 3월=C…… 이런 식이다. 예를 들어 09L17이라고 적혀 있으면 2009년 12월(L=12번째 알파벳) 17일이다. 내가 바톤 증류소를 들른 날이 2018년 11월 18일이었다. 가이드는 "오늘 숙성고에 들어온 오크통에는 18K18(K=11)로 적힐 것"이라고 설명해줬다.

③ 데블스 컷은 무엇인가?

숙성 과정에서 증발해 사라지는 위스키를 엔젤스 셰어Angel's Share라고 한다. 황금종려상을 두 번 받은 거장 켄 로치 감독의 영화 제목이기도 해서 이젠 많은 사람이 엔젤스 셰어의 뜻을 안다. 하지만 데블스 컷 Devil's cut은 모르는 분이 많다. 엔젤스 셰어는 '천사의 몫'이라고 그럴듯하게 번역도 되지만, 데블스 컷은 생소한 용어라서 우리말로 표현하기도 막막하다.

데블스 컷이 무엇인지 정의부터 내리자. 숙성을 다 마친 오크통을

올드 포레스터 증류소 오크통에 적힌 통입 날짜.
18K05는 증류한 위스키 원액을 오크통에 넣은 날짜가 2018년 11월 5일이라는 뜻이다.

분해해 널빤지 옆면을 보면 자연스럽게 생긴 선 하나를 발견하게 된다. 이게 데블스 컷이다. 중요한 것은 왜 나무에 저런 선이 생겼는가 하는 점이다. 이걸 알려면 위스키 숙성 과정을 이해해야 한다. 오크통에 위스키 원액을 넣어두면 계절이 바뀌면서 여러 가지 일이 벌어진다. 날이 더울 때는 위스키가 오크통 참나무 속으로 스며들어 나무에 있는 당분을 녹인다. 날이 추워지면 수축하면서 참나무 속에 스며들었던 위스키 액이 나무의 당분을 품은 채 빠져나온다. 이런 과정이 반복되면서 참나무의 여러 성분이 위스키에 배어들게 된다. 이처럼 위스키가 스며들었다가 다시 빠져나오

숙성을 마친 오크통 널빤지에
남은 '데블스 컷(악마의 흔적)'.

기를 반복하면서 오크통 나무 벽에는 자연스럽게 선이 생긴다. 다시 말해 데블스 컷은 위스키가 오크통에서 수축과 팽창을 거듭하며 나무 성분을 빨아들였다는 확실한 증거다.

증류소 붕괴 사고

바톤 증류소 숙성고는 다른 대형 증류소처럼 규모가 엄청나다. 버번 업계에서 일반적인 7층짜리로 지었는데, 아래에서 올려다보면 천장이 까마득하게 보일 정도다. 이런 숙성고 하나에 오크통 1만 8000개를 저장한다. 오크통으로 가득찬 숙성고에 들어온 뒤 가이드가 가장 강조한 건 역시 '안전'이었다. 불과 몇 달 전 바로 이 증류소에서 숙성고 붕괴 사고가 났기 때문이다. 가이드는 "사고 이후 안전 진단을 정밀하게 했기 때문에 지금은 걱정하지 않아도 된다"는 얘기를 반복했다.

바톤 증류소 숙성고 붕괴 사고는 두 차례에 걸쳐서 일어났다. 1차 붕괴는 2018년 6월 22일 금요일 오전 열한시 무렵 발생했다. 사고가 난 곳은 바톤 증류소 29개 숙성고 가운데 하나였다. 콘크리트 기초에 나무로 지은 7층짜리 숙성고 절반이 갑자기 무너졌다. 이때 오크통 9000여 개가 쏟아졌다. 오크통에서 새어나온 엄청난 양의 위스키는 인근 마을까지 흘러들었다. 1차 사고 이후 증류소에서는 무너지지 않은 숙성고 절반을 지탱시키려고 노력했다. 하지만 2주 뒤인 7월 4일, 나머지 절반까지 추가로 붕괴된다. 결국 숙성고에 저장중이던 1만 8000개 오크통이 전부 다 땅바닥에 쏟아지고 말았다. 물론 이 많은 오크통이 다 부서진 건 아니다. 숙성고가 통째로 무너졌는데도 갈라지거나 깨지지 않은 오크통이 상당히 많았다. 증류소 측에서는 숙성고 건물이 다 무너진 뒤 멀쩡한 오크통은 골라서 건져냈다. 켄터키 지역 방송 화면으로 이 장면을 봤는데, 집게가 달린 포클레인이 폐허로 변한 사고 현장에서 멀쩡한 오크통을 쏙쏙 집어내는 모습에 경탄했다.

바톤 증류소 숙성고 붕괴 사고 당시 모습.
(켄터키 지역 방송 WLKY 보도 화면.)

좌우 균형이 문제

그렇다면 숙성고는 왜 무너졌을까? 사고 원인이 명확하게 밝혀지진 않았다. 하지만 일반적인 추정으로는 오크통이 지나치게 한쪽으로 쏠려 무게중심이 무너진 것으로 보인다. 앞에서도 설명했듯이 위스키를 가득 채운 오크통은 어마어마하게 무겁다. 53갤런(200리터)을 다 채웠다고 가정하면 약 520파운드(235킬로그램)에서 550파운드(249킬로그램)에 달한다. 이렇게 무거운 오크통을 수천 개에서 수만 개씩 숙성고에 넣어두기 때문에 자칫 한쪽으로 쏠리면 붕괴가 일어날 수밖에 없다. 여기까지 읽은 독자 가운데에는 "오크통 숫자를 세서 오른쪽과 왼쪽으로 잘 나눠 저장하면 될 텐데, 뭐가 문제야?"라고 하실 분도 계실 것 같다. 그런데 그게 그리 간단한 문제가 아니다. 오크통마다 무게가 제각각이라서 그렇다. 좀더 구체적으로 설명하자면, 숙성고에서 오래 묵은 오크통은 위스키를 넣은 지 얼마 안 된 오크통에 비해 무게가 훨씬 가볍다. 숙성고에서 잠자는 동안 위스키가 증발해버렸기 때문이다. 결국 오크통 숫자만 세어서는 좌우 균형을 제대로 잡기가 어렵다. 그래서 증류소에서는 숙성고에 다림줄 같은 장비까지 달아놓고 정기적으로 구조물 균형에 이상이 없는지 점검한다. 하지만 바톤 증류소 사고에서 보듯이 나무로 지은 숙성고는 언제든 균형이 무너져 사고가 일어날 위험이 있다. 물론 숙성고 전체를 콘크리트로 지어버리면 붕괴 가능성이 크게 줄겠지만, 그렇게 하면 공기 순환에 문제가 생길 수 있어서 대다수 증류소에선 꺼린다.

좋은 위스키는 언제나 좋다

숙성고까지 둘러봤으니 이젠 위스키 맛을 볼 시간이다. 방문자 센터 테이스팅 룸에는 이미 잔과 위스키가 가지런히 배열돼 있었다. 오늘 시음할 술은 총 세 가지. 내가 너무도 사랑하는 1792 스몰 배치와 바톤의 오래된 시그니처 브랜드인 6년 숙성의 베리 올드 바톤Very Old Barton, 그리고 버번 리큐어인 초콜릿 버번 볼 크림 리큐어 Chocolate Bourbon Ball Cream Liqueur였다.

버번 리큐어
초콜릿 버번 볼.

1792 스몰 배치에 대해서는 여러 위스키 평론가들도 좋은 평가를 내렸다. 균형감이 뛰어나고 마시기에 부담이 없다. 그냥 마셔도 좋고,

콜라에 타 마셔도 제법 괜찮다. 향을 깊이 들이
마신 뒤 한 모금 입에 넣고 지그시 눈을 감는다.
'음…… 역시 좋다.' 맛있는 위스키는 언제 어디
서 마셔도 맛있다.

다음은 베리 올드 바톤. 이 제품은 1792와 레
시피가 똑같다. 옥수수 75퍼센트, 호밀 15퍼센
트, 맥아 보리 10퍼센트다. 시음용으로 나온 건
알코올 도수 40도짜리였다. 캐러멜과 과일 향은
좋지만, 미각적으로는 바디감이 좀 가벼웠다. 뭐
랄까, 약간 밍밍하다고 해야 할까. 1792를 즐기
는 사람이라면 충분히 좋아할 만하지만, 묵직한
한 방을 기대하는 사람은 아쉬울 것 같다. 끝으로

1792와 레시피가 같은
베리 올드 바톤.

디저트처럼 즐긴 초콜릿 버번 볼은 달달함 그 자체다. 마시면 기분좋
아지고 행복해진다. 베일리스Bailey's처럼 얼음에 타 마시거나 칵테일
로 만들면 제격일 것 같다.

"묵묵히 위스키 잘 만드는" 증류소

바톤 1792는 증류부터 병입까지 모든 공정을 다 처리하는 증류소로
는 바즈타운에서 가장 역사가 오래됐다. 또 바즈타운 중심가에서 가
깝기 때문에, 지금도 증류소에서 곡물을 발효하면 냄새가 온 마을에
퍼진다. 역사도 오래되고 위치도 가까워서인지 바즈타운 사람들은 바
톤 증류소를 각별히 여긴다.

바톤 증류소를 빠져나오면서, 세계적인 위스키 전문가 데이브 브룸

Dave Broom이 남긴 찬사가 떠올랐다.

"다른 증류소들이 더 혁신적인 새로운 표현 개발을 잘하고 있었을 때, 바즈타운 외곽 구석진 곳에 있던 바톤은 묵묵히 좋은 버번 위스키를 만들어 매우 합리적인 가격에 팔아왔다."

처음 이 증류소에 들어섰을 때, 나는 왜 이곳이 화학 공장처럼 삭막하고 멋이 없는지 궁금했다. 그런데 증류소를 모두 둘러보고 나오면서는 어렴풋이 그 이유를 알 것 같았다. 데이브 브룸의 말처럼 바톤은 건물을 세련되게 짓고 포장을 번드르르하게 하고 귀에 솔깃한 홍보 문구를 개발하는 데는 영 관심이 없다. 대신 그들은 "묵묵히 위스키 잘 만드는 것"에만 집중하고 있다. 겉보다는 속이 더 멋진 증류소. 이것이 바톤 증류소가 60년 넘는 세월 동안 지켜온 철학이며 그들의 생존 방식이다.

켄터키 여행을 다녀온 직후 버번 위스키를 주제로 한 다큐멘터리를 봤다.
켄터키 지역 방송 WLKY에서 제작한 〈버번 붐Bourbon Boom〉이란 다큐였다.
프로그램이 시작되자마자 바톤 1792 증류소가 등장했다. WLKY 기자 에릭
킹은 바톤 증류소 건물을 배경으로 이렇게 말했다.

"안녕하세요. 에릭 킹입니다. 여기서부터 시작하려고 합니다. 켄터키
바즈타운에 있는 바톤 증류소입니다. 제 어머니는 이 증류소에서 15년을
일했습니다. 할아버지 역시 여기서 30년을 일했습니다."

에릭 킹 기자는 할아버지와 어머니가 일한 증류소 앞에서 뭘 강조하려 한
걸까? 버번의 역사가 켄터키의 역사라는 점, 또 여기서 대를 이어 버번을
만들어온 자신들의 아버지, 어머니, 할아버지, 할머니야말로 켄터키를
이끌어온 주역이라는 점을 말하고 싶었던 건 아닐까.

투어 정보

Barton 1792 Distillery
300 Barton Road, Bardstown, KY 40004

대표 투어 프로그램: The Barton Tradition
월~금: 오전 9시~오후 4시 (매시 정각)
토: 오전 9시~오후 4시 (매시 정각+매시 30분)
요금: 무료
홈페이지: www.1792distillery.com

싸구려 모텔과 켄터키 옛집

밤과 아침이 달라도 어찌 이리 다르단 말인가. 켄터키 바즈타운 마을 외곽에 있는 하루 35달러짜리 모텔에 여장을 풀 때까지만 해도, 이런 기분으로 다음날 아침을 맞게 될 줄은 몰랐다.

명색이 '세계 버번의 수도'로 불리는 바즈타운이 아닌가. 여기까지 왔으니 기왕이면 고풍스러운 마을의 정취를 오롯이 느낄 수 있는 곳에서 묵으려 했다. 예를 들어 역사가 200년이 훌쩍 넘은 올드 탤벗 터번The Old Talbott Tavern* 같은 곳이라면 어땠을까? 온갖 켄터키 버번이 즐비한 술집까지 함께 운영하고 있으니, 아마 거기서 묵었다면 밤새 코가 완전히 삐뚤어졌을 게다. 하지만 소망과 현실은 늘 간격이 큰 법. 마을에 도착해서 알아보니 올드 탤벗은 고사하고, 웬만한 이름 있는 숙소까지 죄다 동이 났단다. 아쉽지만 고색창연한 바즈타운 중심가는 벗어나야 했다. 무작정 150번 국도를 따라 올라가다보니 전형적인 미

---

* 올드 탤벗은 음식점이면서 술집이고, 또 동시에 여관도 함께 운영한다. 1779년부터 영업을 시작한 올드 탤벗은 1973년에 미국 국립사적지로 지정됐다.

국식 2층짜리 모텔이 보인다. 이런 상황에선 고민하고 말 게 없다. 해 떨어지기 전에 방부터 잡아야 한다. 무작정 들어가서 빈방이 있는지 물어보고 돈을 지불했다. 그런데 짐을 다 풀고 깜깜한 밤이 되자 '좀더 돌아다녀볼걸' 하는 후회가 밀려왔다. 방이 낡고 허름한 건 둘째 치고, 주말인데도 그 큰 모텔에 손님이 없는 게 아닌가. 날씨도 으슬으슬한 데 영 을씨년스럽기 짝이 없었다.

아침에 눈뜰 때까지도 그저 그랬다. 별다른 사고 없이 하룻밤 무사히 보낸 걸로 만족하려 했다. 그런데 조금 뒤 반전이 일어났다. 답답한 암막 커튼을 젖혔을 때다. 그 순간, 켄터키의 11월이 창밖에서 쏟아져 들어왔다. 늦가을 아침 햇살은 눈이 부실 정도로 밝았다. 그 햇살에 반사돼 색색의 낙엽이 반짝반짝 빛났다.

'아! 켄터키의 가을이구나!'

현관문을 활짝 열어젖히고 냉큼 뛰쳐나갔다. 밤엔 귀신이라도 나올 것처럼 스산한 곳이었는데, 지금은 어찌나 정겹게 느껴지는지. 사람 마음이란 게 이토록 살살하다. 낙엽 바스러지는 소리 하나에도 신이 나니 말이다. 어린애처럼 낙엽을 밟으며 가을을 만끽하다가 고개를 돌리니 모텔 바로 건너편에 넓은 잔디가 있다. 밤엔 눈에 띄지 않던 커다란 안내판도 이제야 보인다. 거기엔 마이 올드 켄터키 홈 공원My Old Kentucky Home State Park이라고 적혀 있다. '아, 그렇구나.' 무릎을 쳤다. 여기가 바로 그 유명한 노래 〈켄터키 옛집〉이 탄생한 '마이 올드 켄터키 홈'이구나. 초등학교 때였는지 중학교 때였는지 가물가물하다. 하지만 〈켄터키 옛집〉 노랫말은 아직도 잊지 않고 있다.

〈켄터키 옛집〉 배경인 마이 올드 켄터키 홈 공원 주변의 늦가을 풍경.

"켄터키 옛집에 햇빛 비치어 여름날 검둥이 시절 저 새는 긴 날을 노래 부를 때 옥수수는 벌써 익었다 (…) 잘 쉬어라 쉬어 울지 말고 쉬어 (…)"

초등학교 시절 코흘리개 짝꿍 얼굴이 떠오르는 〈켄터키 옛집〉 노래를 흥얼거리며, 다시 차를 몰고 증류소로 향한다.

버번 업계 최고 거물

세상에서 가장 유명한 버번이자 세상에서 가장 많이 팔리는 버번. 버번 위스키 최고 베스트셀러인 짐 빔은 바즈타운에서 차로 30분쯤 떨어진 클러몬트Clermont 증류소에서 생산된다. 국도를 타고 달리다가

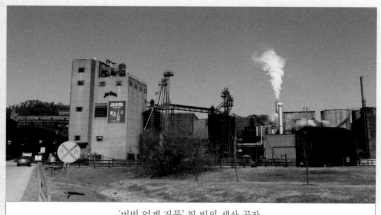

'버번 업계 거물' 짐 빔의 생산 공장.

표지판을 보고 입구로 꺾어서 들어온 뒤에도 한참을 더 들어가야 하
얀 연기가 피어오르는 증류소 건물을 만날 수 있다. 사방을 둘러보니
메이커스 마크만큼은 아니지만, 여기도 어지간히 넓다. 증류소 곳곳
에 있는 잔디밭에서 야구나 축구를 해도 괜찮겠다 싶은 생각이 들 정
도로 여유가 많다. 높은 곳에서 내려다보면 증류소 자체가 하나의 마
을처럼 보이기도 한다. 하긴 버번 증류소 가운데 생산량이 제일 많은
곳이니, 면적도 이쯤은 되어야 맞다. 여기까지 읽고 짐 빔 위스키 생산
량을 구글로 검색하실 분이 있을 것 같아 미리 정보를 드린다. 먼저 지
구상에서 유통되는 버번의 95퍼센트는 켄터키에서 생산된다. 그런데
짐 빔이 만든 위스키가 전 세계 버번의 약 15퍼센트를 차지한다. 짐
빔의 연간 위스키 생산 규모는 약 30만 배럴(1배럴은 약 200리터). 숙
성고에 쌓아둔 위스키도 2018년 기준으로 190만 배럴에 달한다. 가
히 '버번 업계의 최고 거물'이라고 할 만하다.

"김치만두"를 아는 투어 가이드

주차장에 차를 세우고 나왔다. 3층짜리 방문자 센터가 보인다. 2012년 가을에 문을 연 방문자 센터 이름은 아메리칸 스틸 하우스American Stillhouse. 1935년 당시에 있었던 짐 빔 증류소 건물을 그대로 복제해 만들었다. 몇 년 전 이곳을 찾은 관광객이 "켄터키 중부에서 가장 아름다운 언덕에 있는 환상적인 건물"이라고 여행 정보 사이트에 남긴 후기를 봤다. 실제로 와서 보니 참 예쁘게 잘 지었다. 이런 표현이 어떤지 모르겠는데 번듯하게 '잘생긴' 건물이다.

깔끔하고 쾌적한 방문자 센터에서 가장 눈에 띄는 건 뭐니 뭐니 해도 엘리베이터였다. 처음엔 증류소 방문자 센터에 흔히 있는 모형 증류기인 줄 알았다. 그런데 가만히 살펴보니 증류기에서 문이 열리고 사람들이 타고 내리는 게 아닌가. 증류기처럼 디자인한 엘리베이터였던 것이다. 증류소를 찾아다니는 술꾼 관광객을 위해 이보다 더 유쾌한 아이디어가 또 있을까 싶었다.

예약한 투어 티켓을 건네받고 나서 방문자 센터 밖으로 나왔다. 투어 버스가 여기서 출발하기 때문이다. 방문자 센터 앞 공터에는 1933년 이곳에 증류소를 세운 짐 빔(제임스 빔) 동상이 우뚝 서 있다. 위스키 잔을 들고 있는 짐 빔의 포즈를 따라 해봤다.

잠시 뒤, 투어 버스가 도착한다. 버스 전체를 흰색으로 칠하고 '짐 빔 스틸 하우스'라는 글자를 큼지막하게 박아놨다. 돈 잘 버는 버번 업계 거물답게 투어 버스도 그럴싸하게 꾸며놨다.

버스에 막 올라타려고 하는데, 어디선가 한국말이 들린다. 한국 관광객 없기로 소문난 켄터키, 게다가 도시에서 한참 떨어진 이 시골에서 누가 한국말을 쓴단 말인가. 반가움 반, 호기심 반에 고개를 휙 돌

181

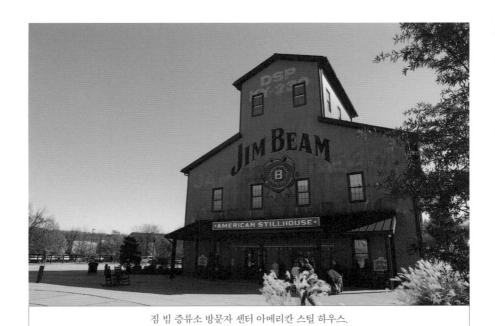

짐 빔 증류소 방문자 센터 아메리칸 스틸 하우스.

연속식 증류기 모양으로 만든 방문자 센터 엘리베이터.

짐 빔 증류소 투어 버스.

리니, 미국 남성이 다가온다. 그는 서툰 한국말로 연신 "김치만두", "김치만두"를 외쳤다. 한국말을 어떻게 아느냐고 물었더니 "일본에 장기간 체류한 적이 있는데 그때 한국에 서너 차례 들렀다"고 한다. "한국에서 먹은 김치만두가 너무도 맛있어서 아직도 그 단어만큼은 기억하고 있다"고 말했다.

아는 한국말이라곤 "안녕하세요"와 "김치만두" 딱 둘뿐인 젊은 미국인. 트래비스라는 이름의 이 남성이 오늘 증류소 안내를 맡은 투어 가이드였다. 둥글둥글한 인상에 턱수염을 기른 트래비스는 한마디로 유쾌한 수다쟁이였다. 그동안 여러 증류소에서 많은 가이드를 만나봤지만, 저렇게 청산유수인 사람은 처음 봤다. 어찌나 입담이 대단한지 시간 가는 줄 몰랐다. 유머와 끼도 넘쳐서 투어 내내 웃다가 배꼽 빠지는 줄 알았다. 경력이 2년밖에 안 됐다는데 내가 볼 땐 타고

짐 빔 증류소 투어 가이드
트래비스.

난 가이드였다. 이야기보따리가 한가득인 트래비스는 버스에 타서 증류 공장으로 가는 동안 짐 빔 가문의 역사를 신나게 풀어놨다.

남는 옥수수로 위스키를 증류하다

미국 술 역사를 다룬 책을 보면 유난히 독일 출신 이민자들이 자주 등장한다. 미국 맥주 가운데 가장 유명한 버드와이저나 밀러만 해도 그렇다. 미국 라거lager 맥주의 양대 산맥인 이 두 기업 모두 1800년대 중반에 독일에서 건너온 이민자가 세웠다. 독일 출신이 워낙 많다보니 초창기 미국 맥주 제조 연합회에서는 공식 회의를 독일어로 했다는 말도 있다. 그런데 맥주가 아닌 버번 역사에도 심심찮게 독일식 이름이 튀어나온다. 대표적인 게 짐 빔이다.

짐 빔 위스키의 역사는 18세기 독일에서 미국 펜실베이니아로 넘어온 요하네스 야코프 뵘Johannes Jakob Böhm에서 출발한다. 〈뉴욕 타임스〉 특집 기사에 따르면, 야코프는 1787년 무렵에 펜실베이니아에서 켄터키로 이주한다. 이때부터 이름도 미국식으로 바꿔 존 제이컵 빔John Jacob Beam으로 불린다. 켄터키에 정착해 농사를 지으며 부업으로 제분소를 운영하던 제이컵 빔은 옥수수로 위스키를 만들다가, 1795년부터 본격적으로 증류업에 뛰어든다.

이 대목에서 한 가지만 설명하고 넘어가자. 당시 켄터키 이주민들은 왜 다들 위스키를 만들었을까? 버번 전문 서적 『배럴 스트렝스 버번』에 따르면, 켄터키에 정착한 이들은 대부분 옥수수를 재배하는 농부였다. 이들에겐 농사짓는 것 자체는 큰 어려움이 아니었다. 켄터키는 옥수수 재배에 최적의 조건이어서 씨만 뿌려놔도 쑥쑥 잘 자랐기 때문이다. 하지만 고민거리도 있었다. 수확한 옥수수를 저장할 방도가 마땅치 않았던 것. 지금이야 대형 곡물 저장고(사일로)에 넣어두면 되지만, 당시엔 이런 게 없었다. 집안에 놔뒀다간 얼마 못 가서 변질되기 일쑤였다. 그렇다면 남은 곡물을 다른 마을로 가져가서 팔면 어땠을까? 그렇게 하는 게 제일 낫지만, 운송이 만만치 않았다. 많은 양의 곡물을 한꺼번에 실어나르려면 말을 여러 필 동원해 몇 날 며칠 가야 했다. 이런 상황에서 대안으로 떠오른 게 위스키였다. 곡물 250킬로그램을 증류하면 약 40갤런(약 151리터)의 위스키를 만들 수 있었는데, 이 정도면 말 한 마리로 실어나를 수 있는 부피와 무게였다. 마을마다 남는 옥수수로 위스키를 제조하다보니, 켄터키에선 위스키가 화폐 역할을 하기도 했다.

다시 짐 빔 얘기로 돌아오자. 이민자 1세대인 제이컵 빔이 죽은 뒤 아들과 손자가 가업을 이었다. 사업은 갈수록 번창했고, 증류소 규모도 커졌다. 하지만 번영은 오래가지 못한다. 제이컵의 4대손, 그러니까 증손자인 짐 빔James B. "JIM" Beam에 이르러 위스키 사업은 일대 위기를 맞는다. 금주법이 시행되면서 증류소 문을 닫게 된 것이다.

위기를 기회로

무릇 역사에 이름을 남긴 인물은 위기를 기회로 바꾼다. 짐 빔 역시 그랬다. 그는 금주법이 시행될 무렵, 자신이 갖고 있던 증류소 지분을 재빨리 처분해 자금을 확보했다. 그러다가 헐값에 매물로 나온 증류소 부지를 매입해놓고 때를 기다렸다. 당시에 매입해놓은 땅이 바로 지금의 짐 빔 클러몬트 증류소가 있는 곳이다.

증류소 창업자 짐 빔(왼쪽).

마침내 1933년에 금주법이 폐지됐다. 당시 나이가 일흔이던 짐 빔은 곧바로 연방 정부에 증류업 허가 신청서를 내고 사업을 재개했다. 2년 뒤인 1935년, 짐 빔은 자신의 이름을 따서 '제임스 빔 증류 회사James B. Beam Distilling Company'를 설립하고, 짐 빔 위스키 브랜드를 정식으로 출시한다. 품질에 자신 있었던 짐 빔은 출고하는 위스키 병에 "나의 서명이 없다면 진품이 아니다None Genuine Without My Signature"라는 문구를 박고, 그 옆에 멋지게 사인을 남겼다. 지금 출시되는 짐 빔 위스키 병에서도 서명을 확인할 수 있다.

버번 위스키 역사에 큰 획을 그은 짐 빔은 1947년에 세상을 떠난다. 아들인 5대손 제러마이아Jeremiah가 증류소를 물려받았고, 이후엔 제러마이아의 조카인 부커 노Booker Noe●가 가업을 계승했다. 지금은 부커 노의 아들이자 7대손인 프레드 노가 마스터 디스틸러로 증류소 운영을 책임지고 있다.

마이크로 디스틸러리

투어 버스가 증류 공장에 도착하자, 트래비스는 이렇게 외쳤다.

"짐 빔의 세계에 오신 걸 환영합니다. 이제 시작합시다."

● 제러마이아에겐 후손이 없었다. 그래서 제러마이아 누나의 아들이자, 짐 빔의 손자인 부커 노가 가업을 잇는다.

금주법 폐지 이후 위스키 생산에 들어간 짐 빔
(케이크를 자르는 인물이 짐 빔이다. 1935년 사진).

버번의 첫 번째 가문 — 빔 패밀리

버번 위스키 전문 서적인 『빅 위스키』라는 책에는 이런 문장이 나온다.

"짐 빔과 그의 가문은 지난 200년간 버번이라는 단어와 동일어였다."

실제로 빔 가문이 미국 버번 업계에서 갖는 영향력은 막강하다. 제이컵 빔의
후손들은 짐 빔 증류소는 물론이고 켄터키의 여러 증류소에서도 위스키를
제조해왔다. 가장 대표적인 예가 헤븐힐 증류소에서 일해온 빔 가문 후손이다.
대기업에 속하지 않고 독립 가족 기업으로 남아 있는 헤븐힐 증류소에선 대대로 빔
가문이 위스키 제조를 책임져왔다. 그래서 헤븐힐 증류소 마스터 디스틸러 계보를
보면 죄다 이름이 Beam으로 끝난다. 맨 처음에 빔 가문 5대손인 해리 빔이 마스터
디스틸러에 올랐다. 이후엔 얼 빔과 그의 아들인 파커 빔, 손자인 크레이그 빔까지
3대가 잇따라 마스터 디스틸러를 맡았다. 또 짐 빔의 여러 후손들은 바톤, 메이커스
마크, 포 로지스, 프랭크포트 같은 증류소에서도 위스키 제조의 핵심적인 역할을
담당해왔다.

'세상에서 가장 유명한 버번이 어떻게 제조되는지를 직접 보게 되는구나.' 기대와 홍분에 휩싸인 채 증류 공장으로 들어섰다. 그런데 이게 웬일인가. 안으로 들어서자마자 맥이 풀렸다. 내가 상상한 것과는 전혀 딴판이었기 때문이다. 켄터키 증류소 가운데 생산량이 가장 많은 증류소이니 당연히 압도적인 광경이 펼쳐질 줄 알았다. 그런데 이건 거의 크래프트 증류소 수준이다. '진짜 짐 빔 증류소 맞나?'라는 생각이 들 정도로 작았다. 예를 들어, 당화조(쿠커cooker) 용량은 750갤런(약 2839리터)에 불과했다. 증류기 역시 한 번에 3갤런(약 11리터) 정도만 뽑아내는 초소형이었다. 짐 빔쯤 되는 증류소에서 이런 걸 쓴다는 게 도무지 믿기지 않았다. 이런 크기의 당화조와 증류기라면 수백 개를 한꺼번에 돌려도 수요를 감당하기 힘들 텐데, 어찌된 일인지 싶었다.

실망한 표정을 읽었는지, 트래비스가 바로 말한다. "자, 놀라지 마십시오. 이건 관광객에게 위스키 제조 과정을 설명하거나 연구원들이 위스키 제조 실험을 할 때 쓰는 마이크로 디스틸러리micro distillery입니다. 진짜 짐 빔이 생산되는 곳은 이따 보여드릴 겁니다."

'그럼 그렇지.' 이제야 오해가 풀린다.

좋은 곡물에서 좋은 위스키가 나온다

트래비스는 당화, 발효, 증류까지 짐 빔 제조 공정을 속사포처럼 설명했다. 우선 짐 빔의 매시빌은 일반적인 버번 위스키와 크게 다를 바가 없다. 옥수수 77퍼센트, 호밀 13퍼센트, 맥아 보리 10퍼센트다. 이 레시피를 기본으로 하면서 각각의 브랜드마다 조금씩 차이를 둔다. 곡물 레시피를 언급하면서 트래비스는 "배합 비율보다 중요한 게 곡물의 품질"이라며 "짐 빔은 최고만 고집한다"고 자랑스럽게 말했다. 아닌 게 아니라, 짐 빔의 곡물 품질 관리는 엄격하고 까다롭기로 소문이 났다. 히스토리 채널HISTORY Channel에서 제작한 다큐멘터리를 보면, 짐 빔이 옥수수나 호밀 같은 곡물 재료를 얼마

짐 빔이 사용하는 옥수수.

나 철저하게 검사하는지 확인할 수 있다. 일단 곡물 포대가 증류소에 도착하면 기계로 습도부터 측정한다. 곡물이 바짝 말라 습도가 낮으면 통과. 그렇지 않고 습도가 14퍼센트를 초과하면 다시 돌려보낸다. 습도가 높으면 상한 곡물이 섞여 있을 가능성이 크기 때문이다. 곡물 무게를 재서 알곡이 튼실한지도 확인한다. 만약 속이 부실한 쭉정이 낟알로 포대를 채웠다면 이 과정에서 들통이 난다. 이후에도 곡물에 자외선을 쬐어 곰팡이나 상한 게 있는지 꼼꼼히 살펴본다. 마지막엔 운송 과정에서 쪼개지거나 부서진 곡물까지 걸러낸다. 이렇게 2중, 3중으로 철저히 하는 건 '좋은 곡물에서 좋은 위스키가 나온다'는 철학 때문이다.

'빅 하우스'의 위용

미니 증류소에서 설명을 들은 뒤, '진짜' 공장으로 이동했다. 직원들은 여기를 빅 하우스Big House, 즉 '큰 집'으로 부르고 있었다. 굳게 닫힌

두툼한 문을 몇 개나 열고 들어가니, 애초에 상상했던 모습이 나타난다. 빅 하우스라는 이름처럼 거대한 규모의 증류 시설이 위용을 자랑한다. 미니 증류소에 있다가 여기에 오니, 소인국에서 거인 나라로 순간 이동한 기분이다. 감탄사를 터트리며 발효와 증류 시설 규모를 자세히 살폈다. 일단 발효조는 총 22개나 된다. 각각의 용량은 4만 5000갤런(약 17만 리터)에서 5만 1000갤런(19만 3000리터)이다. 버팔로 트레이스가 보유한 9만 2000갤런 초대형 발효조에는 못 미치지만, 그래도 엄청난 크기다. 증류기 역시 6층짜리다. 1분마다 200갤런(약 757리터)을 뽑아낸다. 대형 설비에서 많은 양의 위스키를 한꺼번에 생산하기 때문에, 이 공장에서는 모든 게 자동화돼 있다. 발효부터 증류까지 모든 공정을 컴퓨터가 자동 제어한다. 사람의 손길이 별로 필요 없다보니, 직원 두 명만 통제실에 앉아서 모니터로 설비 작동 상황을 살필 뿐이다.

아쉽게도 위스키 숙성고는 보지 못했다. 일반 투어 관광객에겐 공개하지 않아서였다. 숙성고 오크통에서 나오는 특유의 향을 유난히 사랑하는 나로선 안타까운 일이었다. 짐 빔의 숙성고가 업계 최대 규모라는 걸 알고 있던 터라, 이참에 꼭 한번 보고 싶었는데, 공개를 안 한다니 어쩔 수 없었다. 짐 빔 증류소를 가보려는 분을 위해 한 가지 정보를 드린다면, 숙성고에 들어가볼 수 있는 기회가 전혀 없는 건 아니다. '비하인드 더 빔Behind The Beam'이라는, 숙성고까지 들어갈 수 있는 특별 투어 프로그램이 있다. 다만 이 프로그램은 1년에 몇 차례밖에 운영하지 않는다. 2019년을 예로 들자면, 4월부터 11월까지 딱 일곱 번만 운영했다. 결국 짐 빔 숙성고를 구경하려면 일찌감치 계획을 잡아서 미리 예약해야 한다.

직접 들어가서 볼 순 없었지만, 켄터키 지역 뉴스 채널 WLKY에서

짐 빔 증류 공장에 있는 4만 5000갤런 규모 대형 발효조.

짐 빔 증류소 숙성고.

제작한 다큐멘터리를 통해 숙성고 내부를 간접적으로 엿볼 수 있었다. 이 다큐를 보면, 짐 빔 숙성고는 일단 충고가 상당히 높다. 버번 위스키 숙성고는 3층에서 7층이 일반적인데, 짐 빔은 9층이다. 당연히 저장 용량도 엄청나다. 가장 오래된 D 숙성고는 2만 배럴을 저장하지만, 이후에 지은 것들은 5만 배럴까지 저장한다. 특히 2016년 11월 켄터키 프랭크포트에 완공한 최신 숙성고는 6만 배럴을 숙성시킨다. 2018년 말을 기준으로 짐 빔은 112개에 달하는 위스키 숙성고를 갖고 있다. 짐 빔 버번 위스키 판매가 증가하는 추세이기 때문에 앞으로도 숙성고는 계속 늘어날 것이다.

덤핑

숙성고 구경을 못한 아쉬움은 금세 사라졌다. 투어 참가자들에게 덤핑dumping 하는 걸 눈앞에서 보여줬기 때문이다. '덤핑이 뭐지' 하는 분들이 계실 것 같은데, 숙성을 마친 위스키를 오크통에서 빼내는 걸 말한다. 벙bung 혹은 스토퍼stopper라고 부르는 오크통 마개를 해머로 두드려 뽑아내고 위스키를 밖으로 쏟아내는 일이다. 숙성과 병입의 중간 단계인 덤핑 공정은 흔히 볼 수 있는 게 아니다. 켄터키의 대형 증류소를 다 돌아다녀도 덤핑을 직접 보여주는 곳은 짐 빔밖에 없다.

트래비스는 오크통에서 위스키를 쏟아내는 걸 보여주더니 "이제 텅 빈 이 오크통은 우리한텐 쓸모가 없습니다. 버번은 반드시 새 오크통만 쓰거든요. 그래서 이 오크통은 스코틀랜드로 팔려 가 스카치를 숙성할 때 쓰게 됩니다"라고 말했다. 이어서 "왜 버번이 스카치보다 훌륭한지 아시겠죠? 걔네는 우리가 쓰고 버린 통을 쓰잖아요"라고 너스

숙성이 끝난 오크통에서 위스키를 뽑아내는 것을 덤핑dumping이라고 한다.

레를 떨었다. 별거 아닌 농담인데도 모두가 박장대소했다.

트래비스는 오크통에서 빼낸 위스키를 잔에 담아서 보여줬다. 다소 진지한 목소리로 "여러분, 색깔을 한번 보시죠. 너무너무 아름답지 않나요?"라고 물었다. 모두가 고개를 끄덕였다. 트래비스는 갓 뽑아낸 위스키를 손바닥에 조금씩 뿌려주며 향을 맡아보라고 권했다. 몇 년간 숙성고에서 잠자다가 이제 막 눈을 뜨고 세상 밖으로 나온 위스키. 진하고도 강렬한 향이 퍼지면서 후각 세포에 이어 미각 세포까지 꿈틀댄다. 저절로 코를 킁킁거리게 되고, 동시에 침이 꿀떡꿀떡 넘어간다. 트래비스가 시키는 대로 손바닥에 떨어뜨린 위스키를 양손으로 비벼서 향을 깊숙이 들이마셨다. 그저 향만 맡았는데도 행복하다는 생각이 절로 든다. 빔 가문 6대손으로 부커스Booker's라는 명품 버번을 탄생시킨 부커 노가 내린 위스키 테이스팅의 정의가 문득 생각났다.

"테이스팅이란 말이 혀로 술맛을 본다는 의미라면, 그건 틀렸다. 나는 코로 냄새를 맡는다. 코로 맛을 본다는 것이다."*

● Foodies TV 편, 『세계 명주 기행』, 신준수 옮김, 역사넷, 2007, 131쪽

1분에 300병 처리

코로 위스키 맛을 본 뒤, 마지막 제조 공정인 병입 시설에 들렀다. 짐 빔의 병입 시설은 클러몬트 말고도 보스턴(매사추세츠 보스턴이 아니라 켄터키에 있는 같은 이름의 마을)에도 하나 더 있다. 『빅 위스키』라는 책에 따르면, 짐 빔 병입 시설의 처리 속도는 기네스북에 오를 만한 수준이다. 1분마다 약 300병을 담아 밀봉하고, 하루에 약 9000상자 (10만 8000병)를 출고한다. 미 대륙 50개 주는 물론 전 세계 125개국으로 수출도 해야 하니, 병입 설비도 그만큼 바쁘게 돌려야 한다.

빛의 속도로 돌아가는 컨베이어 벨트를 예상했지만, 내가 들어간 병입 시설은 자못 한가했다. 관광객들이 직접 병입 공정을 체험할 수 있도록 해놓은 별도의 시설이었기 때문이다. 여기서 49.99달러를 내면 프리미엄 버번인 놉 크릭Knob Creek을 직접 병에 담고 밀봉해서 집으로 가져갈 수 있다. 또 추가로 10달러를 내면 병에 이니셜도 새겨준다. 나도 한번 해볼까 하다가 위스키를 한국으로 가져가기 힘들 것 같아서 눈물을 머금고 포기했다. 대신 다른 관광객이 위스키 담는 모습을 유심히 살펴봤다.

병입하는 과정을 직접 보지 않으면 알기 힘든 게 하나 있다. 위스키를 담기 전, 병을 세척할 때에도 위스키를 쓴다는 점이다. 왜 물로 세척하지 않고 아깝게 위스키를 쓰는 걸까? 이유는 조금만 깊이 생각해보면 알 수 있다. 물로 세척하면 병에 물기가 남아서 그만큼 알코올 도수가 떨어지기 때문이다.

짐 빔의 프리미엄 버번인 놉 크릭을 병입하는 모습.

병입한 놉 크릭 위스키를 검은 왁스에 담가 밀봉하고 있다.

돌아온 탕아

병입 시설을 보고 있노라니, 여기 오기 전에 미리 읽은 책이 떠올랐다. 현재 증류소 운영을 책임지고 있는 빔 가문 7대손, 프레드 노가 2012년에 펴낸 자서전 『빔, 스트레이트 업Beam, Straight Up』이다. 이 책에서 프레드 노는 좌충우돌한 인생 경험담을 직설 화법으로 풀어냈다. 자서전에 따르면, 프레드 노는 대학 때까지 완전히 문제아였다. 그의 표현대로라면, 대학 때 전공이 "파티하기"였다. 수업 같은 건 들을 생각도 하지 않고, 허구한 날 먹고 마시고 놀고 즐기며 살았다. 파티에만 빠져 지내다보니 1학년 때 평균 학점이 0.08을 찍었다고 한다. 제발 수업 좀 들어오라며 타이르는 대학 학장을 면전에서 비꼬다가 제적까지 당했다. 아버지한테 대판 혼난 뒤 이 대학, 저 대학을 옮겨다니며 7년 만에 학사 학위를 땄지만, 다시 방랑벽이 도진다. 컨트리 가수 행크 윌리엄스 주니어Hank Williams Jr. 공연 스태프를 자원해 투어 버스를 타고 다니며 전국을 누볐다. 이렇게 몇 년을 더 방황하고 나서야 프레드는 정신을 차리고 증류소로 돌아온다. 자식의 방황을 묵묵히 지켜봤던 아버지 부커 노는 '돌아온 탕아'를 가혹하게 훈련시켰다. 이때 부커 노가 아들한테 맨 먼저 시킨 일이 병입 작업이었다. 프레드는 이곳 클러몬트 증류소 병입 시설에서 야근조로 배속돼 오후 네시부터 새벽 한시(바쁠 때는 새벽 네시)까지 일했다. 맨 밑바닥부터 일을 배운 프레드는 증류소의 모든 공정을 다 돌아다니며 다른 직원과 똑같이 땀을 흘

짐 빔 가문의 7대손으로 현재 짐 빔 증류소 마스터 디스틸러인 프레드 노.

렸다. 10여 년이 흘러 더이상 배울 게 없어지자 아버지는 자식에게 증류소 운영을 맡겼다.

짐 빔 역사박물관

제조 공정을 다 살펴본 뒤엔 전시실로 향했다. '짐 빔 역사관'이라고 할 수 있는 전시실에 들어서자마자, 트래비스는 바닥부터 한번 보라고 했다. 모두가 고개를 숙이고 아래를 내려다봤다. 거기엔 짐 빔의 해외 진출 역사가 새겨져 있었다. 짐 빔 위스키가 수출된 모든 나라의 이름과 첫 수출 연도가 적혀 있었다. 관광객들은 모두 자기 나라 이름 찾

짐 빔 증류소에 있는 전시실.

짐 빔 전시실 마루에
적힌 한국 수출 연도.

기에 바빴다.

　그럼 여기서 돌발 퀴즈. 짐 빔은 언제 한국에
정식 수입됐을까? 바닥을 한참 찾은 끝에 정답
을 확인했다. REPUBLIC OF KOREA에서
알파벳 몇 개가 벽에 가려져 있었지만, 연도는
분명히 1967년으로 돼 있었다.

디캔터 시리즈에 담긴 역사

그동안 짐 빔이 출시한 제품을 시기별로 전시해놓은 공간도 흥미로웠
다. 여기서 가장 눈에 띈 건 도자기로 만든 이른바 디캔터Decanter 시리
즈였다. 개나 쥐, 고양이, 사슴, 곰, 독수리 같은 동물 캐릭터 도자기가
많았고, 서부시대 총잡이나 인디언 추장, 이집트 왕족 등 역사 속 인물
을 주제로 한 것도 있었다. 보는 순간 갖고 싶을 만큼 멋지고 아름다웠
다. 하지만 예술작품이나 마찬가지인 디캔터 시리즈는 지금은 출시되
지 않는다. 1953년부터 1992년까지만 출시됐고, 대부분은 1970년대
와 1980년대에 제작됐다.●

　그렇다면 짐 빔은 이런 스페셜 보틀special bottle을 왜 만들었을까? 전
시실을 소개하던 트래비스는 "예쁘고 아름다운 도자기 병에는 아픈
역사가 담겨 있다"고 말했다. 설명을 덧붙이자면, 여기서 트래비스가
언급한 '아픈 역사'는 1970, 80년대 버번 침체기를 뜻한다. 흔히 '버번
불황'이라고 부르는 이 시기에 켄터키 버번 증류소는 너 나 할 것 없이
모두 벼랑 끝에 내몰렸다. 당시 미국인들은 자기네 나라 술인 버번을
철저하게 외면했다. 특히 20, 30대 젊은이들은 버번을 '꼰대들이 마시

198

● 짐 빔 디캔터 시리즈 제품은 요즘도 이베이나 아마존에 가끔
등장한다. 1950, 60년대 희귀품은 1000달러 이상을 호가한다.

짐 빔이 1953년부터 1992년까지 출시한 '디캔터 시리즈'.

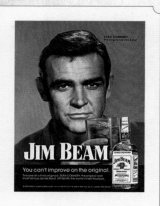
007 시리즈 1대 제임스 본드
(숀 코너리Sean Connery)는
한때 짐 빔 광고 모델이었다.

는 고리타분한 술'로 인식하고 쳐다보지도 않았다. 그들은 '늙다리 아저씨들이 마시는' 버번 대신 보드카를 즐겨 마셨다. 이렇게 된 데는 문화적인 영향도 컸다. 대표적인 게 영화 007 시리즈다. 1962년부터 시작해 1970, 80년대 최고 인기였던 이 영화에서 주인공 제임스 본드는 이렇게 말했다.

"보드카 마티니, 젓지 말고 흔들어서Shaken, not stirred."

1970, 80년대 미국인들은 당대 최고 인기 스타가 마시는 보드카를 쿨cool하고 힙hip한 술로 받아들였다.

보드카의 인기가 급상승하는 동안, 버번은 끝없이 추락했다. 버번을 찾는 사람이 없다보니 재고가 쌓였고, 가격은 폭락했다. 숙성을 안 하기 때문에 가격이 쌀 수밖에 없는 보드카가 평균 3.6달러에 팔리던 시절이었다. 하지만 10년을 숙성한 버번은 3.3달러에 내놔도 안 팔렸다. 이런 통계도 있다. 1967년 192만 배럴이던 버번 생산량은 7년 뒤인 1974년 74만 배럴까지 뚝 떨어졌다. 그뒤로도 추락을 거듭해 1987년에는 켄터키의 모든 증류소에서 1년 동안 생산한 버번이 고작 28만 9000배럴에 불과했다. 20년 만에 생산량이 6분 1 이하로 급감한 셈이다.

가히 '버번의 암흑기'라고 부를 만했다. 끝 모를 불황은 20년간 이어졌다. 빙하기 때 멸종한 공룡처럼 버번이 자취를 감출지도 모른다는 위기감도 팽배했다. 이대로 눈뜨고 죽을 수 없다고 생각한 버번 업체들은 살아남으려고 발버둥을 쳤다. 당시 버번 업계가 취한 생존 전략은 크게 두 가지 방향이었다. 그중 하나는 이른바 '보드카 흉내내기'. 무색무취한 느낌의 보드카가 잘 팔리니, 그걸 그대로 따라 해보려는 시도였다. 버번 회사들은 보드카를 즐겨 찾는 젊은이들의 입맛을 고려해 풍미가 가벼운, 라이트 위스키light whiskey를 만들기 시작했다.

버번 전문 서적 『버번』에 따르면, '보드카 흉내내기'의 가장 극단적인 사례는 브라운포맨이 1960년대 말에 출시한 프로스트Frost 8/80이다. 프로스트 버번은 전 세계 위스키 역사에서 전무후무한, '최악의 돌연변이'로 악명이 높다. 대체 어떤 위스키였기에 이런 평가가 나왔을까?

프로스트 8/80은 '색깔이 없는 버번 위스키'였다. 펜실베이니아에서 증류해 8년간 숙성한 멀쩡한 버번 위스키를 가져다가 여과 처리를 해서 색깔을 없애버렸다. 색이 없으니 겉보기엔 보드카와 다를 바가 없었다. 브라운포맨은 이 희한한 위스키를 내놓으면서 초기 광고비로만 400만 달러를 썼다. "버번으로 마티니도 만들고 블러디 메리도 만들 수 있다"며 대대적으로 홍보했다. 정식 시장 출시 전에 자사 고객을 상대로 시제품을 돌려 긍정적인 반응까지 확인했기에 큰 기대를 갖고 마케팅에 집중했다.

그럼 결과는 어땠을까? 여러분이 짐작한 그대로다. 그냥 망한 게 아니라, 요즘 말로 '폭망'했다. 분명히 버번이라는데, 도무지 버번 같지 않은 이상한 위스키. 죽도 밥도 아닌 프로스트 버번 위스키는 시장에서 완전히 외면당했다. 이런 일이 있고 나서 지금까지도 브라운포맨 직원들 사이에선 '서리frost'라는 단어가 금기어가 됐다. 하긴 이런 발상이 얼마나 어리석은지는 조금만 생각해보면 알 수 있다. 보드카 풍미가 좋은 사람이라면 그냥 보드카를 사지, 뭐하러 색깔을 뺀 '유사'

보드카를 사겠는가? 하지만 당시 버번 업체들은 이런 생각을 할 겨를
도 없었다. 여러 기업들이 다급한 마음에 '보드카 흉내내기'를 계속했
고, 그 결과 그들은 더 빨리 망해갔다.

'보드카 흉내내기'와 정반대로 움직인 곳도 있다. '보드카는 보드카
고, 버번은 버번이다'라는 원칙을 지킨 기업이다. 이들은 버번의 진한
풍미를 유지하면서 한눈팔지 않고 품질 향상과 마케팅에 매진했다.
이처럼 버번의 자존심을 지키며 꿋꿋하게 암흑기를 버텨낸 대표적인
곳이 바로 짐 빔이다. 지금 전시실에 놓인 저 아름다운 디캔터 시리즈
제품은 짐 빔이 생존을 위해 얼마나 처절하게 노력했는지를 보여주는
상징이다. 이런 노력에 대해 저명한 버번 전문가 프레드 미닉은 "다른
회사들이 보드카와의 경쟁에만 신경쓸 때, 짐 빔은 버번 자체에 집중
했다"고 평가했다.

다 죽어가던 버번을 되살리다

고사 직전까지 간 버번 위스키가 기적적으로 살아난 건 고급화 전략
덕분이다. 사실 버번은 스카치에 비해 맛이 거칠고 싸구려라는 인식
이 강했다. 하지만 버번 불황이 절정으로 치닫던 1980년대 중반부터
켄터키 버번 업계는 혁신적인 변화를 꾀했다. 스코틀랜드 싱글 몰트
에 대적할 만한 고품질 프리미엄 위스키를 잇달아 내놓은 것이다.

당시 버번 위스키 고급화 시도는 크게 두 가지 방향으로 전개됐다.
하나는 싱글 배럴이고, 나머지 하나는 스몰 배치다. 이 두 가지가 어떻
게 탄생했는지를 알려면 먼저 오크통마다 위스키 맛이 다 제각각이라
는 걸 이해해야 한다. 앞서 「메이커스 마크」 편에서도 설명했듯이 위

스키는 오크통 종류나 저장 위치 등 여러 조건에 따라 천차만별로 맛이 달라진다. 그래서 증류소에서는 일반적으로 여러 오크통에 담긴 위스키를 죄다 꺼낸 뒤 섞는 방식으로 비교적 균일한 풍미를 잡아낸다. 얼마나 많은 오크통의 위스키를 섞느냐 하면, 버번의 경우엔 최소 수백 개이고 대형 증류소 베스트셀러 브랜드는 1000개를 넘어간다.

오크통에서 위스키를 꺼내 섞으려다보면, 유난히 위스키가 맛있게 숙성된 오크통이 눈에 띄기 마련이다. 이런 특별한 오크통을 버번 업계에선 꿀 배럴honey barrel이나 설탕 배럴sugar barrel, 혹은 달콤한 배럴sweet barrel이라고 부른다. 이렇게 '꿀맛이 나는' 위스키는 다른 것과 마구 섞어버리기에 아깝다. 섞어버리면 그저 그런 평범한 위스키가 될 뿐이다. 이 때문에 버번 업계에선 1980년대부터 숙성이 잘된 오크통(꿀 배럴)만을 따로 선별해 제품화하기 시작했다. 그중 하나인 싱글 배럴은 단 한 개single의 '꿀 배럴'에 담긴 위스키를 판매하는 걸 말한다. 반면 스몰 배치는 잘 숙성된 '꿀 배럴' 여러 개를 섞어서 내놓는 제품을 뜻한다. 오크통 몇 개까지 섞는 걸 스몰 배치로 볼 수 있는지는 명확한 기준이 없다. 증류소 생산 규모에 따라 몇 개가 될 수도 있고, 수십 개 혹은 그 이상이 될 수도 있다.

스몰 배치의 효시 '부커스'

버번 고급화 전략 가운데 하나인 스몰 배치를 탄생시킨 곳이 짐 빔이다. 짐 빔의 부커스는 소수의 오크통 위스키를 선별해 섞은 스몰 배치 버번의 효시로 평가받는다. 이름에서 알 수 있듯이, 부커스는 빔 가문 6대손으로 1992년까지 40년간 증류소 운영을 책임진 부커 노가 만든

역작이다. 1987년에 출시된 부커스는 '최초의 스몰 배치 버번'이라는 영광을 얻은 것은 물론 프리미엄 버번 시장을 개척했다는 찬사도 함께 받는다. 부커스가 이른바 '하이엔드 버번'으로 불리는 초고가 버번의 표준이 된 것이다.

지금도 미국 버번 업계에서는 다음의 세 가지를 '하이엔드 버번'의 조건으로 언급한다.

1) 더 높은 도수Higher Proof
2) 더 오랜 숙성More Mature
3) 더 비싼 가격More Expensive

이런 기준을 제시한 게 부커스다. 부커스는 오크통에서 위스키를 빼낸 뒤 물을 전혀 타지 않기에uncut 당연히 도수가 높다. 또 숙성 기간도 일반적인 버번보다 훨씬 길다. 부커스가 출시될 당시, 다른 버번 위스키는 보통 2~3년, 길어야 4년 정도 숙성했다. 하지만 부커스는 최소 6년에서 8년을 숙성했다. 물을 타지 않고 숙성도 오래 했으니, 가격이 비싼 건 너무도 당연했다.

최초의 스몰 배치 버번으로 평가받는 부커스.

1980년대 중후반에만 해도 버번은 스카치에 비해 매우 싼 위스키였다. 소매가 기준으로 한 병에 50달러를 넘는 게 하나도 없었다. 버번 업계에서는 소비자들의 심리적 가격 저항선을 50달러 정도로 봤다. 이보다 더 비싸면 안 팔릴 거라고 생각했다. 그런데 부커스가 이걸 깨뜨렸다. 품질만 뛰어나면 비싸도

잘 팔린다는 걸 입증해냈다. 부커스의 성공 사례를 확인하고 나서야
다른 회사들도 앞다퉈 프리미엄 위스키 개발에 나섰다.

버번 업계의 록 스타

부커스를 탄생시킨 부커 노는 '버번 업계 최초의 록스타'로 불린다. 그
는 과감하고 화끈한 성격에다 언변까지 뛰어났다. 거침없는 말과 행
동으로 늘 대중의 시선을 사로잡았다. 누군가는 "짐 빔 위스키 인기
비결의 절반이 부커 노라는 인물"이라고 말할 정도였다. 부커 노의 성
격을 보여주는 일화가 있다. 미디어 행사 때 기자가 짐 빔 증류소 직원
에게 곡물 배합 비율(매시빌)을 물었다. 직원은 회사 방침에 따라 "비
밀"이라고 정중하게 답했다. 그러자 부커 노가 기자에게 성큼성큼 다
가가더니, 귀에 입을 대고 매시빌을 줄줄 말해줬다.

  어릴 때부터 아버지 어깨너머로 일을 배운 부커 노는 켄터키 대학
에 다니던 1950년에 정식으로 증류소에 합류했다. 이후 40년 넘게 마
스터 디스틸러로 증류소 운영을 책임
지다가 1992년에 은퇴했다. 현직에서
물러난 뒤에도 그는 짐 빔 홍보대사
를 맡아 종횡무진 활약했다.

  스몰 배치의 선구자. 짐 빔을 일으
켜세우고, 더 나아가 버번을 되살린
부커 노. 그가 2004년 세상을 떠나
자, 미국 위스키 업계 전체가 슬픔에
빠졌다. 〈뉴욕 타임스〉를 비롯한 주

부커스를 개발한 짐 빔 가문 6대손 부커 노.

요 언론은 그의 업적을 기리는 기사를 냈다. 〈뉴욕 타임스〉가 켄터키 버번 업계 관계자의 부고 기사를 쓴 건 1965년 전설적인 위스키 장인 패피 밴 윙클이 사망한 이후 처음이었다.

부커 노는 버번 역사에 길이 이름이 남을 거목이었다. 그의 뒤를 이어 증류소 운영을 맡은 아들 프레드는 인터뷰에서 아버지를 이렇게 평가했다.

"마스터 디스틸러는 예술가이면서 동시에 과학자여야 한다. 그런 점에서 내 아버지 부커 노는 최고였다."

자판기 위스키 테이스팅

증류소 투어의 하이라이트는 시음(테이스팅)이다. 시음 없는 증류소 투어는 '앙꼬 없는 찐빵'이요, '김 빠진 콜라'나 마찬가지다. 한 시간 넘게 위스키 얘길 해놓고 맛볼 기회를 안 준다면 어떡하겠는가? 그런 투어에는 아무도 가지 않을 것이다.

시설 견학을 마치고 테이스팅 룸으로 이동했다. 그런데 여기는 좀 특별하다. 보통 다른 증류소 테이스팅 룸에 들어가면 자리에 위스키와 잔이 깔려 있다. 하지만 짐 빔 테이스팅 룸엔 의자도 없고 잔도 없다. 이런 데서 어떻게 시음을 하지? 트래비스는 위스키 브랜드 설명을 마친 뒤 플라스틱 카드 한 장씩을 나눠주며 사용법을 알려줬다. 카드 하나로 자판기처럼 생긴 기계에서 위스키 석 잔을 뽑아서 마실 수 있는데, 어떤 걸 마실지는 알아서 고르라고 설명했다. 트래비스가 가르쳐준 대로 플라스틱 카드를 기계에 넣고 위스키를 고른 뒤 버튼을 눌

짐 빔 테이스팅 룸에 설치된 위스키 시음 기계.

렀다. 그러자 신기하게도 자판기에서 커피가 나오듯이 위스키가 잔에 또르륵 떨어진다.

테이스팅 룸에는 이런 기계가 여러 대 있다. 기계마다 모두 네 가지 위스키를 넣어놓고 고를 수 있도록 해놨다. 일반적인 짐 빔 위스키(화이트 라벨, 블랙 라벨)는 찾아볼 수 없고, 대부분 스몰 배치 위스키였다. 아무래도 화이트 라벨 등은 평소에 자주 접할 수 있어서, 일부러 스몰 배치만 갖다놓은 것 같다.

우선 가장 도수가 낮은 베이즐 헤이든Basil Hayden's부터 시음했다. 이 녀석은 향이 조금 가벼운 편이다. 바닐라와 캐러멜 향이 코끝을 살짝 스쳐가는 정도다. 도수가 40도로 그리 높지 않아서인지 입안에서도 화끈거리지는 않는다. 다만 호밀 비중이 높은 위스키라서 알싸한 느낌이 남는다.

다음으로 53.5도인 베이커스Baker's. 바닐라와 코코아 향이 어우러

짐 빔 스몰 배치 라인업. 왼쪽에서 오른쪽으로
부커스, 베이커스, 베이즐 헤이든, 놉 크릭 버번, 놉 크릭 라이.

져 후각을 즐겁게 한다. 입안에서의 느낌도 부드럽다. 초콜릿과 캐러
멜 향이 느껴지고 알싸한 호밀맛도 보다 선명하다. 초콜릿을 안주 삼
아 먹는다면 좋을 것 같다는 생각이 들었다.

이어서 마신 부커스는 명불허전이다. 바닐라와 크림 향이 코를 휘
돌아 감싼다. 한 모금 입에 넣었더니, 기가 막히다. 내가 평소 말하는
식으로 하면 '쩐다, 쩔어'이다. 좀 예의를 갖춰서 표현하면 '입안에서
느껴지는 타격감이 묵직하고 화끈하다'. 바닐라나 헤이즐넛 느낌도
좀 난다. 여운 역시 길게 이어진다.

당신에게 짐 빔이란?

시음을 마친 뒤 트래비스와 잠깐 얘기를 나눴다. 어쩌다 한국에 들렀

는지, 또 여기서 지내는 건 어떤지 등등 시시콜콜한 대화였다. 그러다 문득 이런 궁금증이 생겼다. 트래비스 같은 켄터키 토박이들은 짐 빔을 어떻게 생각할까? 세계에서 가장 유명한 버번 브랜드인 짐 빔이 이들에겐 어떤 존재일까? 질문을 받고 트래비스는 잠깐 생각을 하더니, 한마디로 이렇게 말했다.

"집."

"왜 집이냐"고 다시 물었다. 트래비스는 "세상 어디를 가도 짐 빔이 있고, 누구나 짐 빔을 마시면 켄터키를 떠올리기 때문"이라고 답했다. 그러면서 "짐 빔은 나에게 집이나 마찬가지"라고 다시 한번 강조했다. 우문현답에 고개를 끄덕거리며 재기발랄한 켄터키 청년 트래비스와 작별을 했다.

늦가을 증류소 풍경

트래비스와 헤어지고 증류소 건물 밖으로 나왔다. 또 한번 탄성이 터진다. 증류소 풍경이 그야말로 예술이다. 게다가 날씨는 어찌 그리 화창한지. 이런 배경이라면 카메라를 어디에 갖다대도 작품 사진이 나온다. 빔 가문의 위스키 장인이 대대로 살았다는 하얀색 이층집. 'Stay on The Beam'이라고 적힌 말 조각상. 특제 스테이크를 판다는 빨간 목조 건물 레스토랑과 의자에 앉아 편하게 쉬고 있는 부커 노의 동상까지, 증류소에 있는 모든 것들이 켄터키의 가을 하늘 아래에 눈부시게 빛나고 있었다.

짐 빔 가문의 위스키 장인이 살았던 빔 하우스는 미국 국립사적지로 지정됐다.
짐 빔 증류소 앞마당.

빔 하우스 앞에 있는 부커 노동상.

BEAM HOUSE

특제 스테이크를 판매하는 프레드 스모크하우스.

후기

2019년 초여름에 충격적인 소식이 전해졌다. 짐 빔 숙성고에 불이 나 엄청난 양의 위스키가 타버렸다는 뉴스였다. 보도에 따르면, 화재가 발생한 건 현지 시간으로 7월 2일 오후. 갑작스러운 낙뢰로 숙성고에 불이 붙었다. 불길이 숙성고 전체로 번지면서 위스키가 불에 타거나 근처 강으로 흘러들었다. 이렇게 사라진 위스키가 대략 4만 5000갤런. 위스키 675만 병을 만들 수 있는 양이었다. 미국 언론이 추산한 피해 규모는 약 5000만 달러(약 586억 원)에 달했다. 소방당국은 위스키가 강으로 흘러들어가는 것을 최소화하려고 가급적 위스키가 불에 타서 사라지도록 조치했다. 그렇게 했는데도 하천으로 유입된 위스키가 30마일(48킬로미터) 이상 흘러갔다. 짐 빔은 사고 직후 성명을 내고 "각별하게 신경을 썼으나 예측하지 못한 낙뢰로 화재가 발생했다"면서 "다행히 인명 피해가 없도록 신속하게 대응해준 소방 당국에 고마움을 전하며 원인을 규명해서 재발하지 않도록 노력하겠다"고 밝혔다. 또한 "자사의 숙성 위스키 재고의 약 1퍼센트 정도가 화재로 사라졌다"면서 "소실된 위스키는 숙성 연수가 낮아서 전체적인 제품 공급에 큰 차질은 없다"고 전했다.

투어 정보

American Stillhouse
568 Happy Hollow Rd, Clermont, KY 40110

대표 투어 프로그램: Tour & Tasting
월~토: 9:30, 10:30, 1:30, 2:30, 3:30
일: 오후 12시 30분~3시 (30분 간격으로 투어)
소요 시간: 1시간 30분
요금: 14$ (성인)
투어 예약:www.jimbeam.com/visit-us/american-stillhouse

KENTUCKY BOURBON TRAIL

켄터키 버번 증류소 투어

버번 위스키가 붐을 일으키면서 켄터키 증류소를 찾아오는 관광객도 폭발적으로 늘고 있다. 켄터키 증류소 연합회KDA, Kentucky Distillers' Association 자료에 따르면 지난 2018년 한 해에만 140만 명이 켄터키에 있는 버번 증류소를 방문했다. 꼭 이런 딱딱한 수치가 아니더라도, '버번 관광'이 얼마나 인기 있는지는 증류소를 돌아다녀보면 금방 알게 된다. 어찌나 관광객이 많은지, 평일인데도 투어 프로그램이 전부 매진인 경우가 흔하다.

독자 여러분도 혹시 켄터키 증류소 투어를 계획하고 있는가? 그렇다면 1999년부터 시작된 '켄터키 버번 트레일Kentucky Bourbon Trail' 프로그램을 알아둘 필요가 있다. 켄터키 증류소 연합회가 주관하는 이 프로그램은 버번 관광객에게 여러모로 도움이 된다. 특히 여행 계획을 짜는 단계에서는 버번 트레일 공식 홈페이지 kybourbontrail.com를 꼭 확인해봐야 한다. 증류소에 어떤 시설이 있고, 어떤 걸 눈여겨봐야 하는지를 비롯해 증류소끼리의 거리와 예상 소요 시간 등 유용한 정보가 가이드북처럼 잘 정리돼 있다.

켄터키 루이빌에서 여행을 시작하는 분이라면, 중심가에 있는 프레이저 역사 박물관Frazier History Museum에 들러보길 바란다. 박물관 1층에 있는 버번 트레일 웰컴 센터welcome center for the Bourbon Trail에 가면 증류소 투어 여권을 준다. 이 여권을 들고 다니며 증류소에 방문할 때마다 도장 하나씩을 받아서 다 채우면 선물이 기다리고 있다. 기념품으로 위스키 테이스팅 잔을 받고, 기념 티셔츠도 할인된 가격에 구입할 수 있다. 만약 루이빌이 아닌 다른 지역(바즈타운, 프랭크포트)에서 출발한다면 굳이 루이빌까지 올 필요 없다. 맨 먼저 찾아가는 증류소에서 버번 트레일 여

권을 달라고 하면 된다. 아니면 아예 여행을 떠나기 전에 버번 트레일 홈페이지에서 여권을 내려받을 수도 있다.

버번 트레일 프로그램이 인기를 끌면서 KDA는 2012년부터 크라프트 증류소 투어 프로그램도 함께 운영하고 있다. 참고로 버번 트레일에서 제공하는 켄터키 지도에는 증류소 주소와 연락처, 증류소 거리 등이 일목요연하게 나와 있다. 여행객에겐 이 지도만큼 소중한 게 없다. 반드시 챙겨서 다니길 바란다.

켄터키 버번 트레일에 참여하는 증류소와 시설 명단. (2019년 12월 기준)

❶ 루이빌 인근

엔젤스 엔비 증류소Angel's Envy Distillery

에반 윌리엄스 체험관Evan Williams Bourbon Experience

불렛 증류소Bulleit Distilling Co. (셸비빌Shelbyville)

불렛 체험관Bulleit Frontier Experience at the Stitzel-Weller Distillery

짐 빔 어번 스틸 하우스Jim Beam Urban Stillhouse

믹터스 증류소Michter's Fort Nelson Distillery

올드 포레스터 증류소Old Forester Distilling Co.

래빗 홀 증류소Rabbit Hole Distillery

❷ 바즈타운 인근

바즈타운 버번 컴퍼니Bardstown Bourbon Company

헤븐힐Heaven Hill Visitor Center

럭스 로 증류소Lux Row Distillers

짐 빔 증류소Jim Beam American Stillhouse (클러몬트Clermont)

메이커스 마크 증류소Maker's Mark Distillery (로레토Loretto)

❸ 프랭크포트 인근 및 기타

포 로지스 증류소Four Roses Distillery (로렌스버그Lawrenceburg)

와일드 터키 증류소Wild Turkey Distillery (로렌스버그)

우드포드 리저브 증류소Woodford Reserve Distillery (베르사유Versailles)

타운 브랜치 증류소Town Branch Distillery (렉싱턴Lexington)

오지 타일러 증류소O.Z. Tyler Distillery (오언즈버러Owensboro)

NUMBERS

숫자로 알아본 켄터키 버번 산업

(자료: 켄터키 증류소 연합회 KDA)

2018년을 기준으로
켄터키에는 증류소가 68군데 있다.
켄터키 증류소는 지난 10년 사이 2.5배 증가했다.

전 세계에서 유통되는 버번 위스키의
95퍼센트가 켄터키에서 생산된다.

95

115

켄터키 버번 생산량은 최근 5년 사이(2013~2018)
115퍼센트 증가했다.

켄터키 버번 산업은
일자리 2만 100개를
창출했다.

20100

340000

2018년 한 해 동안 켄터키 크래프트 증류소를
찾은 관광객은 34만 명이다.

2018년 한 해 동안
켄터키 증류소(크래프트 포함)를
찾은 관광객은 140만 명이다.

1700000

2018년 켄터키 버번 증류소에서는 총 170만 배럴의 버번 위스키를 생산했다.
이는 1972년 이후 가장 많은 양이다.

7500000

2018년을 기준으로 켄터키에는 750만 배럴의 위스키가 숙성되고 있다.
위스키 재고량은 40년 만에 최고를 기록했다.

켄터키에서는 2017년 한 해 동안 4억 5000만 달러(약 5280억 원)어치 위스키를
전 세계에 수출했다. 켄터키 위스키 해외 수출액은 20년 전에 비해 3배 증가했다.

2300000000

켄터키에서는 2022년까지 23억 달러(약 2조 7000억 원)가 넘는 돈을
버번 위스키 산업에 투자할 예정이다.

바즈타운
버번
컴퍼니

KENTUCKY STRAIGHT
BOURBON WHISKEY

증류소에서 운영하는 레스토랑

'운칠기삼運七技三'이라는 말이 있다. 세상일은 운이 70퍼센트, 노력이 30퍼센트라는 뜻이다. 이 말처럼 아무리 노력해도 운이 따르지 않아 실패하는 경우가 있다. 반대로 별로 크게 애쓰지 않았는데도 술술 잘 풀리는 일도 있다. 이 이야기를 왜 하는가 싶을 것이다. 켄터키 바즈타운 외곽에 있는 바즈타운 버번 컴퍼니Bardstown Bourbon Company 얘기를 하기 위해서다. 아무리 생각해봐도 여기를 찾아가게 된 것 자체가 운이었다.

여행중에는 선택의 갈림길에 설 때가 많다. 이 증류소를 찾아간 날도 그랬다. 그날 다른 취재 일정이 늘어지면서, 하루종일 거의 아무것도 먹지 못했다. 아침에 빵 한 조각 욱여넣은 뒤로 계속 여기저기 들러

바즈타운 버번 컴퍼니 증류소.

바즈타운 버번 컴퍼니 증류소에 있는 고급 레스토랑.

취재하느라 요기를 할 틈이 없었다. 며칠째 이어진 한파에 시달리느라 몸 상태도 좋지 않았다. 취재를 끝내자마자 식당에서 밥 먹고 일찍 숙소로 들어갈 참이었다. 그런데 식당을 검색하다가 고민이 생겼다. 바즈타운 외곽에 버번 위스키 증류소에서 운영하는 레스토랑이 있다는 걸 알게 됐기 때문이다. 방문객들이 남긴 후기나 평점을 보니, 범상치 않은 곳이라는 게 느껴졌다. '증류소에서 운영하는 레스토랑이라면 대체 어떤 곳일까' 고민을 하다가 '일단 가보자' 싶어 그쪽으로 방향을 틀었다.

행운의 시작

증류소에서 운영하는 레스토랑은 바즈타운 중심가에서 차로 10분 정도 떨어져 있었다. 사방이 투명 유리로 돼 있어서 멀리서도 금방 눈에 띄었다. 엄청나게 큰 건물 하나를 증류소와 레스토랑이 나눠 쓰고 있었다. 주차장에 차를 세우고 일단 왼편에 있는 증류소부터 살펴봤다. 거대한 연속식 증류기 한 쌍이 투명 유리를 통해 보인다. '증류소의 심장'이나 마찬가지인 증류기를 누구든 볼 수 있도록 노출해놓은 게 인상적이었다.

크고 멋진 증류기를 구경하다가 증류소 옆 레스토랑으로 들어갔다. 또 한번 놀랐다. 밖에서 본 것보다 훨씬 멋졌다. 뉴욕이나 시카고 같은 대도시 레스토랑에 온 것 같은 착각

유리창을 통해 밖에서도 볼 수 있는 연속식 증류기.

이 들 정도였다. 층고가 높아서 개방감도 훌륭했다. 은은한 조명에 재즈 선율까지 더해져 고급스러운 분위기를 연출했다. 한쪽에는 칵테일 바도 있었다. 고색창연한 바즈타운에 이렇게 모던한 레스토랑과 바가 있을 줄이야. 내부 모습만 본다면 그 누구도 여기가 바즈타운이라는 걸 알아채지 못할 게 틀림없다.

'이렇게 멋진 레스토랑을 운영하는 증류소는 어떤 곳일까?' 궁금증이 안 생길 수가 없었다. 사전에 약속을 하고 찾아온 것은 아니지만, 어떻게든 취재를 해보고 싶었다. 직원에게 사정을 얘기했다. 잠시 뒤 대니얼이라는 이름의 매니저가 나타났다. 대니얼은 "버번 위스키 책을 쓰기 위해 켄터키를 돌아다니고 있다"는 말을 듣더니, 흔쾌히 증류소 취재를 허락했다. 돌이켜보니, 그날 그곳에서 친절하고 유쾌한 대니얼을 만난 게 진짜 행운이었다.

전망 좋은 증류실

바즈타운 버번 컴퍼니 증류소는 지난 2016년에 문을 열었다. 레스토랑과 바는 2018년 6월에 영업을 시작했다. 레스토랑과 바를 포함해 증류소 전체 부지는 40만 제곱미터(약 100에이커). 부지 규모만 따지면 켄터키에서 여섯번째다. 증류소 문을 연 지 얼마 안 되어, 내가 방문했을 때는 아직 자체 생산한 위스키를 시장에 내놓지 못하고 있었다. 증류소 운영을 시작한 뒤부터 발효와 증류를 계속하고 있지만, 숙성에 시간이 걸리기 때문이다. 방문객을 위한 공식 투어 프로그램도 아직 준비중이었다. 매니저 대니얼은 "지금은 모든 게 진행중"이라면서 "6개월 정도 지나서 다시 찾아오면 깜짝 놀랄 것"이라고 말했다.

증류실에 설치된 발효조.

바즈타운 버번 컴퍼니 연속식 증류기.

그는 "2019년이 되면 증류소 투어도 시작하고, 동시에 2년간 숙성한 위스키를 시장에 처음으로 선보일 수 있을 것"이라고 덧붙였다.

공식 프로그램이 없다보니 증류소 투어는 제한적이었다. 그래도 작업에 방해가 되지 않는 선에서 최대한 많이 둘러봤다. 일단 발효와 증류 과정을 살펴보기 위해 증류소 2층에 있는 증류실부터 갔다. 건물 전체가 투명 유리로 돼 있다보니 증류실도 경치가 좋았다. 통유리 너머로 수확이 끝난 농경지가 시원스럽게 내려다보였다. 이렇게 채광이 좋고 내부가 밝은 증류소는 처음이다. 대다수 증류소가 건물 안으로 들어가면 빛도 제대로 들어오지 않고 하늘 한번 쳐다보기 힘든데 말이다. 참 여러모로 독특한 증류소다.

증류실에서는 곡물 발효 향이 코를 찔렀다. 구수하기도 하면서 조금은 비릿한 향이다. 여기는 다른 곳에 비해 향이 좀더 진했다. 발효조를 봤더니, 거품이 한창 부글부글 끓고 있었다. 이런 거품이라면 발효를 시작한 지 아직 몇 시간밖에 안 된 것이다. 저렇게 끓다가 이틀 정도 지나면 거품은 가라앉고 대신 빨간 옥수수기름이 떠오르며 안정기로 접어든다. 활발하게 발효가 진행되는 발효조 옆에서는 투명 유리창을 통해 밖에서 본 거대한 연속식 증류기도 힘차게 돌아가고 있었다.

40가지 매시빌

증류실 견학을 마친 뒤, 직원들의 양해를 얻어 실험실에도 들렀다. 발효와 증류 공정에서 뽑아낸 샘플을 분석해 신제품을 개발하는 곳이다. 여기서 들은 얘기 중에 가장 놀라운 건 지금 이 증류소에서 실험중인 위스키 매시빌이 무려 40개에 달한다는 점이었다. 곡물 배합 비율

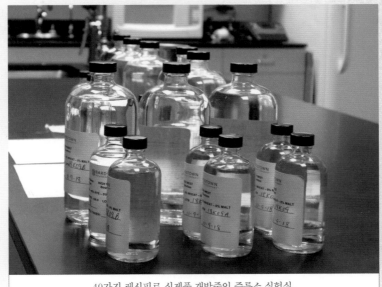
40가지 레시피로 신제품 개발중인 증류소 실험실.

이 각각 다른 40가지 레시피로 위스키를 만들어 맛과 향을 비교해보고 있다는 설명이었다. 이런 다각도의 실험이 어떤 결과로 이어질지 궁금해졌다. 향후 제품 출시 계획도 들었다. 일단 2019년에는 이 증류소에서 생산한 2년 숙성 위스키에 다른 켄터키 증류소 위스키를 섞어서 만든 제품을 출시할 계획이라고 했다. 또 2020년에는 100퍼센트 자체 제조한 4년 숙성 위스키를 시장에 내놓을 거라고 했다.

증류소의 보물창고

바즈타운 버번 컴퍼니는 다른 증류소와 확실히 차별화된 곳이다. 증류소와 레스토랑을 한 공간에서 운영하는 것부터가 그렇다. 제조 설비나 작업 환경도 독특했다. 생산 설비 규모로는 덩치 큰 메이저 증류소와 맞먹을 정도다. 하지만 모든 가능성을 열어두고 다양한 실험을 계속하고 있다는 점에서는 크래프트 증류소와 비슷하다.

이런 특이한 증류소를 구경할 수 있게 된 것만으로도 뜻깊은 일이었다. 아직 공식 투어 프로그램도 없는데 증류실을 공개해준 대니얼에게 너무도 고마웠다. 그런데 행운은 여기서 끝이 아니었다. 증류실을 나와 다시 레스토랑으로 가는 동안 대니얼은 "보물창고가 하나 있는데, 원한다면 그것도 보여주겠다"고 말했다. '아니, 보물창고라니!' 설립한 지 2년밖에 안 된 신생 증류소에 무슨 보물이 있다는 말인지 궁금했다. 나는 "당연히 보고 싶다"고 말했다. 대니얼은 씩 웃으며 "이쪽으로 따라오라"고 손짓했다.

위스키 한 잔에 118만 원

대니얼이 안내한 곳은 언뜻 보기엔 주류 도매상 창고 같았다. 문을 열고 들어가니 버번 위스키가 가득했다. 시장에 출시된 각종 위스키를 증류소별로 분류해 보관하고 있었다. 짐 빔이나 메이커스 마크 같은 대형 증류소부터 이름이 생소한 크래프트 증류소 제품까지 다양했다. 여기저기 둘러보던 나에게 대니얼은 선반에 있던 위스키 하나를 꺼내서 보여줬다. 한눈에 봐도 범상치 않았다. 어디서 이런 골동품을 찾아냈나 싶을 정도로 오래된 위스키였다. 라벨 여기저기가 찢기고 색도 바랬다. 병 안에는 위스키가 대략 4분의 1 정도 남아 있었다. 위스키 빛깔은 마치 라거 맥주처럼 엷었다.

"이게 어떤 위스키냐?"고 물었다. 대니얼은 씩 웃으며 "오래되고 비싼 버번"이라고 답했다. 대니얼의 설명에 따르면, 이 위스키는 시더 브룩Cedar Brook이란 증류소에서 1892년에 출시한 제품이다. 1892년이면 금주법이 시행되기 28년 전이다. 또 뉴욕 월도프 아스토리아Waldorf Astoria 호텔에서 롭 로이Rob Roy 칵테일을 개발하기 2년 전이다. 이 정도 오래됐으니 값어치가 대단한 건 당연하다. 대니얼은 "레스토랑이나 바에 온 손님에게 판매하려고 개인 소장자에게서 구입한 것"이라며 "이 위스키 한 잔 가격이 1000달러(약 118만 원) 정도 한다"라고 말했다.

1892년 출시된 시더 브룩 버번 위스키.

126년 전에 만든 버번 위스키는 어떤 맛일지 궁금했지만 한 잔에 100만 원이 넘는다는 소리를 듣고 조용히 입을 다물었다. 나중에 숙소로 돌아와 시더 브룩이 어떤 증류소였는지 검색해봤다. 훗날 켄터키 상원의원이 되는 윌리엄 해리슨 맥브레이어라는 사람이 1844년에 설립한 증류소였다. 맥브레이어가 사망한 뒤엔 자손들이 운영을 하다가 1899년에 매각했고, 금주법 시행 전까지 위스키 생산을 계속했다고 기록에 남아 있다. 시더 브룩 위스키는 종종 경매 사이트에도 올라온다. 마시다 남은 중고 위스키 한 병이 최소 1000만 원에서 2000만 원을 호가한다.

1909년에 출시된 오버홀트 라이 위스키.

대니얼이 시더 브룩에 이어 꺼낸 위스키는 1909년에 나온 오버홀트Overholt 증류소의 라이 위스키였다. 아까 본 시더 브룩은 라벨 상태가 좋지 않았는데, 이건 라벨 끝부분만 조금 찢어졌을 뿐 잘 보존돼 있었다. 대니얼은 "개인 소장자에게서 구매한 시더 브룩과 달리, 오버홀트 위스키는 크리스티 경매에서 사들였다"고 했다. 100년 넘은 라이 위스키 가격은 얼마일까? 궁금해서 가격을 물었더니, "이건 그래도 시장에 매물이 남아 있어서 싼 편"이라며 "이미 개봉한 중고 위스키 한 병을 1만 달러(약 1180만 원)에 구입했다"고 말했다.

오버홀트는 '미국 라이 위스키의 전설'로 통한다. 1800년 독일에서 미국 펜실베이니아로 건너온 헨리 오버홀처가 옥수수와 호밀로 증류를 시작한 게 출발이었다. 이후 그의 아들인 에이브러햄 오버홀트가 증류소를 넘겨받아 1810년부터 라이 위스키를 출시했다. 오버홀트 증류소는 금주법과 2차세계대전을 겪으면서도 문을 닫지 않고 명맥을 유지했다. 그러나 1960년대 이후 불어닥친 위스키 불황으로 극심한 경영난에 시달렸고 1987년 짐 빔에 팔렸다. 지금은 산토리 산하 브랜드로 남아 있다.

개인 소장자에게 매입한 희귀 버번 위스키 'Fortuna'.

바즈타운 버번 컴퍼니가 수집한 희귀 중고 위스키.

사기를 피하는 법

세상에 나온 지 100년이 넘은 시더 브룩과 오버홀트. 이거 말고도 값비싼 희귀 위스키가 한둘이 아니었다. 워낙 오래된 게 많다보니 70, 80년 된 위스키는 명함도 못 내밀 정도였다. 대니얼은 "작년부터 수집한 희귀 위스키를 다 합치면 못해도 수백만 달러어치에 달할 것"이라고 말했다. 대부분 켄터키 지역 개인 소장자한테서 사들였지만, 때로는 경매를 통해 확보했다고 한다.

이 증류소에서 희귀 위스키를 수집하기 시작한 건 그리 오래되지 않았다. 2017년 전까지 미국에서는 증류소가 개인에게 술을 구입할 수 없도록 규제했기 때문이다. 그렇다면 희귀 중고 위스키를 수집할 때 가장 신경쓰는 건 뭘까? 바로 사기를 당하지 않는 것이라고 한다. 오래된 빈병을 구해다가 대충 아무 위스키나 넣어서 희귀 위스키로 둔갑시켜 파는 일이 종종 있기 때문이다. 이런 불안감 때문에 이 증류소에서는 버번 위스키 최고 전문가 프레드 미닉에게 컨설팅을 받고 있다. 희귀 위스키가 매물로 나올 때마다 미닉이 정품 여부와 투자 가치를 감별해준다고 했다.

Collabor&tion

증류소와 '위스키 보물창고'까지 구경한 뒤 레스토랑에 와서 느긋하게 저녁을 즐겼다. 배가 고픈 탓도 있겠지만, 하나하나가 다 맛있었다. 대단한 미식가가 아니어서 맛을 구체적으로 평가할 순 없다. 어쨌든 켄터키에 와서 먹은 음식 가운데 맛이 가장 뛰어났다. 고기에 육즙이

바즈타운 버번 컴퍼니 레스토랑에서 맛본 맨해튼 칵테일.

제대로 살아 있는 것만 봐도 '이 집 음식 잘하는구나' 싶었다. 더구나 저녁식사에 곁들인 버번 칵테일 맨해튼Manhattan은 비명이 터질 만큼 밸런스가 좋았다. 베이스로 뭘 썼는지 물어보니 이 증류소에서만 판매중인 Collabor&tion이라는 버번 위스키라고 했다. 제품 이름 중간에 'a'를 '&'로 바꾼 게 인상적이었다. 컬래버레이션collaboration, 즉 '함께했다'는 의미를 강조하기 위해 '&'를 넣은 것이었다. 이름 그대로 이 위스키는 바즈타운 버번 컴퍼니와 루이빌에 있는 브랜디 회사 코퍼 앤드 킹스Copper & Kings 그리고 켄터키에 있는 또다른 버번 위스키 제조업체까지 세 곳이 협력해서 만들었다. 원액은 켄터키 버번 증류소에서 가져와 이걸 코퍼 앤드 킹스에서 브랜디를 숙성할 때 사용한 오크통에 집어넣

협업을 통해 탄생한 Collabor&tion.

은 다음 바즈타운 버번 컴퍼니 숙성고에서 추가 숙성해 출시했다.

바즈타운 버번 컴퍼니 같은 신생 증류소가 초창기에 협업을 통해 위스키를 출시하는 데는 이유가 있다. 증류소를 가동해 원액을 생산하더라도 제품으로 내놓으려면 숙성 기간 때문에 최소 2년 이상, 일반적으로는 4년 가까이 기다려야 하기 때문이다. 이 기간 동안 초기 투자 비용을 어느 정도라도 회수하려면 다른 증류소와 협업해 재빨리 제품을 내놓는 게 최선이다.

21세기형 증류소를 꿈꾸다

식사를 마칠 무렵, 바즈타운 버번 컴퍼니 부회장 가넷 블랙Garnett Black 여사가 직접 자리로 왔다. 내가 "음식과 술이 너무도 맛있다"고 하자, 그녀는 신이 난 듯 증류소와 레스토랑에 대한 이런저런 설명을 해주었다. 정식으로 인터뷰를 하자고 했더니, 아이처럼 활짝 웃었다. 가넷 부회장은 "2006년 무렵에 남편과 함께 한국에 가서 2박 3일간 머문 적이 있다"면서 친절하게 질문에 답해주었다. 물론 이 기회에 홍보를 하려는 것일 수도 있다. 하지만 내가 느끼기엔 그보다는 오히려 멀리서 찾아온 손님에게 증류소를 자랑하고 싶어하는 마음이 더 커 보였다. 대니얼도 그렇고 가넷 부회장도 그렇고, 이 증류소 사람들은 어찌 이렇게 해맑고 순수해 보이는지 모르겠다.

바즈타운 버번 컴퍼니는 현재보다는 미래가 더 기대된다. 그들은 거대한 증류소 부지에 레스토랑과 바에 이어 호텔과 휴양 레저 시설까지 지을 계획을 세우고 있다. 품질 좋은 버번 위스키와 맛좋은 음식, 깔끔한 숙박과 다양한 여가 활동을 한곳에서 제공한다는 계획이다. 그냥 증류소가 아니라 '증류소 휴양 단지'를 만들겠다는 야심찬 포부를 갖고 있다. 만약 그렇게 된다면 우리는 완전히 새로운 형태의 '21세기형 버번 증류소'를 만나게 될 것이다.

가넷 블랙 부회장 인터뷰

이 증류소는 어떻게 설립하게 됐나요?

공동 설립자 중 한 명인 데이비드 맨덜은 보드카 회사를 경영했어요. 4년간 뉴욕에서 핑크PINK 보드카라는 브랜드로 사업을 했죠. 그러다가 회사를 매각하고 주류 브랜드 컨설팅을 했는데, 그러면서 또다른 공동 설립자 피터 로프틴을 만나게 됩니다. 두 사람은 요즘 미국에서 한창 뜨고 있는 버번 위스키 사업을 해보자고 뜻을 모았고, 이후에 제가 합류했어요. 저는 원래 데이비드 맨덜 씨와 보드카 사업을 할 때부터 함께 일했거든요. 원래 제 집은 워싱턴 D.C.인데, 이 사업 때문에 지금은 켄터키 바즈타운으로 남편과 함께 내려왔어요.

켄터키 바즈타운을 선택한 이유가 있나요?

증류소를 어디에 세울지를 놓고 고민이 컸어요. 그런데 바즈타운 행정 당국에서 "이곳에 증류소를 설립하면 여러 가지 인센티브를 주겠다"고 제안했어요. 각종 세금 감면 혜택을 포함해서요. 여기 와보니까 생각했던 것보다 훨씬 더 시골이더군요. 우리가 여기에 증류소를 세웠다는 걸 알리는 일부터 해야겠다고 생각했죠. 그래서 건물도 일부러 투명 유리로 지었어요. 밖에서도 훤히 볼 수 있도록 말이죠. 이 증류소 자체를 바즈타운의 '명소'로 만들자는 목표를 세운 거죠.

레스토랑을 함께 하는 이유가 있나요?

2016년에 증류소를 열었는데, 아시다시피 버번은 숙성 기간이 길어서 제품이 나오려면 최소 몇 년은 기다려야 했죠. 그때까지 마냥 기다릴 수는 없다고 생각했어요. 일단 우리 증류소를 알리는 방법으로 음식을 택했어요. 맛있는 음식만큼 좋은 게 없다고 봤어요. 또한 우리 위스키가 제품으로 나오기 전까지 다른 여러 증류소와 협력을 했어요. 다른 버번 증류소 제품을 가져와서 우리 숙성고에서 숙성을 시키는 형태로요. 이미 보셨겠지만 루이빌에 있는 브랜디 회사와도 제휴를 해서 제품을 출시했고요, 캘리포니아 와인 회사와 제휴해 그쪽 오크통을 가져와 숙성도 시키고 있어요.

바도 함께 있어서 참 좋더군요.

원래는 증류소 안에서 칵테일을 팔 수가 없었어요. 켄터키 법이 그렇더라고요. 그런데 운좋게도 작년(2017)에 법이 바뀌어서 이제는 증류소에서도 칵테일과 주류를 맘껏 팔 수 있게 됐죠. 처음에는 바만 열려고 했는데, 음식도 함께 팔자고 해서 레스토랑과 바를 동시에 연 겁니다.

희귀 위스키를 수집해서 판매하는 것도 인상적이던데요.

이미 보셨군요? 맞아요. 역시 법이 개정되면서 가능해진 것인데요, 희귀 보틀을 수집해놓은 방을 앞으로 '위스키 라이브러리'로 꾸밀 예정입니다. 손님들에게 구경도 시켜드리고, 또 한 잔씩 판매도 하고요. 우리 레스토랑과 바에서는 이 지구상에 존재하는 모든 버번을 다 맛볼 수 있게 할 생각입니다. 메이커스 마크 증류소에 가면 메이커스 마크 제품만 마실 수 있고, 짐 빔에 가면 짐 빔 제품만 맛볼 수 있잖아요. 하지만 여기서는 짐 빔이든 메이커스 마크든, 아니면 그 어떤 버번이든 다 골라서 맛볼 수 있습니다.

어쩌다가 버번의 매력에 푹 빠지게 되었나요?

버번을 한 단어로 표현하면, 'fascinating(매혹적인, 황홀한)'이라고 하고 싶어요. 너무나 다양한 맛과 향이 존재하죠. 이건 와인과 비슷한 점이기도 하겠네요. 어떻게 숙성하고 어떤 오크통에서 얼마나 숙성하느냐에 따라서도 맛이 완전히 달라지잖아요. 이렇게 다양한 술이 또 있을까 싶거든요. 또한 버번은 사람들의 취향에 따라서도 천차만별이죠. 심지어 똑같은 사람도 나이가 들어가면서 버번에 대한 입맛이 바뀌거든요. 스물한 살 청년의 혀가 느끼는 버번과 일흔 살 노인의 혀가 느끼는 버번은 서로 달라요. 혀의 나이에 따라 맛도 달라지니까요. 버번은 스물한 살 때부터 죽을 때까지 다양하게 즐길 수 있는 술입니다. 버번은 네버 엔딩never ending입니다.

흔히 버번은 남성적인 이미지가 강하잖아요. 여성 경영인은 드문 것 같습니다.

맞아요. 과거엔 버번이 남성의 술이라고 했죠. 하지만 요즘은 많이 달라지고 있습니다. 미국에서는 버번을 즐기는 인구가 폭발적으로 늘고 있어요. 특히 예전엔 버번을 꺼리던 청년 세대와 여성이 적극적으로 즐기게 됐죠. 판매량도 해마다 급증하고 있고요. 한 가지 예를 들자면 켄터키 루이빌에 여성 버번 연합회Bourbon Women Society라는 단체도 생겼는데요, 여기 회원이 지금 수백 명에 달할 정도입니다.

앞으로의 계획이 궁금합니다.

내년(2019)쯤에 숙성고를 추가로 지을 겁니다. 이 숙성고에는 특별한 시음 공간을 마련할 텐데요, 나중에 오시면 깜짝 놀랄 겁니다. 숙성고 테이스팅 룸에서 먼저 네 가지 위스키를 맛봅니다. 그 이후에 가장 맘에 드는 하나를 고르게 되면 그 술이 들어 있는 오크통이 테이스팅 룸으로 굴러들어오는 거죠. 그리고 직접 오크통에서 술을 빼내서 마실 수 있게 될 겁니다. 상상만 해도 멋지지 않나요? 더불어 호텔과 휴양 시설도 지을 겁니다. 그러면 한곳에서 모든 걸 다 즐길 수 있게 되는 거죠. 우리의 목표는 '모든 즐거움을 한곳에서Every Pleasure In One Place'라고 할 수 있습니다.

후기

바즈타운 버번 컴퍼니는 예정대로 2019년에 신제품을 출시했다. 역시 증류소 자체 생산 위스키에 다른 증류소 위스키를 섞은 컬래버레이션 제품이다. 'FUSION SERIES #1'이라는 이 제품은 총 세 가지 위스키를 섞었다. 우선 바즈타운 버번 컴퍼니에서 직접 생산한 2년 숙성 휘티드 위스키와 버번 위스키가 60퍼센트를 차지한다. 여기에 11년 숙성한 다른 켄터키 증류소 버번을 40퍼센트 배합했다. 참고로 바즈타운 버번 컴퍼니에서 100퍼센트 자체 제조한 4년 숙성 위스키는 오는 2022년, 세상에 모습을 드러낼 예정이다.

투어 정보

Bardstown Bourbon Company
1500 Parkway Drive
BARDSTOWN, KY 40004

대표 투어 프로그램: The Main Event
화~일: 10:00, 11:30 1:00, 2:30, 4:00
소요 시간: 1시간
요금: 20$ (성인)
투어 예약:www.bardstownbourbon.com/experience

2장

LOUISVILLE KENTUCKY

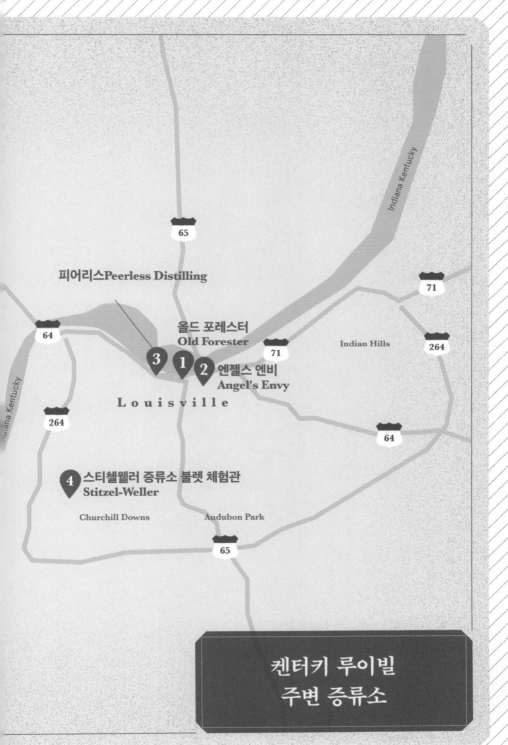

피어리스Peerless Distilling

65

71

울드 포레스터
Old Forester

64

71

Indian Hills

264

3 **1** **2** 엔젤스 엔비
Angel's Envy

L o u i s v i l l e

64

264

4 스티첼웰러 증류소 불렛 체험관
Stitzel-Weller

Churchill Downs   Audubon Park

65

Indiana Kentucky

Indiana Kentucky

켄터키 루이빌
주변 증류소

루이빌

켄터키 루이빌에 내렸을 때는 한밤중이었다. 창밖을 보니 비가 내리고 있었다. 비행기 연착으로 밤늦게 도착한 낯선 도시. 거기에 비까지 쏟아지니 마음이 부산스러웠다. 서둘러 짐을 찾고 렌터카 안내 데스크로 갔다. 차 열쇠를 건네받은 뒤 렌터카 직원이 빌려준 우산 하나를 받쳐들고 공항 주차장으로 향했다. 깜깜한 주차장에서 차를 찾으러 돌아다니는데, 비는 또 어찌나 거세게 퍼붓는지 정신이 하나도 없었다.

다음날 아침, 하늘이 맑게 갰다. 비 온 뒤라 먼지도 없고 쾌적했다. 나는 최대한 깊이 숨을 들이마셨다. 눈까지 지그시 감고 오로지 후각에만 집중했다. 기분 탓이겠지만 뭔가 켄터키 루이빌스러운 냄새가 느껴진다. 구체적으로 묘사할 순 없어도 따뜻하고 정감 있는 냄새다. '이게 설마 버번 위스키 때문일까?' '에이, 설마.' 그럴 리는 없다. 아무리 루이빌이 버번으로 유명해도 도시 전체에 버번 향이 퍼질 리는 없지 않은가.

자, 그렇다면 이제 진짜 버번 위스키의 맛을 느끼러 떠나보자.

버번 세상의 중심

"켄터키 하면 버번, 버번 하면 켄터키"다. 그중에서도 루이빌은 한동안 '버번 세상의 중심'이었다. 개척민들이 넘어온 뒤부터 금주법 시행(1920) 전까지 루이빌은 버번 생산과 교역의 중심지였다. 간략하게 루이빌의 역사를 살펴보면, 이곳에 최초로 사람의 발길이 닿은 건 1778년이다. 조지 로저스 클라크George Rogers Clark 중령이 이끄는 군대가 정착민 60여 명을 데리고 오하이오강에 있는 던모어Dunmore섬에 도착했다. 루이빌에 붙어 있는 던모어섬은 옥수수가 잘 자라서 '콘 아일랜드'로 불렸다. 정착민들은 군대가 떠난 뒤에도 던모어섬에서 옥수수 농사를 지었다. 그러다가 독립전쟁이 끝난 1783년에 일부가 지금의 루이빌로 넘어와 도시를 세웠다.

이 무렵 웨일스 출신 이민자인 에반 윌리엄스Evan Williams●도 루이빌로 건너왔다. 사업 수완이 뛰어났던 에반 윌리엄스는 얼마 뒤 오하이오강 제방 쪽에 증류소를 지었다. 일각에서는 이 증류소가 켄터키 최초의 버번 증류소라고 주장한다. 하지만 증거가 불분명해 학계에선 공식적으로 받아들이지는 않고 있다. 다만 에반 윌리엄스의 증류

루이빌을 최초로 발견한
조지 로저스 클라크 중령.

소가 1789년에 세금을 낸 기록은 남아 있다. 이로 보아 켄터키 최초는 아닐지 몰라도 루이빌 최초의 상업 증류소임은 틀림없다. 어쨌든 에반 윌리엄스가 위스키를 만들어 팔기 시작한 것을 계기로 루이빌에는 속속 증류소가 생겼다.

뉴올리언스까지 머나먼 항해

그렇다면 루이빌은 어떻게 '버번 세상의 중심'으로 발전했을까? 우선 지리적 이점이 크게 작용했다. 루이빌은 미국 동부에서 남부 루이지애나로 물자를 운송하는 관문이었다. 배로 가려면 잠깐이라도 여기에 정박을 해야 했다. 루이빌 북쪽 오하이오강에 침식 작용으로 생긴, 낙차 큰 폭포가 있었기 때문이다. 이걸 그냥 통과할 수 없었기에 남부로 향하는 배는 일단 상류 쪽에 짐을 모두 내렸다. 그런 다음 일꾼들이 배와 짐을 폭포 아래 항구로 옮겨다주면 그제야 운임을 정산하고 떠났다. 배와 짐을 옮기는 데는 하루나 이틀이 걸렸다. 그사이 선원들은 루이빌에서 밥도 먹고 위스키도 마셨다. 돈과 사람이 몰리면서 도시가 커졌고 위스키 산업이 발전했다.

　수상 운수가 활발해지자 위스키 교역도 크게 늘었다. 유흥의 도시인 남부 뉴올리언스에서는 끊임없이 켄터키 버번 위스키를 원했다. 수요가 급증하면서 1803년부터는 루이빌 사람들이 직접 위스키를 배에 싣고 뉴올리언스로 향했다. 문헌 기록을 보면, 당시 이 항해가 얼마나 험난했는지 알 수 있다. 일단 배부터 문제였다. 이때만 해도 기술이 형편없어서 바닥을 평평히 깎은 목재 너벅선(평저선flatboat)을 이용했다. 동력이 없는 너벅선을 타고 가면 뉴올리언스까지 꼬박 몇 달이 걸

● 헤븐힐 증류소에서 생산하는 버번 위스키 에반 윌리엄스가 이 사람의 이름을 딴 것이다.

물류 도시로 발전한 켄터키 루이빌. 1846년의 모습.

19세기 초, 버번 위스키를 운송할 때 사용한 너벅선.

렸다. 물론 돌아올 때는 더 힘들었다. 너벅
선은 물길을 거슬러올라갈 수 없었다. 루이
빌 상인들은 뉴올리언스에서 위스키를 팔
면서 배를 함께 처분하고 육로로 돌아와야
했다. 고향으로 오는 길에 강도를 만나 위스
키 판 목돈을 몽땅 빼앗기는 일도 자주 벌
어졌다. 사건 사고가 끊이지 않자, 상인들은
대책을 세웠다. 뉴올리언스에서 말을 한 필
사서 이걸 타고 비교적 안전하게 귀환했다.
켄터키 말 사육 산업이 유독 발달한 데는
이런 역사적 배경이 있다.

매년 루이빌에서 열리는 켄터키 더비.
버번 위스키 교역을 통해 켄터키에서는
말 사육 산업이 발달하게 됐다.

　1815년이 되자 증기선이 오가기 시작했다. 증기선의 출현으로 몇
달씩 걸려서 위스키를 운송하거나 강도를 피해 말을 타고 돌아오는
일은 사라졌다. 루이빌시 당국은 증기선이 폭포를 바로 통과해 지나
갈 수 있도록 운하(수로)를 만들었다. 더불어 북쪽과 서쪽으로 이어지
는 철도까지 연결되면서 루이빌은 물류 도시로 급부상한다. 1800년
대 중후반에 이르자, 루이빌은 미국의 열두번째 대도시로 성장한다.
이때만 해도 루이빌은 시카고보다 더 큰 도시였다.

'위스키 거리'의 탄생과 몰락

위스키 재료인 곡물을 들여올 때도 좋고, 위스키를 실어나를 때에도
편리한 곳. '사통팔달' 루이빌이 위스키 산업의 중심이 된 건 너무나
당연했다. 특히 부두와 가까운 메인가Main St.가 요충지였다. 위스키

증류업자는 물론 위스키를 섞어서 판매하는 상인●이 죄다 여기로 몰려들었다. 위스키 저장고를 비롯한 관련 시설까지 집결하면서 이 일대는 '위스키 거리Whiskey Row'로 불리기 시작했다. 버번 위스키의 메카가 된 위스키 거리는 1910년대에 전성기를 누린다. 당시 이 일대에 있던 버번 회사만 89개에 달했다. 오크통과 증류기 제조 시설까지 다 합하면 주류 관련 기업이 100여 개가 넘었다. 미국뿐 아니라 전 세계에서도 가장 거대한 위스키 산업 단지였다. 20세기 초반 루이빌 위스키 거리는 '위스키 월스트리트'나 마찬가지였다.

'화무십일홍'이라고 했던가. '위스키 월스트리트'의 호황은 오래가지 못했다. 미국 역사에서 가장 어리석은 정책으로 꼽히는 금주법 때문이었다. 뉴욕의 월스트리트가 1929년 대공황에 휘청거렸다면, 루이빌의 위스키 월스트리트는 그보다 9년 앞서 위기를 맞았다. 1920년부터 13년 동안 이어진 금주법으로 루이빌 위스키 산업은 초토화됐다. 금주법 시행 전에 89개나 되던 루이빌 버번 회사 가운데 지금까지 이름을 지키며 살아남은 곳은 딱 하나. 올드 포레스터Old Forester를 만드는 브라운포맨Brown-Forman뿐이다.

100년 만에 돌아오다

브라운포맨의 대표 버번 브랜드인 올드 포레스터를 만드는 증류소는 지금도 위스키 거리에 있다. 정확한 주소는 루이빌 웨스트 메인 스트리트 117번지. 메인 스트리트라는 말에서 알 수 있듯이 대도시 루이빌 중심가 한복판에 있다. 원래 이 자리는 브라운포맨이 1882년부터 1919년까지 본사 사무실 겸 저장고로 쓰던 곳이다. 미국 최대 주류 기

246

'버번의 도시' 루이빌의 랜드마크가 된 올드 포레스터 대형 물탱크.

100년 만에 위스키 거리로 돌아온 올드 포레스터.

업으로 성장한 브라운포맨의 성공 신화가 시작된 뜻깊은 장소다. 금주법 시행 이후 위스키 거리를 떠났던 브라운포맨은 이런 역사성을 고려해 2015년에 옛 본사 건물을 매입했다. 그리고 4500만 달러(약 500억 원)를 투자해 관광객 체험 시설이 포함된 새 증류소 건립에 들어갔다. 공사 도중 3단계 경보Three Alarm Fire에 해당하는 심각한 화재가 발생해 공정이 지연되기도 했지만, 우여곡절 끝에 2018년 6월 증류소 문을 열었다. 거의 100년 만에 원래 고향으로 돌아온 셈이다. 이로써 올드 포레스터 위스키는 루이빌 인근 시블리Shively에 있는 기존의 브라운포맨 증류소와 이곳에서 나눠서 생산하게 됐다.

깔끔하게 꾸며진 올드 포레스터 증류소 방문자 센터.

19세기와 21세기의 조화

영화 〈킹스맨 2〉에 등장하면서 버번 불모지인 한국에서도 인기가 치솟은 올드 포레스터. 거대 주류 기업 브라운포맨의 효시인 이 브랜드는 그동안 어떻게 성장해왔을까? 궁금증을 풀기 위해 나는 켄터키로 떠나기에 앞서 브라운포맨측에 미리 연락해 도움을 청했다. 감사하게도 올드 포레스터 증류소에서는 1대 1로 진행되는 VIP 투어를 허락해줬다.

새로 지은 올드 포레스터 증류소의 외관은 19세기 당시 옛 모습을 거의 그대로 유지하고 있다. 대신 내부는 눈이 휘둥그레질 만큼 초현대식으로 꾸몄다. 자신들의 역사가 오롯이 배어 있는 낡은 건물에 21세기형 첨단 증류소를 지었다. 전통을 계승하면서도 동시에 혁신을 지향하는 의미가 담겨 있다. 정리하면 이 증류소에는 올드 포레스터의 과거와 현재는 물론 미래까지 담겨 있다.

위스키 산업에 뛰어들다

증류소 1층에서 잠깐 기다리고 있었더니 타일러 머트라는 직원이 나타났다. 유쾌하고 잘생긴 타일러는 올드 포레스터 증류소가 위스키 거리로 돌아온 의미부터 설명해줬다. 타일러에 따르면, 브라운포맨 창업자인 조지 가빈 브라운George Garvin Brown(1846~1917)이 본격적으로 위스키 제조에 나선 건 1870년이다. 미국 대륙 횡단 철도가 연결된 바로 이듬해였다. 철도 덕분에 장거리 교역이 가능해지면서, 위스키로 큰돈을 벌 수 있게 된 시기였다. 또 당시 미국에선 위스키가 각종 질병 치료 목적의 의약품으로 광범위하게 처방돼 수요도 넘쳐났다. 이때 조지 가빈 브라운은 켄터키 증류소 세 곳에서 받아온 위스키를 섞어 올드 포레스터라는 상표로 팔기 시작했다. 처음엔 주로 의료용 위스키만 팔다가 점점 사업을 확장했다.

브라운포맨 창업자 조지 가빈 브라운.

조지 가빈 브라운이 위스키 업계에 뛰어들 무렵, 시장에는 저질 위스키가 판을 치고 있었다. 숙성을 제대로 하지 않고 빨리 내다팔기 위해 갖가지 방법이 동원됐다. 특히 첨가물을 섞는 일이 비일비재했다. 체리주스나 자두주스 혹은 홍차나 설탕을 넣는 정도는 애교였다. 쓴맛을 내기 위해 저질 위스키에 일부러 담배를 집어넣기도 했다. 더 큰 문제는 이런 식으로 장

초기 올드 포레스터 위스키.

난질을 쳐도 적발이 어렵다는 점이었다. 당시엔 위스키를 오크통에 담아 거래했기 때문이다. 유통 과정에서 오크통을 잠깐 열어 이상한 걸 집어넣더라도 식별이 불가능했다. 소매 상인들은 물론 소비자도 알 길이 전혀 없었다. 이런 상황에서 조지 가빈 브라운은 위스키 품질을 유지하기 위해 혁신적인 아이디어를 내놓게 된다.

유리병에 담아 팔다

조지 가빈 브라운이 선택한 방법은 위스키를 오크통이 아닌, 투명 유리병에 담아서 밀봉해 판매하는 것이었다. 그는 이렇게 하면 유통 과

초기 올드 포레스터 광고.
올드 포레스터는 유리병에 담아서
판매한 최초의 버번 위스키다.

정에서 위조와 변조가 불가능해 소비자가 믿고 살 수 있을 거라고 봤다. 물론 위스키를 유리병에 담아 팔려면 돈이 훨씬 많이 들었다. 하지만 눈앞의 이익을 좇기보다는 소비자의 신뢰를 얻는 게 유리하다고 판단했다. 그렇다면 시장 반응은 어땠을까? 예상대로였다. 말 그대로 대히트를 쳤다. 생각해보라. 안에 뭐가 들었는지조차 알 수 없는 위스키와 완벽히 밀봉된 투명 유리병에 담긴 위스키. 둘 중에 뭘 고르겠는가? 당연히 후자였다. 유리병에 담긴 올드 포레스터는 날개 돋친 듯 팔려나갔다. 조지 가빈 브라운 역시 버번 역사에 크게 이름을 남기게 된다.

밀봉한 유리병에 담아 판매한 최초의 버번 위스키, 올드 포레스터의 명성은 갈수록 높아졌다. 조지 가빈 브라운은 1882년에 지금 증류소가 있는 루이빌 위스키 거리의 건물을 매입했다. 여기로 본사 사무실을 옮기고, 남는 공간은 위스키 숙성고로 활용했다. 이곳은 바로 앞이 루이빌 부두여서 위스키를 유통하기에도 편리했다. 숙성을 마친 위스키를 건물 뒷마당으로 빼내서 코앞에 있는 부두로 옮긴 뒤 곧바로 증기선에 실었다. 위스키를 가득 실은 증기선의 목적지는 주로 뉴올리언스나 필라델피아였다.

금주법을 버텨내다

올드 포레스터를 앞세운 브라
운포맨은 금주법 기간에도 명
맥을 유지했다. 주류 생산과
유통을 전면 금지한 암흑기를
버텨낼 수 있었던 건 브라운
포맨이 의료용 위스키 면허를
갖고 있었기 때문이다. 앞서
언급한 대로 당시에는 위스키
가 치료 목적으로 널리 쓰이

금주법 시기에 발행된 의료용 위스키 처방전.

고 있었다. 의학이 발전한 지금 생각해보면 말도 안 되는 얘기다. 하지
만 이 무렵엔 위스키로 거의 모든 질병을 치료할 수 있다고 믿었다. 미
국 의사들은 감기나 독감은 물론 근육통, 변비, 설사, 치질 환자들한테
도 위스키를 처방했다. 이러다보니, 아무리 금주법이 시행됐어도 의
료용 위스키 판매만큼은 막을 수 없었다. 그래서 금주법 기간에도 의
사 처방전만 있으면 0.5리터(약 1파인트) 정도의 위스키를 '약'으로 구
매할 수 있었다. 위스키 처방전은 열흘에 한 번 처방받을 수 있었기 때
문에, 꾀병을 계속 부리면 한 달에 최대 1.5리터까지 합법적으로 마실
수 있었다. 이렇게 의사가 '약'으로 처방하는 위스키를 공급하기 위해
연방 정부는 여섯 개 회사*에 의료용 위스키 면허를 발급했다. 올드
포레스터로 명성이 높았던 브라운포맨 역시 여기에 포함돼 위스키 판
매를 계속할 수 있었다.

• 의료용 위스키 면허를 받은 여섯 개 회사는 브라운포맨,
글렌모어Glenmore, 프랭크포트 디스틸러리Frankfort
Distilleries(포 로지스 전신), 셴리Schenley, 아메리칸 메디시널
스피리츠American Medicinal Spirits, 스티첼웰러A. Ph. Stitzel
Distillery 등이다.

증류소? 갤러리?

"이제부터가 진짜입니다. 정말 끝내주는 곳으로 가죠."

역사 강의(?)를 마친 타일러가 이렇게 말했다. '끝내주는 곳? 대체 어딜 말하는 거지?' 이런 생각을 하는 찰나에 타일러가 두 팔로 한쪽 벽을 힘껏 밀었다. 바로 그 순간, 나는 동공이 100배쯤 확장되고 심장 박동이 1000배쯤 빨라지는 경험을 했다.

타일러가 두 팔로 민 것은 실은 벽이 아니라 문이었다. 〈신드바드의 모험〉에서 '비밀의 문'이 열리듯 증류소로 들어가는 길이 나타났다. 타일러는 눈이 휘둥그레진 나를 안쪽으로 데리고 들어갔다. 향긋하면서도 비릿한 곡물 향이 코를 찌르는 것을 보니, 증류소가 맞기는 분명히 맞다. 그런데 복도를 걸어가다보니, 증류소가 아니라 갤러리에 온 기분이 들었다. 그만큼 깔끔하고 현대적이었다. 전체적으로 조도를 낮춰 차분하면서도 곳곳에 조명을 달아 세련된 분위기를 연출했다.

증류소 투어 첫 코스는 발효가 이뤄지는 곳이었다. 그리 넓지 않은 발효실에 들어서자마자 타일러는 곡물 처리 공정부터 상세히 설명했다. 다른 대형 증류소와 마찬가지로 올드 포레스터는 매시빌을 공개하고 있다. 옥수수 72퍼센트, 호밀 18퍼센트, 맥아 보리 10퍼센트다. 같은 브라운포맨 소속인 우드포드 리저브와 똑같다. 참고로 매시빌이 동일한 건 두 브랜드 위스키 생산을 책임지는 마스터 디스틸러가 같기 때문이다. 올드 포레스터와 우드포드 리저브의 마스터 디스틸러는 40년 넘게 버번 업계에서 잔뼈가 굵은 '위스키 장인' 크리스 모리스다.

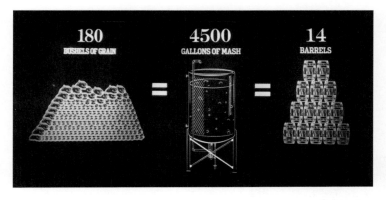

올드 포레스터 매시빌과 발효 공정을 설명하는 안내판.

물 좋은 켄터키

타일러는 위스키 만들 때 쓰는 물에 대해서도 언급했다. 그는 "위스키 제조에서 매시빌보다 더 중요한 건 물"이라고 강조했다. 이어서 "버번 위스키의 95퍼센트가 켄터키에서 생산되는 이유는 물이 좋아서"라고 말했다. 이 얘기는 켄터키 증류소 어디를 가든 듣게 된다. 증류소 열 곳을 가면 열 곳 모두 "켄터키 위스키가 맛있는 건 물 때문"이라고 말한다. 대체 켄터키 물이 얼마나 좋기에 이렇게 얘기하는 걸까?

켄터키 물은 약알칼리성 경수hard water다. 스카치를 만들 때 쓰는 물과 성질이 반대다. 스코틀랜드 증류소는 글렌모렌지를 제외하고는 거의 대부분 연수soft water를 쓴다. 하지만 켄터키에서는 100퍼센트 경수만 나오기 때문에, 당연히 위스키 만들 때도 이걸 사용한다. 켄터키 물이 미네랄이 풍부한 경수인 건 지질적인 이유 때문이다. 켄터키에는 석회암이 많다. 물이 석회암 지대를 통과하면서 철분은 제거되고 마그네슘은 풍부해진다. 켄터키에서 자란 말이 유난히 발육 상태가 좋은 것도 마그네슘이 풍부한 물을 마셔서라는 얘기도 있다.

켄터키는 물이 좋기로 유명하다. 개울과 강에는 석회암 지대를 통과하며 철분이 완벽히 제거된 '라임스톤 워터limestone water'가 흐른다.

이런 물로 위스키를 만들면 좋은 점도 있고 나쁜 점도 있다. 우선 좋은 점은 철분이 제거돼 있기 때문에 위스키 맛이 쓰지 않고 색깔도 검게 변하지 않는다는 것이다. 물론 단점도 있다. 알칼리성이다보니 당화 처리를 하기가 쉽지 않다. 그래서 대다수 버번 증류소에서는 증류를 마치고 남은 강한 산성 폐액backset 혹은 setback을 당화조에 넣어 효율을 높인다. 경수를 쓰는

올드 포레스터 증류소 발효조.

버번 증류소에서 일반화된 이 방식을 '사워 매시sour mash'라고 부른다. 올드 포레스터 역시 사워 매시 방식을 쓴다. 타일러는 사워 매시의 장점이 두 가지라고 설명했다. 하나는 앞서 말한 것처럼 산도를 높여서 (pH Level을 낮춰서) 당화를 촉진할 수 있고, 위스키의 향과 맛을 비교적 균일하게 할 수 있다는 것이다.

올드 포레스터 증류소에는 발효조가 네 개 있다. 각각의 발효조는 day 1(발효 첫날), day 2(이틀째), day 3(사흘째), day 4(나흘째)로서 모두 발효 정도가 다르다. 나흘이 지나 발효가 끝나면 통을 비우고 세척한 뒤 당화액을 채워넣고 다시 발효를 시작하는 식이다. 발효가 진행될수록 알코올 도수는 계속 올라간다. 하루(day 1)가 지나면 약 4.5퍼센트가 된다. 이틀(day 2)이 지나면 6.8퍼센트, 사흘(day 3) 뒤에는

켄터키(버번)와 스코틀랜드(스카치)는 용어도 다르다

스카치와 버번 맛이 다르듯, 두 나라 위스키 용어도 많이 다르다. 가장 대표적인 게 당화조와 발효조를 어떻게 부르느냐다. 스코틀랜드에서는 당화조를 매시 턴mash tun, 발효조는 워시 백wash back이라고 부른다. 하지만 켄터키에서는 이런 용어를 쓰지 않는다. 당화조는 대부분 쿠커cooker라고 부른다. 간혹 매시 텁mash tub이라고 하는 곳도 있다. 또 발효조는 퍼멘터fermenter로 통일돼 있다. 또한 당화를 마친 곡물액(매시, 당화액)을 스코틀랜드에서는 워트wort라고 부르지만, 켄터키에서는 그냥 매시mash라고 표현한다. 발효를 마친 액체도 스코틀랜드에서는 워시wash라고 하지만, 켄터키에서는 디스틸러스 비어라고 한다.
다시 정리해보자.

당화조: 매시 턴(스코틀랜드) = 쿠커 혹은 매시 텁(켄터키)
발효조: 워시 백(스코틀랜드) = 퍼멘터(켄터키)
당화액: 워트(스코틀랜드) = 매시(켄터키)
발효액: 워시(스코틀랜드) = 디스틸러스 비어(켄터키)

증류소에서 일하는 사람들은 위스키 전문가일 테니 대충 섞어서 써도 알아듣지 않을까? 아니다. 큰 오산이다. 켄터키에 가서 '워시 백'이니 '매시 턴'이니 떠들어대면 증류소 직원도 못 알아듣는다. 나 역시 맨 처음 켄터키에 갔을 때 스코틀랜드 용어를 사용했다가 상대방이 이해하지 못해서 의사소통에 애를 먹었다. 로마에 가면 로마법을 따라야 한다. 스코틀랜드에선 스코틀랜드 용어를 쓰고 켄터키에선 켄터키 용어를 쓰자.

9.2퍼센트, 마지막 나흘째(day 4)에는 10퍼센트까지 올라간다. 이렇게 알코올 도수 10퍼센트 안팎으로 발효를 마친 발효액을 디스틸러스 비어distiller's beer 혹은 콘 비어corn beer라고 부른다(이런 용어는 우리 말로 번역하면 느낌이 상당히 이상해진다. 굳이 번역하자면 디스틸러스 비어는 양조장 맥주, 콘 비어는 옥수수 맥주 정도가 될 것 같다).

발효조 용량은 각각 4500갤런(1만 7000리터)으로 작은 편이다. 여기엔 이유가 있다. 루이빌 도심에 있는 이 증류소는 브랜드 홍보와 관광객 체험에 초점을 맞추고 있다. 따라서 실제 증류량은 그리 많지 않다. 대부분의 올드 포레스터 위스키는 여전히 시블리에 있는 기존의 대형 증류소에서 증류한다. 그렇다고 루이빌 증류소가 중요하지 않다는 뜻은 아니다. 가격이 비싼 스몰 배치 제품이나 실험용 제품 혹은 VIP 고객을 위한 프라이빗 배럴 위스키를 여기서 증류한다.

'r'가 빠진 이유

발효 과정을 살펴본 뒤에는 2층으로 올라갔다. 복도 벽에는 올드 포레스터의 역사를 보여주는 사진 여러 장이 붙어 있었다. 이중 가장 눈에 띈 건 1890년 무렵에 촬영한 흑백사진. 지금 이 증류소 자리에 있었던 브라운포맨 본사 사무실 모습이 담긴 사진이었다. 이 빛바랜 사진을 보고 있노라니, 왜 브라운포맨이 500억 원이라는 큰돈을 투자해 옛 본사 건물을 증류소로 꾸몄는지 알 것 같았다. 바로 이 건물에서 거대 주류 기업 브라운포맨의 찬란한 성공 스토리가 시작됐기 때문일 것이다.

초기 올드 포레스터 광고도 인상적이었다. 거기엔 "안목 있는 의사는 '올드 포레스터가 생명을 연장하고 노인들을 건강하게 한다'고 말한다"라고 적혀 있다. 올드 포레스터를 비롯한 버번 위스키를 의사들이 환자에게 얼마나 많이 처방했는지 짐작하게 하는 문구였다. 그런가 하면 노란 꽃이 그려진 초창기 브랜드 홍보 사진도 있다. 이 사진을 자세히 보면 그때는 올드 포레스터의 철자가 지금과 달랐다. 지금

1890년경에 촬영한
브라운포맨 사무실 모습.

'올드 포레스터가 생명을 연장하고 노인들을 건강하게 한다'는 내용의 광고.

은 Old Forester라고 표기하지
만, 이때만 해도 중간에 'r' 자가
하나 더 있었다. 왜 그랬을까?
원래 올드 포레스터는 브라운포
맨 창업자 조지 가빈 브라운의
친구인 윌리엄 포레스터William
forrester의 이름에서 따왔다. 남북
전쟁 당시 북군 군의관이었던
윌리엄 포레스터는 위스키를 유

초창기 홍보 사진에는 Old Forrester로 적혀 있다.
'r'가 하나 더 들어가 있다.

리병에 넣어서 팔겠다는 조지 가빈 브라운의 아이디어를 적극 지지했
다. 또 의사로서 친구가 만든 올드 포레스터 위스키를 자주 처방했다.
포레스터forrester라는 이름을 철자 그대로 사용하던 브라운포맨은 윌
리엄이 은퇴한 뒤 제품 이름에서 'r' 자 하나를 쏙 뺐다. 윌리엄 포레스
터의 후손들이 훗날 저작권 문제를 제기할 수 있다고 판단해 미리 조
치를 취한 것이었다.

　시대별로 정리된 광고 사진을 죽 훑으며 복도를 걸어가다보니, 반
짝반짝 빛나는 연속식 증류기가 모습을 드러낸다. '아니 이게 높이가
얼마나 되는 거야?' 타일러는 "높이는 44피트(13.4미터), 지름은 24인
치(60.9센티미터)"라고 알려준다. 44피트라면 버번 업계에서도 꽤 큰
편에 속한다. 52피트(15.8미터)짜리 초대형을 쓰는 와일드 터키에는
못 미치지만, 45피트인 메이커스 마크 증류기와 맞먹을 정도다. 올드
포레스터는 1차 증류를 통해 50~55도의 알코올(로 와인low wine)을 얻
고, 2차 증류에서 70도까지 도수를 높인 증류액(하이 와인high wine)을
뽑아낸다.

올드 포레스터 증류소의 44피트 높이 연속식 증류기.

직영 쿠퍼리지

오크통을 만드는 쿠퍼리지cooperage에도 들렀다. 여기도 규모가 크지는 않았다. 하루 26개 정도만 생산하는 소형 쿠퍼리지였다. 하지만 쿠퍼리지가 증류소 내부에 있다는 것만으로도 감격할 만한 일이다. 사실 켄터키의 웬만한 증류소를 다 돌아다녀봐도 오크통을 직접 만드는 걸 볼 수 없다. 거의 모든 증류소가 오크통 제조를 외부 전문 업체에 맡겨버리기 때문이다.

미국 대형 버번 업체 가운데 쿠퍼리지를 직영하는 곳은 브라운포맨이 유일하다. 브라운포맨은 여기 있는 소형 쿠퍼리지 말고도 별도로 대형 쿠퍼리지 두 곳을 보유하고 있다. 이중 하나는 켄터키 루이빌 공항 근처에 있는데 역사가 아주 오래됐다. 1946년부터 오크통을 만들었으니 70년이 훌쩍 넘었다. 이곳에서 만든 오크통은 우드포드 리저브와 얼리 타임스 등 브라운포맨 산하에 있는 여러 위스키를 숙성하는 데 쓰인다. 이 대형 쿠퍼리지에서는 연간 60만 개나 되는 오크통을 제조한다. 그러니까 거의 1분에 한 개꼴이다. 이걸로도 모자라 브라운포맨은 지난 2014년 7월, 잭 다니엘스 숙성에 필요한 오크통을 전담해서 만드는 쿠퍼리지를 앨라배마에 새로 지었다.

마침 쿠퍼리지 직원이 참나무 널빤지로 오크통을 만들고 있었다. 타일러는 널빤지 하나를 건네주면서 "얼마나 단단한지 한번 만져보라"고 했다. 타일러의 말처럼 널빤지는 아주 튼튼했다. 이런 걸로 격파 시연을 하다가는 태권도 고수라도 크게 다칠 것 같았다. 타일러는 웃으며 설명을 이어갔다. 오크통을 만들 때 쓰는 나무는 모두 아메리칸 화이트 오크American White Oak인데, 텍사스와 미네소타를 비롯해 13개 주에서 벌목해 가져온다고 했다. 또 오크통으로 만들기 전에 2년 동안

올드 포레스터 증류소 내부 쿠퍼리지.

오크통 내부를 강한 불로 태우고 있다. 이 공정을 차링이라고 한다.

햇볕에 바짝 말리기 때문에 더없이 단단하다고 덧붙였다.

열기, 압력, 수분

오크통 제조 과정을 눈앞에서 볼 기회는 흔하지 않다. 그래서 작업하는 모습을 한참 동안 유심히 지켜봤다. 오크통 하나를 만들려면 참나무 널빤지가 29개에서 31개 정도 필요하다. 이걸 전부 작업대에 올려놓고 임시로 철제 링을 끼워서 둥근 모양으로 고정한다. 그런 뒤 압력과 열기를 번갈아 가한 다음에 다시 물을 뿌려서 널빤지끼리 꽉 붙도록 만든다. 이 과정에서 못이나 접착제는 일절 사용하지 않는다. 오로지 압력과 열기, 수분, 이 세 가지로 오크통 모양을 잡는다. 타일러는 "못이나 접착제를 쓰지 않는다는 점에서 오크통 만드는 일은 레고 맞추는 것과 비슷하다"며 "널빤지를 고정할 때 가하는 힘을 무게로 따지면 약 4800파운드(2177킬로그램)"라고 말했다.

형태가 잡히고 나면 오크통 안쪽을 태운다. 이 과정은 두 단계로 이뤄지는데 먼저 토스팅toasting을 하고 나서 차링charring을 한다. 여기서 토스팅이란 은은한 불길에 살짝 굽는 것이고, 차링은 활활 타오르는 강한 불로 시커멓게 태우는 걸 의미한다. 차링 공정은 위스키 다큐멘터리에서 자주 봤다. 하지만 이곳은 다큐에서 본 다른 쿠퍼리지와 방식이 조금 달랐다. 뚜껑을 덮지 않은 오크통을 작업대에 올려놓는 것까지는 차이가 없었지만, 불길이 아래가 아닌 위에서 내려왔다. 열기도 생각했던 것보다 훨씬 강력했다. 오크통 안쪽이 시커멓게 타면서 묘하게 구수한 냄새도 났다. 캠핑 다닐 때 화로에 불을 지펴놓고 마시멜로를 구워먹곤 했는데, 그때 그 냄새와 비슷했다.

오크통 후프에는
브라운포맨을 상징하는
'B'라는 글자를 새긴다.

오크통 내부를 불에 태우고 나면 열기를 식힌다. 그러고 나서는 임시로 끼운 철제 링을 빼낸 뒤 좀더 크고 단단한 후프로 갈아끼운다. 후프에 달린 나사에는 'B'라는 글자가 새겨져 있다. 저게 뭐냐고 물어보니 어디서 생산된 오크통인지 식별하기 위한 표지라고 했다. 이곳과 루이빌 공항 근처 브라운포맨 쿠퍼리지에서는 'B'라는 알파벳을 새기고, 앨라배마에 있는 잭 다니엘스 오크통 생산 공장에서는 잭 다니엘스의 첫 글자인 'J'를 적는다. 타일러는 "우리가 쓴 오크통을 스코틀랜드에서 재사용하기 때문에 아마 그곳에 가면 B나 J가 새겨진 오크통을 자주 보게 될 것"이라고 했다. 앞으로 어딘가에서 B나 J가 새겨진 오크통을 보게 되면 왠지 반가울 것 같다.

마지막 단계다. 후프로 고정한 오크통에 뚜껑을 덮는다. 그리고 오크통에 구멍을 낸 뒤 마개로 막아둔다. 오크통에 구멍을 내는 건 숙성 과정에서 위스키 상태를 확인할 수 있게 하기 위해서다. 오크통 제조를 모두 마치고 나면 철저한 검수 과정이 기다리고 있다. 숙성중에 오크통에서 위스키가 새면 큰일이기 때문에 갈라지거나 벌어진 틈이 있는지 철저하게 살핀 뒤 출고한다.

드라마 세트장을 닮은 숙성고

숙성고는 '마법의 공간'이다. 이곳에서 오크통과 위스키는 서로를 품에 끌어안고 깊은 잠을 잔다. 이렇게 몇 년간 숙면을 취하고 나면 거

영화 세트장을 연상하게 하는 올드 포레스터 숙성고.

칠고 투박한 곡물 증류주는 황금 빛깔의 세련된 위스키로 거듭난다. 누더기옷을 입은 신데렐라가 화려하게 변신하는 것처럼 신기한 마법이다.

21세기에 지은 올드 포레스터 숙성고는 어떤 모습일까? 타일러를 따라 내부로 들어갔다. 새로 지은 숙성고라서 그런지, 다른 증류소와는 분위기가 확연히 달랐다. 이걸 뭐라고 표현해야 할까. 숙성고가 아니라 영화나 드라마 세트장 같은 느낌이다. 만약 내가 액션물을 만드는 영화감독이라면 이곳을 통째로 빌려서 격투 장면을 찍었을지도 모른다. 그만큼 독특한 분위기였다. 음악으로 비유하자면, 다른 증류소 숙성고가 클래식이라면 여기는 힙합 내지는 EDM이다.

오크통을 보관하는 구조물부터 달랐다. 일반적인 켄터키 증류소 숙성고는 전통 방식에 따라 목재로 내부 구조물을 만든다. 하지만 여기서는 그런 전통은 찾아볼 수가 없다. 거대한 구조물을 철골로 튼튼하게 짓고 작업자가 쉽게 오르락내리락할 수도 있도록 철제 구름다리와 통로를 만들어놨다.

오크통 나무 찌꺼기는 어디에 쓸까?

숙성을 마치고 나면 오크통에 담긴 위스키를 병에 담기 위해 밖으로 쏟아낸다. 이걸 덤핑이라고 한다. 이때 위스키와 함께 나무 찌꺼기도 나온다. 실제로 보면 생각보다 양도 많고 색깔도 숯처럼 새까맣다. 그럼 이 찌꺼기는 어떻게 처리할까? 여러 용도가 있지만, 가장 좋은 방법은 바비큐를 할 때 사용하는 것이다. 바비큐를 할 때 시커먼 오크통 찌꺼기를 숯과 함께 넣으면 고기에 위스키 향이 배어들어 맛이 기가 막히게 변하기 때문이다. 몇 년간 위스키를 머금은 나무 찌꺼기이니, 이만한 훈연재도 없다.

숙성을 마친 오크통에서 나온 찌꺼기.
이걸 훈연재로 쓰면 고기에 버번 위스키 풍미가 밴다.

특이한 온도 조절

하지만 가장 큰 차이는 온도 조절 방식이다. 대다수 켄터키 증류소에서는 숙성고에 별도의 온도 조절 장치를 달지 않는다. 쉽게 말해 스팀도 없고 에어컨도 없다. 온도가 변하는 것을 그냥 자연에 맡겨둘 뿐이다. 이론적으로 설명하면, 기온이 높은 여름에는 버번 위스키가 팽창해 오크통 나무 벽으로 스며들어 당분을 빨아들이고, 반대로 겨울에는 나무에 스며들었던 위스키가 밖으로 빠져나온다. 이렇게 자연에 맡겨두면 위스키 증발량(천사의 몫)도 계절에 따라 크게 차이가 난다. 여름에는 증발량이 심하고 겨울엔 확 줄어든다. 그래서 켄터키 사람들은 "겨울에는 천사들이 술을 끊는다"라고 말하기도 한다.

올드 포레스터 증류소에서는 숙성고 온도 변화를 자연에 맡겨두지 않는다. 온도 조절 장치를 달아놓고 사람이 완벽히 통제한다. 그렇다면 여기선 어떤 식으로 온도 조절을 하는 걸까? 계절이 바뀔 때마다 계속 온도를 바꾸는 걸까? 아니다. 현재 이 증류소에서는 매우 파격적인 실험을 하고 있다. 온도가 거의 변하지 않게 조절하고 위스키를 숙성하고 있다. 즉 내부 온도를 섭씨 21도에서 23도 사이(화씨 70~75도)로 거의 일정하게 유지하면서 위스키가 어떻게 익어가는지 살피고 있다. 이렇게 하면 위스키 맛은 어떻게 달라질까? 타일러는 "우리도 모른다. 어떤 맛을 낼지 너무도 궁금해서 미칠 지경이다"라고 답했다. 그러면서 "온도를 일정하게 유지한 실험의 최종 결과는 앞으로 몇 년이 지나야 알 수 있을 것"이라고 말했다.

타일러는 이 증류소에서 최초로 증류한 위스키가 숙성중인 오크통도 보여줬다. 거기에는 18E22라고 적혀 있었다. 여기서 18은 2018년, E는 알파벳 순서에 따라 5월(A=1, B=2, C=3, D=4, E=5), 22는 22

올드 포레스터 증류소에서 최초로 증류한 위스키가 숙성중인 오크통.
오크통에 18E22(2018년 5월 22일)라는 통입 날짜가 적혀 있다.

시중 판매 용도로 제조한 첫번째 위스키가 숙성중인 오크통.
2018년 7월 4일(18G04)에 오크통에 넣었다.

일이다. 즉, 2018년 5월 22일에 이 증류소에서 처음 만든 위스키를 오크통에 넣었다는 뜻이다. 물론 이런 기념 배럴은 숙성이 끝나더라도 상품으로 판매하지는 않는다. 증류소에서 처음 만들어낸 역사적인 위스키를 일반 제품과 똑같이 팔아버릴 순 없을 테니 말이다. 타일러는 시중 판매 용도로 제조한 첫번째 위스키를 담은 오크통도 가리켰다. 18G04라고 적혀 있었다. 2018년 7월 4일, 미국 독립기념일에 맞춰 오크통에 위스키를 넣었다.

브라운포맨은 증류소를 세우면서 하루 2400병 정도를 처리할 수 있는 병입 시설도 함께 만들었다. 하지만 아직은 이 증류소에서 생산한 위스키를 병에 담지는 못한다. 증류 원액이 모두 숙성고에서 잠을 자고 있기 때문이다. 올드 포레스터는 최소 4년을 숙성시키기 때문에 아마 2022년이 되면 이곳에서 생산한 위스키가 처음으로 병에 담기게 될 것이다. 그전까지는 다른 데서 숙성을 마친 오크통을 가져와 병입 라인을 가동한다.

천재 디자이너가 만든 병

증류소 공정을 모두 둘러본 뒤 전시실에 들렀다. 이곳에는 1950년대와 60년대에 판매된 디캔터 시리즈 제품이 전시돼 있었다. 이 시리즈는 크리스마스 시즌에만 한정 판매됐다고 한다. 안에 들어 있는 위스키는 똑같지만 병 디자인이 독특해 버번 애호가 사이에서 큰 인기를 끌었다. 실제로 봤더니, 위스키 병 하나하나가 유리 공예 작품처럼 아름다웠다. 같은 위스키라도 이런 병에 담아서 팔면 구매 욕구가 급상승할 것 같다.

크리스마스 시즌에 한정 판매된 올드 포레스터 디캔터 시리즈.

'이런 건 대체 누가 디자인한 거야?'

　이런 의문이 떠오를 무렵, 타일러는 디자이너가 누구인지 알려줬
다. 다름 아닌 '산업 디자인의 아버지'로 불리는 레이먼드 로위Raymond
Loewy(1893~1986)였다.

　'그럼 그렇지!' 레이먼드 로위라는 이름을 듣자마자 무릎을 탁 치고
말았다. 레이먼드 로위가 대체 어떤 인물인가? 그 유명한 코카콜라 병
과 럭키 스트라이크 담뱃갑을 디자인한 사람이 아닌가. 세계 최초로
'유선형 디자인'을 산업에 도입한 천재 중의 천재. 그런 레이먼드 로위
가 1954년부터 올드 포레스터에 합류해 위스키 병을 만들었다는 게
놀라울 따름이다.

시음의 3단계

"이제 시음을 하러 가시죠." 디캔터 시리즈에 넋이 나간 나를 보며 타일러가 말했다. 다른 증류소와 마찬가지로 여기서도 시음은 맨 마지막에 한다. '대체 어떤 위스키가 기다리고 있을까?' 입맛을 쩝쩝 다시며 테이스팅 룸으로 향했다. 그런데 테이스팅 룸의 문을 열고 들어간 순간, 또 한번 놀라고 말았다. 분위기가 세련되고 깔끔하면서 동시에 고풍스러웠다. 조명이 은은하고 전망까지 좋았다. 위스키 마시기에 더할 나위 없이 좋은 장소였다. 이런 곳이라면 맛없는 위스키도 맛있게 마실 수 있을 것만 같다.

시음할 위스키는 네 종류. 모두 초기 올드 포레스터 제품을 현대적으로 재해석한 위스키 거리 시리즈Whiskey Row Series였다. 맨 먼저 나온 건 2014년에 출시된 올드 포레스터 1870. 이름에서 짐작할 수 있듯이, 조지 가빈 브라운이 1870년에 최초로 시장에 내놓은 의료용 위스키 제조 방식을 그대로 따른 제품이다. 당시 조지 가빈 브라운은 풍미가 각각 다른 세 개 증류소*의 위스키를 섞어서 올드 포레스터라는 이름으로 판매했다. 지금은 이 증류소들이 남아 있지 않아서 예전의 맛을 재현하기는 불가능하다. 따라서 브라운포맨은 생산 날짜와 숙성 기간이 다르고, 오크통에 넣을 때 알코올 도수**도 다른 세 종류 위스키를 섞어서 새로운 올드 포레스터 1870을 개발했다.

위스키를 맛보기에 앞서 타일러가 시음 방법을 간략히 설명했다. 타일러는 버번 위스키 시음을 세 가지 단계로 비유했다. 우선 첫 모금은 낯선 이들이 처음 만나서 나누는 '인사saying hello'라고 했다. 이때는 위스키의 모든 것을 알려

> * 매팅리Mattingly, 애서튼Atherton, 멜우드Mellwood 증류소
>
> ** 배럴 프루프barrel entry proof. 우리말로 굳이 번역하면 '통입 도수'다.

고 하지 말고 그냥 전체적인 느낌만 파악하라는 얘기였다. 다음으로 두번째 모금은 '악수shaking hands'와 비슷하다고 말했다. 이 단계부터는 본격적으로 위스키를 알아가야 하는데, 무엇보다 입속에서 퍼지는 향에 집중해야 한다고 했다. 이어 세번째 모금에서는 위스키를 입에 가급적 오래 머금으면서 향과 맛은 물론 피니시(여운)까지 충분히 다 느껴야 한다. 이 단계는 다른 사람을 '껴안는 것hugging'과 비슷하다고 표현했다. 증류소를 돌아다니면서 위스키 시음에 대한 여러 가지 설명을 들었지만, 이렇게 기가 막힌 비유는 처음이었다.

정리해보자.

1) 인사: 코로 향을 느낀 뒤 한 모금을 입에 넣고 전체적인 느낌을 파악하는 단계.
2) 악수: 입안에서 퍼지는 향에만 집중하며 서서히 음미하는 단계.
3) 껴안기: 최대한 오래 위스키를 머금고 향과 맛을 느낀 뒤 여운까지 즐기는 단계.

타일러가 시키는 대로 올드 포레스터 1870을 세 모금으로 나눠서 찬찬히 음미했다. 일단 '인사'하는 단계에서부터 맘에 들었다. 바닐라와 부드러운 캐러멜 향이 코끝을 은은하게 감쌌다. 입안에서의 느낌도 부드럽고 말랑말랑했다. 피니시 역시 스파이시한 잔향이 길게 남았다. 전체적으로 표현하면, 양탄자처럼 보들보들하고 부드럽지만, 나름의 개성도 있다.

두번째로 맛본 건 2015년에 나온 올드 포레스터 1897이다. 1897년은 미국 버번 역사에서 매우 중요한 해로 기록돼 있다. 미국 최초의 소비자 보호 조치로 평가받는 보틀 인 본드 법안Bottle-in-bond Act이 시

전망이 좋은 올드 포레스터 증류소 테이스팅 룸.

행된 해이기 때문이다. 보틀 인 본드는 한마디로 저질 위스키 생산을 막기 위한 정부 공인 품질 관리 제도였다.

보틀 인 본드 타이틀을 얻으려면 몇 가지 조건을 충족해야 했다. 우선 하나의 증류소에서 단일 연도 단일 시즌에 생산한 위스키여야 했다. 또 정부가 관리하는 보세 창고에서 최소 4년 이상 숙성해야 했다. 마지막으로 물 이외에 아무것도 섞지 않고 알코올 도수는 50도(100프루프)로 맞춰서 출시해야 했다. 이런 엄격한 규정을 다 지켜야 했기 때문에 소비자들은 보틀 인 본드라는 문구만 있으면 안심하고 위스키를 구매할 수 있었다. 버번 역사에 큰 획을 그은 혁신적인 조치를 기념하기 위해 브라운포맨이 특별히 만든 제품이 올드 포레스터 1897이다. 당연히 보틀 인 본드 기준을 따랐다. 올드 포레스터 1897 역시 세 모금으로 나눠서 음미했다. 전체적으로 향과 맛이 앞서 마신 1870과 확연히 달랐다. 스파이시한 느낌이 강했고 과일과 시나몬 풍미도 느껴졌다.

세번째로 맛본 건 올드 포레스터 1910이었다. 이 제품은 위스키 거리 시리즈 가운데 가장 최근에 출시됐다. 또한 시리즈의 마지막 제품이기도 하다. 타일러는 이 위스키를 잔에 따라주면서 "지금 이걸 마셔보는 게 얼마나 대단한 일인지 아느냐?"고 물었다. 나는 "잘 모르겠다"고 했다. 그러자 타일러는 "이 제품은 아직 시장에 풀리지 않았다"면서 "지금까지 이걸 마셔본 사람은 전 세계를 통틀어 스무 명 정도밖에 없다"고 말했다. 나는 "분에 넘치게 영광스러운 기회를 줘서 너무도 감사하다"고 인사를 전했다.

올드 포레스터 1910은 제품 개발 스토리가 흥미진진하다. 세월을 100년 이상 거슬러 1910년으로 가보자. 바로 이해 10월에 올드 포레스터 증류소에선 원인 불명의 화재가 발생했다. 기록에 따르면, 당시 이 화재로 다른 곳은 큰 피해를 입지 않았다. 하지만 위스키를 병에 담는 병입 시설은 완전히 멈춰 서고 말았다. 이로 인해 급하게 해결해야 할 문제도 생겼다. 다름 아니라 병입을 하려고 오크통에서 빼낸 상당량의 위스키를 어떻게 처리하느냐는 것이었다. 위스키를 빼낸 직후 오크통을 이미 분해해버려 원래대로 담을 수도 없었다. 아까운 위스키를 버릴 수 없었던 브라운포맨은 고심 끝에 이 위스키를 새 오크통에 옮겨 담아놓고 병입 시설이 재가동될 때까지 기다렸다. 다시 말하면, 원래는 그냥 병에 담아서 팔았을 위스키였는데, 화재가 나는 통에 어쩔 수 없이 새 오크통에서 한번 더 숙성을 하게 된 것이다. 요즘이야 '더블 우드double wood'라고 해서 숙성을 마친 위스키를 다른 통에서 추가 숙성하는 일이 다반사다. 하지만 이때만 해도 그런 일은 상상도 못했다. 결국, 우여곡절 끝에 출시된 이 위스키는 버번 역사상 최초의 더블 우드(캐스크)였던 셈이다.

그렇다면 화재 사고 때문에 탄생한 1910년대 더블 우드 버번을 어떻게 복원했을까? 증류소측은 기록을 통해 과거에 이런 희한한 제품이 존재했다는 걸 알게 된 뒤, 창고부터 뒤졌다고 한다. 신기하게도 창고에는 당시에 제조한 더블 우드 스타일의 버번 위스키가 한 상자 남아 있었고, 이걸 분석해 올드 포레스터 1910을 개발하는 데 성공했다.

고고학 유물 발굴에 가까운 노력을 통해 복원된 올드 포레스터 1910. 이 위스키는 5년 동안 1차 숙성을 한 뒤에 알코올 도수를 50도 정도로 떨어뜨린다. 그런 다음 새 오크통에 넣고 8개월 동안 다시 숙성한다. 추가 숙성 때 쓰는 오크통은 1차 숙성 오크통보다 내부를 더 많이 태워서 강렬한 풍미가 위스키에 배어들도록 만든다고 한다.

1910년 증류소 화재 때문에 우연히 탄생한 최초의 더블 우드 올드 포레스터 위스키.

이런 설명을 듣고 나서 시음에 들어갔다. 맛도 맛이지만, 향이 기가 막혔다. 어떻게 이런 향이 느껴지나 싶을 정도였다. 위스키에서 사과 향이 나는 느낌은 처음이었다. 여기에 그윽하고 깊은 캐러멜 풍미까지 어우러졌다. 전체적으로 신선하고 깔끔한 위스키였다.

마지막으로 시음한 건 2016년에 출시된 제품이다. 위스키 거리 시리즈 네번째 작품인 올드 포레스터 1920이다. 이 제품은 금주법 시대에 유통되던 의료용 위스키를 재해석했다. 알코올 도수는 57.5도(115프루프). 오크통에 넣을 때 도수가 60도라서 거의 캐스크 스트렝스에 가깝다. 또 6년에서 7년까지 숙성을 하기 때문에 풍미도 다른 제품과 달랐다. 도수가 높아서 물을 조금 타서 마셨는데, 특이하게도 초콜릿

초창기 제품을 재해석한 '위스키 거리 시리즈'.

과 버터 느낌이 났다. 솔직히 내 입맛에는 잘 맞지 않았다. 하지만 독
특한 풍미를 즐기는 버번 마니아라면 충분히 매력을 느낄 만하다.

시음을 마치고 나니, 기분좋은 취기가 올라온다. 이런 기분에 그냥
숙소로 돌아갈 순 없다. 타일러에게 감사 인사를 전한 뒤 증류소 바로
옆에 있는 술집으로 직행했다. 굴 안주를 시켜놓고 다시 버번 위스키
를 마시니, 천국이 바로 여기가 아닐까 싶다.

'그래 기왕 마신 거, 오늘은 올드 포레스터로 계속 달려보자.'

투어 정보

Old Forester Distillery
119 West Main Street, Louisville, KY 40202

대표 투어 프로그램: Old Forester Distillery Tour
화~목: 오전 10시~오후 6시 (매시 15분)
금~토: 오전 10시~오후 7시 (매시 15분) | 일: 정오~오후 5시 (매시 15분)
소요 시간: 1시간 | 요금: 18$ (성인)
투어 예약: www.oldforester.com/events/old-forester-distillery-tour

2

엔젤스 엔비

ANGELS ENVY

KENTUCKY STRAIGHT
BOURBON WHISKEY

FINISHED IN PORT WINE BARRELS

천사의 질투

위스키 거리로 불리는 루이빌 메인 스트리트는 야구의 거리이기도 하다. 올드 포레스터 증류소를 비롯해 위스키 관련 업종이 모여 있는 메인 스트리트에는 미국에서 가장 유명한 야구 배트 공장(겸 박물관)이 있다. 바로 루이빌 슬러거Louisville Slugger다. 여기가 어디에 있는지는 애써 지도를 뒤질 필요조차 없다. 그냥 메인 스트리트를 쭉 걷다보면 '바로 저기구나' 하고 자연스럽게 알게 된다. 입구에 상상을 초월할 정도로 거대한 야구 배트 조형물이 떡하니 서 있기 때문이다. 데릭 지터나 알렉스 로드리게스 같은 메이저리그 전설들이 즐겨 쓰던 배트. 크리스 데이비스나 조이 보토 등 수많은 현역 스타들도 이 배트를 들고 경기에 나선다. 당연히 이 공장은 루이빌의 대표 명소 중 하나다. 나도 어지간히 야구를 좋아하기에 잠깐이라도 들러보려고 했으나, 일정이 맞지 않아 밖에서 사진만 찍고 돌아섰다. 어쨌든 이 공장에서 동쪽으

루이빌 대표 명소인 '루이빌 슬러거' 공장.

엔젤스 엔비 증류소.

엔젤스 엔비 증류소.

로 10분 정도 걸어가면 야구장이 하나 나온다. 메이저리그 신시내티 산하 트리플 A 루이빌 배츠Louisville Bats 구단 홈구장인 루이빌 슬러거 필드다. 이쯤 되면 위스키 얘길 하다 왜 야구로 빠지느냐고 의아해하는 분이 있을 것 같다. 얼른 본론으로 돌아가자면 지난 2016년, 루이빌 슬러거 필드 바로 건너편에 증류소가 하나 생겼다. 이름은 엔젤스 엔비Angel's Envy. 우리말로 굳이 번역하자면 '천사의 질투' 증류소다.

버번과 빙하의 공통점

건물 벽에 증류소Distillery라고 적혀 있지 않았다면 여기서 위스키를 생산한다고 생각하지 못했을 것이다. 붉은 벽돌과 유리로 장식된 외관만 보면 갤러리나 박물관으로 착각할지도 모른다. 예약한 투어 시간보다 일찍 도착해 1층 기념품점에 먼저 들렀다. 켄터키 증류소를 다니다보면 기념품점에서 늘 발걸음이 오래 머물게 된다. 다양한 위스키 관련 상품을 참 예쁘게도 만들어서 판다. 그런데 그중에서도 이곳은 좀더 특별했다. 상품 종류는 많지 않은데, 하나하나가 예술품 같았다. 날렵한 병에 담긴 위스키는 물론이고 잔이나 지거Jigger(계량컵), 셰이커도 아름다웠다. 이런 디자인이라면 정말 '천사가 질투할 만하다' 싶었다. '이걸 살까 저걸 살까' 고민하다가 가격표를 보니 정신이 번쩍 든다. 사는 건 포기하고 구경만 열심히 했다. 한국에 와서 생각해보니 그래도 '하나쯤 집어올걸' 하는 후회가 든다.

엔젤스 엔비 기념품점에 전시된 각종 위스키 관련 상품.

투어를 시작한다는 방송이 흘러나온다. 평일(수요일) 오전 열시 첫 투어인데도 스무 명 정원을 다 채웠다. 버번 인기가 치솟으면서 증류소 투어도 덩달아 인기를 끌고 있다는 말을 실감했다.* 잠시 뒤, 증류소 안내 직원이 나타났다. 호리호리한 체구에 흰 수염을 멋지게 기른 피터라는 가이드였다. 유쾌한 인상의 피터는 방문객들에게 "환영합니다. 이곳에 오신 걸 보니 여러분은 모두 버번 팬들이군요. 모두 버번을 사랑하시는 거죠? 그래서 우리가 이렇게 만난 겁니다"라고 인사를 건넸다. 이어서 그는 "투어를 시작하기 전에 딱 하나만 알아두라"며 의미심장한 한마디를 덧붙였다.

"기억하십시오. 버번과 빙하는 같은 속도로 움직입니다. 뭔가 변화하려면 몇 년씩 걸립니다. 위스키를 만들어서 마시려면 4년에서 6년을 숙성시키며 기다려야 합니다."

'버번과 빙하는 같은 속도로 움직인다.'

멋진 표현이다. '위스키를 만들 때 필요한 최고 덕목은 인내심'이라는 말과 같은 뜻이다. 언젠가 나도 이 말을 꼭 한번 써먹어야지 싶어 노트에 얼른 적어놨다.

가장 위대한 버번 장인

투어의 시작은 이번에도 역사 강의다. 이건 켄터키 증류소에선 공식이나 마찬가지다. 제조 공정이나 제품 소개에 앞서 그들은 반드시 역사부터 가르쳐준다. 증류소가 언제 어떻게 탄생했고, 최초로 증류소를 세운 인물은 누구이며, 어떤 계기로 위스키 제조를 시작했는지를 세세하게 알려준다. 엔젤스 엔비에서는 창업자인 링컨 헨더슨Lincoln Henderson(1938~2013)의 인생 이야기부터 풀어놓기 시작했다.

엔젤스 엔비 증류소 창업자 링컨 헨더슨.

나는 링컨 헨더슨이 어떤 사람인지 이미 알고 있었다. 버번 업계에서 워낙 유명한 인물이었기 때문이다. 켄터키 증류업자들은 그의 이름 앞에 '가장 위대한 버번 위스키 장인'이라는 수식어를 붙인다. 실제로 그의 업적을 살펴보면 이런 찬사는 결코 과장이 아니다. 1938년생인 링컨 헨더슨은 미국 최대 주류 회사인 브라운포맨 마스터 디스틸러로 39년 동안 일했다. 아마 버번이나 테네시 위스키를 사랑하는 분이라면 그가 만든 위스키 한두 가지는 마셔봤을 것이다. 잭 다니엘스 싱글 배럴과 잭 다니엘스 젠틀맨 잭, 우드포드 리저브**. 이런 명품 위스키가 모두 링컨 헨더슨의 손에서 탄생했다. 후대 위스키 장인들의 존경을 받아온 링컨 헨더슨은 지난 2001년 켄터키 버번 명예의 전당에도 이름을 올렸다. 엔젤스 엔비 가이드 피터는 "링컨 헨더슨이야말로 역사상 가장 위대한 마스터 디스틸러"라며 "루이빌 버번 업계에서는 매년 11월 24일을 링컨 헨더슨의 날로 정해 기념한다"고 말했다.

● 켄터키 증류소 연합회가 주관하는 증류소 탐방 프로그램인 켄터키 버번 트레일Kentucky Bourbon Trail에 참가한 관광객은 2016년 기준으로 1년에 100만 명을 넘어섰다.

●● 우드포드 리저브는 링컨 헨더슨과 크리스 모리스(현재 우드포드 리저브 마스터 디스틸러)가 함께 개발했다.

3대가 뭉쳤다

여기서 이런 질문이 떠오른다. 버번 업계의 전설인 링컨 헨더슨은 왜 은퇴 이후 독자적으로 위스키 개발에 나섰을까? 버번 역사에 이미 큰 발자국을 남긴 상황에서 왜 다시 도전을 시작했을까?

'이룰 것 다 이루고' 은퇴한 뒤 인생 말년을 유유자적하며 지내던 링컨 헨더슨. 이런 그를 움직인 건 아들인 웨스 헨더슨이었다. 가이드 피터의 설명에 따르면, 웨스 헨더슨은 어느 일요일 아침 아버지 집을 찾아가 "함께 증류소를 세워 가문 대대로 이어갈 유산으로 만들자"고 말했다. 수십 년 동안 마스터 디스틸러로 일하며 쌓은 아버지의 풍부한 지식과 경험을 묻어둬서는 안 된다고 생각했던 것이다. 마침 링컨 헨더슨 역시 위스키 인생을 정리할 구상을 하고 있던 터라 두 사람은 금세 의기투합했다. 여기에 손자 카일까지 가세하면서 3대가 한마음 한뜻으로 뭉쳤다. 이 대목에서 가이드 피터는 "한번 생각해보세요. 명예의 전당에 자신의 이름이 올라 있고, 자신을 기념하는 날까지 정해져 있는 나이 칠십이 다 된 노인이 은퇴 이후에 뭘 하고 싶었을까요? 아마 별다른 일이 없었다면 집에서 TV로 미식축구나 보며 세월을 보내지 않았겠어요? 휴일에 소파에 앉아 있는 아버지를 찾아온 아들이 없었다면 말이죠"라고 말했다.

링컨 헨더슨의 낡은 노트

다시 위스키 개발을 시작한 링컨에겐 비장의 무기가 있었다. 다름 아닌 지난 수십 년간 위스키를 만들면서 기록해둔 노트였다. 링컨은 노

왼쪽부터
웨스 헨더슨(아들),
링컨 헨더슨,
카일 헨더슨(손자).

GROUNDBREAKING

IN 2013, THREE
GENERATIONS OF
HENDERSONS BROKE
GROUND ON THE
DISTILLERY WITH
THIS SHOVEL.

ANGELS ENVY

증류소에 걸려 있는 착공식(2013년) 기념 삽.

*It is a DREAM COME TRUE to have MY OWN DISTILLERY
on Main Street in downtown Louisville.*
Lincoln Henderson

"꿈을 이뤘다." 링컨 헨더슨이 착공식 당시 남긴 말.

트 한 페이지 한 페이지를 넘겨가며 매시빌과 숙성 방법을 완성했다. 이때까지만 해도 자체 증류소가 없었던 헨더슨 가족은 일단 다른 증류소에서 생산한 위스키 원액을 가져다가 추가 숙성해 판매하기로 결정한다. 증류소 건립에 돈과 시간이 많이 필요하기 때문에, 업계에서 NDP(비증류 생산자) 혹은 독립 병입 업체라 부르는 방식으로 첫발을 내딛기로 한 것이다.

헨더슨 가족은 다른 증류소에서 사 온 위스키 원액을 통에 넣고 이런저런 실험을 이어갔다. 그러던 어느 날, 신기한 일을 경험하게 된다. 신제품 개발을 위해 맨 처음 위스키 원액을 넣어둔 통을 열었더니, 짧은 기간에 너무 많이 증발한 게 아닌가. '천사의 몫'이 엄청난 걸 보고 깜짝 놀란 링컨은 "위스키가 너무 맛있어서 천사가 질투를 한 게 틀림없어"라고 말했다. 헨더슨 가족이 만든 위스키 이름이 엔젤스 엔비 Angel's Envy가 된 데에는 이런 이야기가 숨어 있다.

링컨 헨더슨의 꿈

2011년에 최초로 위스키를 출시한 엔젤스 엔비는 2년 뒤엔 본격적으로 증류소 건립에 나섰다. 켄터키 루이빌 중심가인 메인 스트리트에 있는 낡은 건물을 매입해 증류소로 탈바꿈시키기로 했다. 1902년에 지은 이 건물은 승강기 제조 공장 등으로 사용하다가 한동안 버려져 있었다. 헨더슨 가문은 건물 외관은 최대한 보존하고 내부를 개조해 증류소로 바꿨다. 공사에 들어간 날은 2013년 7월 9일. 당시 착공식 때 쓴 '첫 삽'은 지금도 증류소 벽에 걸려 있다.

루이빌에서 태어나 한평생을 버번 위스키 제조에 바친 링컨 헨더슨. 그에겐 유서 깊은 위스키 거리에 자신의 증류소를 세우는 게 너무도 감격스러운 일이었다. 더구나 증류소로 탈바꿈할 건물은 자신의 아버지가 한때 일했던 곳으로, 유년 시절의 추억이 담긴 특별한 장소였다. 증류소 착공 당시 링컨은 "루이빌 중심가 메인 스트리트에 증류소를 세운다는 건 꿈을 이룬 것이나 마찬가지"라는 말을 남겼다. 하지만 링컨은 꿈에도 그리던 증류소를 직접 볼 수는 없었다. 착공식 두 달 뒤인 2013년 9월에 갑자기 세상을 떠났기 때문이다. 엔젤스 엔비는 링컨 헨더슨의 후손들이 맡게 됐으며, 2015년 봄에는 소유와 경영이 분리됐다. 지금은 럼으로 유명한 주류 회사 바카디Bacardi가 브랜드 소유권을 갖고, 링컨의 후손들은 증류소 운영과 주류 생산을 책임지고 있다.

'증류 과정을 체험하는' 증류소

언젠가 버번 위스키 전문 서적에서 "엔젤스 엔비에 가면 그냥 증류소를 체험하는 게 아니라, 증류 과정을 체험할 수 있다"는 문장을 읽은 적이 있다. 이게 무슨 얘기인지 그때는 이해를 못 했는데 여기 와서 보니 실감할 수 있었다. 예를 들어 위스키 재료를 설명할 때부터 다르다. 대다수 버번 증류소에서는 매시빌을 도표나 사진으로 보여준다. 좀더 성의 있는 곳에서는 곡물이 담긴 병을 가져와 설명한다. 그런데 여기는 커다란 원형 테이블에 배합 비율에 맞게 칸을 나누고 옥수수와 호밀, 맥아 보리를 넣어뒀다. 그냥 눈으로 보는 게 아니라 만져보고 향도 맡아볼 수 있다. 설명도 어찌나 자세히 해주는지 가이드가 하는 얘기만 잘 듣고 메모해도, 버번 전문 도서 1장에서 다루는 '버번 위스키의 정의' 정도는 읽은 거나 진배없다.

당화와 발효는 온도에 달렸다

엔젤스 엔비의 매시빌은 옥수수 72퍼센트, 호밀 18퍼센트, 맥아 보리 10퍼센트다. 이 숫자 어디서 한번 본 것 같지 않은가? 맞다. 브라운포 맨 계열인 올드 포레스터와 우드포드 리저브 증류소가 똑같은 매시빌을 쓴다. 엔젤스 엔비를 창업한 링컨 헨더슨이 브라운포맨 소속 마스터 디스틸러였다는 걸 감안하면 이해가 되는 대목이다.

엔젤스 엔비의 당화, 발효 공정은 미국 버번 업계의 정석 그대로다. 그럼 엔젤스 엔비의 예를 통해 당화와 발효 과정에서 가열 온도가 얼마나 중요한지 짚고 넘어가자. 먼저 이 증류소에서는 옥수수를 당화조에 넣고 섭씨 100도(화씨 212도)에서 30분간 가열한다. 이후 호밀을 첨가해 다시 30분을 가열한다. 이때는 온도를 섭씨 76도(화씨 168.8도)로 낮춘다. 그다음엔 온도를 섭씨 65도(화씨 149도) 이하로 더 낮춘 뒤 맥아 보리를 넣는다. 여기서 주의해야 할 점은 맥아 보리를 투입한 뒤에도 당화조 온도가 섭씨 65도 이상으로 올라가면 안 된다는 것이다. 그렇게 되면 맥아 보리에 있는 효소가 죽어버려 곡물 속의 전분이 당분으로 바뀌지 않는다. 참고로 스카치 몰트위스키를 만들 때는 옥수나 호밀을 쓰지 않고 100퍼센트 맥아 보리만 사용하기 때문에 이렇게 복잡하게 온도 조절을 할 필요가 없다. 처음부터 65도 이하로 맞춰놓고 당화를 한다.

당화가 끝나면 발효조로 옮겨서 효모를 투입해 발효를 한다. 이때도 온도가 중요하다. 자칫하면 효모가 죽기 때문이다. 스카치위스키

버번 위스키를 만드는 곡물(옥수수, 호밀, 맥아 보리).

증류소에서는 발효조 온도를 처음에 섭씨 23도 내외로 맞추고 발효를 시작한다. 이렇게 하면 발효가 진행되면서 48시간 이후에는 온도가 35도 가까이 오르게 된다. 그런데 버번 위스키를 제조할 때는 통상적으로 스카치위스키보다는 좀더 높은 온도로 발효를 시작한다. 대략 섭씨 25도(화씨 77도)에서 30도(화씨 86도) 사이로 조절한다. 다만 어떤 경우에도 섭씨 35도(화씨 90도) 이상으로 올리지는 않는다. 35도가 넘어가면 효모가 죽어 발효가 더이상 진행되지 않기 때문이다.

설명을 듣고 난 뒤 당화와 발효 공정을 눈으로 살펴봤다. 증류소 2층에는 스테인리스 스틸로 만든 1만 3565갤런(약 5만 1349리터) 크기의 대용량 발효조 여덟 대가 있었다. 그런데 특이한 점이 눈에 띄었다. 대다수 켄터키 증류소와 달리 이곳에서는 발효조에 전부 뚜껑을 덮어놨다. 가이드 피터는 크게 두 가지 이유를 들었다. 우선은 발효할 때 이산화탄소를 비롯해 여러 종류의 가스가 다량 발생하는데, 이게 건물을 쉽게 부식시킨다는 것. 그래서 뚜껑을 닫아놓고 발효를 시키

뚜껑이 덮인 발효조. 온도 조절이 편리한 장점이 있다.

면서, 이산화탄소 등을 모두 모아 건물 밖으로 배출한다고 설명했다. 더불어 뚜껑이 있으면 여름에 발효조 온도 관리하기가 매우 쉽다는 것도 장점이라고 덧붙였다. 켄터키의 여름은 무척 더워서 자연적으로 발효조 온도가 올라가게 되는데, 뚜껑이 있는 발효조를 쓰면 온도 조절이 편리하다는 얘기였다.

켄터키 물약

1층으로 다시 내려가 증류기를 구경했다. 1차 증류기로는 35피트짜리 대형 연속식 증류기를 쓰고, 2차 증류기로는 포트 스틸을 쓰고 있었다. 다른 증류소와 마찬가지로 모두 벤돔Vendome사에서 만든 것이

35피트 높이의 연속식 증류기(1차 증류기)와 위스키 세이프.

엔젤스 엔비 증류소 2차 증류기(더블러).

다. 증류기도 예뻤지만, 방문객들의 눈길을 사로잡은 것은 그 옆에 있던 위스키 세이프였다. 어른 키 높이에 달하는 엔젤스 엔비의 위스키 세이프는 디자인이 예술이었다. 증류를 마친 투명한 위스키가 뿜어져 나오는 윗부분은 엔젤스 엔비의 병 모양을 그대로 본떴고 아래쪽엔 천사의 날개를 그려넣었다. 모두 그 앞에서 사진을 찍느라 여념이 없었다.

방문객들이 사진을 찍는 동안 잠시 사라졌던 피터가 다시 나타났다. 그는 갓 증류를 마친 위스키(화이트 도그, 뉴 메이크)를 병에 담아서 들고나와 방문객들에게 차례로 돌렸다. 아직 숙성을 하지 않아 색이 투명한 이 위스키의 도수는 69도(138프루프). 피터는 "향도 맡고, 손가락으로 조금 찍어서 맛도 보라"고 권했다. 또한 "위스키 향을 맡을 때는 코로만 맡지 말고 반드시 입과 코로 동시에 들이마시라"고 팁을 알려줬다. 이미 여러 증류소에서 화이트 도그를 맛봤고, 솔직히 미숙성 위스키의 향을 별로 좋아하지도 않는 터라 나는 그냥 넘어가려고 했다. 그런데 그 모습을 보고 피터가 한마디한다.

"이거 드시는 게 좋아요. 일종의 켄터키 사랑의 물약Kentucky love potion 이거든요. 이걸 마셔야 켄터키를 좀 안다고 하실 수 있는 겁니다."

이렇게까지 얘기하면 안 마실 도리가 없다. 병에 손가락을 푹 담가서 향도 맡고 맛도 봤다. 역시 곡물 향이 진하고 비릿하면서 느끼한 맛이었다. 역시 나한테는 '켄터키 물약'보다는 잘 익은 위스키가 더 잘 맞는 것 같다.

"옛것을 지키며 가꾼다"

피터가 화제를 바꿨다. 그는 "숙성 과정을 설명하기 전에, 이 건물에 대해 꼭 알려드려야 할 게 있다"면서 큰 목소리로 다음과 같이 말했다.

"이 건물은 1902년에 지었습니다. 1987년부터는 텅 비어 있었죠. 2013년에 우리가 증류소로 개조하는 공사에 들어가기 전까지는 그냥 버려진 건물이었습니다. 저희는 이 건물이 갖고 있던 원래의 아름다움과 역사적인 가치를 보존하려고 애썼습니다. 그냥 다 부수고 새로 지으면 돈과 시간이 훨씬 적게 들었을 겁니다. 하지만 그렇게 하지 않았습니다. 많은 돈과 시간, 그리고 노력을 들여 원래 있던 벽의 95퍼센트를 그대로 유지한 채 공사를 마쳤습니다. 2013년에 시작한 공사가 3년 넘게 걸린 이유가 바로 이겁니다."

'물개박수'를 한 500만 번 쳐주고 싶다. 피터의 말처럼 켄터키 증류소에서는 옛것을 부수고 말끔하게 새로 짓는, 그런 무식한 짓은 절대 하지 않는다. 당장은 돈과 시간이 더 들지 몰라도, 오래된 것을 지키고 가꾸는 게 훨씬 더 값어치 있다는 걸 잘 알기 때문이다.

피니싱을 전면 도입하다

가장 중요한 숙성 공정을 살펴볼 차례다. 숙성은 위스키 맛의 최소 50 퍼센트 이상을 좌우하기에, 모든 증류소에서 중요하게 생각한다. 하지만 엔젤스 엔비만큼 숙성에 신경을 많이 쓰는 증류소가 또 있을까 싶다. 엔젤스 엔비가 다른 버번 위스키와 차별화되는 가장 핵심적인 부분이 숙성이기 때문이다.

그럼 대체 뭐가 다르냐? 정답부터 바로 알려드리겠다. 엔젤스 엔비는 피니싱 개념을 본격적으로 버번 위스키에 도입했다. 피니싱은 스카치위스키 업계에선 오래전부터 일반화된 개념으로, 숙성을 다 마친 위스키를 다른 통에 옮겨서 추가로 숙성하는 걸 말한다. 스카치 싱글몰트위스키 이름에 가끔 더블 우드double wood(cask)니 트리플 우드triple wood(cask)니 하는 단어가 붙어 있는데, 이게 다 피니싱을 했다는 뜻이다. 예를 들어 발베니 더블 우드 12년Balvenie Double Wood 12 years old은 버번 오크통에서 12년간 숙성한 위스키를 빼내서 다시 셰리 오크통에 넣고 9개월 동안 추가 숙성을 한다. 이렇게 숙성하면 버번 오크통에서 12년간 빨아들인 풍미에 더해 셰리의 풍미까지 배어들어 보다 풍부한 맛을 지니게 된다.

브라운포맨 마스터 디스틸러로 오래 일한 링컨 헨더슨은 오래전부터 피니싱에 주목했다. 특히 스코틀랜드를 방문했을 때 추가 숙성한

버번 피니싱에 사용하는 포트와인 배럴port wine barrel.

스카치를 맛본 뒤로 더 큰 관심을 갖게 됐다고 한다. 그는 스카치 제조
업자들이 숙성을 다 끝낸 위스키를 피니싱하는 걸 직접 보면서 언젠
가 버번에도 도입해야겠다고 생각했다. 브라운포맨에 있을 때에는 여
러 가지 제약으로 이런 구상을 실천에 옮기지 못하다가, 엔젤스 엔비
증류소를 세우면서 과감하게 피니싱을 도입했다.

　현재 엔젤스 엔비는 두 가지 방식으로 피니싱을 하고 있다. 먼저 버
번은 전체 숙성 기간이 4년에서 6년인데 이중 마지막 3개월에서 6개
월 동안 포르투갈 포트와인 통에서 추가 숙성을 한다. 그러니까 숙성
기간 대부분은 일반적인 오크통에 넣어서 익히다가 마지막 단계에서
는 포트와인을 담았던 오크통에 옮겨 담고 몇 개월 더 숙성시킨다는
얘기다. 이런 추가 숙성을 통해 포트와인의 색과 풍미가 위스키에 자
연스럽게 배어든다. 당연히 맛도 훨씬 부드러워지고 향도 복합적으로
변한다.

라이 위스키를 숙성할 때 쓰는 럼 캐스크rum cask. 포트와인 배럴에 비해 높이가 낮고 통통하다.

반면 라이 위스키는 숙성 기간과 방식이 다르다. 엔젤스 엔비 라이 위스키는 호밀 95퍼센트에 맥아 보리 5퍼센트로 만든다. 호밀 비중이 높다보니 맛이 세고 강한 편이다. 그래서 라이 위스키는 총 6년에서 8년까지 숙성한다. 또 추가 숙성 기간도 보통 1년에서 1년 반까지 훨씬 길게 잡는다. 추가 숙성을 하는 오크통도 버번과는 다르다. 카리브해 바베이도스에서 공수해 온 럼 통에 넣어서 추가 숙성한다.

버번 위스키를 피니싱하는 포르투갈 포트와인 통과 라이 위스키를 추가 숙성하는 바베이도스 럼 통은 크기와 모양이 완전히 다르다. 포트와인 통에 비해 바베이도스 럼 통은 높이가 낮고 가운데가 훨씬 더 불룩 튀어나왔다. 한마디로 포트와인 통은 홀쭉하고 럼 통은 통통하다. 또 포트와인 통은 마치 새것처럼 비교적 겉이 깨끗한 데 비해, 럼 통은 여러 번 재활용해서인지 곳곳이 시커멓게 변해 있었다. 피터의 설명을 들어보니, 엔젤스 엔비가 가져온 럼 통은 25년 정도 된 것이라고 한다. 맨 처음엔 코냑을 10년 정도 담았다가 이후에 럼을 10년 동안 넣어뒀다고 한다. 코냑 10년에 럼 10년을 담아둔 통에 다시 라이 위스키를 넣어서 숙성을 한다면 풍미가 제법이겠구나 싶었다.

버번 위스키를 제대로 즐기려면?

제조 공정을 모두 살펴본 뒤에는 테이스팅 룸으로 올라갔다. 커다란 원목을 통으로 잘라서 만든 탁자가 눈길을 사로잡는다. 갈색 톤으로 맞춰진 차분한 분위기에 채광도 훌륭하다. 이런 데서라면 위스키 한 병쯤은 너끈히 비울 수 있을 것 같다. 모두가 자리에 앉자 피터는 위스키를 마시기 전에 색깔부터 감상하라고 한다.

초콜릿과 곁들여 마신 엔젤스 엔비 위스키.

'아…… 참 아름답다.'

천사가 질투할 만한 빛깔이다. 이런 색깔을 뭐라고 표현할 수 있을
까? 피터는 "앰버 골드amber gold"라고 했다. 하지만 그런 평범한 색상
이름 말고 뭔가 더 그럴싸한 단어를 만들어내면 어떨까? 뭐, 예를 들
어 엔젤 브라운angel brown이라든가 골드 엔젤gold angel이라든가.

찬찬히 보고만 있기엔 향과 맛이 너무도 궁금해 견딜 수가 없었다.
피터의 허락도 받지 않고 슬쩍 향을 맡은 뒤에 얼른 한 모금을 마셨다.
의외로 과일과 캐러멜 풍미가 풍부했다. 위스키를 홀짝거리는 나를
보더니 피터는 엔젤스 엔비 버번을 제대로 즐기는 법을 알려줬다. 피
터가 가르쳐준 방법은 간단하다. 일단 한 모금은 그냥 마시고, 이후엔
얼음을 딱 하나만 띄워서 맛을 비교해보는 것이었다. 시키는 대로 먼
저 아무것도 타지 않고 마신 뒤에 가져다준 얼음 하나를 넣고 다시 마

셨다. 곳곳에서 "와우" 하는 탄성이 들렸다. 전혀 다른 위스키가 되어 있었기 때문이다. 그냥 마실 때보다 단맛이 훨씬 더 많이 느껴졌다. 똑같은 위스키인데 얼음 하나 띄웠다고 이렇게 맛이 달라지다니, 역시 버번은 신비하고 위대하다.

피터는 혹시 집에서 버번을 즐길 때 어떤 안주를 곁들이냐고 물었다. 치즈, 초콜릿, 스테이크, 샐러드, 피자, 햄버거 등등 정말 여러 가지 답이 나왔다. 피터는 자신의 경험으로 볼 때, 최고의 버번 안주는 말린 육포인 것 같다고 했다. 그다음으로는 초콜릿이나 오렌지도 어울린다고 했다. 육포에 버번이라…… 다시 군침이 돈다.

버번을 사랑하는 지구인

고작 한 시간이었지만 가이드인 피터와 부쩍 친해진 기분이다. 아무래도 책을 써야겠다고 생각해 이런저런 질문을 많이 했기 때문인 것 같다. 투어가 다 끝난 뒤 피터와 나는 마지막으로 나란히 앉아 한 잔을 더 마셨다. 국적과 인종, 나이까지 모두 다른 피터와 나. 하지만 그런 게 무슨 대수일까. 버번 잔을 부딪치는 이 순간만큼은 그와 나는 하나다. 지금 이 순간 우리 두 사람은 그저 버번을 지극히 사랑하는 지구인일 뿐이다.

위스키는 스스로 말한다

잔도 다 비웠고 이젠 증류소를 떠날 시간이다. 테이스팅 룸에 있는 엘

증류소 테이스팅 룸에 있는 칵테일 바.

리베이터를 타고 내려가려는데 바로 옆에 멋진 칵테일 바가 눈에 띈
다. 아마 시음 마치고 그냥 돌아가기 아쉬운 사람을 위해 마련해둔 공
간이리라. 나 역시 두 잔으로는 아쉽던 차였다.

'오늘 그냥 이대로 한번 달려?'

앗, 그런데 시계를 보니, 아직 오전 열한 시다. 지금부터 달렸다가는
내일 스케줄까지 엉망이 될 게 뻔하다.

'그래, 아쉬울 때가 좋을 때다.'

겨우 마음을 다잡고 1층으로 내려온다. 버번의 유혹에서 빨리 벗어
나야겠다 싶었다. 얼른 증류소 현관문을 열고 밖으로 나가려던 찰나,

Sometimes it's best to let the whiskey
SPEAK *for* ITSELF.
Wes Henderson

"위스키는 스스로 말한다."

이런 문구가 적혀 있는 게 눈에 들어왔다.

"때론 위스키가 자기 스스로 말하도록 놔두는 게 최선이다."

그렇다. 위스키는 스스로 익어가고 결국 스스로 말한다. 아무리 세상이 발전해도 발효와 숙성의 신비로운 과정을 사람이 다 통제할 순 없다. 그러니 최선을 다해 술을 빚은 뒤엔 그저 하늘에 맡겨둘 수밖에 없다. 위스키를 통해 또 한 가지를 배웠다. 세상은 순리대로 흘러간다는 것을. 또 그래야 가장 자연스럽다는 것을. 그것이 위스키든 뭐든 간에.

투어 정보

Angel's Envy Distillery
500 E. Main St. Louisville, KY 40202

대표 투어 프로그램: Signature Tour
월, 수, 목: 오전 10시~오후 5시 (30분 간격)
금, 토: 오전 10시~오후 6시 (매시 정각)
일: 오후 1시~오후 5시 (매시 정각)
소요 시간: 1시간
요금: 20$
투어 예약: www.angelsenvy.com/distillery/visit

버번이 뜬다

요즘 미국에서는 버번(라이) 위스키가 주류 시장의 대세다. 버번이 얼마나 인기 있는지는 뉴욕이나 시카고 같은 대도시의 잘나가는 바에 가보면 금방 안다. 과거 보드카를 즐기던 힙스터hipster들이 죄다 버번 쪽으로 돌아섰다. 한껏 멋을 부린 그들은 바에서 버번 한 잔을 들고 특정 증류소의 싱글 배럴이나 스몰 배치에 대해 이야기를 나눈다. 이런 풍경을 직접 보지 않으면 미국에서 버번이 얼마나 유행하고 있는지 짐작하기 힘들다. 솔직히 나부터도 그랬다. '요즘 미국에서 버번이 뜬다'는 말을 듣긴 했지만, 이 정도일 줄은 상상도 못 했으니까.

통계와 숫자가 모든 걸 설명해주지는 않는다. 하지만 보다 객관적인 정보를 원하는 이들을 위해 몇 가지만 제시하려고 한다. 버번 전문 서적『배럴 스트렝스 버번』에 따르면, 버번 부흥이 시작된 2000년 이후 15년 동안 버번 위스키 생산량은 무려 315퍼센트 증가했다. 생산이 급증하면서 2008년 이후 켄터키 증류소가 각종 시설 투자에 쓴 돈만 이미 4억 달러(약 4700억 원)가 넘는다. 이걸로도 모자라 2021년까지 6억 3000만 달러를 더 투자할 계획이다. 정리하면 2008년부터 2021년까지 켄터키 증류소에서만 10억 달러, 우리 돈 약 1조 1900억 원을 버번 위스키 산업에 쏟아부을 거라는 얘기다.

크래프트 열풍

버번이 '힙hip한 술'이 되면서 증류소도 크게 늘고 있다. 하지만 새로 짓는 증류소 중에 짐 빔이나 와일드 터키 같은 매머드급은 없다. 여기엔 이유가 있다. 위스키 제조업은 일종의 장치 산업이다. 초기 투자 비용이 어마어마해 초대형 증류소를 세우는 게 쉽지 않다. 결국 새로 생긴 곳은 대부분 소규모 자본으로 소량 생산하는 이른바 크래프트 증류소Craft Distillery다. 그렇다면 이런 크래프트 위스키 증류소가 현재 미국에는 몇 곳이나 될까? 『빅 위스키』라는 책에 따르면, 2018년을 기준으로 미국 전역에 이미 1000여 곳이 있다. 물론 앞으로 더 늘어날 게 분명하다. 버번이 워낙 잘 팔리다보니 자고 나면 증류소가 생긴다는 말이 나올 정도다. 아마 내가 이 글을 쓰고 있는 동안에도 증류소 수십 개가 들어섰을 것이다.

크래프트 증류소가 우후죽순 생기면서 희한한 통계가 나왔다. 켄터키가 버번 위스키 생산량에서는 전체의 95퍼센트를 차지하지만, 정작 증류소 숫자에서는 미국 전체 주 가운데 10위권 밖으로 밀려났다. 이 얘기는 다시 말해 거대 기업이 대량 생산 체제로 운영하는 증류소는 켄터키에 몰려 있는 반면, 새로 문을 연 크래프트 증류소는 켄

붉은 벽돌이 인상적인 피어리스 증류소.

터키 말고 다른 주에 터를 잡았다는 뜻이다. 그런데 2010년대로 접어들면서 변화의 바람이 불고 있다. 초대형 증류소가 즐비한 켄터키에도 크래프트 증류소가 속속 생기고 있다. 켄터키 증류소 연합회KDA, Kentucky Distillers' Association에서 공식 운영하는 투어Kentucky Bourbon Trail Craft Tour에 포함된 크래프트 증류소만 해도 2019년 기준으로 20곳에 달한다.

루이빌에 있는 피어리스Kentucky Peerless Distilling Co. 역시 버번 열풍이 불면서 생긴 켄터키 크래프트 증류소다. 나는 켄터키로 떠나기 전부터 '무슨 일이 있어도 이곳에 꼭 들러야지'라고 미리 점찍어뒀다. 국내에는 알려지지도 않은 이 증류소를 반드시 가봐야겠다고 생각한 데는 물론 이유가 있다. 생긴 지 몇 년 되지도 않았는데 위스키 전문 잡지에서 주는 상을 여러 번 받는 걸 봤기 때문이다. 이 정도면 프로에 데뷔하자마자 골든글러브를 받는 천재 야구 선수랑 다를 바 없다고 생각했다.

120년 된 건물이 증류소로

피어리스는 올드 포레스터 증류소와 에반 윌리엄스 체험관이 있는 위스키 거리 근처에 있다. 차로는 대략 5분 거리다. 위스키 거리로 불리는 메인 스트리트에서 서쪽으로 가다가 오하이오강 쪽으로 꺾으면 금방 찾을 수 있다. 증류소에 도착하면 누구든 건물을 보고 한마디하게 될 게 분명하다. 붉은 벽돌 건물은 한눈에 봐도 무척 오래됐다. 나중에 알게 된 것이지만, 지은 지 120년이나 됐다. 원래는 담배 창고나 가방 공장으로 쓰던 건물이었다. 피어리스를 재창업한 코키 테일러Corky Taylor는 2014년에 허름한 이 건물을 매입해 증류소로 새롭게 단장했다.

증류소로 들어가니, 위스키 관련 상품이 눈에 띄었다. 잔과 머그컵, 셰이커부터 티셔츠와 모자, 심지어 버번 위스키를 넣은 데리야키 소스까지 위스키와 연관된 거라면 없는 게 없었다. 물건 구경에 빠져 있

'없는 게 없는' 피어리스 증류소 기념품점.

다보니, 어느새 증류소측과 약속한 시간이 됐다. '어떤 분이 증류소를 안내해주실까' 궁금했는데, 놀랍게도 피어리스 회장 카슨 테일러 Carson Taylor가 나와 있었다. 카슨은 CEO인 아버지 코키 테일러와 함께 증류소 운영을 총괄하고 있다. 서글서글하고 웃음이 많은 카슨 회장은 "한국에서 켄터키까지 오느라 고생하셨습니다"라고 인사를 건넸다. 이어 그는 "이곳에 증류소를 지은 지는 4년밖에 안 됐지만, 우리 집안이 위스키 증류를 시작한 지는 100년이 넘었습니다"라고 말했다.

영화 같은 인생

카슨 회장은 이 증류소가 어떻게 탄생했는지 설명해주겠다면서 전시실로 나를 데려갔다. 전시실에 들어가자마자 벽에 걸린 흑백 인물 사진이 눈에 들어왔다. 근엄한 표정의 양복 입은 신사였다. 카슨은 "피어리스를 최초로 세운 사람은 저와 제 아버지가 아닙니다. 저기 보이는 고조부(증외고조부) 헨리 크레이버Henry Kraver입니다"라며 사진 속 노신사를 가리켰다.

피어리스 최초 창업자인 헨리 크레이버는 입지전적 인물이다. 무일푼으로 자수성가해 시카고에 호텔을 소유하고 은행 연합회 의장에도 올랐다. '흙수저'에서 출발해 거부가 된 그의 인생은 한 편의 영화 같다. 이야기는 대략 이렇다. 폴란드 출신 유대인이었던 헨리는 다섯 살 때 뉴욕으로 건너와서 자랐는데, 지독하게도 가난했다. 열아홉 살 때 켄터키 루이빌로 다시 넘어온 헨

피어리스 증류소 최초 창업자 헨리 크레이버.

리는 무작정 눈에 보이는 술집으로 들어가 "혹시 일자리 있나요?"라고 물었다. 씩씩하고 당당한 모습이 맘에 들었던 주인은 헨리에게 가게 청소부터 시켰다고 한다. 온갖 허드렛일을 도맡은 헨리는 3년 뒤에는 술집 운영을 책임지게 된다. 이후 자기 소유의 술집을 직접 경영하고 담배 사업에도 손을 대 큰돈을 만지게 된다. 이때부터 헨리는 위스키 증류업에 본격적으로 뛰어든다. 1889년 헨리는 망한 증류소를 매입해 기계와 설비를 확충한다. 위스키 생산을 늘리고 동시에 세인트루이스와 시카고 같은 대도시에 판매망까지 확보하면서 헨리가 세운 최초의 피어리스 증류소는 승승장구를 거듭했다. 1913년에 이르자, 직원이 50명을 넘어섰다. 사업이 정점에 이른 1917년에는 1주일에 약 200배럴을 생산하게 된다. 하지만 바로 그해 미국이 1차세계대전에 참전하면서 옥수수로 위스키를 만드는 게 힘들어졌다. 더구나 얼마 뒤엔 금주법까지 시행되면서 증류소는 문을 닫고 만다.

DSP-KY-50

버번 역사에서 영원히 사라질 뻔한 피어리스. 역사 깊은 이 증류소를 되살린 건 헨리 크레이버의 4대손(증손자)인 코키 테일러와 5대손(고손자) 카슨이다. 두 사람은 헨리 크레이버의 위대한 유산을 계승하기 위해 2014년에 지금의 증류소 건물을 매입했다. 1년간의 공사를 마친 뒤 새롭게 탄생한 '제2의 피어리스' 증류소에서 발효와 증류를 시작했다. 2015년 3월에는 첫번째 오크통에 증류한 원액을 담았다. 2년이 흐른 2017년에는 최초로 라이 위스키 제품을 시장에 내놨다. 후손들의 끈질긴 집념이 100년 넘게 묻혀 있던 피어리스라는 이름을 부활

1913년 피어리스 증류소 직원 기념사진. 이 무렵 직원이 50명을 넘어섰다.

2015년 3월 피어리스는 첫번째
오크통에 위스키 원액을 담았다.

시켰다.

피어리스 위스키 병에는
증류소 고유 번호(DSP-KY-50)가
자랑스럽게 붙어 있다.

지금 출시되는 피어리스 위스키 병에는 DSP-KY-50이라고 적혀 있다. 증류소 정문에도 똑같은 알파벳과 숫자가 보인다. 별거 아닌 것처럼 보이지만 50이라는 숫자는 증류소의 오랜 역사를 말해준다. 여기서 DSP는 증류소 고유 번호Distilled Spirits Plant Numbers이고, KY는 켄터키Kentucky를 뜻한다. 즉 DSP-KY-50은 켄터키에서 50번째로 등록된 증류소라는 뜻이다. 헨리 크레이버가 1889년 증류소를 시작할 당시에 발급받은 증류소 고유 번호를 후손들이 물려받았다. 참고로 금주법 폐지 이후 세운 짐 빔의 클러몬트 증류소는 DSP-KY-230이고, 최근 몇 년 사이에 문을 연 증류소는 고유 번호가 대략 2만 번 대이다.

Grain to Bottle

위스키 제조 공정을 살펴볼 차례다. 피어리스는 모든 공정이 한곳에서 이뤄진다. 곡물 분쇄에서부터 당화, 발효, 증류는 물론 숙성과 병입, 포장까지 이 증류소에서 처리한다. 생산 규모가 큰 대형 증류소는 공정 일부를 외주화하거나 일부 시설은 별도의 장소에 따로 지어서 운영한다. 하지만 피어리스 같은 소규모 증류소에선 그럴 필요가 없다. 이처럼 모든 제조 공정을 한곳에서 다 처리하는 걸 Grain to Bottle(곡물 처리에서 병입까지)이라고 한다.

옥수수, 호밀, 맥아 보리가 보관돼 있는 곡물 처리실.

공정 순서에 따라 곡물 처리부터 살펴봤다. 크래프트 증류소답게 당화조 용량은 2000갤런 정도로 그리 크지 않다. 당화조는 컴퓨터로 자동 조절되는데, 1차로 옥수수와 호밀을 함께 넣고 섭씨 93도(화씨 199.4도)로 한 시간 반 가열한다. 그다음엔 맥아 보리를 추가로 넣고 섭씨 65도(화씨 149도)로 낮춰서 두 시간 반에서 세 시간 가열한다. 보통 다른 버번 증류소에서는 옥수수를 섭씨 110도 내외로 가열한 뒤 호밀을 넣고 나서 온도를 섭씨 77도 정도로 떨어뜨리는데, 여기는 옥수수와 호밀을 함께 넣고 같은 온도로 가열하는 게 특이했다.

사워 매시냐 스위트 매시냐

이것 말고도 독특한 게 있다. 「올드 포레스터」 편에서 이미 설명했듯이 켄터키의 거의 모든 증류소에선 사워 매시sour mash를 사용한다. 다시 한번 개념을 정리하면, 사워 매시는 증류를 다 마치고 남은 잔여물

(곡물 입자와 효모 성분을 포함하고 있는 액체. 산성 폐액)을 말한다. 셋백setback, 백셋backset, 스펜트 비어spent beer 등 다양한 이름으로 불린다. 이런 잔여물은 그냥 버리지 않고 다음번 발효할 때 당화조에 곡물과 함께 집어넣는다. 켄터키 증류소에서는 사워 매시를 약 25퍼센트 비율(혹은 그 이상)로 넣는 게 거의 공식처럼 돼 있다. 즉, 당화조에 들어가는 전체 내용물 가운데 75퍼센트가량은 새로 분쇄한 옥수수와 호밀, 맥아 보리이고 나머지 25퍼센트는 사워 매시라는 뜻이다. 사워 매시를 쓰면 당화 효율이 올라가고 위스키 맛을 균일하게 잡을 수 있는데다 원하지 않는 박테리아나 효모를 제거하는 데도 도움이 된다. 이렇게 장점이 많다보니 켄터키 증류소에서는 사워 매시를 쓰는 게 업계 표준으로 자리잡고 있다.

켄터키 버번의 전통이나 다름없는 사워 매시. 하지만 피어리스는 이걸 전혀 사용하지 않는다. 증류를 마치고 남은 잔여물은 모두 버리고, 매번 신선한 옥수수와 호밀, 맥아 보리로만 당화와 발효를 한다. 피어리스처럼 사워 매시를 재활용하지 않고 위스키를 만드는 걸 '스위트 매시sweet mash'라고 부른다. 사워 매시를 쓰지 않기 때문에 당연히 효율이 떨어지고 균질한 맛을 유지하기도 힘들다. 그렇다면 피어리스는 왜 남들과 다른 방식을 택했을까?

피어리스 회장 카슨 테일러는 이렇게 답했다.

"스위트 매시 방식이 어렵긴 합니다. 하지만 우리는 소규모 크래프트 증류소입니다. 대형 증류소와는 달라야 하죠. 더구나 소량 생산이다보니 사워 매시를 쓰지 않는데도 발효 기간은 4일 정도로 다른 곳과 비슷합니다. 물론 사워 매시를 쓴다면 당화가 더 쉽게 이뤄지겠지만, 우리는 그럴 필요가 없다고 생각해요. 그저 발효가 끝날 때까지 끈

피어리스 증류소 당화조와 발효조.

질기게 기다릴 뿐이죠."

생산 효율이나 속도보다는 스위트 매시로 만들어낼 수 있는 개성적이고 차별화된 맛이 중요하다는 설명이었다.

피어리스와 벤돔의 인연

신선한 곡물 재료로 만든 발효액(디스틸러스 비어)은 이후 증류기로 옮겨진다. 피어리스에서는 1차 증류기로 26피트(7.9미터) 높이의 연속식 증류기를 쓴다. 또 2차 증류로 하이 와인을 뽑아낼 때는 포트 스틸을 쓴다. 두 가지 모두 위스키 제조 설비의 명가인 벤돔사가 만들었다. 항상 느끼는 것이지만 벤돔 제품은 디자인이 예쁘다. 말이 나온 김에 설명을 좀 하고 넘어가자면, 켄터키 증류소를 몇 군데만이라도 다니다보면 이 회사 이름은 저절로 외우게 된다. 어떤 증류소를 가더라도 벤돔이라는 글자를 마주하게 되기 때문이다. 특히 구리로 만든 설비는 거의 예외 없이 벤돔이다. 실제로 구리로 만드는 위스키 제조 장비는 벤돔이 전 세계 시장의 90퍼센트를 장악하고 있다.

"증류기가 참 멋지다"라고 했더니, 카슨 테일러는 최초 창업자인 고조부 헨리 크레이버 얘기를 꺼냈다. 카슨에 따르면, 헨리 크레이버와 당시 벤돔사 대표였던 셔먼은 '절친'이었다. 두 사람이 얼마나 가까웠는지를 보여주는 일화가 있다. 1917년 헨리 크레이버가 위스키 생산을 중단하고 증류소 문을 닫게 됐을 때다. 당시 헨리는 증류기와 그 밖의 모든 설비를 캐나다에 있는 유나이티드 디스틸러United Distiller에 매각하기로 계약을 맺었다. 그런데 설비가 워낙 크고 많아서 이걸 캐나

2차 증류기(더블러)로 쓰는 포트 스틸(왼쪽)과 26피트 연속식 증류기(오른쪽). 모두 벤돔 제품이다.

벤돔과 피어리스는 1900년대 초부터 인연을 이어오고 있다.

다로 옮기는 게 쉽지 않았다. 결국 헨리는 셔먼에게 도움을 청했다. 친구의 부탁을 받은 셔먼은 기계 장치를 일일이 해체해 대형 트럭 16대에 나눠 싣고 캐나다 밴쿠버까지 옮겨다줬다. 100년 전 고조부 대부터 이런 인연이 있었으니, 다시 문을 연 피어리스가 모든 제조 설비를 벤돔사에 맡긴 건 당연한 일이다.

3단계 오크통

이번엔 숙성고로 갔다. 여기서 카슨은 자신들이 사용하는 오크통부터 설명했다. 오크통은 이미 설명했듯이 내부를 그슬린(토스팅) 뒤에 시커멓게 확 태워서(차링) 참나무의 여러 성분이 위스키에 배어들게 만든다. 이 과정에서 얼마나 오래 태우느냐에 따라 위스키 맛도 확연히 달라진다. 단순히 얘기하면 내부를 가장 심하게 태운 오크통일수록 위스키 색이 어둡고 향도 진하다. 켄터키에선 오크통 내부를 태운 정도를 1부터 4까지 4단계로 나눈다. 이걸 차 레벨char level이라고 한다. 그러니까 차 레벨이 1이면 아주 짧게(약 15초) 조금만 태운 것이고, 차 레벨이 4이면 가장 길게(약 55초) 태운 걸 의미한다. 이 가운데 켄터키 증류소에서 가장 많이 쓰는 건 4단계 오크통이다. 이렇게 심하게 태우면 오크통 나무 표면이 마치 악어 피부처럼 우둘투둘하게 변한다. 그래서 4단계를 앨리게이터 차Alligator Char라고도 부른다. 짐 빔이나 버팔로 트레이스, 와일드 터키 등이 모두 악어 피부를 닮

토스팅을 마친 오크통.

오크통을 불에 태우기 전에 먼저 낮은 온도로 구워서 그슬린다.
굽는 것을 토스팅이라 하고, 태우는 것을 차링이라 한다. 사진에서 왼쪽에서
세번째가 토스팅을 마친 상태이고, 네번째부터가 차링을 한 널빤지다.

은 4단계 오크통을 쓴다. 반면 나무에서 나오는 풍미가 보다 은은하게
배기를 원하는 증류소에서는 이보다 한 단계 낮은 3단계 오크통을 쓴
다. 그렇다면 피어리스는? 증류소에서 약 80킬로미터 떨어진 소규모
가족 기업에서 오크통을 납품받는 피어리스는 3단계를 고집해왔다.
피어리스 위스키 빛깔이 전반적으로 조금 옅은 이유가 여기에 있다.
참고로 대형 증류소 중에서는 헤븐힐이 전통적으로 3단계 오크통을
선호한다.

숙성고 층고가 낮은 까닭

피어리스 증류소에 있는 숙성고는 2000배럴 규모로 작고 아담하다.
단층 구조로 설계돼 층고도 낮다. 바닥에서부터 오크통 다섯 개를 쌓
아올리면 천장에 닿는다. 이렇게 숙성고 천장 높이를 낮춘 건 왜일까?

숙성 온도 차이를 줄여 품질을 균일하게 유지하기 위해서다. 이게 무슨 애기인지 잠깐 설명하려고 한다. 증류소에서 숙성고 층고를 올리는 건 그만큼 오크통을 더 많이 저장하기 위해서다. 대형 증류소의 경우엔 최소 몇만 배럴을 숙성고에 저장해야 하는데, 그러려면 층고를 올리는 게 가장 쉬운 해결책이다. 사람 많은 도시에 고층 아파트 많이 짓는 것과 똑같다. 다만 이렇게 층고를 올리면 온도 차이가 커진다는 단점도 있다. 즉 바닥 쪽에 있는 오크통과 천장 부근에 있는 오크통의 숙성 온도가 달라서 결과적으로 위스키 맛도 크게 차이가 나게 된다. 그래서 메이커스 마크 같은 증류소에서는 주기적으로 위와 아래에 있는 오크통을 맞바꾼다. 또 그렇게까지 하기 힘든 곳에서는 숙성을 마친 뒤 위쪽과 아래쪽 위스키를 몽땅 섞어버린다. 이렇게 볼 때 가장 이상적인 방법은 땅값이 더 들더라도 숙성고 면적을 넓히고 층고는 낮게 설계하는 것이다.

피어리스는 위스키 생산량이 계속 늘어남에 따라, 2018년 10월에는 5300배럴 규모의 숙성고 하나를 루이빌 동쪽 헨리 카운티에 추가로 지었다. 직접 가보지는 못했지만, 사진을 통해 보니 새로 지은 숙성고 역시 단층으로 낮게 설계돼 있었다. 역시 높고 낮음에 따른 온도 차이를 줄여 균일하게 위스키를 숙성시키기 위해서다. 놀라운 건 회장인 카슨이 숙성고를 직접 설계해 지었다는 점이다. 카슨은 "원래부터 건축업을 했기 때문에 손재주는 좀 있는 편"이라고 웃으며 말했다. 나는 다시 카슨에게 물었다. "숙성고 층고를 올리고 생산 규모도 늘릴 생각은 없나요? 그러면 돈도 더 많이 벌 텐데요." 그러자 카슨은 이렇게 말했다.

"규모를 더 키울 생각이 없습니다. 전 지금도 충분히 행복하거든요.

층고가 낮은 피어리스 숙성고.

저는 아이가 둘이나 있어요. 규모를 키우면 돈은 더 많이 벌겠지만 가족과 함께할 시간은 줄어들겠죠. 우리는 짐 빔이 아닙니다. 메이커스 마크도 아니죠. 우리는 그냥 소규모 가족 기업이죠. 가족 기업으로서 정체성을 지키고 싶어요. 더 많이 생산하려면 무리가 따를 겁니다. 그러면 품질이 떨어질지도 몰라요. 적게 만들더라도 품질은 최상으로 유지해야 합니다. 그래야 제가 행복하고 고객도 행복하지 않겠어요?"

발효와 증류에서 숙성까지 품질 관리를 철저히 한 덕분에 피어리스는 첫 제품부터 최고의 찬사를 받았다. 2017년에 출시한 2년 숙성의 켄터키 피어리스 스트레이트 라이Kentucky Peerless Straight Rye는 전문 잡지 〈위스키 어드보케이트Whiskey Advocate〉가 선정한 '2017년 최고의 라이 위스키'의 영예를 안았다. 또 스카치와 버번을 모두 포함한 '2017

년 위스키 Top 20'에서도 블라인드 패널 심사 점수 91점을 얻어 전체 15위에 올랐다. 카슨은 "그동안 2년 숙성 위스키가 이런 상을 받은 적이 없어서 매우 감격적이었다"고 회상했다.

직원들이 만든 위스키 병

마지막으로 들른 곳은 병입 시설이었다. 아쉽게도 내가 갔을 때에는 가동이 안 되고 있었다. 소량 생산 체제이다보니 1주일에 2~3일 정도만 가동한다고 했다. 카슨은 "배럴 하나를 비우면 보통 220병 정도에 나눠서 담게 되는데, 이걸 다 처리하는 데 45분밖에 안 걸린다"고 설명했다. 병입 시설 처리 속도가 빠르기 때문에 1주일에 이틀만 가동해도 충분하다는 얘기였다.

병입 시설을 구경하다보니, 빈병 여러 개가 눈에 들어왔다. 자세히 살펴보니 피어리스 위스키는 병이 참 귀엽고 예쁘다. 일단 각진 데가 없고 둥글둥글하다. 이런 비유가 적당한지 모르겠지만, 포동포동 살찐 어린애를 보는 느낌이다. 위스키를 비운 뒤에도 병을 버리지 말고 홍차라도 담아서 마시면 괜찮을 것 같다. 디자인을 누가 했는지 물었더니, 카슨은 전부 자신들이 직접 한 거라고 했다. 그러면서 "이 증류소에 있는 것들은 외주 제작이 거의 없고, 모두 자신과 직원 스무 명이 함께 만든다"고 말했다. 전문 업체에 맡기지 않고 직원들이 직접 머리를 맞대서 만든 위스키 병. 하지만 이 디자인으로 상을 여러 개 받았다. NACD National Association of Container Distributors라는 유통 단체에서 주최한 대회 Packaging Award에서 금상을 받은 데 이어, 미국 증류주 디자인 심사에서도 우승했다.

버번 애호가들의 찬사를 받은 켄터키 피어리스 스트레이트 라이.

카슨의 자부심

라벨 디자인을 설명하던 카슨이 병을 나한테 건넨다. 카슨은 "디자인도 디자인이지만, 병에 담긴 정신이 더 중요하다"면서 이렇게 말을 이어갔다.

"우리는 오로지 이 증류소에서 생산된 것만을 이 병에 담습니다. 발효와 증류, 숙성, 병입까지 모든 걸 여기서 다 하니까요. 켄터키에 있는 많은 증류소들은 여기서 300배럴, 저기서 200배럴, 이런 식으로 다른 곳에서 위스키를 가져와서 병에 넣어 팝니다. 하지만 저희는 그런 일은 하지 않습니다. 우리가 직접 발효하고 증류한 것만 팝니다. 그런 의미를 담아 이 병에 증류소 주소를 새겨놨습니다. 한번 보시죠."

카슨의 말처럼 켄터키 일부 증류소에서는 다른 지역(특히 인디애나) 증류 전문 업체에서 대량 생산한, 일명 벌크 위스키Bulk Whiskey를 가져와서 마치 자기들이 직접 증류한 것처럼 슬쩍 눈속임하기도 한다. 하지만 피어리스는 아무리 물량이 달려도 그런 일은 절대로 하지 않는다. 이런 다짐을 담아 이들은 병에 증류소 주소를 새겼다.

CEO와 함께한 테이스팅

피어리스 위스키 제조 공정을 모두 살펴본 뒤엔 2층 사무실로 올라갔다. 피어리스 CEO이자 카슨 회장의 아버지인 코키 테일러를 만나 인터뷰를 하기 위해서였다. CEO 집무실 앞에서 잠시 기다리는 동안 무심결에 회의용 탁자를 봤다. 그런데 탁자 다리가 증류소 연속식 증류기를 그대로 축소한 모양이었다. 회의용 탁자 하나까지도 증류소의 개성을 살린 걸 보고 감탄했다.

잠시 뒤 헨리 크레이버의 4대손인 코키 테일러가 모습을 드러냈다. 백발에 뿔테 안경을 쓴 코키는 넉넉한 체구에 인상도 좋아 보였다. 나는 "회장인 아드님께서 직접 증류소 안내를 해주셔서 영광이다"라고 인사를 건네며 한국에서 가져온 전통 자개 문양 보석함을 선물했다. 코키는 선물을 받아들고 어린아이처럼 기뻐하더니 "그러잖아도 한국에서 오신다고 해서 너무 반가웠다"며 자신의 아버지가 한국전쟁에 참전한 군인이라 한국이 더 각별히 느껴진다고 덧붙였다.

코키는 인터뷰에 앞서 위스키 맛부터 보는 게 어떻겠느냐고 권했다. 마침 목이 텁텁했던 터라 냉큼 그러겠다고 했다. 코키의 안내로 집무실 바로 옆에 있는 거실로 갔더니 시음할 위스키가 준비돼 있었

증류기 모양으로 디자인한 회의실 탁자 다리.

왼쪽부터 코키 테일러, 킬빈(헤드 디스틸러), 카슨 테일러.

다. 또 위스키 제조를 실질적으로 책임지고 있는 헤드 디스틸러Head Distiller 킬번까지 와 있었다. 증류소 운영을 책임지는 CEO와 회장, 그리고 헤드 디스틸러까지 함께하는 위스키 테이스팅. 버번 애호가인 나로서는 정말 꿈만 같은 일이었다.

"나는 천국에 있습니다"

킬번이 처음 권한 건 스몰 배치 라이 위스키였다. 스몰 배치란 게 요즘은 너무 흔해져 별로 대단한 취급을 받지 못한다. 하지만 피어리스의 스몰 배치는 좀 특별하다. 잘 숙성된 오크통으로 딱 여섯 개만 엄선해서 섞었기 때문이다. 말만 스몰 배치이지 실제로는 라지large 배치라고 불러야 할 만큼 수십 개 배럴을 마구 섞은 제품도 많은데, 이건 진정한 의미의 스몰 배치라고 할 수 있다. 더구나 피어리스 증류소 숙성고는 비교적 고온이어서 증발량도 상당하다. 딱 2년만 숙성해도 엔젤스 셰어가 16퍼센트에 달한다. 즉 1년에 대략 8퍼센트가 하늘로 날아가버린다는 뜻이다. 숙성을 마치고 남아 있는 위스키가 적은데다, 딱 여섯개만 엄선해서 섞기 때문에 많이 생산할 수도 없다. 귀하디귀한 스몰 배치를 나는 정성스럽게 맛봤다. 일단 눈을 지그시 감고 모든 신경을 코와 혀에 집중한 채 한 모금을 천천히 음미했다.

누군가 피어리스 스몰 배치 라이 위스키의 첫 느낌을 종이에 써보라고 했다면, 물음표만 크게 하나 적었을 것 같다. 그만큼 이 위스키는 커다란 궁금증을 불러일으켰다. 무엇보다 '라이 위스키라는데, 왜이렇게 버번처럼 달콤해?'라는 질문이 떠올랐다. 혀를 톡 쏘는, 스파이시한 호밀맛이 강한 걸 봐서는 분명 라이 위스키가 맞긴 맞다. 그런

피어리스에서 시음한 위스키는 '천국의 맛'이었다.

데 일반적인 라이 위스키와는 또 달랐다. 달콤한 캔디 맛과 달달한 참
나무 향이 제법 세게 느껴졌다. 전체적으로는 밸런스가 잘 잡혀 있으
면서도 좀더 신선하고 달콤했다. 나는 "새로운 느낌이다. 매우 신선하
다"고 시음평을 했다. 그러자 킬번은 활짝 웃으며 "다음 한 모금을 마
실 때는 흙냄새나 가죽 냄새 혹은 담배맛이 느껴지는지 살펴보라"고
조언했다. 킬번의 말을 듣고 나서 다시 한 모금을 마셨더니 정확히 표
현하기는 힘들어도 비슷한 풍미가 느껴지는 것 같았다.

그다음부터는 모두 싱글 배럴이었다. 피어리스에서는 싱글 배럴을
출시할 때 각각의 오크통에서 느껴지는 맛의 특징으로 이름을 붙인
다. 이날 나에게 내놓은 제품은 1) Sweet & Savory(달콤하고 맛좋은)
2) Harvest(수확) 3) Old-fashioned(올드패션드)였다. 우선 Sweet &
Savory라고 이름 붙여진 싱글 배럴은 말 그대로 '달콤하면서 맛이 좋
은' 라이 위스키였다. 호밀의 스파이시한 맛과 더불어 훈연한 바비큐
향이 매우 특징적이었다.

잠시 물을 마시며 혀를 쉬게 한 뒤 다시 시음에 나섰다. 이번에 마실 위스키는 Harvest라는 싱글 배럴 라이 위스키. 킬번은 이 위스키를 마시면 "가을 느낌이 물씬 날 것"이라고 했다. 아니나다를까 잔을 덮은 뚜껑을 열자마자 묘한 향이 코끝으로 밀려들어 온다. 이게 대체 어떤 향일까? 잠시 생각을 해보니 아까 스몰 배치를 시음할 때 킬번이 말한 흙과 가죽 느낌이었다. 향이 너무 좋아서 아예 코를 잔에 처박고 계속 맡았더니 짜릿한 느낌까지 든다. 아직 혀도 갖다대지 않았는데 오로지 향만으로도 나를 압도해버린 느낌이다. 나도 모르게 "평생 이 향만 맡으며 살고 싶다"고 말하고야 말았다. 난데없는 한마디에 모두가 '빵' 터졌다.

마지막으로 맛본 위스키는 Old-fashioned. 역시 개성 강한 싱글 배럴 라이 위스키였다. 이 녀석은 향을 맡자마자 왜 이런 이름을 붙였는지 알 수 있었다. 흔히 시트러스하다고 말하는 오렌지나 레몬 향이 지배적이었다. 이걸로 올드패션드를 만든다면 오렌지나 체리 같은 건 넣지 않아도 될 것 같다. 킬번은 "실제로 이 위스키로 올드패션드를 만들었더니 맛이 기가 막혔다"고 했다.

넉 잔을 모두 시음하고 나자 코키는 어떤 게 제일 마음에 드는지 물었다. 나는 "여기 있는 모든 게 다 맘에 든다. 그냥 여기 평생 눌러앉아 살고 싶다"고 대답했다. 다시 한번 웃음이 터졌다.

분위기도 좋고, 술기운도 슬슬 오르고. 나는 내친김에 마음속에 있던 한마디까지 솔직히 다 털어놓고야 말았다.

"저한테는 지금 여기가 천국이네요."

코키 테일러 인터뷰

거의 100년 만에 증류소를 부활시켰습니다. 어떻게 가업을 다시 잇게 되었나요?

회사를 운영하다가 은퇴를 하게 됐어요. 투자 자문이나 연금 설계를 해주는 금융회사였는데, 은퇴한 뒤에도 계속 일을 하고 싶었어요. 은퇴해서 노는 게 하나도 즐겁지가 않았거든요. 아들(카슨)은 그때 건축업을 하고 있었는데, 내가 먼저 제안을 했죠. "같이 위스키를 만들어보지 않을래?"라고요. 아들도 흔쾌히 좋다고 했어요. 그래서 둘이서 의기투합해 증류소 사업을 추진했습니다. 사실 위스키 증류업은 우리 가족의 역사이기도 합니다. 한번 도전해볼 만하다고 생각했어요.

혹시 헨리 크레이버가 당대에 위스키를 만들며 썼던 매시빌이라든가 제조 비법이 남아 있었나요?

아뇨. 하나도 남아 있는 게 없었어요. 매시빌조차 남아 있지 않아서 전부 우리가 다시 창조해야 했어요.

다른 증류소 위스키와 가격 정책도 좀 다른 것 같습니다. 일반적으로 스트레이트 위스키에 비해 스몰 배치가 가격이 더 비싸고 스몰 배치보다는 싱글 배럴이 좀더 비싼 법인데, 피어리스에서는 세 가지 제품의 가격이 거의 비슷하더군요. 특별한 이유가 있나요?

네, 주마다 붙는 세금이 다르기 때문에 가격도 조금씩 다릅니다만, 대략 모두 100달러 내외로 책정했어요. 저희는 어차피 생산량이 많지 않기 때문에 싱글 배럴이나 스몰 배치, 혹은 스트레이트 위스키가 품질에서 크게 차이가 없어요. 그래서 가격도 비슷하게 받습니다.

피어리스 위스키는 해외에서도 판매가 되나요?

현재 수출은 캐나다와 호주에만 소량을 하고 있어요. 말씀드린 대로 생산량이 많지 않아서 미국 내 수요를 충족시키기에도 물량이 부족합니다. 대부분은 미국에서 소비되고 수출하는 양은 별로 많지가 않아요.

이렇게 맛있는 위스키를 한국의 소비자들이 즐길 수 없다는 게 안타깝군요.

언젠가 기회가 된다면 소량이라도 한국에서 판매되길 희망합니다. 저희 제품이 좀더 다양해지고 생산량도 지금보다 늘게 되면 그럴 기회가 생길 수도 있겠죠.

후기

1

한국에 돌아온 뒤에도 가끔 피어리스를 떠올린다. 개성 강하면서 맛좋은 위스키는 물론이고, 그걸 정성껏 만들고 있는 이들을 잊을 수 없다. 코키와 카슨 부자와 킬번의 얼굴도 차례로 떠오른다. 돌이켜 생각해봐도 "천국에 있다"라는 찬사는 조금의 과장도 없는 진심이었다. 그만큼 피어리스의 위스키는 나를 매료했다.

2

내가 피어리스 증류소를 방문했을 때까지만 해도 버번 위스키는 아직 세상에 나오지 않았다. 코키는 "이제 내년(2019년)이면 드디어 첫 버번 위스키가 출시된다"라며 흥분을 감추지 못했다. 그러면서 "계획대로만 진행된다면, 돌아가신 나의 아버지(한국전쟁 참전 용사)의 생일인 6월 22일에 맞춰서 버번 위스키를 출시하려고 한다"고 했다.

3

이 글을 쓰기 얼마 전, 피어리스와 관련한 두 가지 놀라운 소식을 들었다. 하나는 코키가 말한 그대로 2019년 6월 22일에 피어리스의 첫 버번 위스키가 출시됐다는 소식이었다. 그리고 또하나는 피어리스의 첫 버번 위스키가 시장에 나오자마자 불과 '하루' 만에 전부 다 팔렸다는 것이었다.

투어 정보

Kentucky Peerless Distilling Company
120 North 10th Street
Louisville, KY 40202

대표 투어 프로그램: Kentucky Peerless Distilling Co. Tour
월, 화, 수, 토: 10:30 11:30 12:30 1:30 2:30 3:30
목, 금: 10:30 11:30 12:30 1:30 2:30 3:30 4:30 5:30
요금: 20$ (성인)
투어 예약: kentuckypeerless.com/distillery-tour-louisville-kentucky

교황의 버번

버번 마니아들 사이에서 최고로 통하는 술이 있다. 바로 패피 밴 윙클이다. 위스키 좀 안다 하는 술꾼치고 이 술을 모르는 사람은 없다. '전설의 명주'로 워낙 잘 알려졌으니까. 하지만 이토록 유명한 술인데도 마셔봤냐고 물어보면 "그렇다"고 대답할 사람이 많지 않다. 이 대목을 읽다가 '어, 저거 마셔봤는데'라고 하는 분이 있다면 혹시 자기가 마신게 올드 립 밴 윙클Old Rip Van Winkle이 아닌지 확인해보시길 바란다. 올드 립 밴 윙클은 일종의 '자매 상품'으로, 전설의 명주 '패피'와는 다른 위스키다.

　패피 밴 윙클은 우리나라에서만 귀한가? 그렇지는 않다. 미국에서도 똑같다. 한 병은 고사하고 한 잔 마시는 것도 힘들다. 비싸서 구하기 힘드냐고? 맞는 말이기도 하고 틀린 말이기도 하다. 패피 밴 윙클은 출고가 기준으로는 15년 숙성이 79.99달러, 20년 숙성이 149.99

달러, 최장 숙성인 23년짜리도 249.99달러에 불과(?)하다. 하지만 시장에 풀리는 물량이 적어서 일반인은 도저히 살 수가 없다. 전문 거래상이 사재기를 해놓고 최소 서너 배, 많게는 대여섯 배까지 올려서 판다. 그런데도 찾는 사람이 줄을 선다. 말 그대로 '없어서 못 판다'.

상황이 이렇다보니 패피 밴 윙클은 주로 암시장에서 거래된다. 여기선 숙성 연도 같은 거 따질 필요도 없다. 그냥 '패피'라는 이름 하나만 달고 있으면 호가 1000달러에서 시작한다. 이런 패피 밴 윙클을 가리켜 "모두가 원하지만, 그 누구도 가질 수 없는 버번 위스키"라고 말한다. 심지어 〈월스트리트저널〉은 기사에서 이렇게 표현했다.●

"이걸 버번이라고 부를 수도 있지만, 어쩌면 '오크통에서 숙성된 신비의 광물unobtanium●●을 액체화해서 담은 5000달러짜리 병'이라고 불러야 할지도 모른다."

2018년에 있었던 일이다. 켄터키 가톨릭 신부인 짐 시치코Jim Sichko라는 분이 로마 교황청에 가서 프란치스코 교황을 알현했다. 이때 짐 시치코 신부는 교황에게 패피 밴 윙클 23년을 선물했다. 그런데 교황이 패피의 명성을 알고 있었던 모양이다. 교황은 위스키를 받아들고서 "아주 좋은 버번이네요"라고 말했다. 신부가 트위터를 통해 이 사연을 공개하면서 패피는 '교황의 버번'으로 더욱 유명해졌다.

이 대목에서 자랑삼아 얘기할 게 있다. 나는 이 귀한 술을 한 번도 아니고, 두 번이나 마셔봤다. 물론 한국에서는 아니고 미국 켄터키에서였다. 이 술을 마시러 켄터키에 간 건 물론 아니다. 하지만 켄터키까지 가서 패피를 못 마시

● 출처: 위키피디아 "Pappy Van Winkle's Family Reserve".

●● 언오브태니엄은 〈아바타〉 같은 공상과학 영화에 등장하는 신비의 광물을 의미한다. 주로 세상에 존재하지 않거나 존재할 가능성이 희박한 것을 비유할 때 이 단어를 쓴다.

패피 밴 윙클 15년, 20년, 23년(왼쪽부터).

고 오면 그것도 원통할 일이긴 했다. 켄터키에 있을 때 술집에 가면 맨 먼저 패피가 있는지부터 살펴봤다. 그러다가 우연찮게 루이빌 시내에 있는 술집 두 곳에서 연달아 맛볼 수 있었다. 라스베이거스 같은 곳에서는 패피 23년 한 잔(30밀리리터)이 300달러 정도 하던데, 그래도 버번의 고향이라서인지 여기서는 23년 한 잔이 120달러, 20년 한 잔은 60달러 수준이었다. 사실 이것도 '후덜덜'한 가격이지만, 이때 아니면 언제 마셔보겠냐 싶어서 과감히 지갑을 열었다. 어쨌든 15년, 20년, 23년까지 다 맛봤으니 나는 정말 운이 좋은 편이다.

'버번의 전설' 줄리언 밴 윙클

패피 밴 윙클은 전설의 버번 장인인 줄리언 "패피" 밴 윙클 시니

줄리언 패피 밴 윙클 시니어.

어 Julian "Pappy" Van Winkle Sr.에서 이름을 따왔다. 패피 밴 윙클 라벨을 보면 시가를 피우고 있는 노신사의 모습이 그려져 있는데, 이 사람이 바로 줄리언 밴 윙클이다. 줄리언은 미국 버번 역사에서 영원히 기억될 전설 중의 전설이다. 그는 열여덟 살이던 1893년에 위스키 유통회사 웰러 앤드 선스 Weller & Sons에 세일즈맨으로 입사한다. 15년이 흐른 1908년에는 다른 동료 몇몇과 함께 회사를 사버린다. 또 2년 뒤에는 오랜 전통을 지닌 스티첼 증류소까지 인수해 위스키 제조와 유통을 함께 한다. 1920년에 이르러 금주법의 먹구름이 닥쳤지만 다행히 스티첼이 의료용 위스키 면허를 갖고 있었기 때문에 암울한 시기를 버텨낼 수 있었다. 금주법이 막을 내리자 줄리언은 동업자 두 명과 함께 새로운 증류소 건물을 짓는다. 그게 바로 1935년 루이빌 외곽 시블리에 세운 스티첼웰러 증류소다.[*]

줄리언 밴 윙클은 1965년 사망하기 전까지 약 30년 동안 스티첼웰러 증류소를 운영하며 올드 피츠제럴드, 올드 웰러 Old Weller, 레벨 옐 Rebel Yell, 캐빈 스틸 Cabin Still 같은 양질의 위스키를 만들었다. 줄리언 밴 윙클이 제조한 위스키는 호밀 대신 밀을 사용하는 게 특징이었다. 줄리언의 휘티드 버번(wheated bourbon: 호밀 대신 밀이 들어간 버번)은 맛이 부드럽고 마시기 편해 큰 인기를 끌었다.

줄리언 밴 윙클 사망 이후 증류소는 위기를 맞는다. 경영이 급격히 악화되면서 1972년에 매각된다. 이후 주인이 여러 번 바뀌다가 1992년에 이르러서는 가동이 전면 중단된다. 이런 소용돌이 속에서 줄리

[*] 줄리언 밴 윙클이 루이빌 시내가 아닌 외곽에 증류소를 세운 건 막대한 세금을 피하기 위해서였다.

언 밴 윙클이 만든 주요 버번 브랜드는 헤븐힐이나 버팔로 트레이스 같은 거대 기업으로 넘어가게 된다.

줄리언 밴 윙클의 위대한 유산인 스티첼웰러 증류소. 다국적 주류 기업 디아지오Diageo는 폐허가 된 증류소 부지를 인수한 뒤 1800만 달러를 투자해 2014년에 다시 문을 열었다. 지금 이곳은 디아지오 소속 브랜드인 불렛 위스키를 홍보하는 체험관Bulleit Frontier Whiskey Experience at Stitzel-Weller으로 활용되고 있다.

줄리언 밴 윙클 사망 이후 스티첼웰러 증류소에서 생산하던 주요 위스키 브랜드가 매각됐다. 올드 웰러(왼쪽)는 현재 버팔로 트레이스에서 생산하고 있다. 올드 피츠제럴드(오른쪽)는 헤븐힐 증류소에서 제조한다.

미국 위스키 산업의 대성당

루이빌에서 차를 몰고 남쪽으로 20분쯤 내려가면 옛 스티첼웰러 증류소가 나타난다. 주차장에 내려서 주변을 살펴봤더니 가슴이 뻥 뚫린다. 위스키 거리에 있는 증류소는 세련되기는 했지만 복잡한 도심에 있다보니 조금 답답했던 게 사실이다. 그런데 여기는 교외라서 여유롭다. 축구장 30개 넓이인 53에이커(약 21만 제곱미터)에 달한다.

이토록 넓은 땅에 위스키 산업 유산이 한가득이다. 1930년대에 지은 증류소 건물을 비롯해 세월의 흔적을 지닌 숙성고 18채가 고스란히 남아 있다. 켄터키 버번 여행을 다룬 『켄터키 버번 트레일The Kentucky Bourbon Trail』이라는 책에선 스티첼웰러 증류소(불렛 체험관)

불렛 위스키 체험관으로 바뀐 스티첼웰러 증류소.

를 "미국 위스키 산업의 대성당the true Cathedral of the American Whiskey Industry"이라고 표현했다. 당연히 이 증류소는 켄터키 버번 역사를 탐구하는 순례자들에겐 필수 방문 코스다.

투어 예약 시간이 다가오자 하나둘 사람들이 모여든다. 나처럼 '버번 성지 순례'에 나선 이들이다. 잠시 뒤, 청재킷을 입은 투어 가이드가 나타나 인사를 한다. 가이드는 "탄생한 지 30년 정도밖에 안 된 불렛 위스키가 어떻게 이런 유서 깊은 증류소와 인연을 맺게 됐는지 알려드리겠다"면서 증류소 역사를 설명했다.

가이드에 따르면, 스티첼웰러는 금주법 폐지 이후에 새로 생긴 최초의 증류소다. 건립 당시, 증류소에서는 65피트(19.8미터)에 달하는 초대형 연속식 증류기를 설치했다. 이때만 해도 이게 북미 지역에서 가장 큰 증류기였다고 한다. 가이드의 설명을 듣고 주차장 쪽에 있는 옛 증류실을 바라보니 마치 굴뚝처럼 유난히 높게 치솟은 곳이 있었다. 여기가 19.8미터 대형 증류기를 설치했던 자리다.

'올드 피츠제럴드'라고 적힌 탑(굴뚝)은 스티첼웰러 증류소의 상징이었다.

스티첼웰러 증류소 옛 증류실. 당시 북미 지역 최대 증류기가 설치돼 있었다.

옛 증류실 옆에는 거대한 탑이 우뚝 서 있다. 붉은색 벽돌로 지은 탑에는 여기서 생산했던 명품 버번 브랜드 이름이 크게 적혀 있다. 바로 올드 피츠제럴드다. 올드 피츠제럴드는 줄리언 밴 윙클이 증류소를 운영하던 당시 최고 주력 상품이었다. 아마도 브랜드 홍보를 위해 멀리서도 눈에 띄도록 글자를 큼지막하게 박아놓은 게 아닌가 싶다.

한참 설명을 듣고 있는데, 갑자기 다람쥐 한 마리가 나타났다. 증류소를 다니다보면 개나 고양이는 자주 보게 된다. 하지만 다람쥐는 처음이다. 귀여운 다람쥐가 출현하자 주위가 소란스러워졌다. 다들 설명은 뒷전이다. 다람쥐 구경하느라 바쁘다. 가이드는 "증류소에 자주 나타나는 녀석인데, 이름은 스카치"라고 말했다. 버번 증류소에서 사는 다람쥐한테 스카치라는 이름을 붙인 게 특이했다.

"적자가 나더라도 좋은 위스키"

주차장 앞에 있는 조그마한 벽돌 건물 쪽으로 자리를 옮겼다. 입구 오른쪽 현판에는 증류소의 상징인 열쇠 다섯 개가 그려져 있다. 네 개는 세로 방향으로 엇갈리게 서 있고, 나머지 한 개가 가로 방향으로 놓여 있다. 이 로고는 줄리언 밴 윙클이 직접 만든 것이라고 한다. 다섯 개의 열쇠는 좋은 위스키를 만드는 다섯 가지 조건, 즉 곡물, 효모, 발효, 증류, 숙성을 상징한다. 그럼 현판에 열쇠가 그려진 이 건물은 어떤 용도였을까? 바로 세무직원이 상주하며 세금을 걷는 택스 하우스Tax house였다. 증류소에서 숙성을 마친 오크통을 밖으로 빼낼 때 여기서 무게를 잰 뒤 판매 가격에 따라 세금을 부과했다. 당시 세무직원들은 증류소측에서 오크통을 몰래 빼내 탈세하는 걸 막으려고, 숙성고 열쇠를 자신들이 가지고 다녔다고 한다.

택스 하우스 현판에는 열쇠 다섯 개가 그려져 있다. 다섯 개의 열쇠는 곡물, 효모, 발효, 증류, 숙성을 상징한다.

택스 하우스 벽에는 줄리언 밴 윙클이 남긴 명언도 붙어 있다.

"수익을 낼 수 있다면 수익을 내고, 손실이 생기면 감수해야 하지만, 어떤 경우에도 늘 좋은 버번을 만들어야 한다."

"적자를 우려해 저질의 위스키를 만들어선 안 된다"는 줄리언 밴 윙클의 철학이 담긴 이 현판은 원래 증류소 입구에 붙어 있었는데, 나중에 이곳에 옮겨 붙였다.

버번 강물은 흐르지 않는다

증류소 본관 건물 내부로 들어갔다. 여기서 맞닥뜨린 건 줄리언 밴 윙

세무직원이 상주하며 세금을 걷던 택스 하우스. ———————————— TAX HOUSE

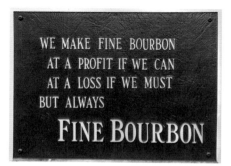

WE MAKE FINE BOURBON
AT A PROFIT IF WE CAN
AT A LOSS IF WE MUST
BUT ALWAYS
FINE BOURBON

"늘 좋은 버번을 만들어야 한다."
줄리언 밴 윙클의 위스키 철학이 담긴 현판.

클이 증류소를 운영할 때 쓰던 낡은 기계들이었다. 한눈에 봐도 산업 박물관에 들어가 있어야 할 물건이다. 가이드는 "옛 증류실에 있던 설비를 떼어서 전시해놓은 것"이라며 "미국 TV 프로그램에도 소개됐다"고 말했다. 〈TV쇼 진품명품〉처럼 미국에는 〈아메리칸 피커스 American Pickers〉란 프로그램이 있는데, 이 프로그램 출연진들이 이곳을 찾아와 방송을 했다는 설명이었다. 가이드는 "꼭 〈찰리와 초콜릿 공장〉에 나오는 기계처럼 보이죠? 하지만 안타깝게도 여기엔 버번 강물이 흐르진 않습니다"라고 말했다.* 다소 실없는 농담이었지만 모두가 박장대소했다.

'자체 증류'로 변신한 불렛

1987년에 탄생한 불렛은 30년간 비증류 생산자NDP였다. 다시 말해 위스키를 자체적으로 제조하지 않았다. 2011년 불렛이 디아지오 소속이 된 이후에도 켄터키 로렌스버그에 있는 포 로지스 증류소에서 버번 원액을 공급 받았다. 라이 위스키는 인디애나 로렌스버그에 있는 MGPMidwest Grain Products of Indiana라는 전문 증류 회사에서 가져왔다. 하지만 2014년 봄에 포 로지스가 더이상 버번 원액을 공급하지 않기로 결정하자 모회사인 디아지오는 불렛 증류소 건립을 추진했다. 2017년에 켄터키 셸비빌Shelbyville에 1억 1500만 달러를 들여 증류소Bulleit Distilling Company를 세웠고, 이듬해 3월부터 본격적으로 자체 증류를 시작했다. 위스키는 숙성하는 데 시간이 오래 걸리기 때문에 셸비빌 증류소에서 생산한 불렛 위스키는 앞으로도 몇 년이 더 지나야 시장에 나온다.

● 〈찰리와 초콜릿 공장〉에서는 공장 내부에 초콜릿 강물이 흐른다.

'보물창고' 숙성고

이곳에서 가장 중요한 시설은 단연코 숙성고다. 스티첼웰러 증류소에서는 실험용 위스키를 제외하고는 발효와 증류를 하지 않기 때문에, 숙성고가 유일한 위스키 생산 시설이다. 더구나 스티첼웰러 숙성고에는 버번 업계에서는 '보물창고'로 불릴 정도로 값비싼 위스키가 많다. 증류소 역사가 깊고 숙성고가 거대하다보니, 희귀한 맛을 지닌 '보물 같은' 위스키가 여기저기서 튀어나온다. 실제로 숙성고 18곳에 저장된 오크통만 다 합쳐도 40만 개가 넘는다.

버번 전문 서적 『배럴 스트렝스 버번』에 따르면, 2015년에는 이런 일도 있었다. 그해에 미국 백화점 체인인 니먼 마커스Neiman Marcus는 갑부 고객들에게 "눈이 튀어나오고 입이 쩍 벌어질 만한" 크리스마스 상품을 팔았다. 그중 하나는 여섯 명을 스티첼 증류소로 불러 초호화 위스키 체험을 제공하는 것이었다. 이 상품 구매자는 스티첼 증류소 숙성고에서 꺼낸 희귀 위스키 샘플을 맛본 뒤 자신이 직접 두 가지 조합으로 위스키를 블렌딩하고, 위스키 스물네 병이 담긴 선물 세트와 초고가 희귀 위스키 한 병을 받아 갔다. 판매 가격이 12만 5000달러(약 1억 4000만 원)에 달한 이런 초호화 이벤트가 가능했던 것도 스티첼 숙성고에 진귀한 위스키가 많기 때문이다.

큰돈을 삼켜버린 술

보물창고로 소문난 스티첼 숙성고에 직접 들어가봤다. 문을 열자마자 참나무와 어우러진 진한 위스키 향이 후각 세포를 통해 머릿속까

고아 오크통이 많은 숙성고 (「윌렛」 편 '고아가 된 오크통' 참조)

위스키를 숙성하다보면 개성이 지나치게 강한 배럴이 생기기 마련이다. 이런 건 다른 것과 섞지 말고 그냥 싱글 배럴로 팔아야 하는데, 그동안 출시한 싱글 배럴 브랜드와 맛이 크게 차이가 나면 그렇게 하기도 곤란하다. 그렇다고 다른 평범한 오크통 위스키와 섞어버리면 개성도 사라지고, 전체적인 맛의 균형도 무너진다. 싱글 배럴로 팔기도 힘들고, 그렇다고 다른 위스키와 섞기도 힘든 이런 위스키는 증류소 입장에서는 그야말로 계륵이나 마찬가지다. 결국 증류소에선 먼 훗날을 생각해 이런 개성 강한 배럴을 숙성고 한쪽에 처박아두게 되는데 이걸 '고아 오크통Orphan Barrel'이라고 한다. 역사가 깊고 저장량이 엄청난 스티첼 숙성고에는 이 같은 '고아 오크통'이 유난히 많다.

지 퍼진다. 참나무 휴양림에 위스키를 잔뜩 뿌려놓으면 이런 냄새가 날까? 금세 졸음이 달아나고 정신까지 맑아지는 느낌이다. 가이드는 이 냄새가 오크통에서 증발한 위스키(엔젤스 셰어) 때문이라고 설명한다. 그러면서 불렛 위스키 창업자 톰 불렛이 자주 했던 말을 인용했다. 가이드에 따르면 톰 불렛은 숙성고에 올 때마다 위스키 향을 맡으며 "큰돈을 꿀꺽 삼켜버린 술"이라는 표현을 자주 했다. 하긴 증류업자 입장에서는 하늘로 날아가버린 위스키가 얼마나 안타까울까. '저게 다 돈인데' 싶을 테니 말이다. 그래도 버번 생산자들은 전통적으로 천사들의 역할을 굳게 믿고 있다. 천사들이 증발한 위스키를 마시는 대신, 화재나 태풍 같은 천재지변에서 증류소를 지켜준다고 생각해왔다.

숙성고 위스키 향이 강한 건 그만큼 저장한 오크통이 많기 때문이다. 내가 들어간 한 숙성고만 해도 오크통을 1만 8816개나 저장해놨다. 전체 층고는 7층인데, 층마다 가로 32개, 세로 28개 칸이 있다. 또

한 칸에 오크통이 세 개씩 들어간다. 간단하게 계산하면 3×32(가로)×28(세로)×7(층고)=18816이라는 답이 나온다. 이렇게 많은 오크통을 잔뜩 쌓아놨기 때문에 숙성고 내부로는 햇빛도 잘 들어오지 않는다. 가이드는 "여름에 오면 바깥보다 내부가 훨씬 더 시원하다"고 했다.

오크통의 세계 일주

세계 2위 주류 기업 디아지오가 이처럼 거대한 숙성고를 확보해 얻은 이점은 한두 가지가 아니다. 무엇보다 양질의 버번 오크통을 세계 곳곳에 있는 자사 소속의 다른 증류소로 보낼 수 있게 됐다. 그럼 스티첼웰러 증류소에서 버번 위스키 숙성을 마친 오크통이 어떻게 재활용되는지 살펴보자. 버번 숙성이 끝나면 오크통을 널빤지로 분해해 스코틀랜드로 보낸다. 그러면 스코틀랜드에선 이걸 조립해서 조니 워커 위스키를 숙성한다. 그렇다면 버번에 이어 스카치까지 숙성시킨 오크통은 이후 어떻게 될까? 다시 일일이 뜯어서 이번엔 멕시코로 보낸다. 멕시코에는 디아지오 소속 테킬라 회사 돈 훌리오Don Julio가 있기 때문이다. 돈 훌리오는 또 한번 오크통을 조립해 테킬라를 숙성하며 버번과 스카치 풍미를 더한다. 자, 그럼 여기서 끝이냐? 그렇지가 않다. 켄터키와 스코틀랜드, 멕시코까지 건너온 오크통 가운데 일부는 품질 검사를 마친 뒤 최종적으로 카리브해로 넘어간다. 여기서 디아지오 소속 럼 브랜드인 캡틴 모건 스파이스드 럼Captain Morgan Spiced Rum을 숙성한다.

이렇게 여러 번 재활용하는 이유는 그만큼 오크통 값이 비싸기 때문이다. 버번 위스키를 숙성한 재활용 오크통의 경우 개당 가격이 대략 500에서 600유로(65~79만 원)에 달한다. 가이드는 버번 오크통이 세계 일주를 하는 과정을 설명하면서 "은퇴하고 여생을 카리브해에서 보낼 수 있다니 나쁘지 않은 것 같다"며 "혹시 환생을 믿는 분이 있다면 다음 생에는 버번 오크통으로 태어나보라"고 농담을 건넸다.

'오크통 응급실' 쿠퍼 숍

숙성고에 이어 들른 곳은 쿠퍼 숍cooper shop. 오크통이 손상돼 구멍이나 균열이 생겼을 때 수리했던 곳이다. 그러니까 일종의 '오크통 응급실'이었던 셈이다. 1930년대부터 1992년까지 운영된 쿠퍼 숍에 들어오니 세월의 흔적이 느껴진다. 이런 시설은 그대로 남겨서 나중에 버번 역사박물관으로 활용하면 좋을 것 같다는 생각이 들었다.

여기서 들은 설명 중에 인상적이었던 건 오크통 수리 방법이다. 손상된 오크통이 이곳에 도착하면 맨 먼저 무게를 재고, 수리를 마치고 난 뒤에도 다시 무게를 달아 비교했다. 이렇게 하는 이유는 오크통을 고치기 전에 비해 무게가 덜 나가게 되면 수리 도중에 뭔가가 떨어져 나갔다는 뜻이기 때문이란다. 또 오크통에 생긴 구멍을 막을 때는 잡초를 이용했다고 한다. 증류소에는 늪지 갈대swamp reed가 많은데, 켄터키에선 이걸 캣테일cattail(부들)이라고 부른다. 수리공들은 천지로 널려 있는 이 캣테일을 잔뜩 뜯어와서 구멍을 막았다. 얼마든지 뜯어와도 공짜인데다 천연물질이라 이만한 게 없었다고 한다.

쿠퍼 숍은 증류소 직원들에게 최고의 휴식 공간이기도 했다. 쿠퍼 숍에 들어와 카드 게임을 하거나 도박을 했다. 담배도 피우고, 몰래 술을 마시기도 했다. 망가진 오크통이 생기기 전까지는 어차피 일이 없

손상된 오크통을 수리하는 쿠퍼 숍.
증류소 직원들의 오락과 유흥을 위한 공간으로도 활용됐다.

는 곳이라 다들 이곳에 모여 갖가지 오락을 즐겼다는 얘기다. 오크통
이 탁자 역할도 했을 테니, 술을 마시거나 카드 게임을 할 때 편리했을
것 같다.

'괴짜 천재' 톰 불렛

마지막으로 찾은 곳은 사무실이었다. 물론 그냥 사무실이 아니고, 줄
리언 밴 윙클이 증류소를 경영할 때부터 쓰던 공간이다. 지금은 불렛
위스키 창업자 톰 불렛이 집무실로 쓰고 있다. 여기서 잠깐. 불렛 창업
자 톰 불렛에 대해 알아보자면, 그는 버번 업계에서 '괴짜 천재'로 유
명하다. 켄터키 루이빌이 고향인 톰은 켄터키대학을 졸업한 뒤 베트
남전쟁에 참전해 위생병으로 복무했다. 이후 조지타운대학에서 법학

천장 조명을 위스키 병으로 장식한 게 이채롭다.

불렛 창업자 톰 불렛의 집무실.

을 전공하고 변호사로 잠깐 활동했지만 너무 따분한 직업이라고 생각해 일찌감치 포기하고 위스키 사업에 뛰어들었다고 한다. 톰 불렛이 위스키 사업을 하게 된 계기도 흥미롭다. 그의 5대조 할아버지(현조부)인 오거스터스 불렛이 1800년대 켄터키에서 위스키를 만들던 증류업자였기 때문이다.

집무실 책상에는 톰 불렛의 유년 시절 사진이나 가족사진이 보였다. 한쪽에는 그동안 받은 상장과 증서도 전시해놨다. 특히 그동안 출시된 불렛 위스키를 모아둔 게 눈에 띄었다. 내가 간 날엔 톰 불렛이 이곳으로 출근을 하지 않아 그를 만날 수 없었다. 하지만 평소에는 집무를 보다가 관광객이 들어오면 악수도 하고 사진도 함께 찍는다고 한다. 창업자가 자신의 집무실을 방문자들에게 공개하는 건 처음 봤는데, 상당히 인상적이었다.

"작렬하는 풍미와 달콤함"

위스키 평론가 마크 바일록Mark Bylok은 『위스키 캐비닛The Whisky Cabinet』이란 저서에서 불렛 위스키 찬사를 늘어놨다. 자신을 불렛 광팬으로 소개한 마크 바일록은 "뭐 하나 아쉬울 게 없다"면서 "작렬하는 풍미와 달콤함이 향신료와 알코올의 얼얼함으로 밸런스가 잡힌 일품 위스키"라고 치켜세웠다. 나 역시 그렇다. 바일록처럼 멋지게 표현할 자신은 없지만 불렛 위스키를 오랜 기간 사랑해왔다. 호밀의 알싸함을 좋아하는 버번 마니아라면 불렛을 사랑하지 않을 이유가 없다.

유서 깊은 증류소에서 맛보는 불렛 위스키는 어떨까? 불렛의 팬으로서 테이스팅 룸으로 들어가는 동안 가슴이 살짝 두근거렸다. 가

불렛 체험관에서는 보다 전문적인 위스키 테이스팅을 경험할 수 있다.

을 햇살이 창 너머로 은은하게 들어오는 고즈넉한 테이스팅 룸. 책상에는 오늘 마시게 될 위스키와 함께, 시음하면서 느껴지는 향과 맛을 체크해 적을 수 있도록 종이가 놓여 있었다. 이 종이엔 꽃floral, 나무woody, 가죽leather, 감귤류citrus, 꿀honey 등 총 열 가지로 향과 맛을 분류해놓고 하나씩 적어나가도록 했다. 또 드라이한지, 달콤한지 혹은 부드러운지, 강렬한지 등을 0점에서 10점으로 표기할 수 있게 해놨다. 위스키 시음 교육을 할 때 써도 될 만큼 잘 만든 테이스팅 노트였다. 다른 증류소에 비해 보다 전문적이고 분석적으로 시음을 진행한다는 점은 스티첼 증류소 투어의 큰 매력이다.

시음에서는 총 다섯 잔이 제공됐다. 석 잔은 불렛이고, 나머지 두 잔은 디아지오 소속 다른 위스키였다.

불렛 스트레이트 버번부터 맛봤다. 불렛 버번 매시빌은 옥수수 68

불렛 체험관에서 시음한 불렛 위스키 3종.
왼쪽부터 불렛 스트레이트 버번, 불렛 화이트 라벨 10년 숙성 버번, 불렛 라이.

퍼센트, 호밀 28퍼센트, 맥아 보리 4퍼센트로 호밀 비중이 큰 게 특징이다. 도수는 45도이고 숙성 기간은 5년에서 7년이다. 이 위스키는 1987년에 처음 출시돼 흔히 '불렛 1987'로 불린다. 전체 불렛 라인업 가운데 매출 비중이 75퍼센트를 차지할 만큼 대중적이다. 미국 전역은 물론 70여 개 나라로 수출되는 베스트셀러다. 이 위스키는 나도 한국에서 여러 번 맛봤다. 하지만 여기서 마시니 더 강렬한 느낌이다. 호밀의 알싸함이 강하게 혀끝으로 밀려와 한동안 얼얼할 지경이다. 가이드는 "불렛에 다니게 된 뒤부터 입맛이 변해 이제는 호밀 함량이 낮은 위스키는 입에도 대기 싫어졌다"고 말했다.

다음으로는 불렛 화이트 라벨 10년 숙성 버번Bulleit 10-year-old이다. 매시빌은 처음 마신 버번 1987과 똑같다. 다만 숙성 기간이 10년에서 12년으로 훨씬 길다. 도수 역시 일반 버번에 비해 0.6도(1.2프루프) 높다. 오크통에 더 오래 있어서인지 색깔도 조금 진한 편이다. 달콤한 느낌이 강하고, 캐러멜과 바닐라, 아몬드 맛이 났다. 여운도 꽤 길게 남는 편이다.

　세번째로는 불렛 라이를 맛봤다. 라이 위스키를 좋아하는 분이라면 정신을 못 차릴 제품이다. 불렛 라이는 호밀 함량이 무려 95퍼센트에 옥수수는 전혀 들어가지 않는다. 2017년 기준으로 미국 전체 라이 위스키 매출의 절반을 차지했을 만큼 히트 상품이다. 향부터 음미했다. 역시 시큼하다. 불렛의 광팬을 자처한 마크 바일록은 "피클 주스 같다"고 표현했는데, 내 느낌엔 박하나 오렌지 향 느낌이 더 강했다. 여기에 캐러멜 맛이 복합적으로 어우러져 환상적인 풍미를 완성한다. 이 위스키로 맨해튼이나 올드패션드 칵테일을 만들면 맛있을 것 같다.

　이거 말고도 두 가지를 더 시음했다. 먼저 하퍼I.W. Harper는 일본에서 꽤 인기 있던 버번이다. 향과 맛이 부드럽고 달콤하다. 알싸한 불렛 라이 위스키를 마시다가 달달한 하퍼를 마시니 마치 마라탕을 먹고 나서 디저트로 아이스크림을 먹는 기분이다. 다음으로는 블레이드 앤드 보Blade and Bow를 맛봤다. 가이드의 설명에 따르면 20년 이상 숙성한 원액에 7, 8년 정도 숙성한 원액을 섞어서 만든 제품이라고 한다. 사과와 바닐라 맛이 나고 전체적으로 부드러웠다.

　역사적인 스티첼웰러 증류소 탐방은 이렇게 끝이 났다. 투어를 마치고 나오니 뉘엿뉘엿 해가 저문다. 긴 하루였다. 남은 시간엔 뭘 할까 잠깐 고민했다. 어차피 답은 정해져 있다.

　'그래, 술집으로 가자. 해 떨어질 때가 딱 술 마시기 좋다.'

1

불렛 위스키를 두고 이런저런 얘기가 많았다. 미국에서는 지난 2015년 블룸버그가 비증류 생산자NDP에 대해 비판적인 기사를 쓰면서 불렛을 예로 들었다. 국내 마니아들 사이에서도 자체 증류를 하지 않는 불렛 위스키를 재평가해야 한다는 목소리가 있었다. 하지만 거꾸로 생각해보자. 이런 얘기가 나오는 것도 불렛 위스키가 그만큼 인기 있기 때문 아닐까? 맛도 없고 허접한 위스키였다면 누가 과연 관심을 갖고 기사를 쓸 것이며 "자체 증류가 아니라 실망했다"는 반응을 남기겠는가.

직접 증류하지 않았으면서도 스리슬쩍 눈속임을 해온 과거 버번 업계 관행이 문제지, 비증류 생산 자체가 비난받을 일은 아니라고 생각한다. 언젠가 내 생각과 일치하는 문장을 책에서 발견했다. 반가운 마음에 인용해본다. 여러분도 한번 읽어보시기 바란다.

> "입맛에 맞는 버번을 찾고 싶다면 그냥 라벨을 가리고 마셔본 후
> 맛있는 것을 고르면 된다. 괜히 증류를 직접 했네 마네를 따지느라
> 멀쩡히 잘 만든 맛있는 술을 놓치는 것보다는 그 편이 훨씬 낫다."
> -제프 시올레티, 『애주가의 대모험』, 정영은 옮김, 더숲, 2018.

2

스티첼 증류소 불렛 체험관에서 실비아라는 직원을 만났다. 실비아는 불렛에 취업하기 전에 경북 구미에서 몇 년간 영어 강사를 했다. 한국과 한국인에 대한 애정이 넘친다. 내가 버번 위스키에 관한 책을 쓰고 있다는 얘기를 했더니 발 벗고 도와주었다. 실비아를 통해 켄터키 위스키 산업에 대한 여러 정보를 얻었다. 루이빌에 있는 환상적인 위스키 바와 레스토랑까지 안내받았다. 실비아는 켄터키 취재 여행 도중 만난 미국인 중 가장 친절하고 따뜻한 사람이었다. 혹시 앞으로 불렛 체험관에서 실비아를 만나게 될 분이

있다면, 필자의 안부도 꼭 전해주시기 바란다. (물론 책이 나오면 실비아에게 맨 먼저 한 부를 보낼 생각이다.)

아 참. 실비아에겐 멋진 한국 이름이 있다. 그 이름을 불러주면 더 반가워할 것이다. 경북 구미에서 영어를 가르칠 때 쓰던 실비아의 한국 이름은 '말숙이'였다.

투어 정보

Stitzel-Weller Distillery
3860 Fitzgerald Road, Shively, KY 40216

대표 투어 프로그램: The Stitzel-Weller Experience
화요일 휴무
투어 시간은 홈페이지에서 확인
요금: 14$ (성인)
투어 예약:www.bulleit.com/visit-us/stitzel-weller-distillery

• 불렛은 셸비빌 증류소에서도 투어가 가능하다
Bulleit Distilling Co Visitor Experience
3464 Benson Pike, Shelbyville, KY 40065
홈페이지: www.bulleit.com/visit-us

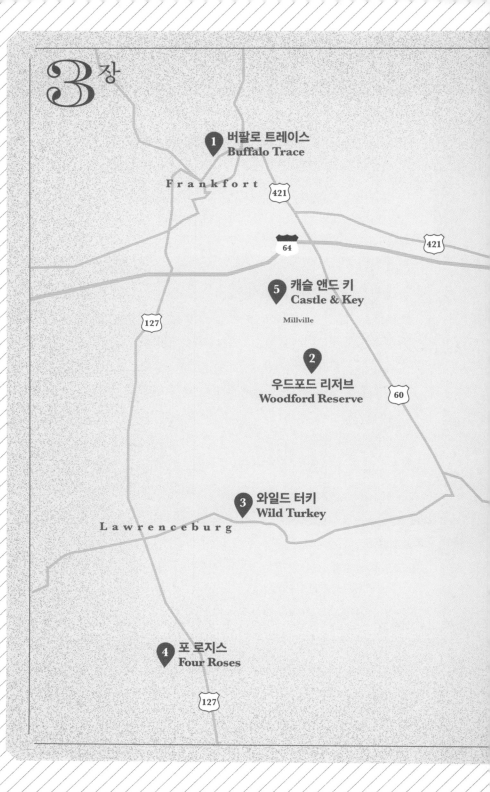

3장

1 버팔로 트레이스
Buffalo Trace

F r a n k f o r t

421

64

421

5 캐슬 앤드 키
Castle & Key

Millville

127

2 우드포드 리저브
Woodford Reserve

60

3 와일드 터키
Wild Turkey

L a w r e n c e b u r g

4 포 로지스
Four Roses

127

64

Kentucky Horse Park

75

FRANKFORT | LAWRENCEBURG | LEXINGTON
KENTUCKY

64

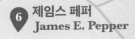

6 제임스 페퍼
James E. Pepper

Lexington

75

BUFFALO TRACE

KENTUCKY
STRAIGHT BOURBON
WHISKEY

버팔로
트레이스

버팔로가 지나간 자리

켄터키는 원래 버팔로의 땅이었다. 개척민이 당도하기 전까지 버팔로는 광활한 켄터키 대지를 마음껏 누볐다. 상상해보라. 허허벌판에서 수백 마리 버팔로가 떼를 지어 내달리는 모습을. 총을 든 인간이 없는 야생에서 버팔로는 두려울 게 없었다. 뿌연 먼지를 일으키며 평야를 질주했다. 거친 수풀을 헤치고 지나갔다. 가끔은 켄터키강을 건너기도 했다.

18세기가 됐다. 개척민들이 버팔로의 땅으로 넘어오기 시작했다. 버팔로를 대신해 너른 대지의 주인이 되기 위해서였다. 미지의 땅을 정복하려고 다가오던 개척민. 이들에게 길을 터준 건 다름 아닌 버팔로였다. 개척민들이 버팔로떼가 수풀을 밟고 지나가며 생긴 길을 따라 켄터키로 입성했기 때문이다. 버팔로가 지나간 자리Buffalo Trace가 길이 됐고, 그 길을 이용한 인간이 버팔로를 쫓아낸 셈이다. 이렇게 켄

버팔로 트레이스 증류소에 있는 버팔로 상.

터키 야생 버팔로가 지나간 자리에는 지금 버번 위스키 증류소가 들어서 있다. 그렇다면 그 증류소 이름은?

바로 '버팔로 트레이스'다.

넓고 오래된 증류소

버팔로 트레이스 증류소는 켄터키 주도 프랭크포트에서 가깝다. 루이빌에서 동쪽으로 80킬로미터쯤 떨어진 프랭크포트에는 도심 한가운데로 켄터키강이 흐른다. 이 강을 따라 북쪽으로 차를 몰고 10분만 가면 버팔로 트레이스 증류소가 나온다.

증류소에 도착하니, 날씨가 잔뜩 흐려졌다. 하늘엔 먹구름이 한가득. 비라도 곧 쏟아질 것 같다. 주차장에 차를 대고 증류소를 살펴봤

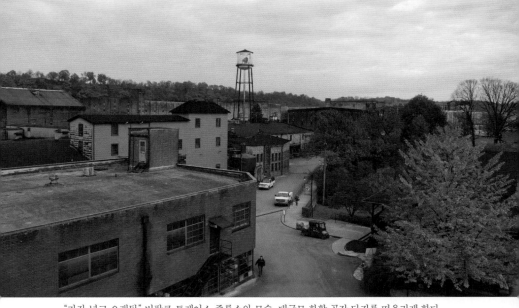

"가장 넓고 오래된" 버팔로 트레이스 증류소의 모습. 대규모 화학 공장 단지를 떠올리게 한다.

다. 벽이든 계단이든 그 어디에서든 세월이 느껴진다. 세련되거나 깔끔한 건 여기선 기대할 바가 아니다. 또한 너무 넓어서 건물이 몇 채나 되는지도 셀 수가 없다. 나중에 알아보니, 증류소 내에 건물이 100채가 넘는단다. 방문자 센터 쪽으로 발걸음을 옮겼다. 증류소는 어디든 바쁘게 돌아가고 있었다. 여기저기서 기계 소리가 울려퍼진다. 쉴 새없이 연기도 피어오른다. 여기가 증류소인지 대규모 공장 단지인지 헷갈릴 지경이다.

버번 위스키를 다룬 책에서도 버팔로 트레이스 증류소의 특징을 두 가지로 요약한다. 하나는 넓다는 것, 또 하나는 오래됐다는 것. 어떤 책을 사든 "미국에서 가장 넓고, 가장 오래된 증류소One of the largest and oldest distillery in United States"라는 말이 빠지지 않는다. 또 『빅 위스키』 같은 책에서는 버팔로 트레이스 증류소 탐방이 "과거로의 시간 여행"이며 동시에 "스팀펑크Steampunk* 무대로 들어가는 것"이라고 적기도 했

● 증기steam기관이 등장하는 사이버 펑크cyber punk. 18세기 산업혁명 시기 증기기관이 발전한 가상의 세계를 배경으로 한 SF 영화나 문학을 뜻한다.

다. 증류소에 와보니, 왜 그렇게 표현했는지 알 것 같다.

증류는 계속된다

방문자 센터로 들어갔다. 기념품점이 함께 있는 이 건물 역시 역사가 오래됐다. 1881년에 위스키 숙성고로 지었던 것을 개조해서 쓰고 있다. 평일 대낮인데도 방문자 센터는 관광객으로 꽉 차 있다. 1년이면 약 20만 명, 날 좋은 10월에는 하루에 2000명씩 찾아온다더니, 빈말이 아니었다.

잠시 뒤 증류소를 안내해줄 직원이 나타났다. (버번 역사에서 중요한 증류소인 만큼, 좀더 자세히 알고 싶어 미리 VIP 투어, 즉 프라이빗 투어를 신청해 허락을 받았다.) 나이 지긋한 리 카워드다. 리 카워드는 켄터키주 정부에서 공무원으로 일하다가 은퇴했다. 5년 전부터 이 증류소에서 투어 가이드를 하며 제2의 인생을 살고 있다. 첫인상은 바르고 친절한 이웃집 아저씨인데, 어찌나 말을 잘하는지 깜짝 놀랐다. 위스키 지식이 풍부하고 켄터키 지리와 역사에 대해서도 모르는 게 없는 사람이었다.

리는 증류소의 역사부터 설명하기 시작했다. 리에 따르면, 이 지역에 개척민이 맨 처음 들어온 것은 1775년이다. 버팔로가 밟고 지나간 길을 따라 탐험을 계속하던 핸콕 리Hancok Lee 형제가 켄터키강을 건너 발견한 곳이 지금 이 증류소 땅이다. 핸콕 형제는 여기에 정착한 뒤 자신들의 성을 따서 리스 타운Lees town이라고 이름 지었다. 문헌 기록을 보면, 리스 타운에서는 1786년부터 증류를 시작했다. 미국 독립전쟁이 끝난 지 3년째 되던 해이고, 켄터키가 주로 독립(1792)하기 6년 전이다. 이때부터 시작된 증류의 역사가 아직까지 이어지고 있다. 리는 "이 지역에서는 1786년 이후 증류를 단 한 번도 멈추지 않았다"면서 "버팔로 트레이스는 멈추지 않고 증류를 해온 가장 오래된 증류소the oldest continuously-operating distillery"라고 강조했다.

버팔로 트레이스의 영웅

다음은 이 증류소를 이끌어온 주요 인물을 알아볼 차례다. 혹시 지금 이 대목에서 '이런 시시콜콜한 것까지 다 알아야 해?'라고 생각하는 분이 있다면 책장을 넘겨도 좋다. 다만 그러면 미국 버번 역사에서 영웅으로 기록된 이들의 면면을 살필 기회도 놓치게 된다. 특히 버팔로 트레이스 증류소의 주요 제품이 이 영웅들의 이름을 딴 만큼, 간략하게라도 알아두는 게 좋을 듯하다.

첫번째 인물은 '현대 버번 산업의 아버지'로 불리는 테일러E. H. Taylor다. 미국 제12대 대통령 재커리 테일러 Zachary Taylor의 친척인 그는 1869년에 이 일대 땅을 매입해 증류소를 세웠다. 테일러가 지은 증류소 이름은 원래 OFCOld Fashioned Copper였다. 이렇게 명명한 이유는 테일러가 증류 설비 대부분을—현대적 증류소와 마찬가지로—구리copper로 바꿨기 때문이다. 그의 업적을 기려 버팔로 트레이스에서는 지금도 테일러 시리즈라는 위스키 제품을 내놓고 있다.

'버번 산업의 아버지' 테일러.

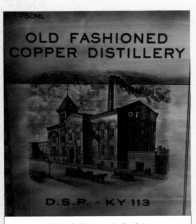

테일러가 1869년에 세운
OFC 증류소(버팔로 트레이스의 전신).

버팔로 트레이스
'테일러 시리즈' 위스키.

　두번째는 테일러의 뒤를 이어 1878년부터 증류소를 운영한 조지 T. 스태그George T. Stagg이다. 위스키 세일즈맨 출신인 조지는 테일러 밑에서 증류소 일을 돕다가 경영까지 맡게 됐다. 천부적인 제품 홍보와 판매 능력으로 증류소를 당대 최고로 키워냈다. 주목할 점은 조지가 증류소를 운영하던 당시부터 숙성고에 스팀 장치를 달아 온도 조절을 했다는 것이다. 1886년에 도입한 버번 업계 최초의 온도 조절 장치는 지금 생각해도 매우 혁신적인 시스템이다. 버팔로 트레이스는 이 전통을 이어받아, 지금도 숙성고 바닥에 온수 배관을 깔아서 온도를 비교적 일정하게 유지한다. 버팔로 트레이스에서 매년 한정판으로 내놓는 앤티크 컬렉션Antique Collection 중 하나인 조지 T. 스태그 위스키가 바로 이 사람의 이름에서 따온 것

숙성고 온도 조절 장치를
도입한 조지 T. 스태그.

이다.

버팔로 트레이스의
앤티크 컬렉션
'조지 T. 스태그'.

세번째 인물은 조지 T. 스태그가 사장이던 1897년, 열여섯 살에 사무실 아르바이트로 입사한 앨버트 블랜튼Albert Blanton이다. 블랜튼은 증류소의 주요 직책을 두루 거치며 훗날 사장에 올랐다. 1952년까지 55년간 증류소에서 일한 블랜튼의 업적은 한두 가지가 아니다. 그중 딱 하나만 꼽으라면 금주법 기간에 증류소를 무사히 지켜낸 일이다. 생존의 비결은 의료용 위스키 면허였다. 블랜튼은 금주법 시행 이후에도 숙성고에 남아 있는 위스키를 병입해 의료용으로 판매할 수 있는 허가를 받았다. 덕분에 1925년 한 해에만 약 100만 파인트(약 47만 리터)에 달하는 위스키를 유통할 수 있었다. 또 1930년부터는 의료용 위스키 재고가 부족해지면서 직접 증류할 수 있는 권한까지 얻었다.

(금주법 기간에 이렇게 많은 위스키를 유통할 수 있었던 이유는 「올드 포레스터」 편에서 이미 설명했다. 기록을 보면 금주법 시행 14년 동안 의사가 발행한 위스키 처방전이 켄터키에서만 약 600만 장이나 됐다.)

마지막으로 살펴볼 인물은 싱글 배럴이란 개념을 도입해 버번 위스키 부흥에 기여한 엘머 T. 리Elmer T. Lee다. 엘머는 1984년 '금주법 이후 상업적으로 판매하는 최초의 싱글 배

사무실 보조로 입사해
증류소 사장에 오른 블랜튼.

럴 버번'으로 평가받는 블랜튼스Blanton's를 출시한다. 잘 숙성된 하나의 오크통에서 꺼낸 위스키를 담아 출시하는 싱글 배럴은 짐 빔이 주도한 스몰 배치와 더불어 프리미엄 버번 시장의 양대 축이 된다. (「짐빔」편 '다 죽어가던 버번을 되살리다' 참조.)

이런 영웅들이 거쳐가는 동안, 증류소 주인과 이름은 여러 번 바뀐다. 결국 증류소는 1992년에 뉴올리언스에 기반을 둔 주류 기업 사제락에 넘어갔고, 1999년에 이르러 버팔로 트레이스라는 지금의 이름을 갖게 된다.

블랜튼 조각상

제조 공정을 보려고 방문자 센터 밖으로 나왔다. 증류실 쪽으로 가는 길에 공원이 눈에 띈다. 푸른 잔디가 있고 개울이 흐르는 드넓은 공원. 주변 조경도 기가 막히다. 물어보니 직원 가족들한테는 공원을 개방해 피크닉 장소로 쓸 수 있게 해준단다. 또 봄부터 초가을까지는 여기서 야외 결혼식도 열린다고 한다. 잠시 증류소 잔디밭에서 열리는 결혼식을 상상했다. 꼭 영화 속 한 장면 같다. 거대한 증류소에 공장만 가득했다면 무척 삭막했을 텐데, 이런 공간이 있어서 한결 여유롭게 느껴진다.

공원에 있는 조각상도 눈길을 끌었다. 저 인물이 누구인가 했더니, 좀 전에 설명을 들은 버팔로 트레이스의 영웅 앨버트 블랜튼이다. 그의 이름을 딴 블랜튼스Blanton's는 명작 중의 명작이다. 향과 맛은 두말할 나위가 없고, 말을 타는 사람을 표현한 병뚜껑 하며 독특한 팔각형 병까지 예술이다. 영화 〈존 윅 John Wick〉에서 주인공 존 윅이 다쳤을 때

버팔로 트레이스 증류소 공원에 있는 블랜튼 동상.

엘머 T. 리가 탄생시킨
최초의 싱글 배럴 버번 블랜튼스.

진통제처럼 들이켜는 위스키가 블랜튼스다. 내가 사랑하는 위스키 목록 중에서도 최상위권에 있다. '버번 최초의 싱글 배럴' 블랜튼스를 통해 앨버트 블랜튼이라는 이름도 역사에 영원히 남게 됐다.

9만 2000갤런 초대형 발효조

앞서 '버팔로 트레이스는 가장 넓은 증류소'라는 표현을 인용했다. 여기엔 물론 이견이 있을 수 있다. 예를 들어 증류소 전체 부지 면적을 따져보면, 버팔로 트레이스가 약 400에이커(약 160만 제곱미터)인 반면 메이커스 마크는 1000에이커(약 400만 제곱미터)에 달한다. 하지만 이 두 증류소의 면적을 단순 비교해선 곤란하다. 메이커스 마크는 전체 부지 가운데 일부만 증류 시설로 쓰고 나머지 땅은 놀린다. 반면 버팔로 트레이스는 그렇지 않다. 증류소 부지 내부가 각종 생산 시설로 꽉 들어차 있다.

버팔로 트레이스가 얼마나 거대한 곳인지는 발효실과 증류실이 있는 증류 공장에 가보면 알게 된다. 엄청난 생산 규모에 입이 쩍쩍 벌어진다. 켄터키의 웬만한 증류소는 다 돌아다녔지만, 이런 규모는 처음 본다. 비유를 들자면, 지금까지 본 증류소가 슈퍼마켓이나 편의점이라면 여기는 창고형 마트에 해당한다.

발효실에 도착했을 때 마침 옥수수를 가득 실은 대형 트레일러가 와 있었다. 공장을 안내하던 리는 "하루에 저런 트레일러가 여덟 대에서 열 대 정도 와서 옥수수를 내려놓고 간다"라고 말했다. 트레일러가 쏟아놓고 간 옥수수는 컨베이어 벨트를 통해 사일로로 옮겨진다. 사일로 여섯 개에 저장된 옥수수만 무려 7만 부셸bushel, 175만 킬로그램

곡물 처리와 발효 공정이 이뤄지는 매시 하우스.

증류소로 옥수수를 실어 나르는 대형 트레일러.

교체 예정인 버팔로 트레이스 구형 당화조.

9만 2000갤런 용량의 업계 최대 규모 발효조.

이라고 한다.

사일로에 있던 곡물은 공장 꼭대기에
설치된 해머 분쇄기hammer mill로 곱게
갈아서 중력을 이용해 아래로 떨어뜨린
다. 가루가 된 곡물은 이후 당화조에 넣
어 당화 처리를 한다. 버팔로 트레이스
에는 당화조가 총 세 대 있는데, 용량을
다 합하면 3만 갤런(약 11만 3000리터)
에 달한다. 용량도 용량이지만 더 놀라
운 건 당화조 연식이다. 1967년부터 50
년 넘게 똑같은 걸 쓰고 있다. 골동품이
나 다름없는 당화조를 조만간 교체할
계획인데, 기왕 바꾸는 김에 용량을 두

켄터키 버번 증류소에서는 옥수수 품질에
신경을 많이 쓴다. 리는 "옥수수는 늘
최고의 품질을 엄선해서 쓴다"고 말했다.

배로 늘릴 계획이다. 3만 갤런도 모자라 6만 갤런으로 바꾼다니, 더 이
상 할말을 잃고 말았다.

다음은 발효조다. 들어본 사람도 있겠지만, 버팔로 트레이스 발효
조는 버번 업계에서 굉장히 유명하다. 나도 말로만 듣다가 실제로 봤
더니 정말 어마어마했다. 마치 거인국 위스키 생산 공장에 있을 법한
압도적인 크기다. 발효조 하나의 용량이 무려 9만 2000갤런(약 34만
8000리터)이다. 이런 초대형 발효조가 모두 12개나 된다. 다 합쳐서
계산해보니 전체 발효조 용량이 110만 4000갤런에 달한다. 110만
4000갤런이면 대체 어느 정도야? 리터로 환산하니 약 410만 리터다.
용량이 거대하다보니, 이스트도 발효조 하나에 30킬로그램씩 넣는다
고 한다. '세상 위스키를 자기들이 다 만들려고 저러나' 싶은 생각이
들었다.

버번 폼페이

"자, 이제 정말 신기한 곳에 가게 될 겁니다."

엄청난 생산 규모에 넋이 나간 나에게 투어 가이드 리가 한 말이다.

'아니 더 놀랄 게 또 뭐가 있다고 저러지' 싶었지만, 묻지 않고 잠자코 따라갔다.

리는 증류소 한쪽에 있는 낡고 허름한 건물로 나를 안내했다. 외관부터가 뭔가 심상치 않았다. 아니나다를까, 안으로 발을 내딛는 순간 발걸음이 얼어붙고 말았다. 세상을 살다보면 가끔 이럴 때가 있다. 전혀 예상하지 못한 것과 갑자기 맞닥뜨리는 상황 말이다. 바로 지금이 그런 순간이다.

내가 들어간 곳은 유적 발굴 현장이었다. 좀더 설명하자면 150년 가까이 콘크리트 더미에 묻혀 있던 1800년대 중후반 옛 증류소 시설이었다. 이런 유적이 세상에 드러난 건 기적이나 다름없었다. 지난 2016년 버팔로 트레이스는 관광객 체험 시설을 확충하려고 증류소 한쪽 땅을 파헤치기 시작했다. 그런데 여기서 난데없이 유물이 출토됐다. 1869년부터 1883년까지 이 증류소에서 쓰던 물건들이 잇따라 쏟아져 나온 것. 이후 과거 문헌과 대조하며 발굴을 계속한 결과, 이곳이 그 옛날 테일러가 세운 OFC 증류소의 발효실이라는 게 최종 확인됐다.

여기서 나온 유물 중에는 1883년 OFC 증류소에서 쓰던 구리 발효조 잔해도 있었다. 또 1869년 당시 증류소 벽돌도 남아 있었다. 마침내 버팔로 트레이스는 이곳을 복원하기로 결정했다. 2년간의 공사 끝

1869년 최초의 증류소 건물 벽돌.

'버번 폼페이'에서 발굴된 옛 증류소 유물.

에 원래 발효조가 있던 자리에는 3200갤런 용량의 구리 발효조를 설치했다. 다른 공간도 문헌 기록을 참조해 원래대로 복원했다. 발굴 과정을 설명해주던 리는 "역사적인 발굴이 이뤄진 이곳을 우리는 '버번 폼페이Bourbon Pompeii'라고 부른다"고 말했다.

초대형 발효조에 초대형 증류기까지, 모든 게 크고 넓은 증류소. 하지만 이 증류소의 진정한 가치는 엄청난 생산 규모나 부지 면적이 아니다. '버번 폼페이' 발굴 사례에서 알 수 있듯이, 버번 산업의 역사를 고스란히 간직하고 있다는 점이 훨씬 중요하다. 그렇게 볼 때 버팔로 트레이스는 증류소 전체가 일종의 '국보급 문화재'나 다름없다. 실제로 버팔로 트레이스는 2001년 미국 국립사적지로 등재됐으며, 2013년에는 미국 국립역사기념물로도 지정됐다.

버번의 정석

마스터 디스틸러 인터뷰를 마치고 끝으로 시음을 했다. 버팔로 트레이스에서 생산하는 버번 위스키만 20종이 넘기 때문에 대체 어떤 게 나올지 궁금했는데, 이 증류소의 대표 브랜드인 버팔로 트레이스와 이글 레어가 나왔다. 또 버번으로 만든 크림 리큐어와 미숙성 증류 원액을 그대로 제품으로 만든 화이트 도그도 재미로 맛봤다.

맨 먼저 시음한 버팔로 트레이스는 내가 사무실에 놔두고 업무가 끝난 뒤 가끔씩 꺼내서 마실 정도로 즐기기 때문에 너무도 잘 안다. 이 녀석은 한마디로 '전천후 지구 방위대'다. 육군이 됐다가 해군이 됐다가 가끔 공군이 되기도 한다. 야구로 치면 포수도 했다가 1루수도 했다가 외야수도 보는 멀티 플레이어다. 정말 어떤 상황에서 어떤 안주

버팔로 트레이스 증류소에서 맛본 위스키.

와 함께 어떤 방식으로 마셔도 어울린다. 그냥 마셔도 좋고 얼음을 넣어 온더록스로 즐겨도 좋고, 칵테일로 만들어도 맛있다. 버번 위스키란 무엇인가를 말할 때 빼놓을 수 없는 술이다. 한마디로 '버번의 정석'과도 같다. 바닐라와 캐러멜이 복합적으로 어우러지는데 깊이가 너무 깊지도, 또 너무 얕지도 않다.

이어서 맛본 위스키는 이글 레어. 원래는 시그램Seagram사가 1970년대에 내놓은 브랜드인데 지금은 버팔로 트레이스에서 생산하고 있다. 이 녀석은 향이 아주 매력적이다. 향신료와 체리 혹은 가죽 광택제 냄새가 난다는 사람도 있던데, 일반적으로는 오렌지 껍질이나 바닐라 향이 느껴진다. 내가 이날 마신 건 10년 숙성 제품이었는데, 향과 맛도 좋았지만 특히 여운이 길고 묵직했다.

버번을 연달아 마신 뒤에는 화이트 도그를 슬쩍 맛만 봤고, 마지막

달달한 버번 리큐어와 초콜릿은
항상 잘 어울린다.

입가심으로 달달한 버번 리큐어를 한 잔 마셨다. 리는 안주로 먹으라면서 버번을 넣어서 만든 초콜릿도 함께 내놨다. 버번 초콜릿까지 곁들이니 이런 환상의 조합이 없다. 역시 술꾼들에겐 술 들어간 디저트가 최고다. 갑자기 위스키를 넣은 초콜릿을 전문적으로 제조하는 서울 내자동의 쇼콜라 디제이가 떠오른다. 한국에 돌아가면 거기 가서 버번 넣은 위스키 봉봉을 실컷 먹어야지.

마스터 디스틸러를 만나다

시음을 하러 가기 전, 버팔로 트레이스 증류소의 마스터 디스틸러 할렌 휘티를
만날 수 있었다. 할렌 휘티는 현재 미국 버번 업계의 거물 중 한 명이다. 솔직히
증류소측에 인터뷰 제안을 할 때만 해도 힘들지 않을까 싶었다. 그런데 흔쾌히
인터뷰에 응하겠다는 답장을 받고 대단히 기뻤다.
약속 시간에 맞춰 사무실로 찾아갔다. 이런 초대형 증류소를 이끌어가는 마스터
디스틸러라면 사무실도 크고 화려하게 꾸며놨을 거라고 생각했는데, 순전히
착각이었다. 증류소 생산 공장 옆에 있는 작은 공간을 사무실로 쓰고 있었다. 별로
크지도 않고 소박한 공간이었다. 사무실 벽에는 버팔로 트레이스가 최근에 받은
여러 가지 상을 휘장으로 만들어 자랑스럽게 걸어놨다.

'얼굴에서 누룩 냄새가 난다'라는 말이 있다. 할렌의 얼굴을 보자마자 딱 그 말이
떠올랐다. '이분은 술을 참 좋아하게 생겼구나' 싶었다. 악수를 나눈 뒤 "당신이
만든 버팔로 트레이스 위스키를 너무 좋아해서 사무실 책상에도 놔뒀을 정도"라고
첫인사를 건넸다. 그러자 할렌은 껄껄 웃으며 "버팔로 트레이스가 한국에서도
사랑을 많이 받았으면 좋겠다"고 답했다. 이후 본격적으로 인터뷰를 이어갔다.
주로 버팔로 트레이스 제품 특징과 생산 과정의 특이점 그리고 향후 계획을
물었다.
이하는 인터뷰 일문일답이다.

**인터뷰에 응해주셔서 감사합니다. 이렇게 멋진 증류소와 언제부터 인연을 맺게
됐는지요? 또 어떻게 마스터 디스틸러라는 영광된 자리에 오르게 됐는지도
궁금합니다.**

저는 이곳에서 슈퍼바이저(매니저)로 출발했습니다. 이 증류소에는 총 네 명의
슈퍼바이저가 있습니다. 그들은 모두 마스터 디스틸러를 보조하는 역할을
맡습니다. 또한 향후 마스터 디스틸러가 되기 위한 일종의 훈련을 받습니다. 제가
10년 정도 일했을 때 전임 마스터 디스틸러가 은퇴를 했고, 운좋게도 후임으로
발탁이 됐습니다.

버팔로 트레이스
마스터 디스틸러 할렌 휘티.

생각보다 증류소 규모가 커서 놀랐습니다. 버번 산업이 활황인 만큼 앞으로 더 확장을 한다는 얘기까지 들었습니다. 어떤 계획을 갖고 있습니까?

1972년에 한 번 크게 확장을 했습니다. 사실 그때와 장비나 시설은 거의 같습니다. 작년부터 다시 두번째 확장을 진행하고 있는데, 이번엔 1972년보다 확장 규모가 훨씬 더 커질 겁니다. 말씀하신 대로, 버번 산업이 요즘 아주 잘나가고 있기 때문입니다. 확장 공사는 2년 뒤(2020년)면 끝날 예정인데, 그렇게 되면 지금보다 생산 규모가 2.5배 정도 늘어날 것 같습니다. 그때 오시면 아마 더 놀라게 될 겁니다. 돈도 많이 들어갈 텐데 약 500만 달러 정도를 투입해서 여러 가지를 바꿀 겁니다.

버팔로 트레이스는 장기 숙성 제품이 많습니다. 그렇다보니 숙성고도 부족하지 않나요?

맞습니다. 가장 시급히 해결해야 할 현안이 숙성고입니다. 숙성고가 부족하다보니 넉 달에 하나씩 새로 짓고 있습니다. 솔직히 지금 현재 숙성고가 몇 채인지 저도 잘 모를 정도입니다. 어디 한번 세어볼까요? 이 증류소에 열여덟 채가 있고요. 바즈타운에도 서른한 채나 있습니다. 또 오언즈버러에 여덟 채, 버지니아주에도 두 채, 테네시주에도 하나가 있고, 심지어 캐나다에도 한 채가 있습니다. 지금도 계속 늘어나고 있으니 이렇게 세는 건 아무 의미가 없죠. 5년 전쯤에 이 증류소 바로 옆에 빈 땅이 있어서 약 250에이커 정도를 사났습니다. 거기다가도 열다섯 채를 추가로 지을 겁니다. 지금처럼 버번이 잘 팔리면 숙성고도 계속 늘려야겠죠.

숙성고 얘기가 나와서 말인데요, 버팔로 트레이스는 전통적으로 온도 조절 장치를 쓰는 게 특징입니다. 다른 증류소에서는 그냥 자연에 맡겨두는데, 특별히 그렇게 하는 이유가 있습니까?

저희에겐 전통입니다. 숙성고 바닥에 관을 매립해서 날이 추워지면 온수를 흘려보내죠. 그렇게 해서 온도를 조절하는데, 사실 이뿐만이 아닙니다. 저희는

할렌 휘티의 사무실에는 버팔로 트레이스가 받은 상을 휘장으로 걸어놨다.

일사량도 조절합니다. 햇빛이 너무 많이 들어와 온도가 갑자기 오르는 것을 막는 거죠. 보통 여름에는 창문을 활짝 열어서 환풍을 시키는데, 그러다보니 숙성고 지을 때 창문을 430개나 달아놓습니다. 모두 온도를 비교적 일정하게 유지하려는 노력이죠. 저희 제품이 맛있다면 이런 온도 조절도 어느 정도는 기여를 하고 있는 것 같습니다.

제품에 대한 궁금증도 많습니다. 지금 미국에서는 버팔로 트레이스가 줄리언 밴 윙클 후손과 합작해서 내놓고 있는 '패피 밴 윙클' 때문에 난리가 났다고 알고 있습니다. 이 위스키가 이렇게까지 화제를 불러일으킬 거라고 짐작하셨나요?

전혀 몰랐습니다. 정말 놀라운 일입니다. 5년마다 출고량을 두 배씩 늘리고 있는데도 없어서 못 팔고 있으니까요. 영업 기밀이라서 정확한 숫자를 공개해드릴 순 없습니다만, 현재도 1년에 수천 상자(한 상자는 열두 병)를 내놓고 있는데 금방 다 팔려버립니다. 이렇게 잘 팔리는 이유가 뭔지 생각해봤는데, 첫째는 기존의 일반적인 버번과 다르다는 점이죠. 일단 밀이 들어간 버번이고요, 여기에 희소성도 크게 작용하는 것 같습니다. '패피 밴 윙클 23년' 같은 경우는 숙성하는 데 시간이 오래 걸리기 때문에 수요를 따라가지 못하거든요. 그러다보니 더 희귀해져서 주목을 받는 것 같습니다.

패피도 훌륭하지만 저는 개인적으로 '조지 T. 스태그'도 대단하다고 생각합니다.

다른 제품에 대해서도 설명해주시죠.

(웃음) 말씀하신 조지 스태그는 가장 앤티크한 제품입니다. 아주 특별하죠. 15년을 숙성시키는데, 일반 버번보다 숙성 기간이 두 배 이상 깁니다. 그래서 매우 부드럽고 향도 좋습니다. 하지만 가장 대표적이고 대중적인 브랜드는 뭐니 뭐니 해도 버팔로 트레이스죠. 이 제품은 꾸준하게 잘 팔리고 있고, 평가도 아주 좋습니다. 이 밖에도 이글 레어Eagle Rare라든지 블랜튼스 혹은 테일러도 꼭 맛보시라고 권하고 싶습니다. 각각 개성이 있으면서도 일관된 맛이 있거든요. 서로 비교해보면서 드시면 특별한 경험이 될 겁니다. 예를 들어 조지 스태그와 버팔로 트레이스는 제조 레시피는 똑같은데 숙성 기간만 다르거든요. 이런 차이를 시음하면서 느껴보시는 것도 흥미로운 일입니다.

마스터 디스틸러로서 위스키를 만들 때 가장 중요하게 생각하는 건 무엇입니까?

어려운 질문이네요. 우선 떠오른 건 위스키에는 변수가 참 많다는 사실입니다. 어떤 곡물을 쓰느냐에 따라서 맛도 달라질 거고요. 당화 과정, 발효 과정, 증류 과정도 영향을 주죠. 이스트를 어떤 걸 쓰는지도 중요하고요. 하지만 결국 가장 중요한 건 두 가지인 것 같네요. 하나는 위스키를 만드는 사람. 그리고 자연. 그중에서도 더 중요한 건 물론 자연이겠죠. 자연은 위스키를 만들 때 가장 중요한 요소입니다.

30분 정도의 짧은 만남이었지만, 버번 위스키 제조에 대한 확고한 철학과 자부심이 느껴졌다. 인터뷰가 끝난 뒤 한국에서 준비해간 전통 자개 문양 보석함을 선물했다. 할렌은 "아내가 너무도 좋아할 것 같다"며 기뻐했다.

후기

1

그 넓은 버팔로 트레이스 증류소를 안내해준 리 카워드가 요즘도 생각난다.
주차장까지 와서 배웅하는 리 카워드에게 나는 기꺼이 한국에서 준비해간
선물 가운데 가장 비싼 것을 건넸다. 그만큼 그의 호의와 친절이 고마웠다.
켄터키 여행을 마치고 돌아온 얼마 뒤 리 카워드가 이메일을 보내왔다.
거기엔 이렇게 적혀 있었다.

> 당신에게 증류소 안내를 해준 것이 나에겐 큰 기쁨이었습니다.
> 당신도 우리 증류소에서 즐거운 시간을 보냈을 거라고 믿습니다.
> 버팔로 트레이스 증류소 투어가 당신이 낼 책에 조금이나마 도움이
> 되었으면 싶습니다. 당신이 준 사랑스러운 선물은 정말 고맙습니다.
> 사실 이 편지를 쓰는 동안에도 내 책상에 그 선물을 올려두고
> 있습니다.
> 당신의 책이 꼭 성공하기를 바랍니다. 또 언젠가 다시 만나기를
> 희망합니다.
>
> 켄터키에서 리 카워드

2

위스키 전문 매체 위스키워시thewhiskeywash.com 기사에 따르면 2019년
1월 버팔로 트레이스는 이른바 '버번 폼페이' 유적에서 복원한 1883년도
스타일의 구리 발효조를 가동해 실제로 발효 실험을 했다. 증류소측은
"100여 년 전 옛 증류소에서 하던 방식 그대로 발효 공정을 진행했으며, 이
실험이 성공할 경우 증류까지 해서 진짜 위스키로 만들 계획"이라고 밝혔다.

투어 정보

Buffalo Trace Distillery
113 Great Buffalo Trace, Frankfort, KY 40601

대표 투어 프로그램: The Trace Tour
월~토: 오전 9시~오후 4시 | 일: 오후 12시~오후 3시
소요 시간: 1시간 (예약 필요 없음. 무료. 1시간에 한 번 이상 출발)
특별 투어는 홈페이지 예약 필수(특별 투어도 무료)
투어 예약: buffalotracedistillery.com/visit-us/our-tours

2

우드포드
리저브

WOODFORD
RESERVE®

우드포드로 가는 길

누군가 켄터키에서 가장 아름다운 곳이 어디냐고 묻는다면, 나는 0.1초도 망설이지 않고 우드포드 증류소로 가는 길이라고 답할 것이다. 내가 넓디넓은 켄터키를 다 가본 건 아니다. 하지만 시골에 흩어져 있는 증류소까지 거의 다 훑었으니 꽤 다녔다고 할 수 있다. 그렇게 오가는 동안 멋지고 아름다운 풍경을 많이 접했다. 실로 눈이 호강한 여행이었다. 하지만 그 어떤 곳도 여기만큼 압도적이진 않았다. 이 길의 아름다움을 표현하려면 내가 아는 모든 형용사를 다 동원해도 부족하다. 그만큼 환상적이었다.

　루이빌에서 간다면 대략 한 시간 혹은 한 시간 반이 걸린다. 뻥뻥 뚫린 64번 고속도로에서 동쪽으로 달리다가 60번 국도로 갈아탄 뒤 증류소 간판을 보고 꺾어들어가면 이때부터 시작이다. 길 양옆으로는 푸른 들판이 펼쳐진다. 켄터키 사람들이 블루그래스blue grass라고 부

우드포드 리저브 증류소로 가는 길.

르는 드넓은 초원이다. 이런 초원에서 말이나 소를 풀어놓고 기른다. 경치 감상을 하느라 저절로 속도를 줄이며 가다보면 들판 사이로 맑은 물이 흐르는 개울도 나온다. 켄터키강의 지류인 글렌스 크릭Glenn's creek이다.

　마침 하늘을 보니 구름까지 예술이다. 저런 구름을 대체 뭐라고 했더라? 양떼구름이든가, 아니면 비늘구름이든가? 모양으로 봐선 비늘구름에 더 가까울 것 같다. 끝도 없이 펼쳐지는 푸른 대지가 구름과 거의 맞닿은 느낌이다. 여기까지만 해도 감동인데, 길옆에 서 있는 아름드리나무를 봤더니, 붉은 단풍으로 옷을 갈아입었다. '오-매 단풍 들것네'라는 말이 켄터키에서 튀어나올 줄이야. 이런 풍경을 보고도 그냥 지나쳐 갈 사람은 토박이 주민밖에 없을 것이다. 결국 나도 갓길에 차를 세우고 말았다. 사진 한 장쯤 찍어놓지 않으면 후회할 것 같아서다. 동서남북 어느 각도로 찍어도 예술 사진이다. 아무 피사체에나 사진기만 갖다대면 다 그림엽서다. 자, 이제 여기까지. 투어 예약 시간이 다가온다. 서둘러 증류소로 가야 한다.

작지만 아름다운 증류소

켄터키에도 프랑스식 지명이 많다. 프랑스 왕 루이 16세에서 따온 루이빌Louisville이 일단 그렇다. 버번 위스키의 기원이 된 버번 카운티Bourbon county 역시 부르봉Bourbon 왕조에서 유래했다. 또하나 떠오르는 게 프랑스 도시 베르사유Versailles에서 이름을 가져온 켄터키 베르사유 마을이다. 바로 우드포드 리저브 증류소가 있는 곳이다.

우드포드 리저브 증류소는 아담하다. 면적이 78에이커 정도에 불과하다. 거대 주류 기업 소속 증류소 중에선 가장 작은 규모다. 『빅 위스키』라는 책에선 이런 우드포드를 가리켜 작지만 아름답다는 의미로 "부티크boutique 증류소"라는 표현을 썼다. 그 말이 딱 적당해 보인다. 우드포드 증류소에는 1800년대 후반에 석회암으로 지은 건물이 거의 그대로 남아 있다. 최근에 목재로 지은 건물도 이질감 없이 주변 풍경과 잘 어울린다. 증류소 옆에는 졸졸 개울이 흐른다. 과거엔 저 물을 길어다 위스키를 만들었지만 최근에는 우물을 파서 쓴다고 한다. 증류소 입지에서 물은 항상 중요하다.

주변 경치와 조화롭게 어울리는 우드포드 리저브 증류소.

고풍스러운 우드포드 리저브 증류소 건물.

파란만장한 역사

우드포드 증류소가 있는 자리에서 최초로 증류를 시작한 건 1812년이다. 버팔로 트레이스만큼은 아니지만, 200년이 넘었으니 꽤 오래전 일이다. 버지니아에서 넘어온 일라이자 페퍼*라는 농부가 처음 여기서 위스키를 만들었다. 일라이자가 죽은 뒤에는 아들인 오스카 페퍼 Oscar Pepper가 증류소를 물려받았다. 이때부터 증류소는 전성기를 맞게 된다.

오스카 페퍼 증류소가 성공 가도를 달린 건 제임스 크로 James Crow라는 천재 장인 덕분이었다. 스코틀랜드 에든버러 대학을 졸업하고 미국으로 건너온 제임스 크로는 20년간 이 증류소에서 일하며 품질 좋은 위스키를 제조했다. 제임스 크로는 증류한 뒤 남은 찌꺼기를 재활용해 발효 효율을 높이는 사워 매시 방식을 완성한 인물로도 유명하다.

잘나가던 증류소는 오스카 페퍼 사망 이후 쇠락한다. 1878년에는 래브로트 앤드 그레이엄 Labrot & Graham이란 회사에 넘어간다. 또 1941년에 이르러 브라운포맨이 증류소를 인수했지만 1970년대 버번 불황을 견디지 못하고 매각하고 만다. 그러다가 버번 위스키 산업이 되살아나던 1990년대에 브라운포맨은 증류소를 다시 사들여 '우드포드 리저브'라는 이름으로 재탄생시켰다.

"정말 독특한 증류소"

버번이 요즘 미국에서 얼마나 인기가 있는지는 증류소 투어를 해보면 알 수 있다. 평일 대낮인데도 유료 투어 프로그램이 거의 만원이다. 투

• 일부 문헌에는 일라이자가 '버지니아'가 아닌 '사우스캐롤라이나' 태생이라고 돼 있다.

우드포드 리저브 증류소로 가는 길에 펼쳐진 초원 풍경.

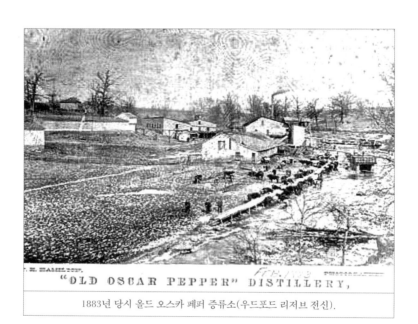

"OLD OSCAR PEPPER" DISTILLERY,

1883년 당시 올드 오스카 페퍼 증류소(우드포드 리저브 전신).

어에 참여한 이들도 10대 청소년부터 백발이 성성한 노인까지 다양하다. 미국 전역에서 버번 애호가들이 몰려들기 때문에, 증류소 방문자 센터는 늘 사람으로 북적인다.

켄터키 증류소를 돌아다니는 동안 여러 사람한테 공통적으로 들은 얘기가 있다. 그건 "우드포드에 가봐라. 정말 독특한 곳이다"라는 말이었다. 다른 증류소와 뭐가 그리 다르기에 다들 저렇게 말하는 걸까? 투어를 하는 동안 정신을 바짝 차리고 꼼꼼히 살펴야

우드포드 리저브 증류소에서 기르던 고양이working cat 일라이자. 20년간 증류소 직원과 관광객의 사랑을 독차지한 일라이자는 2014년 6월에 숨을 거뒀다.

겠다고 생각했다. 잠시 뒤, 증류소 안내를 해줄 시드니라는 직원이 도착했다. 다른 증류소 가이드와 달리, 시드니는 시종일관 진지했다. 농담 같은 건 거의 하지 않고, 오로지 설명에만 집중했다.

발효 기간이 길다

우드포드 리저브의 매시빌은 올드 포레스터와 동일하다. 옥수수 72퍼센트, 호밀 18퍼센트, 맥아 보리 10퍼센트다. 매시빌 자체로는 특별할 게 없다. 하지만 미리 말하자면, 딱 이거 하나만 평범하다. 매시빌을 빼놓고 다른 모든 공정이 특이하다. 그럼 이제부터 제조 공정을 하나하나 살펴보자.

먼저 발효실부터 들렀다. 석회 벽돌로 지은 건물로 들어가자 나무

위스키 풍미를 좌우하는 다섯 가지
요소—곡물, 물, 발효, 증류, 숙성.

우드포드 리저브 증류소에서는 사이프러스 나무로 된 발효조를 사용한다.

로 된 발효조 네 개가 눈에 띈다. 버번 증류소 대부분이 스테인리스 재질을 쓰고 있지만, 여기서는 100년 된 사이프러스나무 발효조를 고집하고 있다. 가이드인 시드니는 "나무 발효조도 충분히 오래 쓸 수 있고, 위생적으로도 문제가 없다"고 강조했다. 켄터키 대형 증류소 가운데 나무 발효조를 쓰는 곳이 여기만은 아니다. 로렌스버그에 있는 전통의 버번 명가 포 로지스도 나무 발효조를 사용한다.

발효조 용량은 크지 않다. 각각 7500갤런에 불과하다. 루이빌 올드 포레스터 증류소보다는 크지만, 규모 있는 다른 증류소와 비교하면 작은 편이다. 발효조 하나를 가득 채워 발효해도 위스키로 증류하면 스무 병 정도밖에 안 나오는 규모다.

발효조 크기보다 더 주목해야 할 점은 발효 기간이다. 일반적인 버번 증류소에서는 보통 사나흘이면 발효를 다 끝낸다. 그런데 우드포드는 다르다. 최소 닷새 이상 발효를 한다. 온도와 습도에 따라 다르지만 주로 7일간 발효한다. 우드포드가 발효를 이렇게 천천히 하는 건 오랜 실험의 결과다. 버번 전문 서적 『빅 위스키』에 따르면, 1대 마스터 디스틸러였던 링컨 헨더슨(훗날 엔젤스 엔비 증류소 창업)과 2대 마스터 디스틸러인 크리스 모리스는 발효 기간을 며칠로 잡아야 최적의 향과 맛이 나오는지 파악하려고 피나는 노력을 기울였다. 우드포드의 효모가 다른 증류소 것과는 특성이 달랐기 때문이다. 두 사람은 발효 기간을 사흘 정도로 짧게 했다가, 다시 1주일 이상으로 늘리는 등 수없이 실험을 반복했다. 이런 시행착오 끝에 최소 닷새 이상, 1주일 정도가 가장 좋다는 결론을 내렸다고 한다.

예쁘고 멋진 우드포드 증류기

다음엔 증류실로 이동했다. 들어가자마자 다들 휴대전화를 꺼내느라 바쁘다. 증류기 사진을 찍기 위해서다. 너 나 할 것 없이 호들갑을 떠는 걸 보니, 사람 보는 눈이 다 거기서 거기구나 싶었다. 내 눈에 예쁘면 다른 사람 눈에도 예쁜 법. 우드포드 증류기는 책에서 봤을 때보다 적어도 100만 배쯤 더 멋있었다.

구리 빛깔이 눈부시게 빛나는 우드포드 증류기. 세 대 모두 항아리 형태의 포트 스틸로, 높이는 1.8미터다. 우드포드 증류소의 상징이자 자부심인 이 멋진 증류기는 누가 만들었을까? 루이빌에 있는 벤돔사 제품을 쓰는 대다수 버번 증류소와 달리 우드포드는 스코틀랜드에 증류기를 주문해 공수해 왔다.*그럼 그렇지. 겉모습만 봐도 스코틀랜드 증류기와 너무도 닮았다.

독특한 증류 방식

우드포드는 증류 방식도 독특하다. 다른 버번 증류소에서는 증류를 두 번에 끝낸다. 원통 형태로 길게 세워진 연속식 증류기, 즉 칼럼 스틸로 1차 증류를 하고, 더블러라는 작은 크기의 증류기로 2차 증류를 해서 원액을 뽑아낸다. 그게 버번 업계의 전통이며 관습이다. 그런데 우드포드는 이 방식을 따르지 않는다. 한 번에 많은 용량을 뽑아내는 연속식 증류기는 이 증류소에서는 쓰지 않는다. 스코틀랜드와 아일랜드에서 주로 쓰는 포트 스틸로 1차, 2차, 3차, 세 번에 걸쳐 증류triple distillation한다. 아이리시 위스키를 만들 때처럼 구리 단식 증류기로 세

● 우드포드 증류기는 스코틀랜드 증류소에서 많이 쓰는 포시스Forsyths Ltd 제품이다.

우드포드 리저브는 스코틀랜드 스타일의 구리 단식 증류기(포트 스틸)로 세 번 증류한다.

번 증류하는 경우는 켄터키 대형 증류소 중에선 우드포드가 유일하다.

증류 과정에서 특이한 점은 이뿐이 아니다. 1차 증류할 때 우드포드에서는 발효액(디스틸러스 비어)만이 아니라 발효하고 남은 곡물 가루까지 함께 증류기에 집어넣는다. 이렇게 1차 증류를 마친 뒤엔 증류기를 열어 곡물 찌꺼기를 다 빼낸 뒤 다시 2차, 3차 증류를 이어간다. 세 번에 걸쳐 증류를 하게 되면 최종적으로 얻는 알코올 도수는 79도(158프루프)에 달한다. 버번 위스키는 법적으로 80도 이상으로 증류하면 안 되기 때문에 허용되는 한계치까지 최대한 도수를 끌어올리는 셈이다. 증류기에서 나온 위스키 원액(하이 와인) 도수가 79도나 되기 때문에 오크통에 넣을 때에는 물을 많이 타야 한다. 최종 증류 도수에서 무려 16.5도를 떨어뜨려 62.5도로 맞춘 뒤 숙성에 들어간다.

증류기, 증류 방식, 증류 도수까지 모든 게 다르다. 이들은 왜 버번 업계의 전통과 관행을 따르지 않는 걸까? 가이드 시드니는 "모든 것이 오랜 실험을 통해 정해졌다"면서 "우드포드가 추구하는 목표는 부드러우면서도 풍부한 풍미를 가진 위스키를 만드는 것일 뿐"이라고 힘주어 말했다. 하기는 전통과 관행이 뭐 그리 중요한가? 도전과 혁신, 파격을 통해서 더 좋은 위스키를 만들면 그만이지. 안 그런가?

석회 벽돌 숙성고

증류 과정을 살핀 뒤엔 다 함께 숙성고로 이동했다. 걸어가면서 보니 여기는 숙성고도 남달랐다. 켄터키에 있는 다른 증류소 숙성고는 거의 대부분 나무로 지었다. 전체를 나무로 짓기도 하고, 아니면 나무에 합판 금속clad metal을 덧대기도 한다. 그런데 1890년경부터 쓰고 있는

1890년 무렵에 지은 우드포드 리저브 석회 벽돌 숙성고.

우드포드 리저브에서 사용하는 오크통은
모회사인 브라운포맨이 직영하는 쿠퍼리지에서 자체 제조한다.

우드포드 증류소 숙성고는 석회 벽돌로 지었다. 가이드는 "석회 벽돌로 된 숙성고를 실제로 가동하고 있는 곳은 우드포드가 유일하다"고 말했다.

가이드가 안내한 곳은 지은 지 130년 가까이 된 C 숙성고였다. 벽에는 1890년에서 1892년 무렵에 지어졌다고 적혀 있었다. 100년이 훌쩍 넘는 세월 동안 이 숙성고에서 얼마나 많은 위스키가 익어갔을까. 세월의 흔적을 촉감으로 느끼고 싶어서 석회 벽돌을 쓱 만져보았다. 손이 온통 새까매졌다. 증류소 벽에는 늘 곰팡이가 달라붙어 있다는 걸 깜빡했다. 손바닥에 묻은 이 곰팡이는 세상 어떤 증류소를 가더라도 반드시 있다. 알코올 증기를 먹고 사는 곰팡이의 정확한 이름은 'Baudoinia Compniacensis'. 미관상으로는 좋지 않을 수 있으나, 증류소에서는 꼭 필요한 존재다. '물 먹는 하마'처럼 곰팡이가 습도 조절도 하기 때문이다. 어쨌든 위스키는 사람만 좋아하는 게 아니다. 천사도 좋아하고, 곰팡이도 좋아한다.

벽돌로 지은 숙성고지만, 내부는 나무로 돼 있었다. 오크통을 얹어놓는 선반도 나무, 지지하는 기둥도 나무였다. 130년 된 숙성고에서 가이드는 오크통 재질과 제조 방법은 물론 숙성 방법까지 자세하게 알려줬다. 브라운포맨 소속인 우드포드 증류소에서는 루이빌에 있는 브라운포맨 쿠퍼리지에서 제조한 오크통을 사용한다. 9개월 동안 바람에 말린 참나무 목재로 만들어 오크통이 단단하고 쓴맛도 덜하다.

우드포드 리저브는 근처에 있는 버팔로 트레이스처럼 숙성고 온도를 인위적으로 조절한다. 위스키 전문 웹사이트 Whisky.com에 따르면, 위스키가 빨리 숙성되도록 하기 위해 주기적으로 난방과 냉방을 번갈아 한다고 한다. 이렇게 온도 조절을 함으로써, 자연적으로 놔뒀을 때에 비해 위스키가 더 자주 팽창과 수축을 반복하면서 참나무의

온도 조절 장치를 사용하는
우드포드 리저브 숙성고.

숙성을 마친 오크통은
레일을 이용해 밖으로 빼낸다.

여러 성분을 더 많이 흡수하게 된다.

숙성고를 나오기 전 시드니가 특별한 오크통 하나를 보여줬다. 2011년 7월 27일에 저장한 오크통이었다. 이날 브라운포맨을 이끄는 브라운 가문 6대손이 증류소를 방문해 대주주들과 만났는데, 그걸 기념하는 오크통이라고 했다. 브라운 가문 6대손은 증류소를 돌아다니면서 참으로 많은 기념 오크통을 남겼겠구나 싶은 생각이 들었다.

코냑 느낌의 버번

투어 코스를 다 돌 때쯤 되니 몸에서 신호가 온다. 알코올 허기가 지면서 목이 칼칼해지고 헛기침까지 나온다. 바깥바람이 쌀쌀해서인지 몸을 달아오르게 할 버번 위스키 한 잔이 더더욱 절실하다. "이제 시음하러 가자"는 가이드의 말이 떨어지기 무섭게 빛의 속도로 테이스팅 룸으로 달려갔다.

우드포드 테이스팅 룸은 환상적이었다. 창밖으로 증류소의 고즈넉한 풍경이 눈에 들어온다. 앞쪽에 있는 화로 장식도 멋지다. 나무로 된 탁자에는 위스키 두 잔이 초콜릿과 함께 놓여 있다. 이런 분위기에서라면 아무리 마셔도 취하지 않을 것만 같다. (2019년에 우드포드 리저브는 190만 달러를 투자해 방문자 센터를 전면 증개축했다.)

첫번째 시음 위스키는 디스틸러스 셀렉트Distiller's select. 우드포드 증류소의 대표 상품으로 도수는 약 45도(90.4프루프)인 스몰 배치 위스키다. 참고로 이 제품은 우드포드 리저브 증류소에서 구리 단식 증류기로 만든 위스키에 루이빌 인근 시블리에 있는 브라운포맨 증류소에서 연속식 증류기로 생산한 위스키를 일부 섞었다.

우드포드 증류소에서 시음한 디스틸러스 셀렉트와 더블 오크드.

잔에 코를 들이박고 길게 향을 들이마신다. 캐러멜과 바닐라 사이로 꽃과 과일 향도 난다. 잔을 한 번 돌린 뒤에 이제 한 모금 슬쩍. '음…… 이런 맛이군.' 상당히 부드럽고 복합적이다. 뭐랄까. 버번스럽지 않다고 해야 하나. 분명히 버번인데 코냑 같은 느낌이다. 첫맛은 상큼하고 알싸한데 뒷맛은 달콤하고 부드럽다.

이제 잠시 휴식. 물 한 모금 마시고 심호흡 세 번. 이게 내가 다음 잔으로 넘어갈 때 하는 루틴이다. 연달아 마시는 것보다는 혀도 좀 쉬게 해줘야 맛을 잘 느낄 수 있는 건 분명하다.

두번째는 내가 아주 좋아하는 게 나왔다. 더블 오크드Double Oaked. 남대문 수입상가에서 한 병 사다 마신 뒤로 푹 빠져서 지금도 내 방에 곱게 모셔두고 있는 제품이다. 이 녀석을 켄터키에서 맛보게 될 줄이야. 이 위스키는 숙성 방식이 앞의 것과 확연히 다르다. 일반적인 버번 오크통에서 숙성을 한 뒤에 마지막 6개월 동안은 특수 제작한 두번째 오크통에서 추가 숙성했다.

그럼 첫번째 오크통과 두번째 특수 제작 오크통은 어떻게 다를까? 앞서 여러 번 언급했지만, 상식적으로 알아야 할 것은 버번 오크통 내부를 태울 때 열을 두 번 가한다는 사실이다. 처음에는 비교적 낮은 온도로 긴 시간 동안 열을 가해서 굽고toasting, 그다음에는 강렬한 불길로 짧은 시간 동안 그슬리며 태운다charring. 일반적인 버번 오크통은 약 10분 동안 굽고, 15초에서 55초 동안 태운다. 그런데 더블 오크드를 추가 숙성할 때 쓰는 두번째 오크통은 제작 방식이 확연히 다르다. 일반 오크통에 비해 네 배나 길게 40분 동안 굽고, 태우는 시간은 5초로 확 줄인다.

이젠 맛을 볼 차례다. 한국에 있을 때도 많이 마셔봤던 터라 나에겐 상당히 익숙한 향과 맛이다. 두 번 숙성을 해서인지 참나무 향이 매우 진하게 느껴진다. 혀에서도 탄닌맛과 함께 메이플 시럽 같은 단맛이 느껴진다. 여운 역시 길고 강하다.

위스키는 철학이다

우드포드 마스터 디스틸러 크리스 모리스가 언젠가 인터뷰에서 이런 말을 했다.

"우드포드 브랜드를 출시하고 나서 14년간 계속 적자만 봤습니다."

투어를 마치고 나니, 이제야 알 것 같다. 왜 우드포드가 14년간 적

우드포드 리저브 마스터 디스틸러 크리스 모리스.

자를 봤는지.

그들이 위스키를 만드는 방식은 참으로 미련스럽다. 남들보다 발효부터 길게 한다. 증류도 복잡한 방식으로 세 번이나 한다. 오크통 만드는 참나무 품질 하나에까지 신경을 쓴다. 이러니 돈 벌기 힘들 수밖에.

우드포드는 왜 이렇게 위스키를 만들까? 내가 볼 때 철학의 문제인 것 같다. 당장의 수익이냐 아니면 품질이냐를 놓고 고민할 때마다 우드포드는 자신들의 위스키 철학을 선택했다. 물론 "당신들의 위스키 철학이 뭐냐"고 대놓고 물어보지는 못했다. 하지만 나는 충분히 짐작한다. 아마도 우드포드의 철학은 "수익을 낼 수 있다면 수익을 내고, 손실이 생기면 감수해야 하지만, 어떤 경우에도 늘 좋은 버번을 만들어야 한다"는 줄리언 밴 윙클의 말과 비슷할 것이다.

작고 아담한 증류소. 많이 만들기보다는 잘 만들려고 노력하는 증류소. 전통과 유산을 지키면서도 혁신을 두려워하지 않는 증류소. 무엇보다 오고가는 길이 아름다운 증류소.
내가 느낀 우드포드는 그런 곳이다.

투어 정보

Woodford Reserve Distillery
7785 McCracken Pike
Versailles, KY 40383

투어: **Distillery**
월~토: 오전 10시~오후 3시 (매시 정각)
일(3월~12월): 오후 1시~오후 3시 (매시 정각)
소요 시간: 1시간 | 요금: 20$ (성인)
투어 예약: woodfordreserve.com/distillery/tours

헌터 톰슨이 사랑한 위스키

2011년에 개봉한(국내는 2012년) 〈럼 다이어리Rum Diary〉란 영화가 있다. 조니 뎁이 제작하고 직접 주연까지 맡았다. 흥행 성적이나 평점만 보면 그저 그런 작품이다. 하지만 나는 술꾼들한테 늘 이 영화를 권한다. 끊임없이 술 마시는 장면이 나오기 때문이다. 게다가 조니 뎁의 연기가 환상이다. 영화 역사에서 술 마시는 연기를 이 정도로 실감나게 한 배우도 드물 것이다. 한마디로 음주 연기의 '끝판왕'이다. 선물용 와인을 빚으려고 보르도에 와이너리까지 매입할 정도로 술을 사랑한 사람이었기에 가능한 연기다.

술꾼이라면 좋아할 수밖에 없는 〈럼 다이어리〉. 이 영화의 원작 소설은 미국 저널리스트 헌터 톰슨Hunter S. Thompson(1937~2005)이 썼다. 그는 조니 뎁이 주연한 또다른 영화 〈라스베이거스의 공포와 혐오Fear, and Loathing in Las Vegas〉의 원작자이기도 하다. 헌터 톰슨은 '20세

기의 마크 트웨인'으로 불린다. 취재 대
상에 적극 개입해 주관을 드러내는 이른
바 '곤조 저널리즘Gonzo Journalism' 창시자
로도 유명하다. 지난 2005년에는 "지긋
지긋한 지구를 벗어나 별에 가는 게 마지
막 소원이니, 대포로 나를 발사해달라"는
말을 남기고 스스로 목숨을 끊었다. 유족
들이 유언을 지키기로 하면서 46미터 높
이 건물에서 세계 최초로 '대포 장례식'
이 치러졌다. 장례식 비용은 조니 뎁이 댔다.

와일드 터키 증류소 전시실에
있는 헌터 톰슨 인터뷰집.

  헌터 톰슨 애기를 장황하게 한 이유가 있다. 그가 사랑한 위스키 때
문이다. '버번의 땅' 켄터키 루이빌이 고향인 헌터 톰슨은 와일드 터키
위스키를 끔찍이도 좋아했다. 『생각하는 술꾼Thinking Drinkers』이라는
책에 따르면, 그는 1974년 듀크대학에 강연을 갔을 때 주최측이 와일
드 터키를 내놓지 않자 분통을 터트렸다. 또 작품을 쓸 때에는 "타자기
에서 손을 뻗으면 닿을 거리"에 반드시 이 위스키를 놔뒀다고 한다.

  헌터 톰슨만이 아니다. 와일드 터키를 사랑한 소설가는 너무도 많
다. 명실상부한 최고 베스트셀러 작가 스티븐 킹Stephen King을 비롯해
『무한한 재미Infinite Jest』로 유명한 데이비드 포스터 월리스David Foster
Wallace도 와일드 터키의 광팬이었다. 이들은 와일드 터키를 즐겨 마셨
을 뿐 아니라, 작품에도 비중 있게 등장시켰다.

  와일드 터키는 영화에도 자주 나온다. 너무 많아서 작품을 다 열거
할 수가 없다. 대표작 몇 편만 언급하면 다음과 같다.

〈카산드라 크로싱The Cassandra Crossing〉(1976), 〈람보 2Rambo: First

Blood Part 2〉(1982), 〈누가 로저 래빗을 모함했나Who Framed Roger Rabbit〉(1988), 〈미스틱 리버Mystic River〉(2003), 〈퍼니셔The Punisher〉(2004), 〈가디언The Guardian〉(2006).

와일드 터키를 찾아서

잭 다니엘스, 짐 빔과 더불어 가장 대중적인 미국 위스키. 국내에서는 메이커스 마크, 버팔로 트레이스와 함께 '버번 입문 3대장'으로 꼽히는 브랜드. 라벨에 그려진 칠면조 그림으로도 유명한 와일드 터키는 그동안 어떤 길을 걸어왔을까? 궁금증을 풀기 위해 켄터키 주도 프랭크포트에서 127번 국도를 타고 로렌스버그로 향했다. 한 30분쯤 달리자 증류소 표지판이 나타났다. '이제 다 왔구나' 싶었는데, 증류소 본관 건물은 구불구불한 길을 따라 한참 더 올라가야 나온다. 언덕 쪽 방문자 센터 앞 야외 주차장에 차를 세우고 밖으로 나왔다.

증류소는 강에 바로 붙어 있었다. 켄터키강 옆 83미터 절벽 위에 건물이 자리잡고 있다. 증류소에서 내려다보니 시원한 강줄기와 주변의 아름다운 경치가 한눈에 들어온다. 코앞에 강이 있으니, 물 걱정은 애초에 할 필요가 없다. 증류소로는 천혜의 입지 조건이다.

사방을 쓱 둘러본 뒤, 방문자 센터로 발걸음을 옮겼다. 2014년에 문을 연 방문자 센터는 켄터키의 전통적인 담배 저장 창고Tobacco Barn 모양이다. 한쪽 벽에는 이 증류소를 상징하는 야생 칠면조 그림이 크게 그려져 있다. 저 그림만 봐도 머릿속에 위스키가 떠오를 정도이니, 아마 세상에서 가장 유명한 동물 캐릭터가 아닐까 싶다.

와일드 터키 증류소.

WILD TURKEY

와일드 터키 증류소에서는 켄터키강이 한눈에 잡힌다.

대형 칠면조 그림이 그려진 와일드 터키 방문자 센터.

왜 '야생 칠면조'인가?

방문자 센터 내부는 깔끔하고 쾌적했다. 증류소 투어 표를 파는 곳과 상품점이 한쪽에 붙어 있고, 다른 한쪽에는 전시관이 마련돼 있다. 투어를 시작하기 전 전시관부터 잠깐 둘러봤다. 마치 박물관처럼 잘 꾸며져 있다. 사진 자료는 물론이고, 시대별로 증류소에서 생산한 위스키까지 전부 모아놨다. 이걸 통해 와일드 터키 역사를 한눈에 살필 수 있었다.

여기서 와일드 터키가 어떻게 출발했는지 알아보자. 지금 이 자리에서 최초로 위스키 증류를 시작한 건 1869년이다. 이후 아일랜드 출신 이민자 리피Ripy가 1888년에 이 지역을 매입해 새 증류소를 지었다. 1906년부터는 리피의 아들이 증류소를 물려받아 운영했지만 얼마 못 가 금주법이 시행되면서 문을 닫는다. 그러다가 금주법이 폐지되고 4년이 지난 1937년, 리피 가문이 다시 공장을 증축해 위스키 생

와일드 터키 방문자 센터 전시실. 브랜드 변천사를 시대별로 정리해놨다.

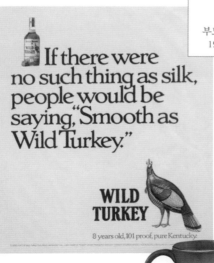

"세상에 실크가 없었다면,
사람들은 '와일드 터키처럼
부드럽다'라는 표현을 썼을 것이다."
1986년 와일드 터키 위스키 광고.

1960년대 기념품으로 팔던 와일드 터키 도자기.

오스틴 니컬스 사가 생산한 와일드 터키 위스키. 와일드 터키 브랜드는 1980년에 페르노리카로 넘어갔다가 2009년에는 캄파리 소속이 된다.

산을 재개했다.

그렇다면 '와일드 터키'라는 이름은 언제부터 쓰게 된 걸까? 이야기는 1940년으로 거슬러올라간다. 당시 리피 증류소에서 생산한 위스키를 대량으로 사서 유통하던 오스틴 니컬스Austin Nichols라는 회사가 있었다. 하루는 이 업체 대표인 토머스 매카시가 친구 세 명과 야생 칠면조wild turkey 사냥에 나섰다. 이날 토머스는 가져간 위스키를 친구들에게 나눠줬는데, 맛이 꽤 좋았던 모양이다. 위스키를 맛본 친구 중 한 명은 토머스에게 "이 맛좋은 야생 칠면조 버번을 언제 더 얻을 수 있지?"라고 물었다. 여기서 영감을 얻은 토머스는 1942년부터 자신이 판매하는 위스키에 '와일드 터키'라는 이름을 붙였다. 이후 오스틴 니컬스 사는 1972년에 이르러, 리피 가문이 세운 증류소를 매입해 자체적으로 위스키 생산과 판매에 들어갔다. 와일드 터키는 1980년에 프랑스계 주류 대기업 페르노리카Pernod Ricard에 매각됐고, 2009년에는 이탈리아 밀라노에 본부를 둔 캄파리 그룹으로 넘어갔다.

와일드 터키=지미 러셀

켄터키 버번 역사에는 위대한 인물이 많다. 멀리 거슬러올라가면 '켄터키 최초의 증류업자'로 평가받는 에반 윌리엄스가 있다.[•] '근대 버

•하지만 에반 윌리엄스가 '켄터키 최초의 증류업자'라는 구체적인 증거는 없다.

번 산업의 아버지'로 통하는 테일러라든가 올드 크로Old Crow를 탄생시킨 제임스 크로도 빼놓을 수 없다. 하지만 지금 생존해 있는 사람 가운데 한 명을 꼽으라고 한다면, 누구든 망설임 없이 이 사람을 지목할 것이다.

'켄터키 버번의 살아 있는 전설'인 이 위대한 인물은 와일드 터키 마스터 디스틸러 지미 러셀Jimmy Russel이다. 지미 러셀은 1954년에 증류소에 들어와 2020년 현재까지 66년째 현역으로 활동하고 있다. 전 세계 위스키 업계를 통틀어 현역 최장수다. 1960년대 후반에 마스터 디스틸러가 됐으니, 그뒤에 나온 모든 와일드 터키 위스키는 지미의 작품이다. 강산이 여섯 번 넘게 변하는 동안 한 증류소에서 위스키를 만들어왔기에, 지미 러셀이라는 이름은 이제 와일드 터키의 동의어다. 지미 러셀이 와일드 터키요, 와일드 터키가 곧 지미 러셀이다.

버번의 부처님

지미 러셀 앞에 붙는 수식어는 다양하다. 대표적인 게 버번의 부처님Buddha of Bourbon 혹은 마스터 디스틸러의 마스터 디스틸러다. 미국 버번 업계의 큰 어른인 지미 러셀은 지난 2000년에 켄터키 버번 명예의 전당에 이름을 올렸다. 2015년에는 지금껏 다섯 명뿐인 켄터키 증류소 연합회 평생 명예 회원Lifetime Honorary Membership to the Kentucky Distillers' Association's Board of Directors 자격도 얻었다.

버번 위스키 전문 도서 『배럴 스트렝스 버번』을 보면, 지미 러셀이 미국 위스키 업계에서 어떤 대접을 받는지 알 수 있는 대목이 나온다. 몇 년 전 시카고에 있는 유명 버번 바 딜라이아스Deliah's에서 위스키

버번의 부처님, 마스터 디스틸러의
마스터 디스틸러로 통하는 지미 러셀.
버번 업계 현역 최장수 마스터
디스틸러로서 '살아 있는 전설'이다.

페스티벌 뒤풀이 파티가 열렸다. 이때 지미 러셀이 차를 타고 행사장에 도착하자 순식간에 난리가 났다. 출입구 앞에 있던 수많은 사람들이 지미 러셀을 알아보고는 "마치 홍해가 갈라지듯" 양옆으로 비켜섰다. 지미가 편히 들어갈 수 있도록 예우한 것이다. 이 모습을 지켜본 바텐더는 "저분이 압도하는군요!"라고 감탄사를 터트렸다.

지미가 존경을 받는 이유는 단지 위스키를 오래 만들어왔기 때문은 아니다. 미국인 대다수가 버번을 외면하던 이른바 버번 불황 시기에 온갖 난관에 정면으로 맞서 싸워 승리한 진정한 영웅이기 때문이다. 후대 버번 장인들은 이런 지미를 가리켜 '버번의 원로 정치인'이라는 표현을 쓰기도 한다.

미국인들이 버번 대신 보드카를 마시던 1970년대와 80년대, 지미 러셀은 버번의 매력을 알리기 위해 '발 벗고' 뛰었다. 당시만 해도 버번의 인기가 바닥이라, 공짜로 시음 행사를 열어도 참가자가 스무 명 남짓이었다고 한다. 이런 암울한 시기에 지미는 그냥 앉아만 있지 않았다. 직접 미국 전역의 술집과 주류 판매상을 돌아다니며 홍보와 판촉을 했다. 한번은 이런 일도 있었다. 지미가 캘리포니아의 작은 마을 구멍가게에 찾아가 "내가 와일드 터키를 만든 사람입니다"라고 자신을 소개했다. 가게 주인은 처음에는 이 말을 믿지 않았다. 와일드 터키 같은 유명 증류소의 마스터 디스틸러가 이런 데까지 올 이유가 없다고 생각한 것. 하지만 한동안 얘기를 나누더니 주인이 이렇게 큰 소리를 쳤다.

"어머니, 이리 와보세요. 이 사람 진짜예요, 진짜."

39년 일한 '신참'

방문자 센터 전시관에는 지미 러셀에 대한 기록이 많다. 그의 인생 자체가 와일드 터키의 역사이기 때문이다. 전시관에 연도별로 정리된 자료를 보면, 1934년은 "전설이 태어난 해"로 돼 있다. 1954년에는 청년이 된 지미의 사진과 함께 "러셀 시대의 개막"이라고 적혀 있다. 그런데 1981년에 이르면 또 한 명의 러셀이 등장한다. 바로 지미 러셀의 아들인 에디 러셀Edward Freeman Russell이다.

에디 러셀이 와일드 터키 증류소에 들어왔을 때의 일화는 유명하다. 1981년 여름, 증류소에 입사한 에디에게 아버지 지미가 맨 처음 시킨 일은 잔디를 깎고 풀을 뽑는 것이었다. 몇 달 동안 허드렛일을 도맡아서 한 에디는 "이때가 인생에서 가장 긴 여름"이었다고 회고했다. 지미가 자식에게 어떤 특혜도 주지 않고 힘들게 일을 시킨 데는 이유가 있었다. 맨 밑바닥부터 익히고 배워야 훌륭한 위스키 장인이 될 거라고 믿었기 때문이다. (이런 철학은 짐 빔이나 메이커스 마크도 비슷하다. 이들 역시 가업을 잇

방문자 센터 전시관에서도 지미 러셀에 대한 기록이 대부분을 차지한다. 지미 러셀의 인생이 곧 와일드 터키의 역사이기 때문이다.

아버지 지미는 잔디 깎기나 오크통 굴리기 같은 허드렛일을 시키며 증류소에 입사한 아들 에디를 조련했다. 아버지와 아들은 현재 와일드 터키 증류소 공동 마스터 디스틸러를 맡고 있다.

는 자식에게 가혹하게 일을 시킨다.)

에디는 40년 가까이 와일드 터키 증류소에서 일하고 있다. 2020년을 기준으로 하면 아버지와 함께 위스키를 만든 세월이 꼬박 39년이다. 이런데도 60년 넘게 현역으로 뛰는 아버지가 있다보니, 에디는 지금도 스스로를 "신참"이라고 소개한다. 아버지한테서 위스키 제조 지식과 기술은 물론 전통까지 물려받은 에디는 와일드 터키 스파이스

아직도 스스로를 "신참"이라고 부르는 에디 러셀.

드Wild Turkey Spiced를 독자적으로 만들었다. 또 러셀스 리저브Russell's Reserve는 아버지와 함께 공동 개발했다. 이런 뛰어난 업적으로 에디는 아버지의 뒤를 이어 2010년 켄터키 버번 명예의 전당에 이름을 올렸고, 2015년에는 와일드 터키 증류소 공동 마스터 디스틸러가 됐다. 지금은 에디 러셀의 아들이자 지미 러셀의 손자인 브루스까지 증류소에 들어와 3대가 함께 일하고 있다. (에디 러셀과 브루스 러셀은 2023년 한국을 방문해 내가 진행하는 유튜브 〈주락이월드〉에 출연했다.)

천문학적인 투자 금액

와일드 터키 증류소 건물은 하나같이 깨끗하다. 2011년에 새 단장을 했기 때문이다. 당시 와일드 터키 모기업인 캄파리는 5000만 달러(약 592억 원)를 투자해 원래 병입 공장이 있던 곳에 증류 시설을 새로 지었다. 덕분에 생산 규모는 500만 갤런에서 1100만 갤런으로 두 배 이상 늘었다. 캄파리는 2013년에도 4400만 달러를 추가로 들여 병입과

포장 공장까지 완공했다. 이렇게 두 차례 확장 공사에 쏟아부은 돈만 약 1117억 원. 가히 천문학적인 금액이다. 이로써 와일드 터키는 곡물 처리부터 발효와 증류, 병입, 포장까지 모두 한곳에서 처리할 수 있게 됐다.

지미의 집 냉장고에 보관된 효모

제조 공정 견학 코스 중에서 맨 처음 찾아간 곳은 효모를 관리하고 대량 증식하는 이스트 룸Yeast Room이었다. 위생과 보안 때문에 내부로 들어가진 못했지만, 유리창으로 살펴보면서 설명을 들었다. 가이드에 따르면, 와일드 터키는 1950년대부터 줄곧 같은 효모를 쓰고 있다. 60여 년 전, 지미 러셀이 입사했을 때나 지금이나 효모는 달라지지 않았다는 얘기다.

위스키 제조에서 효모가 너무나 중요하기 때문에 관리도 특별하게 한다. 미국 내 세 군데에 효모를 나눠서 따로 보관한다. 어디에 효모를 놔뒀는지는 회사 1급 기밀인데, 다만 그중 한 곳은 알려져 있다. 바로 지미 러셀의 집에 있는 냉장고다. 실제로 지미는 그동안 "우리집 냉장고에는 항상 페트리 디시Petri dish*가 있다"라고 입버릇처럼 말하고 다녔다.

가이드의 설명에 조금만 덧붙이려고 한다. 효모는 증류소에서 신줏단지나 마찬가지다. 그만큼 소중하게 다룬다. 자칫 살아 있는 효모가 변이를 일으키거나 죽을 수도 있어서다. 일부 증류소에선 위스키 제조용 효모를 밖에서 사다가 쓰기도 한다. 하지만 전통 있는 증류소는 그렇게 하지 않는다. 효모균을 계속 배양해서 수십 년간 똑같은 효모를 사용한다. 그래야 위스키 품질이 일정하게 유지되기 때문이다. 예

• 세균 배양할 때 쓰는 작은 접시를 말한다.

와일드 터키 증류소에서 쓰는 효모를 관리하고 증식하는 곳.
발효조에 넣을 효모를 대량 증식하는 탱크yeast tank, yeast tub가 보인다.

를 들어 짐 빔은 금주법 이후 증류소를 가동한 뒤부터 지금까지 70년 넘게 동일한 효모를 쓰고 있다.

최신식 증류 설비

이어서 발효실에 들렀다. 공장 2층의 넓은 공간이 발효조로 가득하다. 대체 몇 개나 될까? 가이드는 3만 갤런 대형 발효조가 모두 23대 가동중이라고 답했다. 3만 갤런짜리 23대면 다 합쳐서 69만 갤런(약 260만 리터)이다. 9만 2000갤런 초대형 발효조 12대를 가동하는 버팔로 트레이스에는 못 미치지만, 이 정도만 해도 엄청난 규모다. 원래

와일드 터키에서는 3만 갤런 발효조 23대가 가동되고 있다.

와일드 터키는 포 로지스나 우드포드처럼 사이프러스나무로 만든 발효조를 썼다. 하지만 2011년에 스테인리스로 전부 교체했다. 설명 도중에 가이드가 발효조 하나를 가리키며 냄새를 맡아보라고 했다. 가까이 갔더니 기포가 부글부글 올라오고 비릿한 곡물냄새도 진하게 난다. 저렇게 끓다가 하루나 하루 반 정도 지나면 빨간 옥수수기름이 둥둥 떠오르게 될 것이다. 참고로 와일드 터키는 발효 공정을 딱 사흘 동안 짧게 진행한다.

증류기 역시 최신식이었다. 2011년에 증류 설비도 전부 새것으로 교체했다. 가이드는 "버번 위스키 숙성 기간을 고려하면, 지금까지 출시된 와일드 터키는 거의 대부분 구형 증류기에서 생산된 것"이라고 했다. 이어서 그는 "이제 조금 지나면 새 증류기에서 뽑아낸 위스키도 맛볼 수 있게 될 것"이라고 덧붙였다.

낮은 도수로 증류한다

이 대목에서 와일드 터키 증류 공정의 특이점을 알아보자. 와일드 터키는 켄터키 대형 증류소 가운데 증류기에서 뽑아내는 최종 알코올 도수가 가장 낮은 곳이다. 앞서 우드포드 리저브는 1, 2, 3차 증류를 통해 79도까지 도수를 올린다고 설명했다. 와일드 터키는 정반대다. 1차 증류한 위스키는 62.5도. 2차 증류에서는 고작 1.5도만 높여서 64도에 맞춘다. 그런 다음 알코올 도수를 6.5도만 떨어뜨려 57.5도로 오크통에 집어넣는다. 증류를 끝낸 뒤 알코올 도수를 16.5도 떨어뜨려 오크통에 넣는 우드포드와는 큰 차이가 난다. 와일드 터키는 증류 자체를 낮은 도수에서 끝냈기 때문에 오크통에 넣을 때에도 물을 조금만 타면 된다. 정리해보자.

와일드 터키: 64도(최종 2차 증류) → 57.5도(통입)

우드포드 리저브: 79도(최종 3차 증류) → 62.5도(통입)

와일드 터키 증류소의 설명에 따르면, 낮은 도수로 증류를 마치면 위스키에 무게감이 있고, 프루티fruity한 풍미도 유지할 수 있다고 한다. 다만 수익 면에서는 손해를 감수할 수밖에 없다고 덧붙였다. 다른 증류소와 같은 양을 증류해도 물을 적게 타기 때문에 최종적으로 더 적은 양의 위스키를 생산할 수밖에 없어서다. 그래서 와일드 터키 직원들은 "우리 버번 위스키에는 더 많은 버번이 있다"는 얘기를 반농담처럼 한다.

우드포드처럼 도수를 높게 증류한 뒤에 물을 많이 타서 도수를 떨어뜨리는 것과 와일드 터키처럼 낮은 도수로 증류한 뒤 도수를 조금만 떨어뜨리는 것. 이 둘 중에 어떤 게 더 나은지는 함부로 말할 수 없다. 증류소 각자의 판단이고 각자의 철학일 뿐이다.

증류소에는 시음 전담 직원이 있다

중앙 통제실까지 둘러본 뒤 센서리 랩SENSORY LAB이라고 적힌 방을 들여다봤다. 센서리 랩? 감각 연구소? 뭐하는 곳이지 싶었는데, 시음을 전문으로 하는 테이스팅 팀 소속 직원들의 연구소였다. 여기서 일하는 직원들은 증류소에서 매우 중요한 역할을 담당한다. 증류를 마치고 나면 오크통에 넣기 전에 원액을 미리 맛본다. 이 단계에서 문제가 확인되면 아예 오크통에 넣지 않고 원액을 폐기한다. 테이스팅 팀 직원들은 이후에도 숙성이 진행중인(미들 에이징middle aging) 오크통에서 위스키를 꺼내 문제가 없는지 수시로 확인한다. 숙성을 마친 뒤에도 또 한 번 시음을 통해 최종적으로 맛을 평가한 뒤 제품을 출고한다.

위스키를 맛보고 품질을 확인하는 일은 대단히 힘들다. 일단 자기 관리부터 철저해야 한다. 늘 똑같은 입맛을 유지하기 위해 평소에도 자극적인 음식을 입에 대지 않는다. 경험도 중요하다. 수십 가지에 이르는 향과 맛을 구별하려면 다양한 시음 경험이 필수적이다. 마셔본 위스키가 많지 않은 초짜는 감히 엄두도 내기 힘들다. 이런 이유로 증류소에서 시음을 전문적으로 담당하는 직원은 죄다 잔뼈가 굵은 베테랑이다. 와일드 터키도 그렇다. 테이스팅 팀에서 가장 나이 어린 직원이 경력 20년차. 가이드는 "테이스팅이 재밌어 보이긴 하지만, 직업적으로 하기에는 무척 힘들다"라고 말했다. 그러면서 "증류소에 입사한 직원들이 처음에는 모두 이 일을 원하지만, 그건 위스키를 맛본 뒤

테이스팅 팀 직원들이 위스키를 맛보고 품질을 확인하는 곳.
책상에 시음할 위스키가 잔뜩 놓여 있다.

도로 뱉어내야 한다는 걸 모르기 때문"이라고 말해 좌중을 웃겼다.

레드 오크로 짓는 까닭

증류 시설 밖으로 나와 숙성고로 향했다. 숙성고는 멀리서 봐도 눈에 확 띈다. 벽이 온통 새까맣기 때문이다. 술꾼들만큼이나 위스키를 좋아하는 곰팡이들이 부지런히 활동하고 있다는 뜻이다. 와일드 터키 숙성고는 모두 28채다(2018년 기준). 여기에 70만 개에 달하는 오크통이 저장돼 있다. 숙성고 대부분은 나무로 짓고 철판을 덧대서 마감했다. 부식을 막으려고 나무는 레드 오크red oak(북가시나무)만 쓴다.

와일드 터키 숙성고 벽. 증발한 위스키를 먹어치우는 곰팡이 때문에 온통 새까맣다.

와일드 터키 숙성고 내부. 저장 위치에 따라 위스키 맛이 확연히 다르다.

레드 오크에 쓴 성분이 많아서 흰개미가 갉아먹지 않기 때문이다. 가이드는 "1894년에 지은 숙성고가 아직도 쓰러지지 않은 건 레드 오크로 지었기 때문"이라고 강조했다.

와일드 터키는 숙성고 온도 조절을 인위적으로 하지 않는다. 4월이되면 창문을 열고, 10월이 되면 닫을 뿐이다. 나머지는 모두 자연이알아서 하도록 내버려둔다. 또 메이커스 마크처럼 중간중간 오크통위치를 바꾸지도 않는다. 결국 숙성을 다 끝낸 뒤에 블렌딩을 통해 균일한 맛을 잡아낸다. 와일드 터키 브랜드 매니저를 맡고 있는 이성훈대리(트랜스 베버리지 소속)의 설명에 따르면, 와일드 터키 81이나 와일드 터키 101은 숙성고 저층과 중층, 고층에서 숙성된 위스키를 모두 섞어서 제조한다. 중층(3~5층)에 있는 위스키를 기본으로 하고 고층(6~7층)과 저층(1~2층)에 있는 위스키를 '양념처럼' 섞어서 세세하게 맛을 조절한다. 저장 위치에 따라 맛이 확연히 다르기 때문에 이걸몽땅 섞어서 똑같은 제품으로 만들어낸다는 건 결코 쉬운 일이 아니다. 이성훈 대리는 마스터 디스틸러가 위스키를 블렌딩해 동일한 맛을 찾아내는 과정을 "매번 다른 색의 물감으로 그림을 그리는데도 결과적으로는 늘 똑같은 그림을 그려내는 것"이라고 비유했다.

장기간 숙성하는 위스키는 온도가 낮은 바닥 쪽에 주로 저장한다. 10년을 숙성하는 러셀스 리저브Russell's Reserve나 17년 숙성하는 마스터스 킵Master's Keep 그리고 레어 브리드Rare Breed 일부를 이곳에 저장한다. 현지 증류소 가이드는 "켄터키 현지인들은 의외로 장기 숙성 위스키를 즐겨 마시지는 않는다"면서 "일본인이 장기 숙성 위스키를 가장 선호하기 때문에, 13년에서 15년을 숙성한 제품은 주로 일본에 수출한다"고 설명했다.

할리우드 스타가 개발에 참여한 위스키

다시 방문자 센터로 왔다. 잠깐 휴식 시간을 주기에 상품점에 들렀다. 와일드 터키 위스키가 종류별로 전시돼 있었다. 이중 가장 눈에 띄는 건 2018년에 출시된 롱브랜치Longbranch였다. 할리우드 스타 매슈 매코너헤이Matthew McConaughey가 개발에 참여하고 광고 모델로 나서 유명해진 제품이다. 매슈는 이미 2016년부터 와일드 터키와 인연을 맺었다. 와일드 터키 증류소는 그해 여름 버번 위스키 마니아인 매슈를 크리에이티브 디렉터creative director로 공식 영입했다. 매슈는 신제품 개발을 위한 아이디어를 내고 와일드 터키를 위한 각종 홍보에도 적극적으로 나섰다. 이런 활동 가운데 큰 화제가 된 건 2017년 추수감사절에 있었던 칠면조 깜짝 이벤트였다. 당시 매슈와 와일드 터키는 육류 가공 업체 버터볼Butterball의 협찬을 받아 증류소가 있는 켄터키 로렌스버그의 모든 가정에 칠면조를 한 마리씩 돌렸다. 매슈와 와일드 터키 전 직원이 새벽부터 나서서 하루 만에 4300마리를 전부 배송했다. 매슈가 집집마다 찾아가 칠면조를 건네는 모습은 지금도 유튜브를 통해 볼 수 있다. 할리우드 스타가 선물하는 칠면조를 받아들고 마을 주민들이 감격하는 모습이 생생히 담겨 있다.

아카데미상을 수상한 할리우드 스타와 켄터키 버번 증류소의 인연은 신제품 개발로도 이어졌다. 텍사스 출신인 매슈는 자기 고향에 흔한 메스키트나무mesquite로 만든 숯으로 버번 위스키를 여과해보자고 제안했다. 이 아이디어를 받아들여 실제 제품

와일드 터키 증류소 크리에이티브 디렉터로 활동하고 있는 할리우드 스타 매슈 매코너헤이.

매슈 매코너헤이가 개발에 참여한 롱브랜치 위스키.

으로 만든 게 바로 롱브랜치다. 가이드는 "버번을 사랑하는 매슈는 시간이 될 때마다 와일드 터키 증류소를 찾아와 위스키를 맛보고 돌아간다"고 말했다. 한번은 이런 일도 있었다. 매슈가 아내와 두 아이까지 데리고 증류소에 왔는데, 이것저것 계속 시음을 하다가 취해버렸다. 결국 트레일러에 들어가 한참 동안 낮잠을 잔 뒤에 떠날 수 있었다고 한다. 이런 얘기만 들어봐도, 매슈와 와일드 터키 증류소가 얼마나 끈끈한 관계인지 잘 알 수 있다.

환상적인 테이스팅 룸

증류소는 방문자 센터에 신경을 많이 쓴다. 특히 위스키를 시음하는 공간을 가장 잘 꾸며놓는다. 그래서 증류소 투어를 마치고 나면, 가장

와일드 터키 테이스팅 룸으로 올라가는 입구. 마치 SF 영화 속 초현실 세계로 들어가는 듯한 느낌이 든다.

기억에 남는 곳이 테이스팅 룸일 때가 많다. 시음 공간을 멋지게 단장하는 데는 이유가 있다. 맨 마지막에 들르게 되는 테이스팅 룸이야말로 증류소의 인상을 좌우하기 때문이다. (독일 속담처럼 "끝이 좋아야 모든 게 좋은 법Ende gut, alles gut"이다.)

그런 점에서 와일드 터키 증류소 테이스팅 룸은 방문자들에게 확실한 인상을 남긴다. 사람마다 평가는 다르겠지만, 내가 볼 때에는 켄터키 대형 증류소 테이스팅 룸 가운데 여기가 최고다. 일단 입구부터 멋지다. 테이스팅 룸으로 가려면 방문자 센터 2층으로 걸어올라가야 하는데, 경사로와 나무 장식을 해놓은 벽과 천장이 너무 잘 어울린다. 테이스팅 룸 전망도 기가 막히다. 유리창 너머로 시원스럽게 흘러가는 켄터키강이 한눈에 들어온다. 내가 갔을 때는 울긋불긋 단풍까지 들어 환상적인 절경을 뽐내고 있었다. 위스키를 마시기 전에 경치에 먼저 취해버렸다.

이런 멋진 곳에서는 어떤 위스키가 나올까? 증류소에서 내놓은 위스키는 모두 네 종류였다. 맨 먼저 가장 기본적이고 대중적인 와일드 터키 81. 한국에서도 많이 마셔본 위스키인데, 역시 부드럽고 또 부드럽다. 이런 위스키라면 그냥 꿀떡꿀떡 한 병을 너끈히 비워버릴 수 있을 것 같다. 버번 위스키는 거칠다는 선입견을 갖고 계신 분이라면 이걸 맛보라고 권하고 싶다. 특히 버번 위스키 초심자에게 추천한다. 강렬함은 부족해도 참으로 부드럽게 넘어간다. 입문용으로 그만이다. 다만 개인적으로는 이 제품보다 와일드 터키 101을 선호하는 게 사실이다. 와일드 터키 81이 40.5도로 도수가 낮은 반면, 와일드 터키 101은 50.5도로 높다. 또 와일드 터키 101은 향과 맛이 더 복합적이고 여운도 길게 남는다.

다음은 러셀스 리저브다. 마스터 디스틸러인 지미 러셀과 아들인 에디 러셀이 공동 개발한 제품이다. 앞서 마신 와일드 터키 81과 매시빌이나 제조 방식은 같지만, 숙성 방식이 다르다. 숙성 기간을 10년으로 길게 잡고 잘 익은 위스키 오크통만 골라서 배합한 스몰 배치 위스키다. 바닐라와 아몬드, 캐러멜 풍미가 진하게 느껴지고 여운은 길게 남으면서 기분좋은 쌉쌀함이 혀끝을 살짝 때린다. 정말 언제 마셔도 기분좋은 위스키다.

세번째로 시음한 제품은 라이 위스키였다. 솔직히 와일드 터키 라이 위스키는 처음 마셨는데, 기본에 충실하다는 느낌을 받았다. 도수는 40.5도로 와일드 터키 81과 같다. 최근 몇 년 사이 라이 위스키가 각광을 받으면서, 와일드 터키 역시 생산 라인업에서 비중을 점점 늘리고 있는 추세다.

와일드 터키 증류소에서 시음한 네 종류의 위스키.

시음할 때 나온 건 아니지만, 와일드 터키 팬이라면 마셔보라고 권할 제품이 하나 있다. 2013년에 출시된 포기븐Forgiven이다. 이 제품은 희한하게도 버번과 라이를 한데 섞었다. 법적으로 버번도 아니고 라이도 아니다. 사람으로 치면 일종의 혼혈인 셈이다. 이런 제품이 탄생한 데는 사연이 있다. 한번은 와일드 터키 직원이 탱크 룸에서 실수로 버번과 라이를 섞어버렸다. 다들 "큰일났다" 싶어서 걱정을 했는데, 맛을 봤더니 의외로 괜찮았다. 결국 버번과 라이를 섞은 제품을 출시하게 되면서, 대형 사고를 친 직원도 용서를 받았다고 한다. 제품 이름이 '용서 받은forgiven'이 된 이유다.

마지막은 와일드 터키 아메리칸 허니. 최근에 다시 유행하는 플레이버드 버번Flavored Bourbon이다. 와일드 터키는 이미 1970년대 후반에 비슷한 제품을 내놓은 적이 있다. 버번을 좀 달달하게 즐겨보고 싶다면 마실 만하지만, 그렇다고 추천할 정도로 맛있지는 않다. 솔직히 너무 달다.

여러 가지 향과 맛을 더한 플레이버드 위스키는 미국에서도 논란의 대상이다. 2010년에 짐 빔이 버번에 블랙 체리 향을 입힌 레드 스태그Red Stag를 내놓으면서 경쟁에 불을 붙였다. 이후 체리, 사과, 메이플에 이어 시나몬 향을 넣은 버번까지 출시됐다. 플레이버드 위스키를 놓고 현재 버번 업계는 양분돼 있다. 한쪽에서는 이런 제품이 위스키 대중화에 기여한다며 옹호론을 펼친다. 반면 또다른 쪽에서는 버번의 정통성이 흔들린다며 불만 가득한 목소리를 내고 있다.

위스키는 사람이 만든다

켄터키 대형 증류소 가운데 와일드 터키처럼 주인이 자주 바뀐 곳도 드물다. 이쪽에 팔렸다가 저쪽으로 매각되면서 부침을 겪었다. 그런데도 와일드 터키의 입지는 늘 확고했다. 주인은 바뀔지언정 위스키를 만드는 장인은 바뀌지 않았기 때문이다. 1954년부터 66년 동안 증류소를 지키고 있는 85세의 지미 러셀이나 40년 가까이 아버지를 돕고 있는 에디 러셀이 이를 증명한다.

와일드 터키 증류소를 나오면서 이런 생각이 들었다.

'위스키도 결국은 사람이 만드는 것'이라고.

투어 정보

Wild Turkey Distillery
1417 Versailles Rd, Lawrenceburg, KY 40342

대표 투어 프로그램: From Barrel to Bottle
월~토: 오전 9시~오후 4시 (매시 정각) | 일: 오전 11시~오후 3시 (매시 정각)
소요 시간: 1시간
투어 예약: wildturkeybourbon.com/visit-us

MASTER DISTILLER

마스터 디스틸러

배에는 선장이 있다. 오케스트라에는 지휘자가 있다. 스포츠 팀에는 감독이 있다. 고급 레스토랑에는 당연히 헤드 셰프가 있다. 그렇다면 증류소에는 누가 있을까? 바로 마스터 디스틸러Master Distiller가 있다. 마스터 디스틸러에 대한 명확한 정의는 없지만, '증류소에서 이뤄지는 모든 공정을 총괄하는 최고 1인자' 정도로 얘기할 수 있다. 과거엔 위스키 생산을 책임지는 역할이 중요했다. 하지만 최근에는 마케팅과 프로모션 같은 대외 활동 비중도 커졌다. 결국 위스키 생산은 물론 판매와 홍보, 교육에 이르기까지 증류소의 모든 일을 책임지는 자리가 됐다. 현대적 개념의 마스터 디스틸러는 '증류소의 얼굴' 혹은 '증류소의 간판스타'라고 할 수 있다.

마스터 디스틸러의 업무는 정말 다양하다. 발효와 증류, 숙성 등 제조 시설이 제대로 가동되는지 매일매일 확인하고, 문제가 생기면 해답을 제시해야 한다. 마스터 테이스터Master Taster가 이끄는 시음 전담팀과 함께 숙성고 오크통에서 위스키를 꺼내 상태를 확인하는 일도 빼놓을 수 없다. 브랜드의 일관된 맛을 유지하도록 여러 오크통의 위스키를 블렌딩하는 일도 마스터 디스틸러의 책임이다. (스코틀랜드와 달리 미국 버번 업계선 마스터 블렌더Master Blender를 별도로 두지 않는 경우가 많다.) 이뿐만 아니다. 연구실 직원과 함께 신제품 개발 회의를 하고, 마케팅 팀과 홍보 전략도 짜야 한다. 깔끔하게 양복을 차려입고 각종 외부 행사에 참석해 자신이 만든 위스키를 열정적으로 홍보하는 역할도 중요하다. 가히 증류소의 팔방미인이라고 할 수 있다.

마스터 디스틸러가 되려면 최소 10년 이상 훈련을 받아야 한다. 병입이나 포장 같은 밑바닥 일부터 발효와 숙성, 증류 등 주요 공정을 모두 경험해야 한다. 이 과정에서 탁월한 능력을 인정받은 몇 명만이 마스터 디스틸러 후보가 된다. 이들은 슈퍼바이저Supervisor 혹은 어시스턴트 디스틸러Assistant Distiller라는 직함을 갖고 마스터 디스틸러를 보좌하며 본격적으로 도제식 수업을 받는다. 그러다가 선임 마스터 디스틸러가 물러나게 되면, 이중 한 명이 최종적으로 낙점을 받는다. (내부에 마땅한 인물이 없을 때는 외부 인사를 영입하기도 한다.)

성당 양식으로 지은 증류소

포 로지스 증류소를 찾아간 건 2018년 11월 9일이다. 이날 켄터키 로렌스버그에는 오전 내내 비가 내렸다. 오후 들어 비가 그치면서 찬바람이 불었다. 밖으로 나오니, 한기가 옷을 뚫고 뼛속까지 침투한다. 아직 11월 초순인데 이렇게 춥다니. 두툼한 패딩이라도 하나 챙겨올걸, 후회막급이다.

그래도 증류소에 도착하니 기분이 좋아진다. 술꾼한텐 놀이공원보다 증류소 오는 게 더 신난다. 방문객 주차장에 차를 대고 증류소 건물로 슬슬 걸어갔다. 외벽이 연노란색으로 칠해진 건물이 눈길을 잡아끈다. 한눈에 봐도 무척 오래된 건물이다. 게다가 건축 양식도 독특하다. 진짜 울리는지는 모르겠지만 출입문 위에는 종도 달려 있다. 켄터키를 돌아다니면서 한 번도 본 적이 없는 특이한 건물이었다.

'저런 건축 양식은 뭘까?' 갑자기 궁금해진다. 검색을 해보니 구

스페인 성당 양식으로 지은 포 로지스 증류소.

글신google神이 금방 답을 알려준다. 이런 게 스페인 성당 양식Spanish Mission Style이란다. 1760년대 스페인 선교사들이 포교를 목적으로 아메리카 대륙으로 건너오면서 퍼진 양식으로, 캘리포니아 같은 서부 지역엔 흔하지만, 켄터키에서는 보기 드물다고 한다.

'위스키를 사랑하는 천사들을 위해 성당 양식으로 지었나?'

물론 그럴 리는 없다. 하지만 잠깐 여담을 하자면, 켄터키 천사가 엄청난 술꾼인 건 분명하다. 위스키 숙성 과정에서 천사가 먹어치우는 이른바 '천사의 몫'이 스코틀랜드의 두 배가 넘으니 말이다. 그래서 어떤 이들은 "켄터키 천사는 스코틀랜드 천사보다 훨씬 부지런하다"고 말한다. 포 로지스 증류소 건물을 보면서, '이렇게 성당 양식으로

지어놨으니 술꾼 천사들이 더 좋아하겠구나'라고 다소 실없는 생각을 했다.

포 로지스=네 송이 장미?

스페인 성당 양식의 본관 건물 하나만 봐도 증류소의 오랜 역사를 알 수 있다. 지금 이 건물을 지은 건 1910년. 100년이 훨씬 넘었다. 그 긴 세월 동안 증류소에서는 낡은 건물을 허물지 않고 내부를 개보수하면서 써왔다. 비단 건물만 오래된 게 아니다. 포 로지스의 브랜드 역사는 더 거슬러올라간다. "증류소 건물을 세우기 22년 전인 1888년부터 포 로지스라는 이름으로 위스키를 팔았다"는 게 증류소의 공식 입장이다. 여기서 '공식 입장'이라는 딱딱한 단어를 쓴 이유가 있다. 포 로지스라는 위스키 브랜드가 어디서 유래했는지를 두고 워낙 설이 분분해서다. 일단 증류소가 주장하는 이야기는 이렇다.

켄터키 루이빌에서 위스키와 담배를 거래하던 폴 존스 주니어라는 사람이 있었다. 폴 존스에게는 짝사랑하던 여인이 있었는데, 번번이 구애를 했지만 거절당했다. 그러던 어느 날 폴 존스는 작심을 하고 여인에게 편지를 띄웠다. 존스는 마지막이 될지도 모를 편지에서 "내 청혼을 받아들인다면, 다음 무도회 때 네 송이 장미를 코르사주corsage로 달고 나와달라"라고 적었다. 편지를 받은 여인은 과연 어떤 선택을 했을까? 폴 존스의 바람대로 그녀는 네 송이 장미를 드레스에 달고 나타났다. 그리고 둘은 결혼에 골인했다. 폴 존스는 1888년부터 네 송이 장미four roses를 자신이 판매하는 위스키의 트레이드마크로 정했다고 한다.

참 아름답고 낭만적이다. 나도 이게 사실이었으면 싶다. 그런데 포

장미 네 송이가 그려진 포 로지스 기념품.

로지스의 기원을 놓고 전혀 다른 주장을 하는 사람도 많다. 대표적인 건 포 로지스의 로즈가 '장미'가 아니라 '로즈 가문'이라는 설이다. 즉, 이 위스키 브랜드를 개발한 사람은 폴 존스가 아닌 루퍼스 로즈Rufus Mathewson Rose라는 사람이었고, 그가 자신과 자신의 형, 두 아들까지 포함해 네 명을 '네 명의 로즈four roses'라고 부른 데서 이름이 나왔다는 설명이다. 이것 말고도 몇 가지 설이 더 있는데, 하나같이 '믿거나 말거나'다. 그 어떤 주장이든 입증할 근거는 없다.

저가 위스키의 대명사?

『버번 테이스팅 노트북』이란 책에 따르면, 포 로지스 위스키 브랜드를 갖고 있던 폴 존스는 1895년에 사망한다. 그뒤부터는 조카가 폴 존스의 회사를 물려받아 운영한다. 금주법 기간이던 1922년, 폴 존스 사는 의료용 위스키 면허를 갖고 있던 프랭크포트 증류소를 매입한다. 인수 당시 프랭크포트는 다섯 개나 되는 버번 증류 공장을 갖고 있었는데, 그중 하나가 1910년에 지은 지금 이 건물이다. 의료용 위스키 면허가 있었기에 금주법 기간에도 프랭크포트 증류소에서는 포 로지스 위스키 생산을 계속할 수 있었다.

1943년에는 캐나다 주류 기업 시그램이 이곳을 포함해 프랭크포트 증류소 산하 다섯 개 증류 공장을 모두 인수한다. 브랜드 소유권이 거대 주류 기업으로 넘어간 뒤부터 포 로지스 위스키는 전성기를 맞는다. 우수한 품질로 시장에서 호평을 받으며 베스트셀러 버번으로 확고하게 자리를 굳힌다. 하지만 1960년대에 들어서자 상황이 달라진다. 모기업인 시그램이 포 로지스 버번 위스키를 미국 시장에서는 더

"집으로 돌아온 위대한 버번" 포 로지스 증류소에서 그동안 생산해온
다양한 위스키. 아름다운 디자인 때문에 포 로지스 올드 보틀old bottle은
버번 애호가들의 수집 대상이다.

이상 팔지 않기로 결정했기 때문이다. 이 대목은 포 로지스의 역사에
서 매우 중요하기 때문에 자세히 설명하려 한다. 당시 시그램의 결정
은 크게 두 가지였다. 첫째, 기존에 만들어온 포 로지스 버번 위스키를
계속 생산하되, 미국이 아닌 유럽과 아시아 시장에서만 판매하기로
했다. 둘째, 미국 시장에서는 버번 위스키가 아닌 저가의 블렌디드 위
스키*를 '포 로지스'라는 이름으로 팔기로 했다. 다시 말해, 유럽과 아
시아에서는 그동안 생산해온 '진짜 포 로지스' 버번 위스키를 팔고, 미
국에서는 값싼 블렌디드 위스키에 포 로지스라는 이름만 붙여서 팔겠
다는 전략이었다. 이런 희한한 정책
때문에 유럽과 아시아에서 유통되
는 포 로지스와 미국에서 판매되는

•미국 블렌디드 위스키는
스코틀랜드 블렌디드 위스키와
완전히 다르다. 옥수수를
주재료로 만든 스트레이트 버번
위스키 소량에 곡물 주정인 중성
증류주neutral grain spirits를 왕창
섞은 위스다.

포 로지스는 전혀 다른 술이 되어버렸다. 결국 유럽과 아시아에서는 포 로지스가 양질의 버번 위스키로 인식되면서 계속 인기를 끌었지만, 정작 미국 본토에선 '저질 위스키'의 대명사가 되고 만다.

포 로지스 버번이 미국 시장에서 부활한 건 40여 년이 지나서다. 2002년에 포 로지스 증류소는 다국적 기업 디아지오로 넘어갔다가 다시 일본계인 기린Kirin

브랜드 창립 130주년(1888~2018)을 맞아 제작한 오크통 뚜껑(배럴 헤드) 기념품.

에 팔린다. 이때부터 포 로지스는 미국 시장에서도 '켄터키 버번 위스키'로 돌아오게 된다. 이런 역사 때문에 위스키 전문 서적『빅 위스키』에서는 포 로지스를 다룬 장의 제목을 "집으로 돌아온 미국의 위대한 버번America's great bourbon returns home"이라고 달았다.

매시빌 두 개, 효모는 다섯 종

포 로지스 증류소 투어는 오후 두시에 시작했다. 방문자 센터 1층에서 홍보 영상을 보고 난 뒤에 발효와 증류 공정을 처리하는 건물로 이동했다. 증류소를 다니다보면 기계 돌아가는 소음 때문에 가이드가 하는 말을 못 알아들을 때가 많다. 여기서는 이에 대비해 투어 참가자에게 헤드셋 이어폰을 하나씩 나눠줬다. 이걸 귀에 끼고 있으니 주변이 시끄러운데도 가이드의 음성을 또렷이 들을 수 있었다.

발효실에 들어가기에 앞서, 효모와 매시빌에 대한 설명을 들었다. 이 부분은 포 로지스가 다른 위스키와 차별화되는 핵심적인 특징이다. 효모와 매시빌을 다양하게 조합하는 게 포 로지스가 포 로지스인 이유다. 그래서 이거 하나만 정확히 알면 포 로지스 버번을 80~90퍼센트 이해했다고 볼 수 있다.

핵심을 요약하면, 포 로지스는 다섯 가지 종류의 효모와 두 개의 매시빌을 갖고 있다. 이걸 조합해 총 열 개 레시피를 사용한다.

효모 5종×매시빌 2개=레시피 10개

매시빌부터 알아보자. 포 로지스의 첫번째 매시빌은 B라고 부른다. B 매시빌은 옥수수 60퍼센트에 호밀 35퍼센트, 맥아 보리 5퍼센트다. 두번째 매시빌은 E라고 부른다. 옥수수 75퍼센트에 호밀 20퍼센트, 맥아 보리 5퍼센트다. B 매시빌은 말할 것도 없고, E 매시빌도 호밀 비중이 다른 증류소에 비해 높다. (짐 빔과 와일드 터키 버번은 호밀 비중이 13퍼센트, 올드 포레스터는 18퍼센트다.) 곡물 배합 비율만 봐도 포 로지스가 기본적으로 스파이시한 풍미의 버번이라는 걸 알 수 있다.

다음은 효모. 효모는 앞서 말한 대로 모두 다섯 가지나 된다. 이렇게 다양한 효모를 쓰는 버번 증류소는 켄터키에는 당연히 없다. 거의 모든 버번 증류소가 효모를 하나로 통일해서 쓴다. 포 로지스는 자신들이 사용하는 다섯 가지 효모를 F, K, O, Q, V라고 부른다. 각각의 특징적인 풍미는 F=herbal notes(허브), K=light spice(스파이시), O=rich fruit(과일), Q=floral essence(꽃), V=delicate fruit, cream(과일, 크림)으로 설명한다.

여기서 질문을 하나 던져보려 한다. 포 로지스는 어쩌다가 효모를 다섯 가지나 쓰게 된 걸까? 책을 꼼꼼히 읽은 분이라면 아마 눈치챘을 수도 있다. 잠깐 힌트를 드리자면, 포 로지스 증류소의 전신인 프랭크

포트 증류소는 위스키 제조 공장을 다섯 개 갖고 있었다. 이 대목에서 '아하!' 하며 알아차린 분이 많을 것이다. 맞다. 프랭크포트 산하 다섯 개 공장에서는 각각 다른 효모를 썼다. 이 가운데 네 곳이 훗날 문을 닫게 되면서, 거기서 쓰던 효모를 전부 포 로지스가 가져와서 쓰고 있는 것이다.

독특한 레시피 표기법

레시피가 많다보니 증류소에서는 자체적으로 표기법도 정해뒀다. 라벨을 읽을 때 참고할 수 있도록 표기법을 설명하자면, 레시피는 모두 네 글자로 적는다. 이중 두번째 알파벳이 매시빌, 네번째가 효모의 종류를 가리킨다. 즉 OBSV라고 하면 B 매시빌에 V 효모이고, OESK는 E 매시빌에 K 효모라는 얘기다. 반면 레시피 표기 맨 앞 글자와 세번째 글자는 크게 중요하지 않다. 늘 O와 S이다. 맨 앞 글자 O는 four roses에 두 번 나오는 알파벳 'o'를 가리킨다.[•] 또 세번째 알파벳인 S는 스트레이트Straight 위스키라는 뜻이다.

'포 로지스 3총사'로 불리는 옐로 라벨, 싱글 배럴, 스몰 배치.

이 증류소 제품 중에 가장 대중적인 포 로지스 옐로 라벨Four Roses Yellow Label은 열 개의 레시피로 만든 위스키를 전부 섞어서 만든다. 반면 포 로지스 스몰 배치는 OBSK, OESK, OESO, OBSO, 이렇게 네 가지 레시피로 만든 위스키만을 섞는다. 또한 현재 판매중인 포 로지스 싱글 배럴은 B 매시빌

포 로지스의 열 가지 레시피를 설명한 도표.

에 V 효모를 쓴 OBSV(일반적인 포 로지스 싱글 배럴) 레시피로 제조한다. 더불어 E 매시빌에 K 효모를 쓴 OESK라든가 E 매시빌에 Q 효모를 쓴 OESQ도 싱글 배럴로 한정 출시된 적이 있다.

스테인리스 발효조를 함께 쓰는 이유

포 로지스 발효실에는 대형 발효조가 스물세 개 있다. 이중 여덟 개는 나무 발효조, 나머지는 스테인리스다. 나무면 나무를 쓰고, 스테인리스면 스테인리스를 쓰지, 뭐하러 저렇게 섞어서 쓰는 걸까? 가이드의 설명에 따르면, 원래 이 증류소에서는 우드포드처럼 레드 사이프러스 Red Cypress로 만든 발효조만을 썼다. 그런데 언젠가부터 이 나무가 희귀해지면서 더이상 발효조로 만들 수 없게 됐다. 그래서 지금은 기존에 있던 나무 발효조와 나중에 들여온 스테인리스 발효조를 함께 쓰고 있다.

발효를 마치고 나면 알코올 함량 8퍼센트의 디스틸러스 비어가 생긴다. 이걸 연속식 1차 증류기에 넣어 도수를 66도까지 높이고, 2차 증류기에서 70도까지 끌어올린다. 포 로지스의 2차 증류기는 켄터키의 다른 증류소에서 쓰는 일반적인 더블러와는 모양과 형태가 다르다. 스코틀랜드 증류소에서 주로 볼 수 있는 대형 포트 스틸을 쓰고 있다. 증류기뿐 아니라, 장미 네 송이가 그려진 포 로지스의 위스키 세이프Tail Box도 크고 근사했다.

포 로지스 증류소 발효실. 여덟 개가 나무 발효조다.

포 로지스 증류소 연속식 증류기.

포 로지스 증류소에서는 2차 증류기로 대형 포트 스틸을 쓴다.

단층으로 넓게 지은 숙성고

로렌스버그에 있는 포 로지스 증류소에서는 발효와 증류만 한다. 숙성고와 병입 시설은 여기서 차로 한 시간 정도 걸리는 콕스 크릭Cox Creek이라는 곳에 따로 있다. 직접 가보지는 못했지만, 콕스 크릭에 있는 포 로지스 숙성고는 버번 업계에선 연구 대상으로 주목받고 있다. 켄터키 대형 증류소 숙성고가 보통 7층에서 9층인 데 비해, 포 로지스는 단층으로 지었기 때문이다. 숙성고 층고가 높으면 단일 면적에 많은 오크통을 저장할 수 있지만 위쪽과 아래쪽의 온도 차이가 커서 균일한 위스키를 만들기는 어려워진다. 그런데 포 로지스는 숙성고를 아예 단층으로 넓게 지어서 온도 차이를 없애버렸다. 땅값은 많이 들겠지만, 숙성을 균일하게 하려면 이보다 더 좋은 방법은 없을 거란 생각이 든다.

콕스 크릭에 있는 포 로지스 숙성고. 넓은 부지에 단층으로 층고를 낮게 지었다.

단층 구조인 포 로지스 숙성고 내부.
바닥에서 천장까지 오크통 여섯 개를 쌓아올릴 수 있는 높이다.

켄터키 허그

마지막으로 방문자 센터로 돌아와 시음을 했다. 이날 맛본 위스키는 모두 세 종류. 맨 먼저 가장 흔한 포 로지스 옐로 라벨부터 음미했다. 40도짜리 제품이고 숙성은 6년에서 7년 반 정도다. 앞서 언급한 대로 열 가지 레시피 위스키를 모두 섞어서 제조한다. 알코올 도수가 낮은 만큼 마시기 편하고 부드러운 편이다. 전체적으로 좀 가볍다는 느낌은 드는데, 균형은 잘 잡혀 있다.

다음은 스몰 배치. 과일과 꽃 향이 특징적으로 느껴지고 여운도 옐로 라벨에 비해 상대적으로 길다. 호밀 풍미가 강해 알싸하지만, 전체적인 균형감도 좋고 부드럽다. 옐로 라벨보다 색도 더 진하다. 도수는 45도이고, 네 가지 레시피OBSK, OESK, OESO, OBSO로 만든 위스키만

테이스팅 룸에서 시음한 세 종류의 위스키.

을 섞었다. 『빅 위스키』라는 책에서는 포 로지스 스몰 배치를 높이 평가하며 "켄터키 사람들이 '켄터키 허그Kentucky Hug'라고 부르는 특징적인 풍미와 따뜻함이 있다"고 적기도 했다. 참고로 여기 등장하는 켄터키 허그라는 말은 버번 증류소 투어를 다니다보면 자주 접하게 된다. 버번이 입안 전체를 따뜻하게 감싸는 특유의 느낌을 말한다. 이 단어와 더불어 켄터키 추Kentucky Chew라는 표현도 가끔 쓰는데 의미는 비슷하다.

마지막으로 맛본 건 싱글 배럴이다. 지금은 OBSV 레시피로 만든 위스키만 싱글 배럴로 출시한다. 도수는 50도이고, 숙성은 8년 반에서 9년까지 한다. 한국에서도 즐겨 마신 녀석인데, 켄터키에서 마시니 감회가 새롭다. 앞서 맛본 두 가지 위스키에 비해 훨씬 묵직한 편이다. 호밀의 알싸함과 바닐라의 부드러운 풍미가 코끝에서 맴돈다. 입안에

포 로지스 방문자 센터 테이스팅 룸.

서의 느낌은 매우 복합적이고, 특히 뒷맛이 달콤하게 오래간다.

투어 정보

Four Roses Distillery
1224 Bonds Mill Rd, Lawrenceburg, KY 40342

대표 투어 프로그램: **Distillery Tour**
월~토: 오전 9시~오후 3시 (매시 정각)
일: 12시~오후 3시 (매시 정각)
소요 시간: 1시간 | 요금: 10$ (성인)
투어 예약: fourrosesbourbon.com/visit

켄터키의 고성

유럽의 고성古城은 웅장하다. 탑은 높게 치솟아 있고, 푸르른 정원과 넓은 연못까지 갖추고 있다. 보고 있노라면 절로 탄성이 나온다. 몇 백 년 된 이런 고성은 귀족처럼 하루를 보내고 싶은, 지갑 두툼한 관광객에겐 최고의 숙박 장소다. 또 U2나 레드 핫 칠리 페퍼스가 공연한 슬래인 캐슬Slane Castle처럼 '록 음악의 성지'가 된 곳도 있다.

켄터키에도 고성이 있다는 얘기를 듣고 처음엔 어이가 없어 피식 웃었다. 그도 그럴 것이 여긴 유럽이 아니다. 말, 옥수수, 버번, 치킨 말고는 그리 유명할 게 없는 켄터키다. 이런 곳에 고성이 있을 리 없지 않은가? 그저 유럽 고성 분위기를 대충 베낀 '사이비' 숙박 시설일 거라고 생각했다. 하지만 130년 넘은 켄터키 고성에서 위스키 증류를 하고 있다는 말까지 듣고 나니 호기심이 커져서 안 가볼 수가 없었다. (결과적으로 안 가봤으면 땅을 칠 뻔했다.)

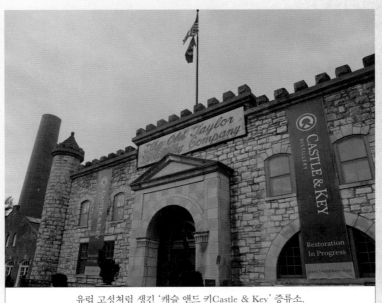

유럽 고성처럼 생긴 '캐슬 앤드 키Castle & Key' 증류소.

미국 국기가 걸린 고성

켄터키에 있는 고성 증류소는 우드포드 리저브 근처에 있었다. 거리로는 약 5킬로미터, 차로 6~7분이면 도착한다. 60번 국도를 타고 환상적인 경치를 즐기며 우드포드까지 온 사람이라면 왔던 길로 되돌아가지 말고, 그대로 더 직진하면 된다. 어차피 외길이라 헤맬 일은 없다. 심지어 내비게이션을 쓸 필요도 없다. 건물이 워낙 특이해서 길을 따라가다보면 '어, 저거 뭐야' 하며 브레이크를 밟게 되어 있다.

도착하고 보니, 듣던 대로 정말 성이다. 유럽 고성만큼 거대하진 않아도, 분명히 벽돌로 쌓은 성이다. 게다가 오래되고 아름답기까지 하다. 건축은 잘 모르지만, 미적으로도 훌륭해 보인다. 이렇게 고풍스러운 성에 영주의 깃발 대신 미국 국기가 걸려 있다. 또 그 옆에는 "아직 복원 진행중"이라는 현수막도 붙어 있다. 대체 여기에 성을 지은 사람은 누구일까? 왜 여기에다가 지었을까? 지금은 누가 어떻게 관리하고 있을까? 궁금증이 꼬리에 꼬리를 물었다.

30달러짜리 투어

방문자 센터로 들어갔다. 성을 외부에 공개한 지 얼마 되지 않아서인지 비교적 한가한 편이다. 벽돌 건물에 내부는 목재로 꾸민 방문자 센터. 천장엔 낡은 배관이 그대로 노출돼 있다. 이것만 봐도 새로 지은 게 아닌 건 분명했다. 물어보니 100년 넘은 증류소 보일러실을 개조한 거라고 한다.

한 시간 반 동안 진행되는 1인당 30달러짜리 투어 프로그램 표를 샀다. 증류소 투어치고는 꽤 비싼 가격이다. 잠시 뒤 투어가 시작됐다. 특이하게 가이드가 두 명이었다. 젊은 남성 직원이 주로 설명하고, 나이 지긋한 여성 직원이 보충해주는 식이었다.

버번 산업의 아버지, 테일러

'이토록 아름다운 성을 대체 누가 지었을까?' 나뿐만 아니라 다른 관광객들도 똑같은 궁금증을 갖고 있었다. 이 질문에 대한 답을 하려면 버번 역사에서 큰 비중을 차지하는 한 인물을 알아야 한다. 그는 바로 테일러E. H. Taylor라는 사람이다. 이 이름을 이미 들어봤다면 당신은

지극히 버번을 사랑하는 마니아
거나 아니면 「버팔로 트레이스」
편을 열심히 읽은 성실한 분이다.

테일러는 이 고성 증류소가 자
리한 켄터키 프랭크포트 지역의
유명 정치가이자 은행가였다. 16
년간(1871~77, 1881~90) 시장
도 역임했다. 그는 위스키에 관심
이 많아 은행을 경영할 때 대출

테일러가 세운 올드 테일러 증류소.
지금의 캐슬 앤드 키 증류소.

을 통해 증류소들을 많이 도왔다. 테일러는 1869년에는 버팔로 트레
이스 전신인 OFC, Old Fire Copper • 증류소를 세우고 직접 위스키 산업에
뛰어든다. 하지만 10년도 못 가서 재정 위기로 증류소를 매각하고 그
곳에 직원으로 취업한다. 사장을 하다가 다시 직원으로 몇 년 더 일한
테일러는 돈이 좀 모이자, 1887년에는 자신의 이름을 내건 증류소를
짓고 다시 도전에 나선다. 그 증류소 이름이 올드 테일러Old Taylor. 지
금 내가 서 있는 바로 이곳이다.

버번 역사학자 마이클 비치Michael Veach가 쓴 『켄터키 버번 위스키
Kentucky Bourbon Whiskey』를 읽어보면 테일러가 얼마나 시대를 앞서간
인물인지 알 수 있다. 이 책에 따르면, 테일러는 버번 역사에 크고 깊
은 발자국을 남겼다. 버팔로 트레이스 '폼페이 유적'에서 출토된 것과
같은 구리 발효조를 도입한 것도 테일러였다. 그는 또 여러 가지 혁신
적인 위스키 제조 기술을 개발했다. '현대 버번 산업의 아버지'라는 수
식어는 괜히 붙은 게 아니다.

• 맨 처음에는 이름이 Old Fire Copper였다가
얼마 뒤 Old Fashioned Copper로 바뀐다.

품질 혁신에 기여하다

무엇보다 테일러는 버번 위스키의 품질 향상에 혁혁한 기여를 했다. 미국 버번 역사에서 혁명적인 사건으로 꼽히는 보틀 인 본드Bottle in Bond 법안 시행을 주도한 사람이 테일러이기 때문이다. 버번 위스키를 좋아하는 분이라면 가끔 병 라벨에 Bottle in Bond라고 적힌 걸 봤을 것이다. 1897년에 도입된 보틀 인 본드는 미국 역사상 '최초의 허위 과장 광고 규제 법안1st truth-in-advertising law'이다. 남북전쟁(1861~1865) 이후 위스키 수요가 급증하면서 가짜 저질 위스키가 판을 치자, 이걸 막으려고 만든 소비자 보호 정책이다. 「올드 포레스터」 편에서도 이미 언급했듯이, 증류소에서 보틀 인 본드라는 말을 위스키 라벨에 붙이려면 여러 조건을 지켜야 했다. 반드시 단일 증류소에서 단일 시즌*에 증류를 해야 했다. 숙성은 정부가 관리하는 보세 창고에서 최소 4년을 해야 하며, 병에 넣을 때 알코올 도수는 50도로 맞춰야 했다. 정부가 보증하는 품질 관리 제도가 도입되면서 소비자들은 안심하고 위스키를 구매할 수 있게 됐다.

버번 장인의 위대한 유산

여기서 끝이 아니다. 테일러가 남긴 게 또하나 있다. 1887년에 지은 이 증류소다. 원래는 올드 테일러였으나 지금은 캐슬 앤드 키로 이름이 바뀐 이곳은 '시대를 앞서간 천재'의 위대한 유산이다. 그럼 이 증류소는 뭐가 그리 위대한가? 일단 증류소를 지을 때 접근한 개념부터 달랐다. 다른 증류업자들이 그저 '증류 공장'을 운영할 때, 테일러는

* 증류 시즌은 1~6월 혹은 7~12월을 말한다.

'지역 명소가 될 증류소'를 꿈꿨다. 단지 위스키만 만드는 곳이 아니라 사람들이 와서 위스키를 맛보거나 사 가기도 하고, 행사나 파티도 열 수 있는 장소로 꾸미려고 했다. 이런 아이디어를 실현하기 위해 테일 러는 증류소를 공장이 아니라 성으로 지었다. 주류 생산은 물론 유흥 과 오락, 상품 판매까지 한곳에서 가능한 증류소. 복합문화공간에 가 까운 21세기형 증류소 개념을 이미 1880년대에 도입한 셈이다.

'캐슬 앤드 키'가 된 이유

130여 년 전 테일러의 발자취를 확인하기 위해 증류소 탐방에 나섰 다. 맨 먼저 찾은 곳은 증류소의 수원水源인 스프링 하우스Spring house. 버번 위스키를 만들 때 필요한, 석회 성분이 풍부한 맑은 물이 끊임없 이 샘솟는 곳이다. 스프링 하우스는 지붕이 있어서 얼핏 보면 고급 휴 양지에 있는 연못이나 수영장처럼 보인다. 물이 들어찬 바닥 모양도 독특하다. 가이드가 스프링 하우스 바닥을 가리키며 "여길 보면 뭐가 떠오르시나요?"라고 묻자, 눈썰미 좋은 누군가가 금방 "열쇠 구멍"이 라고 답한다. 가이드는 웃으면 서 "우리가 증류소 이름을 '캐슬 앤드 키'라고 지은 이유를 여러 분도 이제 알게 됐다"고 말했다.

스프링 하우스에서 조금 걸 어가니 예쁜 정원도 나온다. '증 류소에 이런 멋진 정원이 있다 니……' 다들 감탄하는 눈치다.

열쇠 구멍을 닮은 스프링 하우스.

40년 넘게 방치됐다가 복원된 증류소 정원.

나무가 사방을 둘러싸고 있고, 가운데 연못이 있는 아담한 정원에서 '인생 사진' 한 장 건지려고 관광객들이 바쁘게 돌아다닌다. 이 정원은 테일러가 최초에 증류소를 지을 때부터 파티나 이벤트를 위한 공간으로 설계한 곳이다. 하지만 증류소가 폐쇄된 이후 40년 넘게 방치되면서 폐허에 가까웠다고 한다. 가이드는 "최대한 옛 모습으로 복원하기 위해 뉴욕에서 활동했던 조경 디자이너까지 모셔와 작업했다"고 설명했다. 지금 이곳에서는 과거 테일러가 그랬던 것처럼 파티와 이벤트를 자주 열고 있다. 위스키 시음회를 비롯해 결혼식도 종종 열린다. 봄이나 가을엔 예약이 줄을 잇는다고 한다. 가이드는 "꽃이 만발하는 봄에 꼭 다시 와보세요. 정말 아름답습니다"라고 말했다.

발효실로 가는 동안에도 곳곳을 둘러봤다. 건물이 하나같이 고색창
연하다. 붉은 벽돌이나 회색 석회암으로 된 이 건물들은 모두 1880년
대 후반에 테일러가 지었다고 한다. 거대한 물탱크도 언제 설치했는
지 모를 정도로 오래돼 보였다. 아직 복원 공사를 다 마친 게 아니어
서, 어떤 건물은 폐허에 가깝다. 창문이 다 깨지고 벽돌도 곳곳이 부서
졌다. 심지어 다 무너지고 벽 하나만 남은 건물도 있다. 갑자기 폭설이
내려 무너졌다는데, 어떻게 재활용할지 몰라서 남은 벽 하나를 그대
로 보존하고 있다고 했다.

　발효실과 증류실에서도 증류소의 오랜 역사를 읽을 수 있었다. 가
이드는 "저장고를 비롯해 곡물 무게를 다는 장비까지 거의 모든 시설
이 1936년경에 만든 것"이라고 했다. 그러더니 그는 "못 믿겠거든 설

폭설에 무너진 건물. 벽 하나만 남아 있다.

옛 증류소 물탱크.

옛 증류소에서 쓰던 구형 발효조.

비에 적힌 날짜를 보라"며 동판 하나를 가리켰다. 거기엔 시카고에 있는 회사에서 1936년에 만들었다고 분명히 새겨져 있다.

발효조도 여러 개 있었다. 한눈에도 꽤 낡아 보였다. 가이드는 "예전에 쓰던 발효조를 그대로 쓰고 있지만, 크기가 크고 너무 오래된 것들은 사용하지 않는다"

증류실 설비에 붙어 있는 동판.
1936년 시카고에서 제작한 것으로 돼 있다.

고 말했다. 반면 증류기는 반짝반짝한 새 제품이었다. "증류소가 문을 닫은 동안 증류기가 어디론가 사라져버려서, 복원 공사를 할 때 벤돔사 제품으로 들여왔다"고 가이드는 설명했다.

증류소가 사라질 뻔한 사연

이제부턴 테일러의 증류소가 어떻게 지금 모습으로 복원됐는지 살펴보자. 테일러가 운영하던 올드 테일러 증류소는 금주법 시행을 앞두고 문을 닫는다. 브라운포맨이나 버팔로 트레이스처럼 의료용 위스키 면허가 있었다면 살아남았겠지만, 테일러에겐 그런 운이 따르지 않았다. 결국 테일러는 고향으로 돌아가 소를 키우며 지내다가 1923년에 향년 90세로 숨을 거둔다.

금주법이 폐지된 이후 올드 테일러 증류소는 내셔널 디스틸러스 National Distillers라는 회사로 넘어간다. 내셔널 디스틸러스는 테일러가 남긴 산업 유산을 고스란히 승계해 1960년대까지 전성기를 이끌어

가동이 중단되면서 방치된 옛 증류소 건물.

간다. 당시 이곳에서 만든 올드 테일러 위스키는 뛰어난 품질로 시장에서 큰 인기를 끌었다. 한창 잘나갈 때는 하루에 최대 1000배럴까지 제조했다고 하니, 지금 생각해봐도 엄청난 생산 규모였다. 하지만 영광은 그리 오래가지 못한다. 지독한 위스키 불황으로 내셔널 디스틸러스는 1972년에 증류소 가동을 중단했다. 1987년에는 대형 업체 짐 빔이 증류소 부지를 인수했지만, 여기서 위스키 증류는 하지 않고 숙성고만을 활용했을 뿐이다.

그 뒤로도 증류소 주인은 여러 번 바뀐다. 그러던 중 증류소가 아예 사라질 뻔한 위기를 맞기도 한다. 2005년이었다. 당시 이 증류소 부지를 사들인 곳은 버려진 건물만 집중적으로 매입해 해체하는 기업이었다. 당연히 증류소의 역사적 가치는 안중에도 없었다. 이들은 증류소 곳곳에 있는 건물을 부숴 벽돌까지 팔기 시작했다. 숙성고 나무 바닥도 뜯어내 인터넷에 매물로 올렸다. 남아 있는 산업 유산을 모두 분해해 팔아치운 뒤 땅을 매각하고 떠나겠다는 심산이었다. 이 회사가 증류소를 조금만 더 오래 갖고 있었다면, 우리는 100년 넘은 버번 산업 유산을 모두 잃을 뻔했다. 하지만 테일러의 영혼이 조화를 부렸던 걸까? 2008년에 갑자기 리먼 브러더스 사태가 터지면서 미국 부동산 가격이 폭락하자 이 업체는 증류소에서 손을 떼고 떠났다.

옛 증류소에서 쓰던 트럭. 고장난 채 수십 년 동안 증류소에 방치됐다.

증류소와 사랑에 빠지다

우여곡절 끝에 2014년에 이르러 극적인 전기가 찾아온다. 평소 증류소에 관심이 많았던 윌 어빈Will Arvin이라는 변호사가 구글 검색을 하다가, 매물로 나온 증류소 사진을 우연히 본 게 계기였다. 첫사랑을 만난 듯 가슴이 뛰었다는 윌은 곧바로 폐허가 된 증류소로 달려왔다. 그는 손전등으로 이곳저곳을 비춰보며 이 증류소를 반드시 살려내겠다고 다짐했다. 결국 윌은 헤지 펀드를 관리하는 금융인 웨스 머리Wes Murry까지 끌어들여 95만 달러에 증류소를 매입한다.

윌과 웨스에겐 실질적으로 증류소를 이끌어갈 마스터 디스틸러가 간절히 필요했다. 40년 넘게 가동이 중단된 증류소를 복원하려면 위스키 전문가가 있어야 했다. 이때 이들이 연락한 사람이 우드포드 증류소 마스터 테이스터였던 메리앤Marianne이다.

'절대 미각'의 소유자로 알려진
20대 마스터 디스틸러 메리앤.

20대 여성 메리앤은 루이빌대학에서 화학을 전공하고 브라운포맨에 입사해 초고속 승진을 거듭한 천재였다. '절대 미각'의 소유자로 알려진 메리앤을 잡기 위해 월은 "일단 와서 증류소를 보고 가라"라고 말했다.

메리앤은 눈이 펑펑 쏟아지는 12월 어느 날 증류소를 찾아왔다. 그녀는 테일러의 숨결이 가득한 낡은 증류소 건물을 둘러보다가 사랑에 빠져버렸다. 훗날 메리앤은 "눈이 온 증류소가 마치 겨울왕국처럼 느껴졌다"고 회고했다. 마침내 그녀는 브라운포맨이라는 안락한 둥지를 떠나, 새롭게 출발하는 캐슬 앤드 키 증류소의 마스터 디스틸러를 맡게 된다.

100년 넘은 숙성고 복원

산업 유산 재생에 대한 확고한 철학을 가진 월과 웨스. 여기에 20대 천재 증류 기술자까지 가세하면서 캐슬 앤드 키 증류소는 복원에 박차를 가했다. 그리고 2016년 1월부터는 버번 위스키 제조를 위한 자체 증류도 시작했다.

이들이 얼마나 심혈을 기울여 증류소를 복원했는지는 숙성고에 가보면 알 수 있다. 증류소 북쪽 끝에 자리한 캐슬 앤드 키 숙성고는 길이가 어마어마하다. 534피트(162미터)로 미식축구장(109미터)보다

길이가 162미터에 달하는 숙성고. 꼬박 2년 걸려 복원했다.

훨씬 더 길다. 가이드는 "우리가 알아봤는데, 전 세계 위스키 숙성고 중에 이렇게 긴 건 없다"고 강조했다. 이 말이 사실인지는 나도 확인할 길이 없다. 하지만 어쨌든 정말 긴 건 맞다.

이 숙성고는 테일러가 증류소를 운영할 때부터 있던 것이다. 당시엔 숙성고 3층에 "The Old Taylor Distillery Warehouse"라고 노란 글씨로 큼지막하게 적어놨다고 한다. 숙성고 자체를 대형 광고판으로 활용한 테일러의 아이디어였다.

역사적 가치가 큰 숙성고였지만, 복원 과정은 만만치 않았다. 증류소 가동이 40년 넘게 중단되면서 지붕은 뜯겨나가고 내부도 곳곳이 부서지고 무너졌기 때문이다. 미국에서 제일 유명하다는 숙성고 전문 건축 업체에 문의했더니, "다 허물고 다시 지어야 한다"는 대답이 돌

습도가 높아 2년밖에 안 지났지만 통 전체가 시커멓게 변했다.

아왔다. 하지만 월과 웨스는 포기하지 않았다. 담배 창고 만드는 회사에 다시 의뢰해 보수 공사를 시작했다. 목공과 석공 수십 명이 동원돼 구석구석까지 전부 손으로 매만지고, 썩은 나무도 교체했다. 이렇게 수리하는 데 걸린 기간만 꼬박 2년. 돈과 시간을 아끼지 않고 투자한 끝에 캐슬 앤드 키는 3만 6000개 오크통이 들어가는, 100년 넘은 숙성고를 다시 갖게 됐다.

숙성고 안으로 들어갔더니 유난히 습도가 높게 느껴진다. 숙성고 바로 옆으로 강이 흐르기 때문이다. 켄터키처럼 여름에 무더운 곳에선 숙성고 습도가 높으면 여러 장점이 있다고 한다. 오크통에서 위스키가 증발하는 양, 즉 엔젤스 셰어가 크게 줄어든다는 설명이다. 다만 습도가 높으면 그만큼 오크통을 감싸고 있는 철제 링이 쉽게 부식하고 통에도 먼지가 많이 달라붙는다. 실제로 여기 있는 오크통을 보면 겨우 2년 정도 지났는데도, 통 전체가 벌써 시커멓게 변했다. 그렇다면 지금 여기서 익어가는 위스키는 언제쯤 맛볼 수 있을까? 숙성 기간이 짧은 라이 위스키는 2020년에 출시되고, 버번은 2021년이나 2022년에 시장에 나올 것으로 보인다.

진과 보드카 칵테일

역사 유적 탐방 같은 투어를 마친 뒤 시음을 하러 갔다. 연기가 피어오르는 낡은 건물 지하로 내려갔다. 문 앞에 이르자, 가이드가 대뜸 나한테 "여기 있는 문을 직접 열어보실래요?"라고 말한다. 문에는 운전대처럼 둥근 손잡이가 하나가 달려 있었다. 저걸 돌리면 되는 모양이다. 손에 약간 힘을 주며 오른쪽으로 빙글 돌리자 스르르 문이 열린다.

그런데 여기가 대체 어딘가. 증류소에 이런 데가 있다는 게 놀라울 따름이었다. 마치 지하 벙커 혹은 수도원 지하 창고 같았다. 벽돌로 둘러싸인 지하실에 테이블을 놓고 조명을 예쁘게 달아 멋진 바로 개조했다. 요즘 한국에서도 스피크이지speakeasy니 뭐니 해서, 입구는 찾기 어렵고 내부는 신비하게 꾸미는 게 유행인데, 이런 바가 서울 강남에 있다면 대박이 날 것 같다.

2016년부터 증류를 시작했기 때문에 아직 자체 생산한 버번 위스키는 없다. 대신 여기서 증류한 보드카와 진으로 만든 칵테일을 맛봤다. 보드카에 진저에일을 탄 모스코 뮬Moscow Mule과 신비한 향이 풍

테이스팅 룸으로 들어가는 문.
둥근 손잡이를 돌리면 문이 열린다.

수도원 지하실 분위기가 나는 테이스팅 룸.

증류소에서 생산한 보드카로 만든 모스코 뮬 칵테일.

기는 진토닉이 입맛에 잘 맞았다.

"길의 끝은 아름다울 겁니다"

2018년에 제작된 〈니트Neat〉라는 다큐멘터리가 있다. 켄터키 버번 위스키의 과거와 현재를 아름다운 영상과 함께 담은 수작이다. 이 다큐에는 캐슬 앤드 키 마스터 디스틸러인 메리앤이 주인공처럼 등장한다. '금주법 이후 최초의 여성 마스터 디스틸러'라는 소개와 함께, 메리앤이 버번 위스키를 만드는 모습을 상세하게 담고 있다. 이 다큐에서 특히 인상적인 게 있었다. 메리앤이 켄터키와 테네시 경계에 있는 밭으로 직접 찾아가서 옥수수를 고르는 장면이다. 그녀는 옥수수 열매를 일일이 손으로 만져보고, 농장주에게도 이것저것 물은 뒤에 45에이커에 달하는 밭에서 재배한 유전자 변형 없는Non-GMO 옥수수를 밭떼기로 구매했다. 재료부터 꼼꼼히 살피는 모습에서 젊은 위스키 장인의 철저한 직업의식이 느껴졌다.

다큐에는 메리앤이 캐슬 앤드 키에서 처음 증류한 위스키 원액을 오크통에 넣는 장면도 나온다. 이 역사적인 순간에 그녀는 이렇게 말했다.

"우리는 오크통을 만든 장인을 믿습니다. 옥수수를 재배한 농부도 믿고요. 앞으로 더운 날도 있고 눈보라 치는 날도 있을 테지만, 그 길의 끝은 아주 아름다울 겁니다."

그렇다. 메리앤의 말처럼 켄터키의 강렬한 여름 태양과 매서운 겨

증류한 위스키를 처음으로 오크통에 넣는 모습.

울바람은 위스키를 더 아름답게 만들 것이다. 그녀가 만들고 있는 아름다운 위스키를 언젠가는 꼭 마셔보고 싶다. 기왕이면 캐슬 앤드 키라는 아름다운 증류소에서.

투어 정보

Castle & Key Distillery
4445 McCracken Pike, Frankfort, KY 40601

투어: The Castle & Key Experience
수~토: 오전 10시~오후 3시 (매시 정각) | 일: 오전 11시~오후 3시 (매시 정각)
월, 화 휴무
요금: 30$ (성인)
투어 예약: castleandkey.com/pages/book-your-experience

말의 도시, 렉싱턴

사람보다 말馬이 더 많다는 켄터키. 특히 중북부에 있는 렉싱턴은 "세계 말의 수도"로 불릴 만큼 말 사육으로 유명하다. 이 도시 인근에 있는 경주마 농장만 약 500곳. 여기서 기르는 서러브레드thoroughbred와 스탠더드브레드standardbred 품종은 세계 최고 명마로 손꼽힌다. 더구나 렉싱턴에는 세계에서 가장 큰 말 박물관International Museum of the Horse과 말 공원Kentucky Horse Park까지 있다.

말의 도시 렉싱턴은 원래 위스키로 유명했다. 이 지역에서 일찌감치 위스키 제조업이 발달한 건 무엇보다 물이 좋아서다. 석회암 지대를 통과하며 철분이 제거돼 버번 위스키를 만들기에 딱 적합한 물이 넘쳐나기 때문이다. 덕분에 렉싱턴에서는 1780년대 초반부터 상업 증류소가 생겼다. 이 무렵에 렉싱턴에서 위스키 증류를 하던 사람 중 한명이 미국 제16대 대통령 에이브러햄 링컨의 종조부인 토머스 링컨

렉싱턴 증류소 지구가 있던 자리를
알리는 현판.

이다.

1800년대 중반에 이르자, 렉싱턴 도심에 일명 증류소 지구Distillery District가 생겼다. 렉싱턴 북서쪽 맨체스터 거리Manchester Street에 있던 증류소 지구는 루이빌 위스키 거리와 더불어 19세기 미국 버번 산업의 양대 산맥이었다. 철길을 따라 형성된 렉싱턴 증류소 지구에는 당시 수많은 증류소가 밀집했다. 그중에서도 가장 유명한 곳은 단연코 제임스 페퍼James E. Pepper 증류소였다.

제임스 페퍼의 역사

미국 버번 역사책에서 빼놓지 않고 언급하는 가문이 있다. 3대에 걸쳐 버번 위스키를 제조한 페퍼 가문이다. "켄터키에서 가장 오래되고 뛰어난 위스키 브랜드"를 탄생시킨 페퍼 가문은 1780년부터 위스키를 만들었다. 출발은 일라이자 페퍼라는 농부였다. 일라이자는 원래 버지니아에서 농사를 지으며 틈틈이 위스키를 증류했다. 1790년에는 지금의 켄터키 땅으로 이주해 위스키 제조에 전념한다. 실력이 뛰어나 금세 유명해진 일라이자는 위스키로 제법 큰돈을 만지게 됐다. 1812년에는 좀더 넓은 땅을 사서 제대로 된 증류소를 지었다. 이게 바로 지금의 우드포드 리저브 증류소다. 1838년 일라이자가 사망한 뒤에는 아들인 오스카 페퍼가 증류소를 물려받아 사업을 더 확장한다. 증류소도 더 크게 짓고 천재 위스키 장인 제임스 크로를 영입해 당대

엣 제임스 페퍼 증류소의 모습(1894년).

최고의 명품 버번인 올드 페퍼를 탄생시킨다. 다시 세월이 흘러 1867
년에 오스카가 사망하자, 증류소는 일라이자의 3대손인 제임스 페퍼
한테 넘어간다.

아버지가 물려준 유산을 잘 지켰다면 좋았겠지만, 당시 제임스는
열다섯 살에 불과했다. 스스로 증류소를 운영할 능력이 없었다. 게다
가 씀씀이까지 헤펐다. 자금난에 시달리던 제임스는 후견인한테서 돈
을 빌렸다가 갚지 못하는 바람에 1878년에 증류소를 매각하고 뉴욕
으로 떠났다. 이렇게 해서 페퍼 가문의 증류업은 영영 대가 끊기는 것
같았다. 하지만 제임스는 할아버지와 아버지가 평생을 바친 버번 위
스키를 포기할 수 없었던 모양이다. 뉴욕으로 떠난 지 1년 만인 1879
년에 켄터키 렉싱턴으로 돌아와 당시 미국에서 가장 큰 규모로 새 증
류소를 세웠다. 이후 제임스의 증류소는 올드 페퍼 브랜드를 앞세워
다시 명성을 얻게 된다.

제임스가 만든 위스키가 인정을 받은 건 뭐니 뭐니 해도 품질이 확

흑인 최초의 세계 헤비급 복싱 챔피언인 존슨이 타이틀전을 앞두고
제임스 페퍼 위스키를 마시고 있다(1910년 6월 3일).

실했기 때문이다. 제임스는 브라운포맨 창립자인 조지 가빈 브라운만
큼이나 위스키 품질 보증에 관심이 많았다. 루이빌에 있던 조지가 위
조 방지를 위해 위스키를 병에 담아 팔기 시작했을 무렵, 렉싱턴에 있
던 제임스도 비슷한 시도를 했다. 제임스는 우선 위스키를 오크통이 아
니라 병에 담아서 중간 판매상에게 넘길 수 있도록 법을 고치는 데 앞
장섰다. 법안 개정이 이뤄진 뒤에는 위스키 병마개에 자신의 서명을
적은 종이*를 부착해 봉인했다. 유통 과정에서 위스키에 뭔가를 섞으
려면 종이를 뜯어내야만 했고, 그러면 위조가 들통날 수밖에 없었다.

영화 같은 인생

제임스 페퍼의 인생은 영화로 만들어도 될 만큼 흥미진진하다. (내가

*스트립 스탬프strip stamp라고 한다.

금주법 폐지 이후인 1936년 당시 제임스 페퍼 증류소.

미국 방송인이었다면 틀림없이 다큐멘터리를 제작했을 것이다.) 부유한 증류소 집안에서 태어난 제임스는 한마디로 '한량'이었다. 돈 잘 쓰고 잘 노는 사람이었다. 도박과 경마가 취미였고 여행을 즐겼으며 사람 사귀는 걸 좋아했다. 제임스가 유산으로 물려받은 증류소를 10여 년 만에 팔아야 했던 것도 사치를 즐기며 돈을 펑펑 써댔기 때문이다. 그나마 켄터키로 돌아와서 세운 새 증류소가 잘 돌아갔기에 망정이지, 그렇지 않았다면 쪽박을 찼을 게 분명하다.

누가 켄터키 사람 아니랄까봐 제임스는 위스키와 더불어 말을 사랑했다. 경마를 보고 즐기는 수준을 넘어 아예 마주馬主로 나섰다. 거금을 들여 혈통 좋은 말을 사들인 다음 훈련을 시켜 대회에 내보냈다. 1892년 켄터키 오크스Kentucky Oaks 경마 대회를 제패한 미스 딕시Miss Dixie나 1893년 켄터키 더비에서 5위를 차지한 미라지Mirage 같은 명마

켄터키 더비에서 5위를 차지한,
제임스 페퍼의 말 '미라지'.

가 제임스의 소유였다.

허영심이 많았던 제임스는 여행도 떠들썩하게 다녔다. 화려하게 꾸민 전용 기차를 타고 각지를 돌아다녔다. 자신의 위스키 브랜드인 올드 페퍼를 알리기 위해 열차 바깥에는 위스키 선전 문구를 큼지막하게 적었다. 이 기차를 타고 제임스가 즐겨 찾은 곳은 세계 경제 수도로 급부상한 뉴욕. 그는 뉴욕에 가면 언제나 최고급 럭셔리 호텔인 월도프 아스토리아에 묵었다. '뉴욕의 왕궁'으로 불리는 월도프에서 제임스는 유명 인사들과 친분을 쌓았다. 이때 제임스와 교류한 이들의 면면을 보면, 그가 뉴욕 사교계에서 어떤 존재였는지 알 수 있다. 석유 재벌 록펠러를 비롯해 '철도왕' 밴더빌트, 보석회사 티파니의 설립자 찰스 티파니 등 재계 거물은 물론 훗날 미국 제26대 대통령에 오르는 시어도어 루스벨트도 제임스의 친구였다.

올드패션드를 전파하다

요즘 말로 '핵인싸'나 마찬가지였던 제임스. 그는 올드패션드 칵테일을 뉴욕에 퍼트린 인물이기도 하다. 이 무렵만 해도 올드패션드는 켄터키 쪽에서만 마시던 지역 칵테일이었다. 하지만 월도프 호텔 단골 투숙객인 제임스가 호텔 바텐더에게 레시피를 알려주면서 뉴욕에서도 유행하기 시작한다. 제임스는 올드패션드로 유명한 켄터키 펜데니

●1881년 문을 연 켄터키 루이빌 지역 저명인사들의 사교 클럽. 초창기에 여기서 일하던 바텐더가 '올드패션드'를 기가 막히게 잘 만들었다고 한다. '올드패션드의 성지'로 불리는 펜데니스 클럽은 1928년 지금의 자리로 옮겨 현재까지도 운영되고 있으며, 회원 상당수는 버번 위스키 생산업자다.

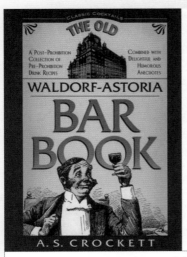

뉴욕 월도프 호텔에서 발행한 칵테일 북.
이 책에는 올드패션드를 전파한 인물이 제임스 페퍼라고 적혀 있다.

스pendennis 클럽* 회원이었는데, 거기서 마시던 올드패션드를 뉴욕에서도 즐기고 싶어서 레시피를 건넸다. 보통 이런 이야기는 구전되어 사실인지 불분명하기 마련이다. 하지만 이 경우에는 명백한 기록이 남아 있다. 월도프 호텔에서 발행한 칵테일 북The Old Waldorf-Astoria Bar Book을 보면, 올드패션드를 최초로 소개한 사람이 제임스 페퍼라고 분명히 나와 있다.

월도프 호텔을 사랑한 제임스는 죽음도 여기서 맞게 된다. 때는 1906년 12월. 크리스마스를 앞두고 뉴욕에 온 제임스는 월도프 호텔 앞 빙판길에서 미끄러져 다리를 심하게 다친다. 상처 부위가 세균에 감염돼 병세는 급격히 악화됐다. 사고를 당하고 불과 며칠 뒤 제임스는 눈을 감

**COL. PEPPER DEAD
AFTER AN ACCIDENT**

**Distiller and Horseman Fell on a
Slippery Sidewalk.**

HIS HORSES ONCE BROKE HIM

**Then Mrs. Pepper Bought Them and
They Won Enough to Establish
the Colonel Again.**

제임스 페퍼의 사망 소식을
전한 〈뉴욕 타임스〉 기사.

영화 같은 인생을 산 제임스 페퍼(왼쪽).
제임스 페퍼의 부인 엘라. "경마의 여왕"으로 불렸다(오른쪽).

고 만다. 그날이 1906년 12월 24일, 성탄 전야였다.

제임스는 한량이긴 했으나 애처가였다. 죽기 전에 "내 무덤 앞에 부인 동상을 세워달라"고 유언을 남겼을 정도다. 이런 제임스가 사망하자 부인은 크게 상심했다. 부부간의 정은 깊었지만 자식이 없었기에 부인은 남편이 남긴 유산 가운데 페퍼 왕자Prince Pepper라는 이름의 말 한 필만 빼고 나머지는 다 팔아버린다. 제임스의 증류소 역시 이때 매각된다.

개인 투자자 손에 넘어간 제임스 페퍼 증류소는 금주법 기간에도 문을 닫지 않는다. 의료용 위스키 판매를 위한 정부 공인 위스키 숙성고로 지정됐기 때문이다. 금주법이 폐지된 뒤 증류소는 당시 미국에서 가장 큰 위스키 증류 회사였던 셴리로 넘어갔다. 하지만 2차세계대전과 한국전쟁을 거치면서 수익이 악화돼 1958년에 폐업하고 만다.

증류소의 부활

무려 50년이다. 강산이 다섯 번 변할 동안 증류소는 그 자리에 그대로 방치됐다. 아무도 증류소를 인수하지 않았다는 사실은 그리 놀랍지 않다. 오히려 50년간 아무도 이 땅을 개발하려고 나서지 않았다는 게 더 놀라울 따름이다. 길고 긴 시간 동안 제임스 페퍼 증류소는 모든 이의 관심에서 벗어나 철저하게 방치됐다.

영원히 폐허로 남을 것 같던 제임스 페퍼 증류소. 하지만 몇 년 전 놀라운 일이 벌어졌다. 1879년 제임스 페퍼가 터를 닦은 역사적인 장소에서 다시 증류소를 운영해보겠다는 야심 찬 사업가가 나타난 것이다. 곧바로 복원 공사가 시작됐고 1년여 만에 새롭게 단장한 제임스 페퍼 증류소가 문을 열었다.

'핫 플레이스'로 거듭난 증류소

50년 만에 가동에 들어간 제임스 페퍼 증류소를 찾아 나섰다. 철길을 따라 이어진 도로를 달리다가 간판을 보고 꺾어서 들어갔더니 증류소가 나타났다. 도착해서 주변을 살펴보니, 제임스 페퍼가 왜 140년 전에 여기에 터를 잡았는지 알 수 있었다. 길 하나만 건너면 철로가 있고, 뒤편에는 개울이 시원하게 흐르고 있다. 개울물 길어다가 위스키를 만들고, 숙성을 마치면 바로 기차에 실어서 보낼 수 있는 곳. 증류소 짓기에 이런 명당이 또 없다.

새로 단장한 증류소 부지는 약 10만 제곱미터(약 25에이커)에 달했다. 이곳엔 증류소뿐 아니라 맥주 양조장과 레스토랑, 칵테일 바, 아이

50년간 폐허로 방치된 제임스 페퍼 증류소(2008년의 모습).

복원 공사를 통해 새 단장을 마친 제임스 페퍼 증류소의 모습.

제임스 페퍼 증류소에는 레스토랑과 술집,
맥주 양조장 등 다양한 시설이 함께 들어와 있다.

스크림 가게까지 있다. 한곳에서 먹고 마시고 즐길 수 있는, 요식업 복
합 단지인 셈이다. 내가 갔을 때가 오전이라 그렇지, 저녁엔 주차장에
차 댈 데가 없을 만큼 붐빈다고 했다. 입소문을 타면서 지금은 렉싱턴
젊은이들의 '핫 플레이스'가 됐다는 설명도 이어졌다. 증류소를 복원
하거나 새로 지으려고 하는 이들에겐 교과서적인 사례가 아닐 수 없다.

소박한 생산 설비

제임스 페퍼는 사실 신생 증류소나 마찬가지다. 브랜드 역사는 오래
됐지만, 새 단장을 마친 지는 2년 정도밖에 안 됐다. 더구나 애초에
NDP(비증류 생산자)로 출발했기에 자체 증류소를 세운 뒤에도 직접

● 제임스 페퍼에 원액을 공급하는 회사는
인디애나에 있는 대형 생산업체 MGP로 알려져 있다.

1934년 벤돔사가 제작한
증류 설비에서 떼어낸 동판.

생산하는 위스키는 소량에 불과하다. 지금도 제임스 페퍼 1776이나 올드 페퍼 같은 대표 상품은 대부분 다른 데서 원액을 공급받아 만든다.* 이런 상황이 다보니 새 증류소의 생산 설비는 소박했다. 발효조 크기는 대형 업체의 실험용 증류소(마이크로 디스틸러리) 수준으로 작았다. 그래도 증류실은 인상적이었다. 증류 설비의 대명사인 벤돔사가 만든 구리 증류기는 독특하고 아름다웠다. 직원의 설명으로는 옛 문헌 기록에 남아 있는 설비 도면 등을 참조해서 금주법 폐지 직후인 1934년에 이 증류소에서 쓰던 증류기와 똑같이 만들었다고 한다.

발효와 증류 공정을 둘러본 뒤에는 증류소 1층에서 위스키 숙성을 어떻게 하는지에 대해 설명을 들었다. 개인적으로는 이때가 가장 기억에 남는다. 증류소 직원이 숙성을 마친 오크통을 가져와 마개를 열더니 직접 위스키를 뽑아보라며 위스키 시프를 건넸다. 나는 조심스럽게 위스키 시프를 오크통에 집어넣어 위스키를 빨아들였다. 그런 다음 위스키 시프 맨 끝을 엄지손가락으로 막고 밖으로 꺼낸 뒤 다시 손가락을 떼서 잔에 위스키를 담았다. 별거 아닌 것 같아도 술꾼에겐 이런 체험 하나가 평생 기억에 남는 법이다.

제임스 페퍼 전시실

증류 설비를 둘러본 뒤엔 제임스 페퍼 전시실에 들렀다. 이곳에는 과

제임스 페퍼 증류소에서 생산하는 1776 라이 위스키.

위스키 시프로 오크통에서 위스키를 빼내고 있다.

거 이 증류소에서 생산한 위스키를 모아두었는데 희귀 제품까지 있다. 그뿐만 아니라 제임스 페퍼가 등장하는 신문이나 잡지 기사 한 줄까지도 전부 스크랩해서 보여준다. 말이 전시실이지 거의 제임스 페퍼라는 인물을 주제로 한 박물관이나 마찬가지다.

방대한 자료는 증류소 새 주인인 아미르 피Amir Peay가 지난 10년간 발품을 팔아 모은 것이다. 이렇게 많은 자료를 수집해가며 증류소를 복원한 아미르는 어떤 사람일까? 다행스럽게도 나는 켄터키에 오기 전에 미리 아미르에게 연락해 인터뷰 허락을 받았다. 전시실을 다 둘러봤을 때쯤 아미르가 나타나 인사를 건넸다. 증류소 주인이라면 나이가 좀 지긋할 줄 알았는데, 예상보다는 훨씬 젊었다.

우연히 본 다큐 한 편

아미르의 인생 스토리도 재밌다. 140년 전에 처음 이 증류소를 세운 제임스 페퍼만큼 그의 인생도 극적이다. 아미르는 캘리포니아에서 대학을 다녔다. 음식점과 바에서 아르바이트를 하며 와인에 관심을 갖게 됐다. 대학을 마치자마자 와인 잡지를 창간했지만, 광고가 안 붙어서 곧 접어야 했다. 이후엔 위스키 사업에 흥미를 느껴 이것저것 알아보고 다녔다. 이때 아미르는 우연히 다큐멘터리 한 편을 보게 된다. 다큐에는 '세기의 복싱 대결'로 불린 잭 존슨과 제임스 제프리스의 1910년 헤비급 챔피언전을 다룬 대목이 있었다. 그런데 거기에 나온 사진 한 장이 그의 눈길을 사로잡았다. 존슨과 제프리가 마주보고 있는 사진에 "JAMES E. PEPPER WHISKY"라고 적힌 현수막이 등장했기 때문이다. '대체 어떤 위스키였기에 저렇게 큰 경기에 광고를

증류소에 마련된 제임스 페퍼 전시실.

옛 제임스 페퍼 증류소 위스키 광고.

'세기의 복싱 대결'로 불린 잭 존슨과 제임스 제프리스의 경기 모습. 관중석에 제임스 페퍼 위스키 광고 현수막이 걸려 있다.

했을까?' 궁금해진 아미르는 곧바로 조사에 착수했다.

그뒤로 10년 동안 아미르는 제임스 페퍼와 관련된 것이라면 그 무엇이든 다 찾아냈다. 과거 이 증류소에서 생산한 위스키를 죄다 수집하고, 박물관과 도서관에서 기록을 샅샅이 뒤졌다. 이런 노력 끝에 아미르는 열일곱 장짜리 옛 증류소 설계 도면과 위스키 제조 레시피까지 입수하게 된다. 아미르는 50년간 방치된 제임스 페퍼 증류소를 반드시 복원해내겠다는 일념으로 켄터키의 모든 증류소를 찾아다녔다. 함께 손을 잡고 유서 깊은 증류소를 다시 일으켜세워보자고 제안했다. 하지만 아무도 관심을 갖지 않았다. 결국 아미르는 은행을 설득해 대출로 초기 자본금을 마련하고 직접 회사를 차렸다. 그리고 인디애나 로렌스버그에 있는 증류 회사와 협업해 '제임스 페퍼'라는 이름으로 위스키를 출시했다. 위스키를 팔아 번 돈을 다시 투자하는 방식으

아미르가 증류소 복원을 위해 10년간 수집한 각종 자료와 기록.

로 사업을 키웠고, 2017년 이곳에 자체 증류소를 세웠다.

지하 골방에서의 시음

제임스 페퍼 증류소 테이스팅 룸은 지하 골방 분위기다. 마치 동굴에 들어온 것처럼 어둑어둑한 곳에서 시음을 한다. 오크통을 테이블로 이용하는 것도 색다른 즐거움이었다. 술꾼의 배처럼 불룩 튀어나온 오크통 한가운데 여닫이문을 달아놓고 안쪽에 위스키 병을 보관하는 게 눈길을 끌었다.

이날 시음한 위스키는 두 가지였다. 먼저 제임스 페퍼 1776 스트레이트 버번은 호밀 비중이 높은 하이 라이 위스키다. 인디애나 대형 증류업체 MGP 원액으로 생산했으며, 매시빌은 옥수수 57퍼센트, 호밀

테이스팅 룸에서 탁자로 쓰는 오크통. 여닫이문이 달려 있다.

인디애나 MGP 원액으로 제조한 1776 라이와 호밀 배합 비율이 높은 1776 버번.

39퍼센트, 맥아 보리 4퍼센트다. 도수는 50도로 높은 편이다. 호밀의 알싸함과 더불어 의외로 깊은 단맛이 느껴졌다. 이런 맛이라면 올드 패션드 칵테일로 만들어 마셔도 괜찮겠다 싶다.

다음은 1776 스트레이트 라이. 2년 숙성에 도수는 50도다. 역시 인디애나 MGP 원액으로 만들었다. 매시빌은 호밀 비중이 90퍼센트 이상이고 약간의 옥수수와 맥아 보리를 섞었다. 여운이 좀 짧다는 것 빼고는 단점이 별로 느껴지지 않는 훌륭한 라이 위스키였다.

두 남자의 집념

요즘 미국에선 위스키 증류소 설립이 붐을 이룬다. 1년이면 100여 개에 달하는 증류소가 새로 들어선다. 한 가지 희한한 건 이런 신생 증류소일수록 유난히 역사를 강조한다는 점이다. '몇 대 조상이 증류 장인이었다'라든가 아니면 '대대로 물려온 제조 비법을 헛간에서 우연히 찾아냈다'는 식의 황당한 이야기도 많다. 하지만 제임스 페퍼는 다르다. 그들은 확실한 역사적 근거와 흥미진진한 얘깃거리를 갖고 있다. 그중 하나는 실패를 딛고 일어나 다시 증류소를 세운 제임스 페퍼의 이야기이고, 또하나는 10년간 노력해 증류소를 기어이 복원해낸 아미르의 이야기다. 지금 우리가 마시는 제임스 페퍼 위스키 한 방울 한 방울엔 이 두 남자의 열정과 집념이 담겨 있다.

투어 정보

James E. Pepper Distillery
1228 Manchester St #100, Lexington, KY 40504

투어: DISTILLERY TOUR | 수~토: 오전 10시 30분~오후 3시 30분 (매시 30분)
일: 12시~오후 4시 (매시 정각) 요금: 20$ (성인)
투어 예약: jamesepepper.com/tours (특별 투어는 홈페이지 참조)

BOURBON
COCKTAIL

켄터키에서 맛봐야 할 버번 칵테일

1. 올드패션드

칵테일Cocktail이라는 단어는 시대가 흐르며 개념이 변했다. 19세기 초까지만 해도 증류주에 물, 설탕, 비터를 섞은 음료만을 칵테일이라고 불렀다. 다시 말해 이 무렵엔 '칵테일=증류주+물+설탕+비터'였다. 이런 고전적 칵테일의 정의와 정확히 일치하는 게 있다. 바로 지금 우리가 즐기는 올드패션드다. 참고로 올드패션드 레시피는 '버번 위스키(증류주) + 물+설탕+비터'이다.

여기서도 짐작할 수 있듯이, 지금의 올드패션드를 과거엔 칵테일이라고 불렀다. 그러다가 세월이 흐르면서 칵테일이란 단어는 개념이 확장돼 모든 '섞은 술(혹은 섞은 음료)'을 지칭하게 됐다. 반면 원래 (위스키) 칵테일이라고 부르던 것은 구식이라는 의미의 올드패션드로 이름이 바뀐다. 한 마디로 올드패션드는 칵테일의 원형이다.

올드패션드의 역사를 말할 때 빼놓을 수 없는 명소가 있다. 켄터키 루이빌에 있는 펜데니스 pendennis 클럽이다. 1881년에 문을 연 펜데니스는 지역 저명인사들이 출입하는 고급 사교 클럽이다. 초창기 이 클럽에는 칵테일 실력이 뛰어난 바텐더가 있었는데, 특히 올드패션드

올드패션드.

를 기가 막히게 만들었다고 한다. 당시 뉴욕의 바텐더들이 라이 위스키로 올드패션드를 제조한 반면, 펜데니스 클럽 바텐더는 그보다 고급인 7년 숙성 버번 위스키만을 고집했다. 펜데니스 클럽의 올드패션드가 유명해지면서 미국 전역으로 레시피가 퍼졌다. 이 과정에서 이 클럽 회원이던 증류소 사장 제임스 페퍼James E. Pepper가 올드패션드 전도사 역할을 했다. 제임스 페퍼는 펜데니스의 올드패션드를 너무도 사랑한 나머지 가는 곳마다 레시피를 전파했다. '뉴욕의 왕궁'으로 불린 월도프 아스토리아Waldorf Astoria 호텔에 올드패션드를 맨 처음 소개한 인물도 제임스 페퍼였다.

펜데니스 클럽이 있는 루이빌은 지난 2015년에 올드패션드를 시 공식 칵테일로 지정했다. 또 대다수 켄터키 학자들은 올드패션드 자체가 펜데니스 클럽에서 탄생했다고 주장한다. 하지만 반론도 만만치 않다. 클럽이 문을 열기 1년 전인 1880년에 이미 올드패션드라는 이름의 칵테일이 신문(〈시카고 트리뷴〉)에 등장했기 때문이다. 이걸 볼 때 올드패션드의 고향이 펜데니스 클럽이라는 주장은 사실이 아닐 가능성이 크다.

올드패션드의 성지인 펜데니스는 지금도 회원제 클럽으로 운영된다. 정식 회원이 아니면 아예 들여보내지 않는다. 결국 무턱대고 찾아가도 여기서 올드패션드를 맛보기는 힘들다. 하지만 낙담할 필요는 없다. 루이빌 술집 어디를 가더라도 꽤 맛 좋은 올드패션드를 내놓는다. 워낙 유명한 칵테일이다보니 다들 웬만큼 맛있게 만들어낸다. 그래도 굳이 한 군데 추천해달라고 한다면 실버 달러The Silver Dollar를 권하고 싶다. 나 역시 루이빌 버번 업계 종사자에게서 이곳을 추천받았다. 분위기도 좋고, 올드패션드를 비롯한 칵테일 맛이 훌륭했다.

펜데니스 클럽 올드패션드 레시피

재료:

켄터키 버번 위스키 2온스(60ml)
설탕 시럽 1티스푼(혹은 각설탕 반 개)

오렌지 슬라이스 반 조각
줄기 달린 체리 한 개
레몬 껍질 트위스트twist
앙고스투라 비터 2대시dash
약간의 물

제조법:
설탕, 물, 앙고스투라 비터를 올드패션드 잔에 넣고 섞는다. 다음으로 체리와 오렌지를 넣고 머들러 혹은 바 스푼으로 살짝 찧는다. (체리나 오렌지가 부서질 만큼 힘껏 짓이겨서는 안 된다.) 그런 다음 버번을 넣고 각 얼음을 채운 뒤 잘 젓는다. 레몬 껍질 트위스트로 장식한다.

루이빌 실버 달러
주소: 1761 Frankfort Ave, Louisville, KY 40206
전화번호: 502-259-9540

2. 민트 줄렙

켄터키 루이빌은 경마의 도시다. 1875년부터 해마다 5월 첫번째 토요일이 되면 켄터키 더비Kentucky Derby'가 열린다. 이 대회는 월드 시리즈, 슈퍼볼과 함께 미국 3대 스포츠 이벤트로 꼽힌다. '세상에서 가장 빠른 2분'으로 불리는 켄터키 더비를 보려고 매년 약 16만 명이 루이빌을 찾는다. 이렇게 많은 인파가 〈나의 켄터키 옛집My Old Kentucky Home〉을 부르는 모습은 장관 중의 장관이다. 관중 합창과 함께 켄터키 더비의 오랜 전통 가운데 하나가 민트 줄렙Mint Julep 칵테일이다. 물, 설탕, 버번 위스키에 민트 잎을 넣는 이 칵테일은 1938년부터 켄터키 더비 공식 칵테일이다.

켄터키 더비는 못 보더라도 루이빌까지 가서 민트 줄렙을 안 먹으면 통탄할 일이다. 민트 줄렙은 켄터키 현지인들이 올드패션드와 더불어 가장 사랑하는 칵테일이다. 그 어떤 술집을 가든 메뉴판에서 빠지지 않는다. 시원하고 상큼한 민트 줄렙

민트 줄렙.

한 잔으로 켄터키인들은 뜨거운 여름 태양을 이겨낸다.

『위스키는 어렵지 않아』라는 책에 따르면, 민트 줄렙의 역사는 AD 400년까지 거슬러올라간다. 당시 페르시아인들이 마시던 줄라브Julab(혹은 굴랍Gulab)라는 음료가 기원으로 알려져 있다. 줄라브는 지금의 민트 줄렙과 달리 알코올을 넣지 않고 물과 설탕, 꿀, 과일로 만든 음료였다. 『80일간의 칵테일 세계 일주』에 따르면, 증류주에 물, 설탕, 민트를 넣은 음료를 줄렙으로 부르게 된 건 1793년부터라고 한다. 또 이때만 해도 민트 줄렙을 만들 때 위스키가 아닌 브랜디나 럼을 넣었다고 한다. 민트 줄렙은 특별한 맛집이 없다. 어딜 가든 다 맛있게 만들어낸다. 나는 켄터키를 돌며 바에 들를 때마다 버릇처럼 이 칵테일을 주문했는데 한 번도 실망한 적이 없다. 켄터키에 가게 된다면 꼭 민트 줄렙을 즐겨보시길 바란다.

민트 줄렙

재료:

설탕 시럽 1티스푼

앙고스투라 비터 2대시

버번 위스키 2온스(60ml)

민트 잎 5장

제조법:

은잔이나 구리잔을 냉장고에서 차갑게 식힌다. 민트 잎, 설탕 시럽, 비터를 잔에 넣고 살짝 찧는다. 잘게 부순 얼음(크러시드 아이스crushed ice)으로 잔을 가득 채우고 그 위로 위스키를 부은 뒤 젓는다. 민트 잎을 올려 장식한다.

4장

LYNCHBURG
TENNESSEE

테네시 증류소

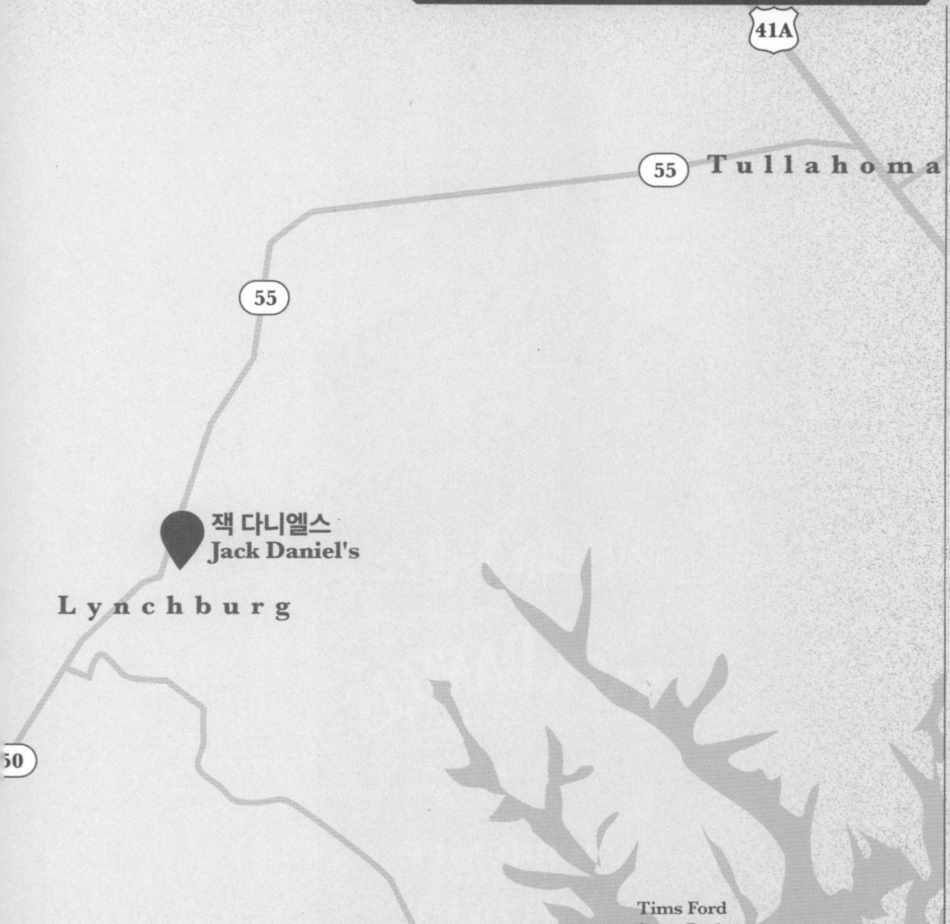
41A
55
Tullahoma
55
잭 다니엘스
Jack Daniel's
Lynchburg
50
Tims Ford
State Park
50

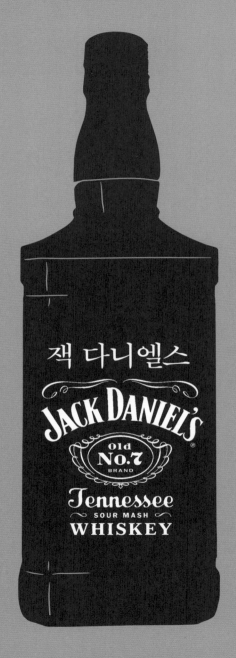

테네시 위스키

"잭 다니엘스는 버번 위스키가 아니다." 지금 이 말을 듣고 '어 그래?' 하실 분이 많을 것이다. 실제로 강연 같은 데 가서 이 얘길 하면 많은 사람들이 고개를 갸웃한다. 의아하다는 반응이 나오는 건 당연하다. 잭 다니엘스가 버번과 '거의' 비슷하기 때문이다. 옥수수를 주재료로 하는 것도 똑같고, 발효나 증류, 숙성 등 주요 공정도 다를 게 없다. 그런데도 미국에선 잭 다니엘스를 버번 위스키가 아닌 '테네시 위스키'로 따로 분류한다. 말로만 그러는 게 아니라, 아예 테네시주 정부 법으로 못박아놨다.

　이번 여행의 목적은 버번 위스키 본산인 켄터키를 둘러보는 것이었다. 하

잭 다니엘스는 법적으로
테네시 위스키로 분류된다.

지만 아무리 그렇다고 해도 잭 다니엘스를 건너뛸 수는 없었다. 잭 다니엘스 위스키가 법적으로 버번이 아니라는 사실은 중요하지 않았다. 이 지구상에서 가장 많이 팔리는 미국 위스키, 세상 사람 모두 아는 위스키, 더욱이 나의 20대와 30대를 지배한 위스키를 만드는 곳에 들르지 않고 어떻게 그냥 돌아간단 말인가.

험난한 여정

켄터키에서 떠날 때만 해도 여유만만했다. 구글 지도로 검색해보니 잭 다니엘스 증류소가 있는 테네시 린치버그까지 대략 네 시간 걸리는 걸로 나온다. 이 정도면 서울에서 부산 가는 것보다 가깝다. '뭐, 이쯤이야' 싶었다. 켄터키 증류소 한 군데 들러서 오후 느지막하게 출발했다. 그런데 막상 고속도로로 접어들고 나니, 운전하기가 만만치 않았다. 테네시로 향하는 65번 고속도로에는 유난히 화물 트레일러가 많았다. 우리나라 화물 트럭하고는 비교도 안 될 만큼 덩치 큰 녀석들이 제한 속도 신경쓰지 않고 쌩쌩 달린다. 육중한 트레일러가 앞에도 있고, 뒤에도 있다. 어떤 때는 양옆으로도 지나간다. 아반테 크기만한 내 차를 가운데 놓고 사방으로 트레일러가 포위하는 상황까지 벌어진다. 이럴 때마다 운전대 잡은 손에 힘이 바짝 들어간다. 바짝 긴장하며 달리다보니 어느덧 해가 떨어졌다.

'이럴 줄 알았으면 빨리 출발할걸.'

후회해도 늦었다. 휴게소에서 한숨 돌렸으면 싶은데, 가도 가도 보이질 않는다. 미국 고속도로에는 휴게소가 많지 않다고 하더니 정말 그랬다. 안 되겠다 싶어서 내슈빌로 빠졌다. 거기서 저녁도 먹고 잠시 휴식을 취했다. 여기서부턴 거의 국도라서 트레일러 때문에 힘들 일은 없을 것 같았다. 하지만 깜깜한 밤에 테네시 시골 국도를 달리는 것 역시 쉽지 않았다. 길이 좁은데다가 가로등도 별로 없어서 을씨년스러웠다. '미드를 보면 꼭 이런 시골길에서 사슴이 튀어나오던데.' 이런 생각을 하니 괜히 겁이 났다. '미드를 괜히 봤구나' 후회하면서, 조심스럽게 달렸다. 어느새 린치버그였다. 네 시간 걸린다더니, 운전만 꼬박 여섯 시간 했다. 아이고야.

드라이 카운티가 많은 이유

다음날 아침, 창문을 열었다. 비가 내린다. 찬바람에 떨어진 낙엽이 처량하게 거리에 나뒹군다. 어딘가 틀어박혀서 위스키 마시기에 좋은 날씨다. 기왕 린치버그까지 왔으니 동네 술집 아무데나 들어가 잭 다니엘스 한잔 들이켜면 얼마나 좋을까. '캬!' 상상만 해도 즐겁다. 그런데 생각해보니 이런 소박한 꿈을 이룰 수가 없다. 원칙적으로 이곳은 주류 판매가 금지된 지역(드라이 카운티dry county)이기 때문이다. '아니, 세계에서 가장 많이 팔리는 미국 위스키를 만드는 곳에 위스키 마실 술집 하나가 없다니. 그게 말이 돼?'라고 생각하실 분이 있을 것이다. 하지만 분명 사실이다. 린치버그뿐 아니라, 테네시에는 주류 판매가 허용되지 않는 지역이 제법 많다. 전체 95개 카운티 중 아홉 곳이 이에 해당한다. 이런 곳에서는 맥주를 제외한 그 어떤 술도 팔지 않는다. 또 대다수인 76개 카운티에선 전면 금지까지는 아니어도, 주류 판매에 어느 정도 제한을 둔다.● 우리나라처럼 아무 규제 없이 술을 마음껏 마실 수 있는 지역(웨트 카운티wet county)은 열 곳에 불과하다.

● 이런 지역을 흔히 모이스트 카운티moist county라고 한다.

잭 다니엘스 증류소가 있는 린치버그에서는 주류 판매가 허용되지 않는다.

테네시에 드라이 카운티가 많은 데에는 역사적 배경이 있다. 사실 테네시는 전통적으로 위스키로 유명한 곳이었다. 1790년대부터 위스키를 제조하기 시작해 한때는 켄터키에 버금갈 만큼 증류소가 많았다. 그런데 19세기에 금주 운동Temperance이 강력하게 펼쳐지면서 1909년에 주류 판매 금지 법안이 주 의회를 통과한다. 그러니까 미국 전역에서 금주법이 시행되기 10여 년 전부터 테네시에선 자체적으로 주류 판매를 금지했다. 금주 운동 전통이 워낙 강한 지역이라서 금주법이 폐지된 이후에도 증류 산업이 발전하지 못했다. 1990년대 중반까지만 해도 테네시주 전체에 있는 증류소가 잭 다니엘스와 조지 디켈, 딱 두 곳뿐이었다. 테네시에 증류소가 늘어난 건 비교적 최근 일이다.

축구장 100개 크기

린치버그에서 위스키 구경을 하려면 얼른 잭 다니엘스에 가는 수밖

테네시 린치버그에 있는 잭 다니엘스 숙성고.

에 없었다. 서둘러 차를 몰고 증류소로 향했다. 구글 지도를 보며 근처까지는 잘 찾아갔는데, 다 와서 헤매기 시작했다. 증류소 부지가 워낙 넓다보니 입구가 어디인지를 찾지 못했다. 주변을 빙빙 돌다가 겨우 입구로 들어와 방문자 주차장에 차를 댔다. 차 밖으로 나왔더니 한눈에 봐도 증류소가 엄청나게 크다. 나중에야 안 사실이지만, 잭 다니엘스 증류소 면적은 약 72만 8000제곱미터나 된다. 축구장 100개 크기로, 서울 마곡산업단지 전체와 맞먹는다. 하긴 세상에서 가장 잘 팔리는 위스키를 만드는 곳이니 얼마나 규모가 크겠는가. 참고로 잭 다니엘스의 연간 생산량은 2억 병이 훌쩍 넘는다. 2010년 무렵에 1억 5000만 병이었는데, 몇 년 사이에 5000만 병이 또 늘었다. 이렇게 많은 위스키를 전 세계 160개국으로 수출한다. 연간 매출액도 약 40억 달러(약 4조 8000억 원)에 달한다. 잭 다니엘스가 괜히 잭 다니엘스가 아니다.

잭 다니엘스 증류소 방문자 센터.

차콜 멜로잉

방문자 센터에서 기다리고 있었더니, 증류소 홍보 담당 직원 애슐리와 투어 가이드 벤이 반갑게 인사를 건넨다. 여기로 오기 보름 전쯤에 한국 브라운포맨을 통해 잭 다니엘스 증류소에 협조 요청을 했다. 그랬더니 보다 심층적으로 취재할 수 있도록 별도의 투어 프로그램을 마련해주었다.

애슐리와 벤이 맨 먼저 안내한 곳은 야외에 있는 차콜Charcoal(숯) 제조 시설이었다. 보통 위스키 증류소 투어를 하게 되면 전시관에서 역사를 살펴본 뒤 곡물 처리와 양조, 증류, 숙성 공정까지 차례로 둘러보는 게 일반적이다. 그런데 잭 다니엘스에선 왜 여기부터 안내한 걸까? 이유는 분명하다. 차콜을 제조하는 모습은 다른 증류소에선 절대로 볼 수 없기 때문이다.

차콜(숯) 제조 시설.

목재를 태워 차콜로 만드는 화로.

그렇다면 잭 다니엘스는 차콜을 왜 직접 만드는 걸까? 증류기 가동 연료? 아니면 난방용 땔감? 모두 틀렸다. 정답은 차콜로 위스키를 '여과'하기 위해서다. 더 구체적으로 설명하면, 잭 다니엘스 증류소에서는 증류를 마친 위스키 원액을 바로 오크통에 넣지 않는다. 차콜로 먼저 걸러서 불순물을 제거한 뒤에 숙성에 들어간다. 이렇게 차콜로 위스키를 여과하는 것을 차콜 멜로잉Charcoal Mellowing 혹은 링컨 카운티 프로세스Lincoln County Process라고 한다.

차콜 멜로잉은 버번 위스키와 테네시 위스키를 구별하는 핵심 공정이다. 다시 말해 테네시 위스키라는 이름을 붙이려면 반드시 이 공정을 거쳐야 한다. 원래 북미자유무역협정에서 정의한 테네시 위스키는 "테네시주에서 생산한 스트레이트 버번 위스키"다. 하지만 2013년 5월부터는 규정이 엄격해졌다. 테네시 주지사 빌 해슬램이 서명한 법안House Bill 1084에 따라, 테네시 위스키는 반드시 차콜로 여과하도록 명문화했다. 이런 규정 때문에 테네시에서 위스키를 만든다고 해서 법적으로 모두 테네시 위스키가 되는 건 아니다. 테네시에서 스트레이트 버번 위스키 제조 공정으로 만들되, 차콜 멜로잉을 해야만 비로소 테네시 위스키라는 이름을 얻게 된다.● 거듭 강조하지만, 차콜 멜로잉을 하느냐 안 하느냐에 따라서 버번이냐, 테네시 위스키이냐로 갈린다.

차콜 만드는 법

잭 다니엘스 증류소에서 차콜을 만드는 모습은 다큐멘터리에서 여러

● 테네시주 정부 규정에서 유일한 예외로 인정한 증류소가 벤저민 프리처즈Benjamin Prichard's이다. 이 증류소는 비록 차콜 멜로잉을 하지 않지만, 1990년대부터 증류소를 운영한 역사를 고려해 테네시 위스키로 적을 수 있게 했다.

번 봤다. 사탕단풍나무sugar maple 를 태우는 모습을 눈앞에서 보고 싶었는데, 아쉽게도 그럴 순 없었 다. 내가 도착했을 때에는 나무를 다 태워서 숯으로 만든 뒤에 식히 고 있었다. 불을 끈 지 몇 시간 지 났는데도 숯에선 하얀 연기가 여 전히 피어오른다. 투어 가이드 벤

차콜 제조를 위해 쌓아둔 목재.

은 열기가 남아 있는 숯덩이 하나를 집어들더니 "이걸 더 잘게 부숴야 한다"고 말했다. 강낭콩 크기 정도로 작게 쪼개서 위스키가 닿는 면적 이 늘어나도록 해야 여과 효과가 크기 때문이다.

방문객이 올 때마다 매번 불을 붙일 수는 없는 노릇. 증류소에서는 차콜 만드는 과정을 비디오로 녹화해 보여준다. 궁금한 분들을 위해 잠깐 소개한다. 먼저 나무는 반드시 사탕단풍나무만을 쓴다. 나무 자 체에 특별한 맛이 없고 냄새도 나지 않기 때문이다. 불을 지피기 전에 사탕단풍나무를 막대기 형태로 잘라서 높게 쌓는다. 막대기 열 개를 가로로 놓고 그 위에 세로로 다시 열 개를 얹는 식으로 층층이 쌓아올 린다. 가로, 세로 40센티미터, 높이 72센티미터까지 쌓아올린 목재 네 더미를 한꺼번에 모아놓고 불을 지핀다.

여기서 재미있는 건 불을 붙이기에 앞서, 위스키 원액을 붓는다는 점이다. 숙성을 하지 않은 70도짜리 위스키 원액(화이트 도그)을 끼얹 은 다음 불을 지펴서 차콜에 위스키 향이 배어들도록 한다. 결국 위스 키로 차콜을 만들고, 그 차콜로 다시 위스키를 여과하는 셈이다. 투어 가이드 벤은 이걸 가리켜 "위스키로 시작해서 위스키로 끝난다"라고 한마디로 정리했다.

나무를 태워 차콜로 만든 뒤 식히고 있다.

아직 열기가 남아 있는 숯덩이.

차콜은 강낭콩 크기로 잘게 부숴서 사용한다.

층층이 쌓은 목재에 불을 붙여서 차콜을 만든다.

나무가 타서 숯으로 변하면 물을 뿌려 불을 끈다. 이때도 노하우가
필요하다. 너무 빨리 물을 뿌리면 안 된다. 그렇다고 너무 늦게 꺼도
안 된다. 물 뿌리는 타이밍도 중요하고 물의 양도 정확해야 한다. 이
때문에 아무나 불을 끄지 못한다. 이걸 전담하는 직원은 불 끄는 일만
17년째 해온 베테랑이다.

세상일 쉬운 게 없다. 나무를 자르고, 쌓고, 태워서 숯으로 만드는
과정만 봐도 그렇다. 그리 대단한 일처럼 여겨지지 않지만, 거기에도
오랜 시행착오를 통해 얻은 지혜와 기술이 필요하다. 더구나 증류소
에서 차콜을 직접 만들려면 돈도 많이 든다. 잭 다니엘스는 차콜 제조
를 위한 사탕단풍나무를 구입하는 데에만 1년에 약 100만 달러(약 12
억 원)를 쓴다.

증류소 소방차

차콜 제조 공정을 본 뒤엔 증류 공장으로 향했다. 비탈진 길을 따라 내려오니, 빨간색 구형 자동차 두 대가 눈에 띈다. '옛날 영화에서 많이 봤다' 싶었는데, 아니나다를까 알이오 스피드왜건REO Speedwagon이었다. 1915년 탄생해 1950년대 초반까지 미국 픽업트럭 시장을 장악한 자동차 브랜드. 〈Keep On Loving You〉나 〈Can't Fight This Feeling〉 같은 히트곡을 발표하며 1980년대에 전성기를 누린 록 그룹 알이오 스피드왜건이 이 자동차 브랜드에서 이름을 따왔다. 벤은 차를 가리키면서 "혹시 록 음악 좋아하느냐?"고 묻는다. 나는 "당연히 알이오 스피드왜건이라는 그룹도 알고, 저 자동차도 안다"고 답했다. 그러자 벤은 "그럼 차의 용도가 뭔지 아느냐?"고 물었다. 벤에 따르면, 여기 있는 알이오 스피드왜건은 원래 소방차였다고 한다. 증류소에 인화물질이 넘치는데다 차콜까지 제조하기 때문에 화재 위험이 커서 잭 다니엘스는 과거부터 소방대를 자체 운영해왔다. 화재가 발생하면 알이오 스피드왜건을 타고 즉각 출동해 불을 껐다고 한다.

지금은 어떻게 대비하고 있을까? 화재나 폭발 사고를 막기 위해 잭 다니엘스는 1년에 한 번씩 전면적으로 시설 점검을 한다. 해마다 9월이 되면 12일 동안 문을 닫고 미세 분진을 제거한다. 분진이 알코올 증기와 반응해 폭발할 가능성이 있어서다. 또 현재 운영 중인 잭 다니엘스 자체 소방대는 지역 공항 소방대 수준이다. 증류소에서 화재가 발생하면 5분 안에 도착해 600만

증류소에서 소방차로 사용한
알이오 스피드왜건.

갤런의 물을 뿌릴 수 있도록 늘 만반의 준비를 하고 있다.

증류소의 보물, 천연 동굴 샘

증류소 화재 얘기를 나누면서 더 내려왔더니 잭 다니엘스가 자랑하는 동굴 샘이 나타난다. 사계절 내내 13.3도로 똑같은 수온을 유지하는 이 천연 동굴 샘이야말로 잭 다니엘스 증류소가 갖고 있는 최고의 보물이다. 더구나 여기서 나오는 샘물은 석회암층을 통과하며 철분까지 제거돼 위스키 제조에 더할 나위 없이 좋다. 또 아무리 퍼다 써도 절대 마르지 않는다. 위스키 제조와 그 밖에 공장 가동에 필요한 모든 물을 여기서 공급받는다. 한마디로 이 샘물이 없다면 잭 다니엘스도 존재하지 않는다.

동굴 샘 주변은 잭 다니엘스가 들어서기 전부터 증류소 자리였다.

연중 13.3도로 수온이 유지되는 잭 다니엘스 증류소 동굴 샘.

잭 다니엘은 1887년 동굴 샘을 포함한
이 일대 땅을 경매를 통해 확보한다.

린치버그 최초의 증류소가 바로 여기에 있었다. 동굴 샘의 수량이 풍부한 데다 수온까지 일정하게 유지되다보니 증류소 세우기에 이보다 더 좋은 조건이 없었던 것. 위스키 만드는 사람들한테는 이곳이 바로 에덴동산이나 마찬가지였다. 그렇다면 이렇게 귀한 땅을 어떻게 잭 다니엘스가 손에 넣을 수 있었을까?

잭 다니엘이 맨 처음 증류소를 세운 건 1875년. 그때는 증류소가 여기 있지 않았다. 그런데 12년이 흐른 1887년에 동굴 샘을 비롯한 이 일대 땅이 통째로 매물로 나왔다. 잭 다니엘은 자신의 전 재산이나 마찬가지이던 2180달러를 들고 경매에 참가했다. 운좋게 증류소 부지를 낙찰받은 잭 다니엘은 곧바로 이곳에 새 증류소 건물을 지었다.

동굴 샘 앞에 있는 잭 다니엘 동상.

동굴 샘 앞에는 잭 다니엘 동상이 늠름하게 서 있다. 관광객들은 너나 할 것 없이 여기서 사진을 찍는다. 아마 증류소를 찾아온 관광객 중에 이 동상과 함께 사진을 찍지 않은 사람은 없을 것이다. 나도 동상 옆에서 사진 한 장을 남겼다. 벤은 그 모습을 보면서 "실제 잭 다니엘은 이 동상보다 훨씬 작았다. 키가 157센티미터에 불과했기 때문에 동상에서 머리 하나가 없다고 봐야 한다"라고 말했다.

신화가 된 사나이

잭 다니엘이란 사람 얘기가 나왔으니, 그가 어떻게 해서 증류소를 세웠는지도 살펴보자. 잭 다니엘의 이야기는 미국인들에겐 신화나 전설처럼 여겨진다. 인생 자체가 극적이어서 이런 인물이 현실에 존재했는지 의심하는 이들도 있다. 일각에서는 이게 다 잭 다니엘스 증류소의 마케팅 전략이라고 비판하기도 한다. 위스키 홍보를 위해 이야기를 꾸며내 잭 다니엘을 신화 속 인물로 과대 포장했다는 주장이다. 하지만 잭 다니엘의 인생을 몇 년간 조사한 전기 작가 피터 크래스Peter Krass는 이런 주장에 동의하지 않는다. 일부 과장된 게 있긴 해도 많은 이야기가 사실이라는 것이다.

피터 크래스가 쓴 전기 『잭 다니엘, 신화가 된 사나이Blood & Whiskey: The Life and Times of Jack Daniel』에 따르면, 잭 다니엘은 1849년에 테네시의 작은 마을 린치버그에서 10남매 중 막내로 태어났다. 잭 다니엘의 출생을 놓고부터 이런저런 설이 많다. 무덤 묘비에는 1850년생으로 돼 있는 반면, 테네시주 정부 도서관 기록엔 1846년생으로 적혀 있어서 그렇다. 하지만 피터 크래스가 인구 조사 기록과 여동생 일기까지 확인한 결과 1849년생으로 최종 확인됐다.

유년기는 불우했다. 잭 다니엘이 태어난 직후에 어머니가 세상을 떴다. 두 살 때 아버지가 재혼하면서 새어머니 밑에서 자랐는데, 열다섯 살 때 아버지마저 세상을 등졌다. 그러자 새어머니는 어린 잭 다니엘을 버리고 곧바로 재혼했다. 오갈 데가 없어진 잭은 후견인인 댄 콜의 집에서 자라게 된다. 댄 콜은 아일랜드 출신으로 목사(전도사)이면서 농부였다. 제법 큰 규모의 농장을 운영하면서 남는 곡물로 위스키를 제조했다. 댄 콜의 농장에는 니어리스 그린이라는 흑인도 있었는데, 그가 잭 다니엘에게 위스키 증류 기술을 가르쳐준 인물이다.

니어리스 그린에게서 증류와 여과 기술(차콜 멜로잉)을 터득한 잭 다니엘은 위스키 판매상으로 활약하며 차곡차곡 돈을 모은다. 그러던 중 스물다섯 살 때 아버지의 유산 1000달러를 운좋게 물려받게 되면서 저축한 돈까지 탈탈 털어 '다니엘 앤드 콜Daniel & Call'이라는 증류

회사를 차린다. 이때가 1875년 11월 27일이
다. 이후 1887년에는 지금의 증류소 자리로
옮기면서 승승장구하게 된다. 아무리 위스키
가 잘 팔려도 하루에 300갤런 이상은 만들지
않는다는 원칙을 고수하며 품질 관리를 확실
하게 한 게 비결이었다.

천재 위스키 장인, 잭 다니엘.

잭 다니엘은 마케팅 능력도 천부적이었다.
1892년 잭 다니엘은 10인조 관악기 밴드를
조직해 음악으로 위스키 홍보에 나섰다. 밴드
는 거리 곳곳에서 게릴라 콘서트를 열거나 술집 개업식과 장례식에서
연주를 하며 잭 다니엘스 위스키를 널리 알렸다. 1897년에는 지금 같
은 사각형 병을 도입해 크게 히트를 쳤다. 마차에 싣고 달릴 때 둥근
병은 굴러다니다가 깨지기 쉬웠지만, 잭 다니엘이 고안한 사각형 병
은 튼튼하고 안전했다. 이어 1904년에는 세인트루이스 박람회에 베
스트셀러인 올드 넘버 7 Old NO.7을 출품해 금메달을 거머쥔다. 잭 다
니엘스가 세계적인 브랜드로 발돋움한 결정적인 계기였다.

"우리는 최선을 다한다"

동굴 샘 바로 옆에 있는 목조 건물에는 잭 다니엘의 발자취가 고스란
히 남아 있다. 지금은 잭 다니엘 전시관으로 쓰고 있지만, 1955년까지
는 증류소 본사 사무실이었다. 안으로 들어가자 위스키 병마다 붙어
있는 그 유명한 잭 다니엘의 사진이 맨 먼저 눈에 들어온다. 그동안 잭
다니엘스 위스키를 마시면서 저 사진을 대체 몇 번이나 마주했을까?

잭 다니엘 전시관. 원래는 증류소 사무실이었다.

잭 다니엘이 증류소 직원들과 함께 찍은 사진. 가운데 흰 모자를 쓴 사람이 잭 다니엘이다.

챙 넓은 하얀 모자를 쓰고 길게 수염까지 기른 잭 다니엘. 언제 봐도 카리스마가 넘친다. 이것 말고도 잭 다니엘이 은퇴를 앞두고 직원들과 함께 찍은 사진도 전시돼 있다.

그렇지만 전시관에서 가장 인상적이었던 건 사진이 아닌, 벽에 붙은 바로 이 문구였다.

EVERY DAY WE MAKE IT, WE'LL MAKE IT THE BEST WE CAN

"최선을 다해 위스키를 만든다."
잭 다니엘스 증류소의 대표 슬로건이다.

"매일 우리는 할 수 있는 한 최선을 다해 위스키를 만든다."

잭 다니엘이 생전에 자주 했던 이 말은 증류소의 대표 슬로건이 됐다. 벤은 "저 문구가 우리의 사명을 적은 말"이라고 덧붙였다.

잭 다니엘의 금고

전시관 한쪽에는 낡은 금고 하나가 놓여 있다. 바로 잭 다니엘이 쓰던 금고다. 나는 이 금고에 얽힌 이야기를 『열정적 위로, 우아한 탐닉』이란 책에 쓴 적이 있다. 책을 집필하면서 사진으로만 보던 걸 직접 눈으로 보니 기분이 남달랐다. 그렇다면 저 금고엔 어떤 사연이 숨어 있는 걸까? 이야기는 잭 다니엘이 세상을 떠나기 4년 전으로 거슬러올라간다. 어느 날 잭 다니엘이 아침 일찍 증류소 사무실로 출근해 이 금고를 열려고 했다. 그런데 비밀번호가 갑자기 생각나지 않았다. 한참을 씨름하다가 화가 머리끝까지 난 잭 다니엘은 금고를 발로 걸어찼다. 화

잭 다니엘이 생전에 쓰던 금고. 금고를 발로 찬 잭 다니엘은 파상풍에 걸려 결국 숨지고 만다.

끈하게 화풀이를 한 것까진 좋았는데, 금고를 찰 때 발에 상처가 난 게 큰일이었다. 아무리 치료를 해도 상처는 낫지 않았다. 상태가 악화되면서 잭 다니엘은 움직일 수 없게 됐다. 하체가 전부 썩어 들어가 허벅지까지 잘라낸 잭 다니엘은 62세를 일기로 숨진다.

대형 발효조 64개

전시관 밖으로 나왔다. 새 한 마리가 잔디를 거닐고 있다. 머리와 목이 짙은 녹색인 걸 보니 수컷 청둥오리가 틀림없다. 동굴 샘이 있고 나무와 잔디가 있고 새가 날아다니는 증류소. 곳곳에서 연기가 피어오르고 기계 돌아가는 소음도 크지만, 자연 친화적인 환경이라 한결 여유롭게 느껴진다.

발효와 증류가 이뤄지는 스틸 하우스로 향했다. 증류소의 역사와 전통을 말해주듯, 스틸 하우스 벽은 온통 시꺼멓다. 이는 여러 번 설명했듯이, 천사보다 위스키를 더 사랑하는 곰팡이 때문이다. 벤은 "증류소에서 위스키를 제대로 만드는지 알려면 벽을 살펴보라는 말이 있다"면서 "벽이 새까맣다는 건 그만큼 좋은 위스키를 만들고 있다는 뜻"이라고 말했다.

스틸 하우스로 들어가 발효 과정부터 살펴봤다. 잭 다니엘스가 지

자연 친화적인 잭 다니엘스 증류소.

구상에서 가장 많이 팔리는 미국 위스키이다보니, 발효 시설도 거대하다. 대체 얼마나 크냐고? 놀라지 마시라. 4만 갤런(약 15만 리터)짜리 대형 발효조가 무려 64개나 된다. 이게 얼마나 엄청난지는 켄터키 증류소 중에 가장 규모가 큰 버팔로 트레이스와 비교해보면 알 수 있다. 9만 2000갤런짜리 발효조 12개를 보유한 버팔로 트레이스와 단순 비교하면 잭 다니엘스의 발효조 생산 능력은 두 배가 넘는다. 물어보니, 1주일이면 256만 갤런에 달하는 디스틸러스 비어(발효액)를 생산할 수 있다고 한다. 아마 여길 먼저 들렀다면 버팔로 트레이스에 갔을 때는 눈도 깜짝하지 않았을 것이다.

발효는 5일 동안 충분히 한다. 벤은 발효에 들어간 지 다섯 시간 정도밖에 안 된 발효조 뚜껑을 열었다. 부글부글 거품이 일고 있다. 비릿한 곡물 향도 사방에 퍼진다. 증류소 투어를 하면서 하도 많이 맡은 냄

곰팡이 때문에 시커먼 잭 다니엘스 증류소 스틸 하우스.

잭 다니엘스 증류소에는 4만 갤런짜리 대형 발효조가 64개나 있다.

새라 이젠 익숙해질 만도 한데, 저 냄새를 도저히 좋아할 순 없을 것 같다. 발효 상태를 비교해보기 위해 이번엔 사흘이 지난 발효조를 열었다. 발효가 상당히 진행되면서 안정화됐다. 더이상 거품이 부글거리지 않는다. 향도 훨씬 그윽하다. 저렇게 이틀만 더 익으면 증류기로 넘어가게 된다.

한 시간에 3만 4000리터

잭 다니엘스에는 증류기가 총 여섯 대 있다. 이중 네 대는 연속식 증류기고 나머지 두 대는 2차 증류기인 포트 스틸이다. 1, 2차 증류를 모두 마치면 70도의 알코올을 얻을 수 있다. 복습 차원에서 다시 말하지만, 미국에서는 증류를 막 마친, 하얀 증류 원액을 여러 이름으로 부른다. 가장 흔한 건 화이트 도그다. 왜 화이트 도그라고 부르는지에 대해선 해석이 조금씩 다른데, 보통은 '색은 하얗고white 마셔보면 개dog한테 물린 것처럼 얼얼한 느낌이 들기 때문'이라고 설명한다. 반대로 와일드 캣wild cat이라고 부르기도 하는데, '성난 고양이가 할퀸 것 같은 맛'이라는 의미다. 이 외에 화이트 뮬white mule이라는 말도 쓰고, 화이트 라이트닝white lightning, 뉴 위스키new whiskey, 뉴 메이크new make라고도 한다.

잭 다니엘스 증류소에서는 투명한 증류 원액을 뭐라고 부르는지 물었다. 벤은 "앞에 언급한 단어를 두루 사용하지만, 문샤인moonshine이라는 말을 가장 많이 쓴다"고 했다. 참고로 문샤인은 세금을 피하려고 산기슭에서 달빛에 의지해 몰래 만들던 '밀주'를 뜻한다. 산에서 몰래 만들었기 때문에 당연히 숙성도 할 수 없었다. 이런 밀주 위스키를 흙

생산 용량이 각각 다른 잭 다니엘스 증류소 연속식 증류기.
1번 증류기는 생산 용량이 23만 2000리터, 3번 증류기는 11만 2000리터다.

내내 위스키 원액을 숙성하지 않고 바로 판매하는 제품을 '문샤인'이라고 부른다.

잭 다니엘스의 증류기를 보면서 의아했던 게 하나 있다. 위스키 세이프로 흘러나오는 증류액의 양이 증류기마다 너무 크게 차이가 나는 것이었다. 한쪽 위스키 세이프에서는 증류를 마친 위스키 원액이 콸콸 쏟아지는데, 다른 한쪽에선 졸졸 흘러나왔다. 이렇게 확연히 차이가 나는 건 왜일까? 벤은 연속식 증류기 용량 차이 때문이라고 설명했다. 다시 말해 잭 다니엘스 연속식 증류기는 높이는 모두 같지만 지름이 다르다. 당연히 용량 차이가 난다. 예를 들어 지름이 78인치인 1번 증류기는 용량이 6만 1714갤런(23만 2000리터)에 달한다. 반면 지름이 52인치인 3번 증류기는 용량이 절반밖에 안 된다. 이런 대용량 증류기를 가동해 잭 다니엘스는 한 시간 동안 증류 원액 위스키를 약 3만 4000리터나 생산한다고 한다. 정말 어마어마한 양이다.

연속식 증류기 지름이 다르기 때문에
위스키 세이프로 흘러나오는 위스키 원액의 양도 차이가 난다.

한 방울, 한 방울

이번엔 차콜 멜로잉을 살펴볼 차례다. 증류를 마친 70도짜리 위스키 원액을 사탕단풍나무를 태워서 만든 차콜로 여과하는 공정이다. 앞서 설명한 대로 차콜 멜로잉 공정 때문에 잭 다니엘스는 버번이 아닌 테네시 위스키로 분류된다. 차콜 멜로잉을 하는 여과실mellowing room은 총 세 곳이 있다. 각각의 방에는 차콜을 가득 채운 통이 빽빽하게 들어차 있다. 통 하나의 용량은 2326갤런(약 8800리터). 통에 쌓아올린 숯의 높이는 3미터(10피트)다. 여과실 세 곳을 다 합치면 이런 대형 차콜 통이 72개나 된다.

　증류한 위스키 원액을 여과하는 모습은 신기하고 놀랍다. 흔히 여과한다고 하면 위스키를 차콜 통에 부어서 걸러낸다고 생각하기 쉬운데, 전혀 그렇지가 않다. 말 그대로 한 방울, 한 방울 똑똑 떨어뜨려서 여과한다. 눈으로 직접 보지 않으면 믿기 힘들 정도다. 정말 천천히 인내심을 갖고 공정을 진행한다. 좀 더 구체적으로 설명해보겠다. 3미터 높이의 차콜로 가득 채워진 통 위에는 증류 원액이 흘러나오는 구리 관 여덟 개가 설치돼 있다. 관에는 구멍이 여러 개 뚫려 있는데, 이 구멍을 통해 투명한 위스키 원액이 한 방울씩 빠져나온다. 마치 석회동굴 종유석에서 물방울이 떨어지듯 일정한 속도로 천천히 낙하한다. 차콜로 스며든 위스키는 오로지 중력의 힘으로 다시 아래로 이동한다. 위스키가 3미터 높이 차콜을 통과하는 데 걸리는 시간은 꼬박 사흘에서 닷새. 이 사이, 불순물이 제거되고 맛은 부드러워지며 색은 더 투명해진다.

대형 여과조 72개로 걸러내는 위스키는 하루에 약 10만 갤런이다. 저렇게 방울방울 떨어뜨리지만 않는다면 훨씬 더 많은 양을 생산할 수 있지 않을까? 투어 가이드 벤은 이렇게 답했다.

"많은 증류소들이 규모를 키우면서 더 빨리, 더 많이 생산하도록 공정에 변화를 줍니다. 하지만 우리는 그렇게 하지 않습니다. 가끔 다른 증류소에서 '생산량을 늘리면서 공정을 똑같이 유지하는 게 어떻게 가능하냐'고 묻기도 하는데, 우리는 과거에도 그랬고 지금도 그렇고 앞으로도 계속 똑같이 할 겁니다. 차콜 높이도 똑같을 거고요. 여과 공정에 걸리는 시간도 똑같을 겁니다. 그래야 품질이 일정하게 유지될 테니까요. 그게 잭 다니엘스가 해온 방식입니다."

차콜은 보통 6개월에 한 번씩 바꾼다. 교체 주기는 통마다 조금씩 다른데, 어떤 통은 다섯 달 만에 교체하고, 어떤 건 일곱 달이 지난 뒤 바꾼다. 여과를 마친 위스키를 전문가가 맛본 뒤 교체 시기를 정한다

차콜 멜로잉(숯 여과 공정)을 하는 3미터 높이 나무통.
잭 다니엘스 증류소에는 이런 나무통이 72개나 된다.

위스키를 한 방울, 한 방울 떨어뜨려 천천히 여과한다.

고 한다. 그럼 다 쓴 차콜은 어떻게 할까? 그냥 버리지 않고 재활용한다. 1주일 동안 차콜을 물로 씻어서 냄새를 제거한 뒤에 말려서 판매한다. 6~7개월 동안 위스키에 푹 담겨 있던 차콜은 화력이 좋고 향도 좋아서 음식점 같은 곳에서 서둘러 가져간다고 한다.

각각 다른 저장 위치

차콜로 여과를 마친 위스키 원액은 오크통에 넣어서 숙성에 들어간다. 잭 다니엘스의 숙성 기간은 일반적으로 4년에서 7년이다. 위스키 출고량이 많은 잭 다니엘스이기에 당연히 숙성고 규모도 어마어마하다. 린치버그에 있는 숙성고만 모두 89채. 오래된 건 60년이 다 됐다. 일반적인 켄터키 버번 증류소와 마찬가지로 숙성고는 7층짜리다. 보통 숙성고 하나에 오크통 2만 개를 저장한다.

잭 다니엘스 숙성고에서 특이한 점은 제품에 따라 저장 위치를 다르게 한다는 것이다. (늘 그런 건 아니지만 일반적으로는 그렇다고 한다.) 예를 들어, 여과 과정을 두 번 하는 젠틀맨 잭Gentleman Jack은 주로 숙성고 아래쪽에 있는 오크통에서 빼낸 위스키로 만든다. 반면 잭 다니엘스 싱글 배럴은 맨 위층에서 빼낸다. 그렇다면 가장 대중적인 잭 다니엘스 No.7은? 바로 중간층에서 숙성된 위스키다. 이런 차이는 색깔만 봐도 어느 정도 구별할 수 있다. 즉 햇볕을 가장 강하게 받는 숙성고 맨 위쪽에서 빼낸 싱글 배럴의 색이 가장 진하다. 햇볕을 가장 덜 받은 곳에서 숙성된 젠틀맨 잭의 색은 매우 연하다. 가운데에서 빼낸 잭 다니엘스 No.7은 색이 싱글 배럴과 젠틀맨 잭의 중간이다.

잭 다니엘스의 큰손 고객

제조 공정의 마지막은 병에 위스키를 담아 포장하는 병입이다. 벤이 안내한 곳은 고급 제품인 잭 다니엘스 싱글 배럴을 담는 시설이었다. 안으로 들어가니 이곳에만 어림잡아 수십 명이 일하고 있다. 병입 시설은 아무리 자동화한다고 해도 반드시 사람이 필요하다. 잭 다니엘스 증류소에는 병입 시설이 여덟 곳이나 되기 때문에 그만큼 고용 효과도 크다. 이거 하나만 봐도 알 수 있듯이 린치버그는 잭 다니엘스 증류소 덕분에 먹고산다고 해도 과언이 아니다. 고용은 말할 것도 없다. 관광객들이 먹고 자고 쓰고 가는 돈만 해도 엄청나다. 참고로 잭 다니엘스 증류소를 찾는 관광객은 해마다 약 30만 명이다. 린치버그 전체 인구가 6000여 명이니까 50배에 달한다.

병입 시설 직원들은 싱글 배럴 병뚜껑에 일일이 종이를 붙이고 있었다. 저 종이가 뭔가 싶어서 유심히 봤더니 글자를 적은 봉인이었다. 최종적으로 저런 작업을 하고 있는 건 이 위스키가 스페인 수출용이기 때문이다. 나라마다 제품 봉인이나 포장 방식이 조금씩 다른데, 스페인의 경우엔 싱글 배럴에 저렇게 종이 봉인을 붙인다고 한다.

병입 시설을 보고 나오는데, 벽에 붙어 있는 명패들이 눈에 띈다. 이 증류소에서 위스키를 오크통째로 구입한 사람이나 업체의 명단이다. 이름 아래에는 구입한 개수만큼 오크통을 붙여놨다. 한국에서도 오크통을 직접 사 간 사람이 있지 않을까 싶어서 살펴봤다. 아니나다를까, 정말로 '있었다'! 한 명은 개인이고, 한 명은 법인으로 추정되는 이름이었다. 이렇게 위스키를 오크통째로 구입한 큰손 고객은 잭 다니엘스에서 싱글 배럴 소사이어티Single Barrel Society로 특별 관리하고 있다. 나도 언젠가 돈을 좀 벌게 되면 여기서 오크통째 위스키를 사서 저 명

잭 다니엘스 싱글 배럴 병입 시설에서 직원들이 작업하고 있다.

오크통을 통째로 구입한 '싱글 배럴 소사이어티' 회원 명단이 벽에 붙어 있다.

단에 이름을 올리고 싶다.

특별한 위스키 시음

평생 독신이었던 잭 다니엘이 죽은 뒤 증류소를 비롯한 유산은 조카 램 모틀로Lem Motlow에게 넘어갔다. 타고난 사업가였던 렘은 "품질 좋은 위스키를 만들어야 한다"는 삼촌의 뜻을 그대로 이어받았다. 그는 가혹한 금주법 시기를 버텨낸 뒤 증류소를 가동했다. 2차세계대전으로 또 한 차례 위기를 맞았지만, 전쟁이 끝나자 증류소를 다시 일으켜 세웠다.

온갖 어려움 속에서도 증류소를 지켜낸 렘 모틀로. 잭 다니엘스의 두번째 주인인 렘 모틀로가 살았던 이층집은 아직도 증류소에 남아 있다. 1870년대에 지은 렘 모틀로의 집은 한동안 방치돼 있다가 2016년에 재단장했다. 잭 다니엘스 증류소측에서는 한국에서 찾아온 나를 위해 특별히 이곳에서 위스키 시음을 할 수 있도록 배려해줬다.

벤과 애슐리를 따라 모틀로의 집으로 들어섰다. 리모델링을 하면서 내부를 잭 다니엘스 기념관처럼 깔끔하게 꾸몄다. 2층으로 올라가니 벽장에 각종 기념품이 전시돼 있고, 나무로 된 고풍스러운 둥근 탁자가 놓여 있었다. 창 너머로 증류소 풍경이 내다보이고 벽난로까지 설치된 방. 마치 19세기 미국 남부 가정집에 초대받은 느낌이었다. 탁자에는 오늘 마실 위스키가 가지런히 준비돼 있었다. '이게 대체 몇 잔이야?' 싶을 만큼 시음할 위스키가 많았다. 겉으론 태연한 척하면서 속으로는 쾌재를 불렀다.

먼저 맛본 건 젠틀맨 잭. 숙성고 맨 아래 칸에 저장한 오크통에서 꺼

잭 다니엘의 조카 램 모틀로.

낸 위스키로 차콜 여과를 두 번 한 제품이다. 잭 다니엘스 위스키 중에서 색이 가장 연하고 향과 맛은 매우 부드럽다. 너무 부드러워서 입안에서 착착 감겼다가 목으로 쏙 넘어가버린다.

이어서 대중적인 No.7. 솔직히 이 위스키는 20년 넘게 주야장천 마신 터라 별 감흥이 없을 줄 알았다. 하지만 제대로 차려진 자리에서 향과 맛을 깊이 음미해보니 '왜 이 위스키가 150년 넘는 세월 동안 꾸준히 사랑받고 있는지' 알 수 있었다. 부드러우면서도 균형감이 좋다. 평소에 입버릇처럼 하던 말 그대로 "좋은 위스키는 뭔가에 타서 마셔도 맛있지만, 그냥 마셔도 맛있다".

물 한 잔으로 입가심을 하고 심호흡 세 번을 한 뒤에 잭 다니엘스가 자랑하는 싱글 배럴 컬렉션 두 가지를 맛봤다. 먼저 이 라인업 가운데 가장 흔한 싱글 배럴 셀렉트. 도수가 47도(94프루프)로 비교적 무난하다. 한국에서도 즐겨 마시긴 했는데, No.7에 비해 확실히 묵직한 느낌이다. No.7보다 단맛은 덜하고 스파이시하다. 햇볕을 가장 많이 받는 숙성고 위층에서 꺼낸 위스키라서 풍미가 강하고 색도 진하다.

두번째 시음한 싱글 배럴 위스키는 배럴 프루프Barrel Proof다. 오크통에서 꺼내서 병입할 때 물을 타지 않은 제품으로, 스카치위스키로 치면 캐스크 스트렝스에 해당한다. 내가 맛본 건 도수가 64.95도였다. 지금까지 마신 것 가운데 가장 도수가 높고 색깔도 가장 진했다. 상당히 터프할 줄 알고 마셨는데, 의외로 부드러워서 놀라웠다. 바닐라와 캐러멜 풍미도 깊고 강했다. 벤은 이 위스키에서 흑설탕 태울 때 나는 냄새가 살짝 날 거라고 설명했는데, 이 말을 듣고 다시 마셔보니 실제

모틀로의 집은 한동안 방치됐다가 지난 2016년에 재단장했다.

로 그런 느낌이 들었다.

그다음에 마신 건 한정 소량 생산하는 스페셜 에디션 두 종류였다. 우선 색이 유난히 밝은 No.27 gold. 아무런 설명도 듣지 않고 한 모금 맛봤는데, 감탄사가 나왔다. 블라인드 테이스팅을 하면 이걸 잭 다니엘스라고 맞힐 사람이 몇이나 될까 싶을 만큼 개성이 넘쳤다. 다른 위스키에 비해 오크 향이 유난히 강하고 풍미도 복합적이다. 이런 비유가 어떨지 모르겠지만, No.7이 2차 방정식이라면, 이 녀석은 3, 4차 방정식처럼 느껴진다. 그만큼 훨씬 복잡하다. 연신 고개를 갸웃거리자, 벤은 씩 웃으며 이 제품을 어떻게 만들었는지 알려줬다. 벤의 설명에 따르면, 이 위스키는 추가 숙성(피니싱) 공정을 통해 완성된 제품이다. 숙성이 끝난 No.7 위스키를 꺼내서 젠틀맨 잭처럼 한 차례 더 여과한 뒤에 다시 추가 숙성을 했다. 특히 추가 숙성할 때 사용한 통은 일반 오크통이 아니라, 단풍나무로 만든 메이플 배럴maple barrel이다. 따라서 이 위스키의 색다른 느낌은 아마도 단풍나무 풍미에서 나온

잭 다니엘스 증류소에서 생산하는 다양한 위스키.

것 같다.

마지막은 면세점에서 주로 보이는 프랭크 시내트라 셀렉트Frank Sinatra Select였다. 잭 다니엘스 마니아였던 프랭크 시내트라를 기리기 위한 제품으로 2012년에 출시됐다. 이 위스키 역시 숙성 방식이 특별하다. 시내트라 셀렉트 생산을 위해 특별히 만든 전용 오크통에서 숙성시킨다. 그럼 시내트라 셀렉트 오크통은 뭐가 다를까? 벤은 이 오크통을 만들 때 쓰는 널빤지를 직접 가져와서 보여줬다. 다른 일반적인 오크통 널빤지는 전체를 모두 새까맣게 태우는 반면, 이 널빤지는 안쪽을 태운 다음 중간중간에 홈을 냈다. 그러니까 새까맣게 탄 부분과 그렇지 않은 부분이 널빤지에 섞여 있는 것이다. 오크통이 특별하다 보니 색이나 풍미도 No.7과 확연히 달랐다. 오크 풍미가 강하고 여운도 길게 남는다.

잭 다니엘스는 타임머신

잭 다니엘스를 사랑한 이들 중에는 유난히 뮤지션이 많다. 집 대문에 잭 다니엘스 깃발을 걸어둔 프랭크 시내트라는 묘지에 묻힐 때도 잭 다니엘스를 데리고 갔다. 2015년에 사망한 헤비메탈의 전설 레미 킬미스터는 30년 넘게 잭 다니엘스를 하루에 한 병씩 마셨다. 또한 만취 상태로 차에서 잠자다가 돌연사한 AC/DC의 보컬 본 스콧 역시 거의 매일 잭 다니엘스를 폭음했다. 잭 다니엘스를 끼고 살다시피 한 레드 제플린의 드러머 존 보넘이나 녹음할 때마다 작업실에 놔둔 커트 코베인, 우유 대신 잭 다니엘스를 시리얼에 부어 마신 머틀리 크루 멤버들의 일화도 유명하다.

나 역시 잭 다니엘스를 어지간히 마셨다. 고백하건대 젊을 때는 잭 다니엘스를 지구상에 존재하는 가장 맛있는 음료라고 생각했다. 365일 중에 360일가량 술을 마시던 시절, 1년에 족히 200일 정도는 잭 다니엘스를 마셨다. 너무 자주, 너무 많이 마시다보니 매번 사러 나가기도 귀찮았다. 마트 몇 군데를 돌며 한꺼번에 몇 박스씩 트렁크에 싣고 와서 아파트 베란다에 쌓아두고 마셨다. 당시엔 내가 누군가한테 "술 한 잔할래?"라고 하면 상대방은 "잭 다니엘스?"라고 반응할 정도였다.

요즘도 가끔 잭 다니엘스를 마신다. 특별히 마음이 아프다든가 아니면 특별히 외롭다든가 그도 아니면 특별히 기분이 좋다든가, 이런 특별한 날엔 어김없이 녀석을 찾게 된다. 그렇게 마시다보면 평소엔 절대 떠오르지 않는 여러 기억이 한꺼번에 몰려온다. 온종일 헤드폰 끼고 음악만 듣던 20대 대학생 시절이나 경찰서에서 밤새워 취재하던 기자 초년병 시절로 되돌아가보기도 한다. 잭 다니엘스가 나에게는 시간 여행을 가능하게 하는 타임머신인 셈이다.

예나 지금이나 나는 잭 다니엘스가 참 고맙다. 젊을 땐 이런저런 재미난 추억을 많이 만들어주었고, 나이 지긋해진 지금에 와서는 그때 그 추억을 다시 꺼낼 수 있게 도와주니 말이다. 그나저나, 잭 다니엘스와 콜라를 커다란 사발에 한가득 부어놓고 국자로 퍼마시며 낄낄대던 그때 그 친구는 지금 뭘 하고 있을까? 그 친구는 아직도 잭콕을 그렇게 마시고 있을까?

어시스턴트 디스틸러와 만나다

증류소를 취재하면서 위스키 제조를 책임지는 장인을 종종 만날 수 있었다. 위스키 애호가인 나에겐 그런 시간이 무척 소중하다. 책을 통해서는 도저히 알 수 없는, 현장의 생생한 정보를 들려주기 때문이다. 잭 다니엘스 증류소에서는 어시스턴트 디스틸러Assistant Distiller인 크리스 플레처Chris Fletcher와 인터뷰할 기회가 생겼다. 먼저 크리스 플레처의 직위인 '어시스턴트 디스틸러'라는 게 뭔지 생소한 분을 위해 설명을 드리려고 한다. 언뜻 어시스턴트라는 단어만 보고, '마스터 디스틸러의 조수' 정도로 생각하기 쉬운데, 결코 그런 존재가 아니다. 마스터 디스틸러와 함께 위스키 생산을 총괄하는 명실상부한 '증류소의 2인자'다. 즉, 크리스는 '세상에서 가장 인기 있는 위스키'를 만드는 증류소의 '넘버 2'라는 얘기다.

2018년에 출간된 미국 위스키 전문 서적 『빅 위스키』에서도 크리스 플레처가 언급된다. 이 책의 저자인 카를로 드 비토Carlo De Vito는 크리스 플레처를 "잭 다니엘스 마스터 디스틸러 제프 아넷Jeff Arnett의 오른팔이자 오른손"이라고 표현했다. 그런가 하면 직설적인 발언으로 유명한 버번 위스키 전문가 척 카우더리Chuck Cowdery는 크리스를 가리켜 "태어날 때부터 잭 다니엘스의 유산과 정통성을 갖고 있지만, 제품 혁신에서도 신선한 접근을 하는 인물"이라고 이례적으로 극찬을 했다. 척 카우더리의 표현 중에 '태어날 때부터 잭 다니엘스의 유산과 정통성을 갖고 있다'라는 대목은 크리스의 혈통과 관련이 있다. 크리스의 외할아버지는 1968년부터 1988년까지 20년 동안 잭 다니엘스 증류소에서 마스터 디스틸러로 일한 프랭크 보보Frank Bobo다.

잭 다니엘스 증류소의 2인자, 크리스 플레처. 인터뷰를 진행한 사무실은 원래 크리스의 외할아버지이자 증류소 마스터 디스틸러였던 프랭크 보보의 집무실이었다.

인터뷰는 한 시간 동안 진행됐다. 크리스는 인터뷰 내내 잭 다니엘스 위스키에 대한 강한 자부심을 드러냈다. 옥수수는 늘 최고 품질로 엄선해서 쓴다는 것과 증류 설비가 100퍼센트 구리라는 점도 강조했다. 잭콕에 대한 질문에는 농담을 섞어가며 재치 있게 답했다. 지금 자신이 물려받아서 쓰고 있는 이 사무실의 원래 주인이었던 외할아버지 얘기도 빼놓지 않았다.

다음은 인터뷰를 요약한 내용이다.

당신을 만날 수 있게 되어 큰 영광입니다. 우선 잭 다니엘스가 다른 위스키와 어떻게 다른지 궁금합니다. 특별한 점을 설명해주셨으면 합니다.

잭 다니엘스의 매시빌은 옥수수 80퍼센트, 맥아 보리 12퍼센트, 호밀 8퍼센트입니다. 호밀 비중이 낮고 옥수수 비중이 매우 높습니다. 그래서 우선적으로 중요하게 생각하는 건 옥수수 품질입니다. 우리가 쓰는 옥수수는 최상품입니다. 다시 말해 '넘버 원'입니다. 조금이라도 부서진 데가 있거나 흠집이 난 건 절대 쓰지 않습니다. 최상품 옥수수를 사려면 웃돈을 얹어줘야 합니다. 그래도 우리는 반드시 최고 품질을 씁니다.

또한 효모도 중요합니다. 요즘 보면 효모를 밖에서 사오는 증류소가 많더군요. 하지만 저희는 효모를 전담해서 관리하고 연구하는 팀이 있습니다. 별도 연구실도 있고요. 아마 금주법 폐지 이후에 잭 다니엘스만큼 효모 관리를 철저히 해온 증류소도 없을 겁니다. 생물학자들이 모여서 이거 하나만 줄곧 연구해왔으니까요. 효모에 대해서도 자부심을 갖고 있습니다.

어시스턴트 디스틸러인 크리스 플레처와 20년간 증류소 마스터 디스틸러를 역임한 외할아버지 프랭크 보보.

덧붙이자면, 증류소 생산 설비 중에서 증류기와 배관을 눈여겨보시기 바랍니다. 100퍼센트 구리로 되어 있습니다. 아시겠지만 구리는 위스키 불순물을 제거해줄 뿐 아니라 나쁜 냄새도 잡아주죠. 그런데 다른 증류소에서는 100퍼센트 구리가 아닌 제품을 쓰는 곳이 많습니다. 구리에다가 다른 금속을 섞어서 만든 제품을 쓰는 거죠. 하지만 우리는 그렇지 않습니다. 100퍼센트 구리 제품만 씁니다. 물론 100퍼센트 구리 제품은 잘 녹습니다. 산화가 되는 거죠. 그래서 10년에 한 번씩 제품을 교체해야 합니다. 돈이 더 많이 든다는 뜻입니다. (웃음) 어쨌든 100퍼센트 구리 제품을 쓰는 건 좋은 위스키를 만드는 데 꼭 필요한 부분입니다.

잭 다니엘스가 다른 위스키와 가장 다른 점은 증류를 마친 뒤에 차콜로 여과를 한다는 것인데요, 차콜 멜로잉 공정에 대해서도 설명해주시죠.

차콜 멜로잉은 증류소 창업자인 잭 다니엘이 맨 처음 위스키 제조법을 배울 때 댄 콜의 농장에서 일하던 흑인 기술자에게서 물려받은 기술입니다. 차콜로 여과를 하면 버번에서 느껴지는 강하고 묵직한 옥수수 풍미가 제거되면서 맛과 향이 훨씬 부드러워지죠. 재료의 80퍼센트가 옥수수인데도 옥수수 느낌이 강하지 않게 되는 겁니다. 잭 다니엘 가문이 오랜 세월 이 방식을 지켜낸 덕분에 테네시 위스키가 탄생했습니다. 아마 이게 없었다면 잭 다니엘스도 평범한 버번 위스키에 불과했을 겁니다. 금주법 시기를 전후해서 차콜 멜로잉을 포기할 뻔했는데요, 아마 그랬다면 지금의 잭 다니엘스는 결코 존재하지 못했을 겁니다. 결국 테네시 위스키는 버번 제조 규정을 다 지키면서 추가로 차콜 멜로잉을 하기 때문에 더 복잡한 술이라고도 할 수 있습니다. 저희에겐 매우 중요한 공정입니다.

세상에서 제일 많이 팔리는 미국 위스키라서 숙성하는 것도 큰일일 것 같습니다. 그 많은 오크통을 어떻게 확보하는지 궁금합니다.

위스키 풍미에서 가장 중요한 요소가 오크통입니다. 그래서 브라운포맨은 오크통 만드는 시설을 자체적으로 운영하고 있습니다. 켄터키 루이빌에 있는 브라운포맨 쿠퍼리지 말입니다. 원래는 거기서 만든 오크통만을 쓰다가 생산량이 너무 늘어나서, 추가로 앨라배마에 오크통 제조 시설을 만들었습니다. 여기서 한 시간 거리인데요, 앨라배마에 있는 쿠퍼리지에서는 잭 다니엘스 숙성용 오크통만을 만듭니다. 정리하면 루이빌에 있는 브라운포맨 쿠퍼리지에서 제조한 오크통의 절반을 우리가 가져옵니다. 또한 앨라배마 쿠퍼리지에서 생산한 오크통은 전부 우리가 씁니다.

잭 다니엘스 하면 No.7이 워낙 유명하고 잘 팔려서, 다른 제품은 묻혀버린 느낌도 듭니다. 이런 점이 좀 아쉽지는 않으신가요?

No.7은 대중적이고 무난한 제품입니다. 어찌 보면 가장 평범한 제품이어서 누구나 즐겁게 마실 수 있습니다. 반면에 젠틀맨 잭은 이보다 훨씬 부드럽습니다. 취향 차이이긴 하나, 부드러운 위스키를 좋아하는 분이라면 젠틀맨 잭도 꼭 드셔보시라고 권하고 싶습니다. 젠틀맨 잭이 부드러운 건 공정에 차이가 있기 때문입니다. 젠틀맨 잭은 차콜 여과 공정을 두 번 거칩니다. 첫번째 여과 공정은 다른 제품과 마찬가지로 증류 직후에 약 사흘 동안 3미터 높이 차콜에서 한 방울씩 떨어뜨려서 진행하고요, 숙성을 다 마친 뒤에도 또 한번 여과를 합니다. 이때는 처음처럼 여과를 길게 하지 않습니다. 이미 숙성이 끝난 상태이니까요. 약 1미터 높이 차콜에 위스키를 넣어서 3분 동안 여과합니다. 이렇게 함으로써 위스키는 훨씬 더 부드러워지게 됩니다.

젠틀맨 잭과 반대로 싱글 배럴은 색도 진하고 향도 진합니다. 이런 차이는 숙성 과정에서 생기는데요, 싱글 배럴 제품은 숙성고 맨 위쪽에서 숙성을 진행합니다. 여름에는 가장 뜨겁고 겨울에는 가장 차가운 위치입니다. 이렇게 온도 변화가 심한 곳에서 숙성을 하면 풍미가 강해집니다. 오크통의 진한 풍미를 즐기는 분에겐 싱글 배럴이 적합합니다.

특이한 질문을 해보려고 합니다. 개인적으로 가장 궁금한 것이기도 합니다. 사람들은 잭 다니엘스를 자꾸 콜라와 타서 마시려고 합니다. 잭콕이란 칵테일 얘기입니다. 대체 언제부터 잭 다니엘스를 콜라와 섞어서 마신 걸까요? 크리스 씨도 잭콕을 즐기는지도 궁금합니다.

(웃음) 먼저 저는 잭콕을 그다지 즐기지 않습니다. 콜라보다는 얼음을 넣어서 마시는 걸 더 좋아합니다. (웃음) 어쨌든 잭 다니엘스와 콜라를 섞은 잭콕은 세상에서 가장 유명한 칵테일이라고 생각합니다. 넘버 원 위스키를 섞은 넘버 원 칵테일인 셈이죠.

또한 잭콕은 매우 특별한 칵테일입니다. 세상에 이런 칵테일이 또 있을까 싶습니다. 가장 특별한 점은 특정 브랜드 두 개를 섞어야 한다는 점입니다. 그러니까 위스키소다whiskey soda와는 전혀 다른 겁니다. 위스키소다는 이름에

잭 다니엘스 증류소 1인자 제프 아넷과
2인자 크리스 플레처.

특정 브랜드가 들어가지 않습니다.
그래서 아무 위스키나 다 가능하고,
아무 소다수나 다 넣어도 됩니다.
하지만 잭콕은 다릅니다. 반드시
잭 다니엘스여야 하고 또한 반드시
코카콜라여야 합니다. 이런 칵테일은
정말 흔하지 않습니다.
언제 잭콕이 탄생했는지는 솔직히
모릅니다. (웃음) 또 왜 콜라와
섞었는지도 모르고요. (웃음)
농담처럼 얘기하는 것 중에
하나를 말씀드리자면, 잭 다니엘스
증류소와 코카콜라 본사가 실제로
무척 가깝다는 겁니다. 조지아주
애틀랜타에 있는 코카콜라 본사까지
차로 세 시간밖에 안 걸리거든요. (웃음) 서로 가까워서 이런 칵테일까지 생긴 게
아닌가 싶기도 합니다. 물론 농담처럼 하는 얘깁니다.

**마지막 질문입니다. 외할아버지가 이곳에서 일하셨다는 얘기를 들었습니다.
가업을 이었다고 할 수 있을 것 같은데요. 어떻게 해서 외할아버지가 일하던
곳에서 다시 위스키를 만들게 되었나요?**

어릴 때 이곳 린치버그에서 자랐습니다. 아버지와 할아버지 모두 이곳 분이셨고요.
제가 어릴 때 외할아버지가 이 증류소 마스터 디스틸러였는데, 그래서 자주 여기
와서 놀았어요. 지금 제가 있는 사무실이 외할아버지가 쓰시던 곳이고요, 이
책상도 외할아버지가 쓰시던 겁니다. 외할아버지가 일하던 사무실에서 일하게 될
줄은 꿈에도 몰랐습니다. 원래는 테네시대학에서 화학을 전공했고 브라운포맨
본사에 입사를 했습니다. 약 12년간 연구 개발 부서에서 일했는데, 어느 날 마스터
디스틸러인 제프 아넷에게서 연락이 왔습니다. "잭 다니엘스 증류소에서 함께
일해보지 않겠느냐"라는 제안이었죠. 제안을 받아들여 여기로 이직을 하게 된
것이고요. 이 증류소에서 일한 지는 올해(2018년)로 5년이 됐습니다.

후기

크리스 플레처가 강력히 추천한
TENNESSEE TASTERS' SELECTION
HIGH ANGEL'S SHARE BARRELS.

1

내 책상엔 잭 다니엘스 증류소에서 사온 특별한 위스키 한 병이 있다. 내가 인터뷰한 크리스 플레처가 강력하게 추천한 제품이다. 증류소 마스터 테이스터이기도 한 크리스가 직접 숙성고를 다니면서 '증발량은 많지만 특별하게 잘 익은' 오크통만 엄선해 만들었다. 그래서 제품 이름도 'TENNESSEE TASTERS' SELECTION HIGH ANGEL'S SHARE BARRELS'다. 지금 이 글을 쓰는 동안에도 이 녀석을 쳐다보며 계속 군침을 삼키고 있다. 대체 저걸 언제 개봉해야 할까? 다음 생일? 아니면 책 출간되는 날? 저 위스키는 행복한 고민이며 동시에 참기 힘든 유혹이기도 하다.

2

잭 다니엘스 증류소 투어를 하는 데 한국 브라운포맨에서 각별히 신경 써주셨다. 특히 김보미Ashley Bomi Kim 차장님의 세심한 도움은 한동안 잊지 못할 것 같다. 이 기회를 통해 깊은 감사의 뜻을 전하고자 한다.

투어 정보

Jack Daniel's Distillery
133 Lynchburg Hwy, Lynchburg, TN 37352

대표 투어 프로그램: Dry County Distillery Tour
매일 오전 9시~오후 4시 30분 (15분 간격으로 진행)
소요 시간: 1시간 10분
요금: 15$ (성인)
투어 예약: jackdaniels.com/en-us/vault/dry-county-distillery-tour

부록

NEW ORLEANS

뉴올리언스 술집 탐방

켄터키 증류소를 돌아다닌 뒤에 여유가 생긴다면 남부 루이지애나 뉴올리언스New Orleans에 가보라고 말하고 싶다. 뉴올리언스에 있는 바에서 칵테일을 즐기며 여행을 마무리하는 것만큼 환상적인 경험은 없기 때문이다. 나 역시 켄터키 증류소 탐방을 마친 뒤 곧바로 뉴올리언스로 떠났다. 이 대목에서 버번의 고향인 켄터키에도 좋은 술집이 많은데 왜 뉴올리언스까지 가라고 하는지 궁금한 분이 있을 것이다. 역사적으로 켄터키 위스키 산업과 뉴올리언스는 인연이 많다. 19세기 말 켄터키에서 생산한 위스키를 가장 많이 소비한 지역이 뉴올리언스였다. 이 무렵 켄터키 상인들은 위스키를 팔기 위해 무동력 나무배(너벅선)를 타고 직접 뉴올리언스로 떠났다. 강줄기를 따라 편도로 몇 달 이상 걸리는, 멀고도 험한 여정이었다. 뉴올리언스에 도착해 위스키를 팔아 치운 상인들은 말을 한 필 사서 육로로 돌아왔다.

켄터키 위스키를 유난히 사랑해온 뉴올리언스. 이 도시에서는 먹고 마시고 노는 문화가 일찍부터 발달했다. 한마디로 도시 전체가 유흥을 위해 존재한다. 뉴올리언스가 이렇게 음주가무의 천국이 된 데는 역사적 배경이 있다. 뉴올리언스는 멕시코만을 끼고 있어서 과거부터 외국과의 교역이 활발했다. 또 오랜 기간 스페인과 프랑스의 식민지였기에 여러 인종의 다양한 문화가 섞였다. 이렇게 교역과 교류를 통해 탄생한 것이 재즈와 크레올Créole 요리 그리고 칵테일이다.

뉴올리언스가 고향인 칵테일은 수도 없이 많다. 가장 잘 알려진 건 사제락
Sazerac(정식 명칭은 Sazerac de Forge et Fils)이다. 『80간의 칵테일 세계 일
주』라는 책에 따르면, 사제락의 역사는 1830년대로 거슬러올라간다. 당시 뉴올리
언스에서 약사로 일하던 앙투안 아메디 페이쇼드Antoine Amédée Peychaud가 자신
의 이름을 딴 '페이쇼드 비터bitter'를 개발한 게 시초였다. 이 페이쇼드 비터에 설
탕과 물, 프랑스산 브랜디를 섞어서 만든 칵테일이 초창기 사제락이다. 이 무렵 뉴
올리언스에서 인기 있던 브랜디가 사제락이었기 때문에 이런 이름이 붙었다. 이후
1843년에 많은 뉴올리언스 바에서 압생트Absinthe를 레시피에 추가하면서 현대적
인 사제락 칵테일이 완성됐다. 하지만 프랑스에서 포도나무 전염병(필록세라)이 창
궐하며 와인과 브랜디 산업이 붕괴되자, 사제락 칵테일 베이스(기주基酒)도 미국산
라이Rye 위스키로 바뀌게 된다. 오랜 역사를 지닌 사제락은 2008년에 루이지애나
주 공식 칵테일로 지정됐다.

뉴올리언스에 있는 모든 술집에서 사제락 칵테일을 판다. 하지만 제일 유명한 곳
은 루스벨트 호텔에 있는 사제락 바다. 이름에서 짐작할 수 있듯이 이 술집은 사제
락 칵테일의 '원조집'이라고 할 수 있다. 금주법 시절 이전부터 사제락 칵테일의 명
소였던 사제락 바가 옮겨온 곳이기 때문이다. 1949년에 새롭게 문을 연 루스벨트
호텔 사제락 바는 아르 데코art déco 스타일로 꾸며져 있다. 은은한 조명과 샹들리
에, 커다란 유리와 대형 벽화가 인상적이다. 마치 1920년대인 재즈 에이지Jazz age
시대의 술집을 연상케 한다. 내가 방문했을 때는 오전이어서 비교적 한가했다. 자
리에 앉자마자 바텐더가 묻지도 않았는데 바로 사제락부터 주문했다. 바텐더는 '그
럴 줄 알았다'는 표정으로 씩 웃더니 익숙한 솜씨로 한 잔을 뚝딱 만들어 왔다. 베이
스는 짐작한 대로 사제락 라이 위스키였다. 바튼과 버팔로 트레이스 증류소를 갖고
있는 주류 회사 사제락 컴퍼니가 생산한 제품이다. '사제락' 라이 위스키를 베이스
로 만든 '사제락' 칵테일을 '사제락'이라는 이름의 바에서 맛보는 경험은 이곳에서
만 가능하다.

위스키 칵테일은 아니지만, 기왕 여기까지 왔으니 반드시 맛봐야 할 게 있다. 사제

사제락 바에서 맛본 사제락 칵테일.

락 바의 또다른 시그니처 칵테일 라모
스 진 피즈Ramos Gin Fizz다. 이 칵테일
은 1888년에 헨리 라모스라는 바텐더
가 개발했다. 헨리는 진과 레몬주스,
탄산수를 섞은 진 피즈에 계란 흰자와
크림, 오렌지 플라워 워터 등을 추가

사제락 칵테일로 유명한 사제락 바.

해 새로운 풍미의 칵테일을 완성했다. 청량감이 넘치면서도 부드럽고 달콤한 이 칵테일은 나오자마자 선풍적인 인기를 끌었다. 라모스 진 피즈를 찾는 손님이 줄을 서면서 헨리가 운영하던 술집에서는 바텐더 20명이 오로지 이 칵테일만 온종일 만들었다고 한다. 금주법이 폐지되고 2년이 지난 1935년에 이르러, 루스벨트 호텔은 이 칵테일에 대한 모든 권리를 넘겨받았다. 이후 라모스 진 피즈는 루스벨트 호텔 사제락 바에서 시그니처 칵테일 메뉴로 많은 사랑을 받고 있다.

사제락 바의 또다른 시그니처 칵테일, 라모스 진 피즈.

몬텔레온 호텔에서 맛본 뷰카레 칵테일.

뉴올리언스에서 두번째로 들른 곳은 중심가 로열 스트리트에 있는 몬텔레온Monteleone 호텔이다. 이 호텔에서 1938년에 개발한 뷰카레Vieux Carre라는 칵테일을 마시기 위해서다. 뷰카레는 '칵테일의 여왕'으로 불리는 맨해튼의 변형이다. 라이 위스키와 코냑을 베이스로 반반씩 넣고 여기에 스위트 베르무트sweet vermouth와 베네딕틴Benedictine을 추가했다. 쌉싸름하면서도 묘하게 중독성이 강한 칵테일이다.

테이블이 빙글빙글 돌아가는 몬텔레온 호텔의 캐러셀(회전목마).

몬텔레온 호텔 1층에 있는 바의 이름은 캐러셀Carousel. 우리말로 '회전목마' 혹은
'회전 테이블'이다. 왜 이런 이름을 붙였는지는 가보면 금방 알게 된다. 바 중앙에
25명이 앉을 수 있는 둥근 테이블이 놓여 있는데, 이 테이블이 빙글빙글 돌아간다
설명을 들어보니, 너무 빨리 돌면 손님들이 술을 마시기 곤란하기 때문에 15분에
한 바퀴 회전한다고 한다.

투재그스 레스토랑의 그래스호퍼 칵테일.

그래스호퍼 칵테일이 탄생한
투재그스 레스토랑.

캐러셀 바에 들어갔을 때는 점심 무렵이었다
내부는 말 그대로 인산인해. 대낮부터 뷰카레
를 맛보러 온 관광객이 어찌나 많은지 그 넓은
술집 전체가 사람으로 꽉 들어찼다. 인기 있는
중앙 회전 테이블은 고사하고 그 밖의 좌석도
모두 만석. 대부분 서서 칵테일을 맛보고 있었
다. 여기까지 왔는데 그냥 갈 순 없어서 잠시 기
다렸더니, 운좋게 회전 테이블 자리가 비었다
잽싸게 앉아서 얼른 뷰카레를 주문해 마셨다
사람이 너무 많아 다소 정신이 없었지만, 그래
도 '원조집'에서 맛보는 칵테일이라 의미가 있
었다.
사제락과 뷰카레 말고도 뉴올리언스에서 맛보
야 할 칵테일은 참으로 많다. 예를 들어 1919년

탄생해 지금까지도 세계적으로 인기를 끌고 있는 그래스호퍼Grasshopper는 뉴올리언스 미시시피 강변 쪽에 있는 투재그스Tujague's라는 레스토랑이 원조다. 또 허리케인 칵테일이 탄생한 팻 오브라이언Pat O'brien이라는 바는 지금도 문전성시를 이룬다. (팻 오브라이언이 원조이긴 하지만, 솔직히 이 집의 허리케인 칵테일은 맛이 별로 없다. 짐작건대 많은 손님에게 빨리 칵테일을 내놓기 위해 미리 제조된 칵

테일 믹서mixer를 섞어서 쓰는 것 같았다.) 그런가 하면 뉴올리언스의 맛집으로 소문난 브레넌스Brenan's에 들르게 된다면 다양한 크레올 요리와 함께 브랜디 밀크 펀치Brandy Milk Punch라는 시그니처 칵테일을 즐겨보기 바란다.

브레넌스 레스토랑의 브랜디 밀크 펀치 칵테일.

BOURBON & MUSIC

버번 위스키와 음악

컨트리

컨트리는 백인 음악이다. 개척시대, 켄터키와 테네시 등 애팔래치아산맥 주변에 정착한 백인들은 구전 가요와 찬송가를 기타와 벤조, 바이올린으로 연주하며 불렀다. 이런 음악을 당시엔 '촌뜨기'라는 의미로 힐빌리Hillbilly라고 했는데, 힐빌리가 재즈와 블루스 등과 결합해 진화한 게 지금의 컨트리다.

컨트리 뮤지션 중에는 위스키를 사랑하는 술꾼이 유난히 많다. 아마도 버번 위스키의 고향인 켄터키와 잭 다니엘스의 탄생지인 테네시를 중심으로 컨트리가 발전해 왔기 때문일 것이다.

WHISKEY
Jana kramer 〈Jana Kramer〉(2012)

영화배우 겸 가수인 제나 크레이머의 데뷔 앨범 〈Jana Kramer〉에 수록된 곡. 미드 템포인 컨트리 발라드로 빌보드 핫 100 차트에 올랐다. 뮤직비디오를 보면, 첫 장면부터 잭 다니엘스가 등장한다. 잭 다니엘스 CF 영상이라는 착각이 들 만큼, 남자 주인공은 시도 때도 없이 잭 다니엘스를 꺼내 마신다. 잭 다니엘스를 사랑하는 분이라면 좋아할 수밖에 없는 노래다.

TENNESSEE WHISKEY
Chris Stapleton 〈Traveller〉(2015)

이 곡 역시 제목을 듣는 순간 바로 잭 다니엘스가 떠오른다. 이 노래를 맨 처음 녹음해 발표한 가수는 데이비드 앨런 코. 1981년 빌보드 핫 컨트리 싱글 차트 77위를 기록했다. 2년 뒤에는 조지 존스가 리메이크했는데, 이번엔 성적이 껑충 뛰어 같은 차트 2위까지 올랐다. 또 2015년에는 크리스 스테이플턴이 다시 불러 빌보드 핫 컨트리 송 차트(핫 컨트리 싱글 차트의 바뀐 이름) 정상을 찍었다.

WHISKEY LULLABY
Brad Paisley 〈Mud on the Tires〉(2004)

2005년 제39회 컨트리 음악협회상Country Music Association Awards, CMAs '올해의 노래'를 수상했다. 이 노래는 공동 작곡자 존 랜들의 실제 경험에서 탄생했다고 한다. 랜들은 컨트리 가수 로리 모건과 이혼한 뒤 절망에 빠져 온종일 술독에 빠져 살았다. 이걸 지켜보던 매니저는 "차라리 술병에 머리를 집어넣고 방아쇠를 당기는 게 어때?"라고 말했고, 이 한마디에 정신을 차린 랜들은 헤어진 연인의 비극적인 운명을 그린 곡을 써냈다.

SUNSHINE & WHISKEY
Frankie Ballard 〈Sunshine & Whiskey〉(2014)

컨트리 팝 가수 프랭키 발라드의 2집 앨범 〈Sunshine & Whiskey〉에서 싱글 커트된 곡. 햇살 쏟아지는 일요일 오후에 버번 위스키 한잔 마시며 가볍게 듣기에 좋다.

당신과의 키스는 햇살을 맞으며 위스키 마시는 거나 마찬가지지.
머리를 핑 돌게 하는 한 병의 잭 다니엘스 같아
Every time you kiss me it's like sunshine and whiskey.
It's like a bottle of Jack straight to the head.

뮤직비디오도 딱 그런 내용이다. 멋진 컨버터블에 기타를 싣고 달리다가 한적한 시골 마을에 도착해 동네 아저씨들과 위스키 한잔. 마침 그 마을에 사는 어여쁜 처자와 눈빛을 주고받다가 뜨겁게 사랑을 나누고 '쿨'하게 헤어진다.

WHISKEY LADY
Oak Ridge Boys 〈Together〉(1980)

이 노래를 부른 오크리지 보이스는 잭 다니엘스와 조지 디켈로 유명한 테네시 출신이다. (오크리지는 테네시주의 도시 이름이다.) 멜로디가 흥겹고 경쾌해서 버번 위스키를 마시며 흥얼거리기에 좋다. 하지만 가사는 조금 쓸쓸하다.

위스키 여인 당신이 깨어났을 때
화장도 안 한 그 아침에
(…)
당신 곁에 있던 남자는 떠났고,
당신은 침대 옆에 놓인 술병처럼 텅 비어 있죠.
Whiskey lady, when you wake up
In the morning, with no make-up
(…)
Like the man who lay beside you
Is gone and you're as empty as
The bottle by the bed.

블루스

컨트리와 반대로 블루스는 흑인 음악이다. 흑인 노예가 많던 미국 남부에서 발달했다. 남부 지역 블루스를 보통 '델타 블루스'라고 하는데, 초기 연주자들은 주로 어쿠스틱 기타와 하모니카를 사용했다. 이후 1930년대 대공황의 여파로 남부 흑인들이 북쪽으로 이동하면서 도시풍의 블루스urban blues로 발전한다. 또 1940년대에는 전기 기타가 도입되면서 '일렉트릭 블루스'로 진화한다. 일렉트릭 블루스는 전기 기타뿐 아니라 드럼이나 베이스, 피아노 등 밴드 형태로 연주됐는데, 이런 음악이 가장 발달한 지역이 시카고였다. 그래서 일렉트릭 블루스를 '시카고 블루스'라고도 부른다.

블루스 장르에도 위스키를 주제로 한 곡이 꽤 많다. 그래서인지 켄터키와 테네시를 돌아다니다보면 블루스 음악을 연주하는 위스키 바가 자주 눈에 띈다.

WHISKEY NO GOOD
Muddy Waters 〈Can't Get No Grindin'〉(1973)

"Whiskey No Good"이라는 제목만 보면 '위스키가 별로'라는 뜻인 줄 착각할 수 있다. 하지만 가사를 살펴보면 그런 의미가 아니라는 걸 알게 된다. 가사에는 "Whiskey Ain't No Good", 즉 "위스키는 나쁠 게 없다"라고 돼 있다.

이 곡을 녹음한 머디 워터스는 당대 최고의 시카고 블루스 뮤지션이다. 그는 록 음악 발전에 기여한 공로로 1987년 로큰롤 명예의 전당에도 이름을 올렸다.

WHISKEY AND GOOD TIME BLUES
Big Bill Broonzy(1938)

빅 빌 브룬지 역시 블루스 역사를 논할 때 빠질 수 없는 인물이다. 작곡자와 연주자, 가수로 왕성한 활동을 펼쳤다. 머디 워터스를 비롯해 수많은 아티스트들이 그의 영향을 받았다.

이 노래 가사에는 이런 대목도 나온다.

인생에서 나를 가만히 있지 못하게 하는 게 세 가지 있더군.

위스키와 좋은 시간, 그리고 좋은 여자만 있다면 다 된 것 아니겠어.
There is three things in life just won't let me rest
There's whiskey and good time, and a good woman can do the rest.

IF THE SEA WAS WHISKEY
Willie Dixon(1947)

천재 작곡가 윌리 딕슨이 만든 이 노래 역시 가사가 기가 막히다.

바다가 위스키라면 난 오리가 되어 뛰어들 텐데.
If the sea was whiskey and I was a diving duck.

윌리 딕슨은 시대를 뛰어넘는 명곡을 수도 없이 작곡했다. 블루스 스탠다드 〈Hoochie Coochie Man〉을 비롯해 레드 제플린이 커버한 〈I Just Want to Make Love to You〉, 그레이트풀 데드와 도어스가 리메이크한 〈Little Red Rooster〉, 엘비스 프레슬리가 부른 〈My Babe〉, 크림이 연주한 〈Spoonful〉 등이 모두 윌리 딕슨의 곡이다.

WHISKEY HEAVEN
Fats Domino 〈Best Fats Domino〉(2011)

위스키 천국에는 해가 빛나지 않아.
항상 잭 다니엘스가 비처럼 내리지.
딱 한 가지 대가가 필요한데, 그건 매일 숙취에 시달린다는 거야.
You know the sun never shines in whiskey heaven
It rains Jack Daniels all the time
There's a price you pay, hangovers everyday.

이 가사 말고 무슨 설명이 더 필요하겠는가? 위스키가 비처럼 쏟아져내린다니! 술꾼에겐 진정한 천국이 아닐 수 없다.

록

WHISKEY ROCK-A-ROLLER
Lynyrd Skynyrd 〈Nuthin' Fancy〉(1975)

서던 록southern rock의 대명사인 레너드 스키너드 정규 3집 〈Nuthin' Fancy〉에 수록된 곡. 보컬인 로니 반 젠트가 투어 도중에 겪은 실제 경험을 토대로 노래를 만들었다. 어느 날 누군가 로니에게 "당신은 뭐하는 사람이오?"라고 물었다고 한다. 그러자 로니는 "나는 위스키 마시는 로커입니다"라고 답했다.

나는 위스키 마시는 로커. 그게 바로 나예요.
여자, 위스키, 그리고 (연주) 여행이 내가 아는 전부.
Well, I'm a whiskey rock-a-roller. That's what I am.
Women, whiskey and miles of travelin' Is all I understand.

THE MOONSHINER
Bob Dylan 〈The Bootleg Series Volumes 1~3〉(1961~1991)

"Moonshiner"는 밀주 위스키moonshine 제조업자를 뜻한다. 작자 미상의 이 곡은 원래 아일랜드의 포크송이라는 설도 있고, 미국의 포크송인데 아일랜드로 넘어가 널리 퍼졌다는 얘기도 있다. 수없이 많은 가수가 불렀는데, 원곡이 구전 민요이다 보니 가사가 조금씩 다르다. 1963년에 녹음된 밥 딜런 버전과 함께 밥 딜런 전기 영화 〈I'm Not There〉(2007)에 삽입된 밥 포레스트의 목소리를 추천한다.

나는 밀주업자라네, 17년 동안이나 말이야.
위스키와 맥주에 돈을 다 쏟아부었지.
I've been a moonshiner, For seventeen long years,
I've spent all my money, On whiskey and beer,

I DRINK ALONE

George Thorogood and the Destroyers 〈Maverick〉(1985)

술꾼으로 유명한 조지 서러굿이 1985년에 발표한 위스키 찬양가. 가사에는 잭 다니엘스와 짐 빔은 물론 조니 워커(스카치)와 와이저스 J.P. Wiser's (캐나다 위스키)도 등장한다.

> 하루는 잠을 자다가 악몽에 깼어.
> 난 내 친구인 잭 다니엘스와 그의 단짝인
> 짐 빔을 불러낼 수밖에 없었지.
> The other night I lay sleeping
> And I woke from a terrible dream
> So I called up my pal Jack Daniel's
> And his partner Jimmy Beam

ONE BOURBON,
ONE SCOTCH, ONE BEER

John Lee Hooker 등 다수

개인적으로 미국 뮤지컬 드라마 〈글리glee〉의 최고 명장면은 '훈남' 선생님 윌과 풋볼 코치 새넌(극중 별명 '비스트')이 함께 꾸민 무대였다. 카우보이모자를 쓴 두 사람이 〈One bourbon, one scotch, one beer〉를 열창하자, 모두가 술잔을 들고 흥겹게 춤을 춘다.

술꾼을 들썩이게 만드는 〈One bourbon, one scotch, one beer〉에는 세 가지 버전이 있다. 원곡은 블루스 피아니스트 애모스 밀번이 1953년에 발표한 〈One scotch, one bourbon, one beer〉이다. 이걸 블루스 기타리스트 존 리 후커가 1966년에 리메이크했다. 존 리 후커는 원곡을 부기우기 블루스 스타일로 편곡하며 제목도 "One bourbon, one scotch, one beer"로 바꿨다. 이후 1977년에는 부기우기 하드록의 대가인 조지 서러굿이 또다시 리메이크했다. 참고로 미드 〈글리〉에 나온 곡은 조지 서러굿 버전이다

버번 위스키 정보 안내
(괄호 안은 쪽 번호)

· **숙성고 나무 특성** : 와일드 터키(421)

· **추가 숙성(피니싱)** : 메이커스 마크(81), 엔젤스 엔비(296)

· **위스키 시프** : 헤븐힐(120)

· **고아 배럴** : 윌렛(141), 스티첼웰러(345)

· **오크통 재활용 용도** : 바톤(167), 스티첼웰러(346)

· **오크통에 적는 숫자** : 바톤(168)

· **데블스 컷(devil's cut)** : 바톤(168)

· **싱글 배럴과 스몰 배치** : 짐 빔(202)

· **하이엔드 버번** : 짐 빔(203)

· **숙성고 붕괴 사고** : 바톤(170)

· **숙성고 화재 사고** : 헤븐힐(109)

· **덤핑** : 짐 빔(192)

4. 인물 (버번 위스키 장인)

빌 새뮤얼스 시니어(Bill Samuels Sr.) : 메이커스 마크

빌 새뮤얼스 주니어(Bill Samuels Jr.) : 메이커스 마크

마저리 새뮤얼스(Marjorie Samuels) : 메이커스 마크

롭 새뮤얼스(Rob Samuels) : 메이커스 마크

막스 셔피라(Max Shapira) : 헤븐힐

파커 빔(Parker Beam) : 헤븐힐

크레이그 빔(Craig Beam) : 헤븐힐

톰프슨 윌렛(Thompson Willett) : 윌렛

이븐 컬스빈(Even Kulsveen) : 윌렛

오스카 게츠(Oscar Getz) : 바톤

짐 빔 (James B. "Jim" Beam) : 짐 빔

부커 노(Booker Noe) : 짐 빔

프레드 노(Fred Noe) : 짐 빔

에반 윌리엄스(Evan Williams) : 올드 포레스터

조지 가빈 브라운(George Garvin Brown) : 올드 포레스터

링컨 헨더슨(Lincoln Henderson) : 엔젤스 엔비

웨스 헨더슨(Wes Henderson) : 엔젤스 엔비

헨리 크레이버(Henry Kraver) : 피어리스

줄리안 패피 밴 윙클(Julian "Pappy" Van Winkle Sr.) : 스티첼웰러

톰 불렛(Tom Bulleit) : 스티첼웰러

테일러(E.H. Taylor) : 버팔로 트레이스, 캐슬 앤드 키

조지 T. 스태그(George T. Stagg) : 버팔로 트레이스

앨버트 블랜튼(Albert Blanton) : 버팔로 트레이스

엘머 T. 리(Elmer T. Lee) : 버팔로 트레이스

할렌 휘티(Harlen Wheaty) : 버팔로 트레이스

지미 러셀(Jimmy Russel) : 와일드 터키

에디 러셀(Eddie Russel) : 와일드 터키

제임스 크로(James Crow) : 제임스 페퍼, 우드포드 리저브

오스카 페퍼(Oscar Pepper) : 제임스 페퍼, 우드포드 리저브

일라이자 페퍼(Elijah Pepper) : 제임스 페퍼, 우드포드 리저브

제임스 페퍼(James E. Pepper) : 제임스 페퍼

참고문헌

1. 원서

Barrel Strength Bourbon, Carla Harris Carlton, Clerisy Press, 2017.

Beam, Straight Up, Fred Noe, John Wiley & Sons, 2012.

Big Whiskey, Carlo DeVito, Cider Mill Press, 2018.

Bourbon Curious, Fred Minnick, Voyageur Press, 2015.

Bourbon Empire, Reid Mitenbuler, Viking, 2015.

Bourbon, Straight, Charles K. Cowdery, Made and Bottled in Kentucky, 2004.

Bourbon, Fred Minnick, Voyageur Press, 2016.

Distilled, Neil Ridley, Joel Harrison, Hachette UK, 2014.

Jim Murray's Whisky Bible 2019, Murray JIM, Dram Good Books, 2018.

Kentucky Bourbon Country, Susan Reigler, University Press of Kentucky, 2016.

Kentucky Bourbon Whiskey, Michael R. Veach, University Press of Kentucky, 2013.

Maker's Mark: My Autobiography, Bill Samuels Jr, Saber Publishing, 2000.

Straight Bourbon, Carol Peachee, Indiana University Press, 2017.

The Ambassador of Bourbon, David Toczko, Acclaim Press, 2012.

The Bourbon Bible, Eric Zandona, Hachette UK, 2018.

The Bourbon Tasting Notebook: Second Edition, Suan Reigler, Michael R. Veach, AAIMS PUBL, 2018.

The Kentucky Bourbon Trail, Berkeley Scott, Jeanine Scott, Arcadia Publishing, 2009.

The State of Bourbon, Cameron M. Ludwick, Blair Thomas Hess, Indiana University Press, 2018.

The World Atlas of Whisky: New Edition, Dave Broom, Octopus Books, 2014.

2. 번역서

『도해 위스키』, 츠치야 마모루, 기미정 옮김, 에이케이커뮤니케이션즈, 2015.

『생각하는 술꾼』, 벤 맥팔랜드, 톰 샌드햄, 정미나 옮김, 시그마북스, 2017.

『세계 명주 기행』, Foodies TV, 신준수 옮김, 역사넷, 2007.

『술 잡학사전』, 클레어 버더, 정미나 옮김, 문예출판사, 2018.

『잭 다니엘, 신화가 된 사나이』, 피터 크래스, 박수현 옮김, 모티브, 2004.

『애주가의 대모험』, 제프 시올레티, 정영은 옮김, 더숲, 2018.

『위스키: 창해 ABC북』, 티에리 베니터, 한정석 옮김, 창해, 2004

『위스키 캐비닛』, 마크 바일록, 정미나 옮김, 시그마북스, 2018.

『위스키는 어렵지 않아』, 미카엘 귀도, 임명주 옮김, 그린쿡, 2018.

『위스키의 지구사』, 케빈 R. 코사르, 조은경 옮김, 휴머니스트, 2016.

도판 출처

1) 증류소 제공 사진

1. 메이커스 마크(Beam-Suntory): 52(위), 55, 74, 78, 79, 85

2. 헤븐힐: 102, 105, 108, 114, 129(가운데)

3. 윌렛(KBD): 136, 138-140, 142-143, 146

4. 바톤1792(Sazerac Company): 155

5. 짐 빔(Beam-Suntory): 30, 36, 186-187, 191(아래), 193, 196, 200, 205, 490

6. 바즈타운 버번 컴퍼니: 220(위), 249-252

7. 올드 포레스터(Brown-forman): 277

8. 엔젤스 엔비: 285, 287

9. 피어리스: 309, 311, 317(아래)

10. 스티첼웰러(Diageo): 336, 338

11. 버팔로 트레이스(Sazerac Company): 363, 364(아래), 365(아래)

12 우드포드 리저브(Brown-forman): 35, 386(아래), 388(아래), 389, 401

13. 와일드 터키(Campari Group): 412, 414, 424

14. 포 로지스(Kirin Holdings): 436, 438, 445-446

15. 캐슬 앤드 키: 453, 462, 468

16. 제임스 페퍼: 473-475, 478, 480, 486

17. 잭 다니엘스(Brown-forman): 500-501, 513, 514(아래), 534, 537,

2) 위키피디아: 242, 244-245, 253

나오며

2018년 공개된 버번 다큐멘터리 〈니트Neat〉에는 증류소에서 3대째 일하고 있는 존슨 가문의 이야기가 나온다. 이 집안이 지금의 버팔로 트레이스 증류소(옛 조지 T. 스태그 증류소)와 인연을 맺은 건 100여 년 전. 1912년 증류소에 들어온 지미 존슨 시니어가 시작이었다. 지미는 1964년까지 무려 52년 동안 증류소 숙성고 관리를 도맡았다.

아버지의 뒤를 따라 1936년에는 지미 존슨 주니어가 증류소에 합류한다. 오크통 수리 기술자였던 아들 지미는 숙성이 잘된 위스키(허니 배럴Honey Barrel)를 골라내는 안목이 탁월했다. 지미의 이런 능력 덕분에 버팔로 트레이스는 '금주법 이후 최초의 상업적 싱글 배럴'로 불리는 블랜튼스Blanton's를 출시해 대박을 터트린다.

버팔로 트레이스 증류소에서 일하는 존슨 가문의 3대인 프레디는 다큐 마지막 대목에서 아버지 지미와 나눠 마신 특별한 버번 위스키 얘기를 담담하게 털어놓는다. 프레디에 따르면, 지미 존슨 주니어는 어느 날 최고의 버번 위스키인 패피 밴 윙클Pappy Van Winkle 한 병을 선물 받는다. (지미에게 이 위스키를 준 사람은 버팔로 트레이스와 합작해 패피를 제조하는 줄리언 밴 윙클 3세였다.) 물량은 적고 찾는 사람은 많아서 돈 주고도 구하기 힘든 패피 밴 윙클. 귀하디귀한 위스키를 지미는 두 아들과 함께 마시기로 한다.

3부자가 함께 모인 자리. 아버지에게 패피 밴 윙클을 건네받은 프레디는 아버지 잔에 찔끔, 형 잔에 찔끔, 그리고 자기 잔에도 찔끔 따랐다. 그리고 얼른 병마개를 닫았다. 그러자 아버지 지미가 이렇게 말했다.

"대체 지금 뭐하는 거냐?"

아들 프레디가 항변했다.

"아버지, 이거 진짜 진짜 좋은 버번 위스키란 말이에요."

비싸고 귀한 위스키이니 아껴 마시자는 아들에게 아버지는 단호한 말투로 다시 말했다.

"친구나 가족과 함께 있을 땐 절대 이러지 마라. 귀하고 오래된 버번 위스키를 아껴둬선 안 돼. 친구나 가족과 함께 지금 바로 즐겨야 해."

아버지와 두 아들은 세 시간 동안 웃고 떠들며 값비싼 패피 밴 윙클 위스키 한 병을 깨끗이 비웠다. 그리고 이 위스키는 프레디가 아버지, 형과 마신 마지막 위스키가 되고 말았다. 공교롭게도 몇 달 뒤 아버지와 형, 두 사람 모두 잇따라 세상을 떠났기 때문이다.

당시를 회상하는 프레디의 쓸쓸한 표정을 뒤로하고, 다시 내레이션이 이어진다.

"이건 위스키에 관한 게 아닙니다. 당신이 접촉하는 생명, 그리고 당신이 만나는 사람들에 관한 것입니다. 위스키란 것도 결국은 좋은 관계에서 나오는 부산물일 테니까요."

다큐멘터리에 소개된 일화를 이토록 장황하게 설명한 건 이만큼 버번 위스키의 본질과 존재 가치를 명확히 보여주는 사례는 없다고 생각하기 때문이다.

'혼술'이 유행이고 대세라고 한다. 하지만 아무리 그래도 술은 함께 마셔야 즐겁다. 특히 그 술이 버번이라면 더더욱 그렇다. 달달하면서도 화끈한 술이어서 그런지 모르겠지만, 버번이야말로 함께 웃고 떠들며 마실 때 진가를 발휘한다. 혼자 마셔도 나쁘진 않겠지만, 여럿이 즐기면 정말 제대로 맛있다. 그게 버번의 진짜 매력이다.

그러니 버번 위스키가 있다면 절대 아껴두지 마시길 바란다. 지미 존슨이 얘기한 것처럼 친구나 가족을 불러 지금 당장 즐기기 바란다. 여행 떠나기 좋은 시간이 언제나 '바로 지금'인 것처럼, 버번을 즐기기 좋은 시간도 항상 '바로 지금'이다.

"친구를 가까이하고, 버번은 더 가까이하라Keep your friends close and your bourbon closer."(켄터키 속담)

출간 제안을 흔쾌히 받아주신 교유당 신정민 대표, 켄터키 취재를 무사히 마칠 수 있도록 헌신적으로 도와주신 신혜리 기자님께 깊이 감사드립니다. 제임스 페퍼 증류소 취재에 도움을 주신 해피 스피릿 박우열 대표님, 뉴올리언스 답사를 비롯해 책 구성과 집필 과정에서 고비가 닥칠 때마다 조언과 격려를 보내주신 김민경 책임님께는 큰 마음의 빚을 졌습니다. 머리 숙여 감사 인사를 드립니다.

버번 위스키의 모든 것

술꾼의 술, 버번을 알면 인생이 즐겁다

초판 1쇄 발행 2020년 5월 8일 | **초판 10쇄 발행** 2024년 12월 5일

지은이 조승원

편집 신정민 이희연 정소리 | **디자인** 강혜림 | **마케팅** 김선진 김다정
브랜딩 함유지 함근아 박민재 김희숙 이송이 박다솔 조다현 배진성
저작권 박지영 형소진 최은진 오서영 | **모니터링** 이원주
제작 강신은 김동욱 이순호 | **제작처** 상지사

펴낸곳 (주)교유당 | **펴낸이** 신정민
출판등록 2019년 5월 24일 제406-2019-000052호

주소 10881 경기도 파주시 회동길 210
전화 031) 955-8891(마케팅) | 031) 955-2680(편집) | 031) 955-8855(팩스)
전자우편 gyoyudang@munhak.com

인스타그램 @thinkgoods | **트위터** @think_paper | **페이스북** @thinkgoods

ISBN 979-11-90277-39-6 03940

위스키는 액체로 된 햇빛이다.
조지 버나드 쇼

Whisky is liquid sunshine.

헛소리 그만하고 위스키나 마셔!
미국 제42대 대통령 선거 출마를 권유받은 직후에 했던 말
(대통령 선거 제거리 테일러)

Stop your nonsense and drink your whiskey!

Nothing is so musical as the sound of pouring bourbon for the first drink on a Sunday morning. Not Bach or Schubert or any of those masters.

일요일 아침 첫잔에 바번 위스키를 따르는 소리만큼 음악적인 건 없다. 바흐나 슈베르트 혹은 그 어떤 것보다.
카슨 매컬러스(미국 작가)

KEEP YOUR FRIENDS CLOSE AND YOUR BOURBON CLOSER.

친구를 가까이 하고, 바번은 더 가까이 하라.
켄터키 속담

TODAY'S RAIN IS TOMORROW'S WHISKY

오늘의 비가 내일의 위스키가 된다. 스코틀랜드 속담

Bourbon is easy to understand. It tastes like a warm summer day.

바번은 이해하기 쉽지. 따뜻한 여름날 같은 맛이거든.
미드 〈저스티 파이드〉에서 수의 양 레일란 기븐스의 대사

THERE'S NO SUBSTITUTE FOR TIME SPENT IN A BARREL.

위스키가 오크통에서 보내는 시간은 그 무엇으로도 대신할 수 없다.
키 핸드슨(엘릭스 엔비 창압자)

I'd much rather be someone's shot of whiskey than everyone's cup of tea.

모든 사람의 차 한 잔이 되느니, 누군가의 위스키 한 모금이 되겠어.
미드 〈섹스 앤 더 시티〉에서 캐리 브래드쇼의 대사

Bourbon does for me what the piece of cake did for Proust.

프루스트에게 케이크 한 조각이 있었다면 나에겐 버번이 있다. (마르셀 프루스트의 『잃어버린 시간을 찾아서』에서 구운 과자 홍차에 적신 마들렌을 먹고 어린 시절의 기억을 떠올린다) 워커 퍼시(미국 작가)

I have never in my life seen a Kentuckian who didn't have a gun, a pack of cards, and a jug of whiskey.

내 평생에 총과 카드, 위스키를 안 가지고 다니는 켄터키 사람을 본 적이 없다. 미국 제7대 대통령 앤드루 잭슨

WHAT WHISKEY WILL NOT CURE, THERE IS NO CURE FOR.

위스키로 치유 불가능하다면 그 무엇으로도 치유할 수 없다. 아일랜드 속담

Creativity is 80% bourbon and 20% ice.

창의력은 80%의 버번과 20%의 얼음이다. 잭 돈 켄터키의 상징적으로 알려져 있지만, 확실하지는 않다

If I cannot drink Bourbon and smoke cigars in Heaven then I shall not go.

천국에서 버번을 마실 수 없고 시가를 피울 수 없다면 난 그곳에 가지 않겠다. 마크 트웨인

There is no bad whiskey. There are only some whiskeys that aren't as good as others.

나쁜 위스키란 없다. 그저 덜 좋은 위스키가 좀 있을 뿐. 레이먼드 챈들러

Civilization begins with distillation.

문명은 증류에서 시작됐다. 윌리엄 포크너

Too much of anything is bad, but too much good whiskey is barely enough

뭐든지 지나친 건 나쁘지만 좋은 위스키를 과음하는 건 지나친 게 아니다. 마크 트웨인

NEVER CRY OVER SPILT MILK. IT COULD HAVE BEEN WHISKEY.

우유 엎질렀다고 울지 마. 위스키도 아니던 걸. 1950년대 미드 〈매버릭〉의 대사